Hanns Frericks

Kant und seine Relevanz für ethische Probleme der Gegenwart

Vorträge und Aufsätze

Über den Autor

Prof. Hanns Frericks, geb. 1944, Stuttgart, Studium der Philosophie, Germanistik und Politologie in Köln und Tübingen. Fachleiter für Deutsch und Bereichsleiter am Staatlichen Seminar für Didaktik und Lehrerbildung (BS) in Stuttgart bis zur Pensionierung 2008; langjähriger Vorsitzender der Lehrplankommission Ethik für berufliche Gymnasien. Veröffentlichungen in den Bereichen Ethik, Ethik-Unterricht, Germanistik, Deutsch-Didaktik, Philosophie-Didaktik.

Bibliografische Information der Deutschen Nationalbibliothek
Die Deutsche Nationalbibliothek verzeichnet diese Publikation in der Deutschen Nationalbibliografie; detaillierte bibliografische Daten sind im Internet über www. dnb.d-nb.de abrufbar

Umschlaggestaltung, Grafik und Layout: Lutz Müller
Titelgrafik unter Verwendung einer Postkarte „Kant in Königsberg" (ca. 1908)
Herstellung: Book on Demand GmbH. Norderstedt
ISBN 13: 978-3-939322-94-8

Hanns Frericks

Kant und seine Relevanz für ethische Probleme der Gegenwart

Vorträge und Aufsätze

Edition Amici

Inhalt

Vorwort

Vorträge, Aufsätze, Unterrichtsvorschläge – intentional und formal ganz unterschiedliche Texte. Inhaltlich geht es immer um Ethik und es geht, nicht immer zentral, aber immer auch, um Kant. Die Beiträge widerspiegeln einen Teil meiner Tätigkeit in der Lehrerfortbildung in Baden-Württemberg: Gewiss kein Zufall, sehr häufig suchte ich auch bei Problemstellungen oder Fragen, in denen nicht ohnehin Kant das Thema war, bei Kant nach Auskunft und Orientierung.

Die Texte sind weitgehend unverändert wiedergegeben – die fachliche Diskussion ist hier und dort inzwischen fortgeschritten, gleichwohl bleiben die Problemstellung und die dazu vorgestellten Überlegungen interessant für Leser, die Kant kennenlernen wollen und wissen wollen, was uns heute Kant noch zu sagen hat.

Die Reihenfolge der Beiträge ist daran orientiert: Zunächst stelle ich Kants Ethik im Kern vor, dann weitet sich der Horizont auf gegenwärtige Fragen aus, dabei wird zunehmend auch das Verständnis von Kants Denken vertieft und erweitert.

Einleitung

„Es ist nichts zu denken möglich, was ohne Einschränkung für gut könnte gehalten werden als allein ein guter Wille." So lautet – verkürzt – der erste Satz von Kants erster wichtiger ethischer Schrift, der „Grundlegung zur Metaphysik der Sitten". Es geht Kant also nicht um einen höchsten Zustand menschlichen Strebens, ein sinnvoll erfülltes Leben, die Glückseligkeit des Aristoteles oder das größtmögliche Glück aller im gesamtgesellschaftlichen Nutzen des Utilitarismus: Sittlich gut ist allein der gute Wille selbst. Eine merkwürdige Auffassung.

> „Es scheint der Natur darum gar nicht zu tun gewesen zu sein, dass der Mensch wohllebe, sondern dass er sich so weit hervorarbeite, um sich durch sein Verhalten des Lebens und Wohlbefindens würdig zu machen" (Idee zu einer allgemeinen Geschichte in weltbürgerlicher Absicht. A 392[1]). Das heißt doch wohl, dass die Glückseligkeit gar nicht der Zweck des Menschen sein solle? An anderer Stelle formuliert Kant noch schärfer: Es sei „das Prinzip der eigenen Glückseligkeit am meisten verwerflich, nicht bloß deswegen, weil es falsch ist und die Erfahrung dem Vorgeben, als ob das Wohlbefinden sich jederzeit nach dem Wohlverhalten richte, widerspricht, auch nicht bloß, weil es gar nichts zur Gründung der Sittlichkeit beiträgt, indem es ganz was anderes ist, einen glücklichen als einen guten Menschen und diesen klug und auf seinen Vorteil abgewitzt als ihn tugendhaft zu machen, sondern weil es der Sittlichkeit Triebfedern unterlegt, die sie eher untergraben und ihre ganze Erhabenheit zernichten, indem sie die Bewegursachen zur Tugend mit denen zum Laster in eine Klasse stellen und nur den Kalkül besser ziehen lehren, den spezifischen Unterschied beider aber ganz und gar auslöschen." (Grundlegung zur Metaphysik der Sitten. BA 90f.)

Entschiedener lässt sich die Absage an die Eudaimonia-Tradition (= die Orientierung der Ethik an der Vorstellung eines rundum gelungenen Lebens) von Aristoteles bis in die Neuzeit zu Thomas Hobbes und dem Utilitarismus kaum formulieren. Warum diese Schärfe? Nach der utilitaristischen Konzeption wäre zum Beispiel jemand berechtigt, den eigenen Vorteil und den eigenen Lustgewinn auch wahrzunehmen und zu genießen auf Kosten der Allgemeinheit, wenn er sicher sein kann, dass er damit konkret niemandem schadet – und sein Verhalten nicht bekannt wird. Günther Patzig verdeutlicht dies an folgendem Beispiel:

In einer Energiekrise wird das elektrische Heizen von Wohnräumen verboten, um den Zusammenbruch der Stromversorgung zu verhüten; einige wenige könnten sich – utilitaristisch konsequent, die gesellschaftliche Gesamtlustsumme steigernd – den Vorteil elektrischer Beheizung erhalten oder verschaffen, wenn sich nur die überwiegende Mehrheit der Bevölkerung an das Verbot hält.[2]

Das Problem der eindeutigen Verpflichtung ethischer Grundsätze und Normen sah Kant in der Eudaimonia-Tradition nicht gelöst, die allgemeine Gültigkeit ethischer Forderungen schien ihm auf dieser Basis nicht begründbar – und genau darum ging es ihm: Die Problemstellung ist verändert; nicht mehr die Frage nach einem sinnvoll erfüllten Leben bildet den Horizont, sondern enger und schärfer: „Was soll ich tun?" Wozu bin ich ethisch verpflichtet, und wie ist dieser Horizont des Sollens begründbar, jedermann einsichtig und allgemein gültig? Die Folge dieser veränderten Problemstellung ist eine andere Begrifflichkeit, die jetzt ins Zentrum rückt.

> Wohltätig sein, wo man kann, ist Pflicht, und überdem gibt es manche so teilnehmend gestimmte Seelen, dass sie ein inneres Vergnügen daran finden, Freude um sich zu verbreiten. Aber ich behaupte, dass in solchem Fall dergleichen Handlung dennoch keinen wahren sittlichen Wert habe, denn der Maxime (= Grundsatz) fehlt der sittliche Gehalt, nämlich solche Handlungen nicht aus Neigung, sondern aus Pflicht zu tun. (Grundlegung zur Metaphysik der Sitten. B 10)

In der späteren und umfangreicheren Schrift „Die Metaphysik der Sitten" wird der Begriff der Pflicht folgendermaßen bestimmt:

> Der Pflichtbegriff ist an sich schon der Begriff einer Nötigung (Zwang) der freien Willkür durchs Gesetz; dieser Zwang mag nun ein äußerer oder ein Selbstzwang sein. Da aber der Mensch doch ein freies (moralisches) Wesen ist, so kann der Pflichtbegriff keinen anderen als den Selbstzwang enthalten, denn dadurch allein wird es möglich, jene Nötigung (selbst wenn sie eine äußere wäre) mit der Freiheit der Willkür zu vereinigen, wobei aber alsdann der Pflichtbegriff ein ethischer wird. (A 2 f.).

Wille, Pflicht und Freiheit, Selbstzwang und Gesetz als Autonomie sind zentrale Begriffe der kantischen Ethik. Was meinen sie, was leisten sie? Greift Kant mit dem Begriff der Pflicht auf die Stoa und ihre Kosmos-Vorstellung zurück, oder wird der Pflichtbegriff anders verstanden und anders begründet? Was sind die theoretischen und historischen Voraussetzungen? Wer war Kant?

Kant in seiner Zeit

Feudalismus, Absolutismus und Aufklärung im 18. Jahrhundert, Französische Revolution, Aufstieg Englands zur beherrschenden Kolonialmacht, beginnende Industrialisierung Europas, deutscher Partikularismus und Preußens Aufstieg zur Großmacht, die ökonomische wie politische Rückständigkeit Deutschlands, die Provinzialität zumal Ostpreußens – dies sind die wesentlichen Stichworte, die den historischen Rahmen für die Gestalt Immanuel Kants markieren. 16 Jahre ist er alt, als der 28-jährige Kronprinz Friedrich preußischer König wird, beim Tod Friedrichs II. ist Kant 62 Jahre; drei Jahre später beginnt die Französische Revolution. Im Jahr der Selbstkrönung Napoleons zum Kaiser von Frankreich stirbt Kant. Er erlebt dies alles im äußersten Nordosten Deutschlands, in Königsberg, das er nie verlassen hat. Er lebte dort ein Leben, über das Heinrich Heine schrieb:

> Die Lebensgeschichte des Immanuel Kant ist schwer zu beschreiben. Denn er hatte weder Leben noch Geschichte. Er lebte ein mechanisch geordnetes, fast abstraktes Hagestolzenleben in einem stillen, abgelegenen Gässchen zu Königsberg, einer alten Stadt an der nordöstlichen Grenze Deutschlands.[3]

Inwieweit hat Heine mit seiner spöttischen Ironie recht?

Kant um 1760

Kants Gesicht wird von seinen Zeitgenossen als von angenehmer Bildung geschildert; seine Haarfarbe war blond, blau waren seine Augen und offenbar beeindruckend: Sein Schüler R. B. Jachmann schreibt: „Wo nehme ich Worte her, Ihnen sein Auge zu schildern. Kants Auge war wie vom himmlischen Äther gebildet, aus welchem der tiefe Geistesblick, dessen Feuerstrahl durch ein leichtes Gewölk etwas gedämpft wurde, sichtbar hervorleuchtete. Es ist unmöglich, den bezaubernden Anblick und mein Gefühl dabei zu beschreiben, wenn Kant mir gegenüber saß, seine Augen nach unten gerichtet hatte, sie dann plötzlich in die Höhe hob und mich ansah. Mir war es dann immer, als wenn ich durch dieses blaue ätherische Feuer in Minervens inneres Heiligtum blickte." (1804)[4]

Kant. Zeichnung in Schattenrissmanier von Puttrich um 1798 (Archiv für Kunst und Geschichte, Berlin)

Kants Gestalt kann nicht anders als klein bezeichnet werden, kaum 157 Zentimeter groß. Der Knochenbau war nicht sehr stark, die Muskulatur wenig ausgebildet, so dass Kant genötigt war, seine Kleider durch künstliche Mittel zu befestigen, weil sie unmittelbar an seinem Körper keinen Halt fanden. Die Brust war eingefallen, so dass er bisweilen über Mangel an Luftzufuhr klagte. Der rechte Schulterknochen trat hinten etwas hervor, nicht sehr stark, aber doch in dem Maße sichtbar, dass nicht mehr von einer gleichen Höhe der Schultern gesprochen werden kann. Seine Nerven waren anfällig und seine Sensibilität so groß, dass schon ein frischgedrucktes, noch feuchtes Zeitungsblatt ihm einen Schnupfen verursachte. Seine Augen ließen ihn nicht im Stich, auch wenn sie nicht fähig waren, entfernte Gegenstände zu erkennen; aus der Nähe nahmen sie alles scharf wahr, so dass Kant bis ins hohe Alter keine Brille benötigte.[5]

Kant in Königsberg – Biografische Details

Kants Tagesablauf war genau geregelt: Um 5 Uhr ließ er sich von seinem Diener, einem ausgedienten Soldaten, wecken und begann, sich auf seine Vorlesungen vorzubereiten, zu Beginn seiner Lehrtätigkeit vier bis fünf Stunden täglich, sehr weit gespannt zunächst: Philosophie, Mathematik, Physik, Mechanik, Mineralogie, Geographie, Anthropologie und Naturrecht. Später engte er den thematischen Horizont wie den zeitlichen Umfang ein: täglich zwei Stunden vormittags, samstags drei Stunden. Nach den jahraus jahrein pünktlich gehaltenen Vorlesungen arbeitete er bis ein Uhr mittags. Die Mittagsmahlzeit war für ihn die Zeit der Entspannung, er lud hierzu gern Gäste ein - mindestens drei, nie mehr als neun: Es gab drei Gerichte, immer Senf, den Kant selbst sorgfältig herstellte, und für jeden Gast eine halbe Flasche Wein, zum Schluss Käse und Früchte. Das von Kant, wie man rühmte, stets sehr anregend und interessant gestaltete Gespräch kreiste um Nachrichten und Neuigkeiten politischer, wirtschaftlicher, wissenschaftlicher und kultureller Art – nie um philosophische Probleme. Nach dem sehr ausgedehnten Essen zog sich Kant zurück, um zu lesen, nie aber so lange, dass er seinen Spaziergang um sieben Uhr auch nur einige Minuten zu spät antrat. Nach dem Spaziergang pflegte er wieder zu lesen; um zehn Uhr lag er im Bett: Sieben Stunden Nachtruhe hatte er sich als angemessen und ausreichend festgesetzt; diese Regel wurde nie umgestoßen.

Man hat Kants Pünktlichkeit und in jeder Hinsicht pedantische Ordnungsliebe zu erklären versucht: „Jeder Arbeitstag dieses Mannes, der mit seinen Kräften haushielt und haushalten musste, war ihm und seinen Absichten so genau angepasst, dass der Erfolg diese Ordnung bestätigte." Von seinen Vorlesungen zum Beispiel ging nicht eine Viertelstunde verloren, „besonders weil er nicht krank wurde, wozu seine geordnete Tageseinteilung beitrug – die wiederum die Pünktlichkeit seiner Vorlesungen bedingte."[6] Kants geradezu ängstliche Sorge um Ruhe – wegen eines Hahns in der Nachbarschaft, berichtet ein Biograf, wechselt er am Ende die Wohnung –, die genaue Ordnung seines Lebens und seine strenge Selbstdisziplin – kein Kaffee, den er sehr mochte, kein Bier, das er für schädlich hielt, kein Abendbrot, höchstens zwei Tabletten täglich auch im Fall schwerer Erkrankung – wurden von seinen Biografen hervorgehoben.

Noch weiter geht Arnold Gehlen: „Kant ist nur durch sein Werk zu verstehen. Ich meine das so: Kant war in voller Wahrheit ein großer Mann, denn ein großer Mann lebt in Ausschließlichkeit für sein Werk."[7] Daraus erklären sich, meint Gehlen, seine Selbstdisziplin und genau geplante Lebensführung: Bei seiner schwachen, ja gefährdeten Körperkonstitution – von einem Schmerz in der Brust war Kant nie ganz frei – erschien Kant die genaue Beobachtung und Regelung seiner Schlafzeit, Bewegung, der Zimmertemperatur, seiner Diät unbedingt erforderlich. Unter diesen Bedingungen nur konnte er sich die Kraft für sein Werk bis ins Alter hinein abzwingen; sein hohes Alter nannte er mit Recht ein „Kunststück". Die Disziplin ging weiter: Kant lebte seine Philosophie. Seine jugendliche Veranlagung zu phantasievollen Entwürfen und Leichtsinn wurden gleichsam eingeschmolzen in eine „disziplinierte, eingefasste und beherrschte Willenskraft" und „erstaunliche Festigkeit des Charakters."[8] Allen, die ihn kannten, fiel sein Bestreben auf, in allem nach begründeten Grundsätzen zu verfahren – dem Ansatz seiner Ethik konsequent entsprechend.

Eine andere Deutung entwickelte Heinrich Heine: Er betont die Gleichmäßigkeit im Lebenslauf Kants, greift das Gerücht auf, dass seine Nachbarn nach

Kants Spaziergang die Uhr zu stellen pflegten und fährt dann fort: „Sonderbarer Kontrast zwischen dem äußeren Leben des Mannes und seinen zerstörenden, weltzermalmenden Gedanken! Wahrlich, hätten die Bürger von Königsberg die ganze Bedeutung dieser Gedanken geahnt, sie würden vor jenem Manne eine weit grauenhaftere Scheu empfunden haben als vor einem Scharfrichter." Heine vergleicht Kant mit Robespierre (1758-1794): „Zunächst finden wir in beiden dieselbe unerbittliche, schneidende, poesielose, nüchterne Ehrlichkeit. Dann finden wir in beiden dasselbe Talent des Misstrauens, nur dass es der eine gegen Gedanken ausübt und Kritik nennt, während der andere es gegen Menschen anwendet und republikanische Tugend betitelt. Im höchsten Grade jedoch zeigt sich in beiden der Typus des Spießbürgertums – die Natur hatte sie bestimmt, Kaffee und Zucker zu wiegen, aber das Schicksal wollte, dass sie andere Dinge abwögen und legte dem einen einen König und dem anderen einen Gott auf die Waagschale. (...) Und sie gaben das richtige Gewicht."[9]

Heines Sichtweise wird ergänzt durch eine Vermutung, die Karl Raimund Popper einmal äußerte: Kant hatte in den letzten Jahren vor seinem Tod „in völliger Zurückgezogenheit gelebt, und seine Freunde dachten am 12. Februar 1804 an ein einfaches Begräbnis. Aber dieser Sohn eines Handwerkers wurde wie ein König begraben. Als sich das Gerücht von seinem Tode durch die Stadt verbreitete, strömten Menschenmengen zu seinem Haus. Viele Tage lang wurde zu jeder Tageszeit dorthin gewallfahrtet. Am Tage des Begräbnisses stand aller Verkehr still. Ein unabsehbarer Zug folgte unter dem Geläute aller Glocken der ganzen Stadt dem Sarg. Nie hatten, so berichten die Zeitgenossen, Königsberger Einwohner einen solchen Leichenzug gesehen." Wie lässt sich dieses erstaunliche und spontane Verhalten erklären? Popper fährt fort: „Ich möchte die Vermutung wagen, dass damals, unter der absoluten Monarchie Friedrich Wilhelms III., jenes Glockenläuten für Kant ein Nachhall der amerikanischen und französischen Revolution, ein Nachhall der Ideen der Jahre 1776 und 1789 war. Kant war für seine Mitbürger zu einem Symbol dieser Ideen geworden, und sie kamen zu seinem Begräbnis, um einen Lehrer und Verkünder der Menschenrechte, der Gleichheit vor dem Gesetz, des Weltbürgertums, des ewigen Friedens auf Erden und der Selbstbefreiung durch das Wissen zu danken."[10]

Poppers Sicht lässt sich biografisch stützen, Kants berufliche Sozialisation ist der Ausgangspunkt: „Nach neun Jahren Hofmeisterei in tiefster ostpreußischer Provinz kehrt Kant 1755 nach Königsberg zurück, das er nie mehr verlassen wird. Kant publiziert sogleich die ‚Allgemeine Naturgeschichte und Theorie des Himmels', die weitgehend als Ergebnis seiner neben der Hofmeisterei herlaufenden philosophischen Arbeit anzusehen ist. Das Studium ist noch nicht abgeschlossen. Die Energie, mit der Kant noch im selben Jahr 1755 den Magister und die Habilitation erledigt, lässt etwas ahnen von dem Gefühl der Befreiung, das er nach den Jahren der drückenden Hofmeisterdienste empfunden haben muss. Die Schule schon hatte er als ‚Jugendsklaverei' erlebt, an die er sich nur mit ‚Schrecken und Bangigkeit' erinnern kann. Eine Hofmeister-Existenz, weiß man aus vielen Zeugnissen des 18. Jahrhunderts, ist nicht viel anders als Sklaverei. Die Blüte der jugendlichen bürgerlichen Intelligenz musste fast durchweg Jahre der Demütigung und des oft aussichtslosen Wartens auf eine ihren Kompetenzen angemessene Stelle verbringen: Schulen der Erniedrigung und des Selbstzwangs, des Wartens und Schweigens, des verschluckten Zorns und der depressiven Perspektivlosigkeit. Freier wird der Magister Kant, frei noch immer nicht. Von 1755 bis 1770, dem Jahr, in dem er endlich Professor wird – 46-jährig –, muss er sich mit einem Vorlesungsaufwand von über 20 Wochenstunden quälen, um von den privat erhobenen Hörergeldern leben zu können. Einmal in einem Brief erlaubt er sich, seiner Depression über diese Fron Ausdruck zu geben. Rufe auf gut bezahlte Professuren in Erlangen und Jena lehnt er ab. Kant bleibt dem Umkreis seiner ‚Sklaverei' treu. In einer Sphäre der Enge, der zu entkommen wissenschaftliche Karriere die einzige Perspektive darstellt, hat Kant früh gelernt, expansive Dynamik und Freiheit eingeschränkt auf die intellektuelle Sphäre zu entfalten."[11]

Kants philosophischer Ansatz: Selbstbefreiung des Menschen durch das Denken

> Aufklärung ist der Ausgang des Menschen aus seiner selbstverschuldeten Unmündigkeit. Unmündigkeit ist das Unvermögen, sich seines Verstandes ohne Leitung eines anderen zu bedienen. Selbstverschuldet ist diese Unmündigkeit, wenn die Ursache derselben nicht am Mangel des Verstandes, sondern der Entschließung und des Mutes liegt, sich seiner ohne Leitung eines anderen zu bedienen. Sapere aude. Habe Mut, dich deines eigenen Verstandes zu bedienen! ist also der Wahlspruch der Aufklärung.

Dieser berühmte Beginn von Kants kleiner Schrift „Beantwortung der Frage: Was ist Aufklärung?" (1784) ist zugleich ein Abriss seiner eigenen Lebensgeschichte als einer geistigen Selbstbefreiung aus der pietistischen Enge seines Elternhauses, der „Sklaverei der Jugend", zum Selbstdenken. „Selbstdenken heißt den obersten Probierstein der Wahrheit in sich selbst (d. i. in seiner eigenen Vernunft) suchen; und die Maxime, jederzeit selbst zu denken, ist die Aufklärung" (Was heißt: sich im Denken orientieren? A 329). Dieses Selbstdenken umfasst drei Momente:

Das erste ist der Begriff der Autonomie, der subjektiven Autonomie, verbürgt durch die Vernunft. Das meint zunächst, sich selbst als Subjekt des Denkens zu begreifen: Die Entdeckung des Ichs als eines wesentlichen Kennzeichens bürgerlichen Selbstverständnisses hat sich auf exemplarische Weise seit dem 17. Jahrhundert mehrfach artikuliert, von Descartes' „cogito ergo sum" bis zu Herders „ich fühle mich! Ich bin!" Bei Kant erfährt dieser Gedanke eine Vertiefung: „Das ‚ich denke' muss alle meine Vorstellungen begleiten können", und zwar so, dass dieses Ich die Bedingung der Möglichkeit von Erkenntnis überhaupt garantiert – Kants „kopernikanische Wende" im Ansatz erkenntnistheoretischer Reflexion:

> Bisher nahm man an, alle unsere Erkenntnis müsse sich nach den Gegenständen richten; aber alle Versuche, über sie a priori etwas durch Begriffe auszumachen, wodurch unsere Erkenntnis erweitert würde, gingen unter dieser Voraussetzung zunichte. Man versuche es daher einmal, ob wir nicht in den Aufgaben der Metaphysik damit besser fortkommen, dass wir annehmen, die Gegenstände müssen sich nach unserem Erkenntnis richten (Kritik der reinen Vernunft, B XVI).

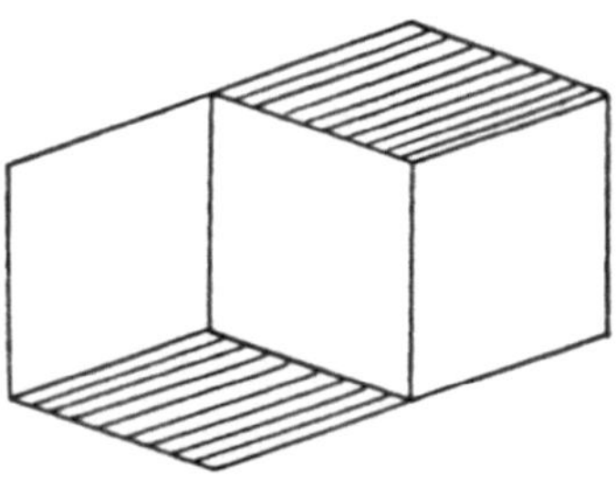

Variante des Neckerschen Kipp-Würfels. Wenn man eine Weile auf den Würfen schaut, kippt die Perspektive und der Würfel wird mehr von innen oder mehr von außen gesehen.

Die Erfahrung richtet sich nach unseren Vorstellungen möglicher Gegenständlichkeit überhaupt (Kant): Resultat dieses Ansatzes ist die Einsicht, dass allgemeine Kategorien des Verstandes (z. B. Einheit, Vielheit, Negation, Kausalität, Notwendigkeit und Zufälligkeit) und die Anschauungsformen (Raum und Zeit), ihre Anwendungs- und Vermittlungsmechanismen erst die Erkenntnis der Realität ermöglichen. „Unser Kosmos trägt den Stempel unseres Geistes", so formuliert der Wissenschaftstheoretiker Karl R. Popper Kants Resultat und fährt fort:

> Dieser Hinweis Kants auf die aktive Rolle des Beobachters, des Forschers und des Theoretikers hat einen unauslöschlichen Eindruck gemacht – nicht nur auf die Philosophie, sondern auch auf die Physik und die Kosmologie. Es gibt so etwas wie ein kantisches intellektuelles Klima, ohne das die Theorien von Einstein oder Bohr undenkbar sind. (...) Der Forscher muss die Natur ins Kreuzverhör nehmen, um sie im Lichte seiner Zweifel, Vermutungen, Ideen und Inspirationen zu sehen. Das, glaube ich, ist eine tiefe philosophische Einsicht. Sie ermöglicht es, die Naturwissenschaft (nicht nur die theoretische, sondern auch die experimentelle) als eine echt menschliche Schöpfung anzusehen und ihre Geschichte, ähnlich wie die Geschichte der Kunst und der Literatur, als einen Teil der Ideengeschichte zu behandeln.[13]

„Ohne Sinnlichkeit würde uns kein Gegenstand gegeben, und ohne Verstand keiner gedacht werden. Gedanken ohne Inhalt sind leer, Anschauungen ohne Begriffe sind blind." (Kritik der reinen Vernunft. B 75)

Die Autonomie der Vernunft setzt sich im Bereich der Ethik fort: Im kategorischen Imperativ erweist sich die Freiheit des Menschen ebenso wie die Möglichkeit vernünftigen Handelns, die Möglichkeit von Ethik. In seiner Grundform lautet dieser Imperativ: „Handle nur nach derjenigen Maxime (= Grundsatz), durch die du zugleich wollen kannst, dass sie ein allgemeines Gesetz werde!" Autonomie als Selbstgesetzgebung vermittelt hier das Moment unbedingten Sollens und Verpflichtetseins und das Moment der völligen Unabhängigkeit von äußeren oder inneren Zwängen und Determinanten unseres Verhaltens.

Die Autonomie der Vernunft erweist sich schließlich auch ästhetisch: Kants Bestimmung des Schönen als Gegenstand eines interesselosen, allgemeinen Wohlgefallens im freien Spiel der Vorstellungskräfte oder als Form der Zweckmäßigkeit eines Gegenstandes, die ohne Vorstellung eines Zweckes an ihm wahrgenommen wird, löst die Kunst aus ihrer Bindung an darzustellende Wirklichkeit in die freie Darstellung ästhetischer Ideen, definiert als eine Vorstellung, „die viel zu denken veranlasst, ohne dass ihr doch irgend ein bestimmter Gedanke, d. i. Begriff adäquat sein kann, die folglich keine Sprache völlig erreicht und verständlich machen kann" (Kritik der Urteilskraft, B 192f.). In dreifacher Hinsicht also – erkenntnistheoretisch, ethisch und ästhetisch – wird von Kant der Gedanke der Autonomie entfaltet.

Im Begriff der Autonomie enthalten ist der Begriff der Kritik, das zweite Moment von Aufklärung als Selbstdenken: „Kritik der reinen Vernunft", „Kritik der praktischen Vernunft", „Kritik der Urteilskraft". Kritik meint zunächst, „bei allem dem, was man annehmen soll" (Was heißt: sich im Denken orientieren? A 330), sich selbst zu fragen, ob dies denn auch vernünftig sei: kritische Überprüfung der Aussagen „jener Vormünder", „Satzungen und Formeln" als „Fußschellen einer immerwährenden Unmündigkeit" (Was ist Aufklärung? A 482f.).

Kritik also an Autoritäten wie Staat, Kirche, Institutionen, Traditionen. Darüber hinaus meint Kritik kritische Selbstbegrenzung: Die Vernunft setzt sich ihre eigenen Grenzen. Die „Kritik der reinen Vernunft" zeigt z. B. auf, dass die Existenz Gottes zwar nicht bewiesen werden kann, macht zugleich aber auch klar, dass diese Frage den Beurteilungsbereich theoretischer Reflexion übersteigt, dass die Vernunft darüber also nicht befinden kann. Die „Kritik der praktischen Vernunft" beweist zwar die Freiheit menschlichen Wollens, macht zugleich aber klar, dass es sich hier nicht um eine Beliebigkeit der Entscheidung handelt, sondern um das unbedingt und allgemein geltende Gebot des kategorischen Imperativs, dem kein Mensch sich entziehen kann. Die „Kritik der Urteilskraft" legitimiert zwar die Kategorien der Zweckmäßigkeit in der Beurteilung von Gegenständen, macht zugleich aber auch klar, dass diese Kategorie dem beurteilenden Subjekt, nicht aber den Objekten selbst entstammt, zur Erkenntnis eines Gegenstandes also nichts beiträgt.

Das dritte Moment in Kants Begriff von Aufklärung wird in der Aufklärungsschrift deutlich formuliert in der Unterscheidung zwischen „Zeitalter der Aufklärung" und „aufgeklärtem Zeitalter" (A491): Aufklärung ist der universale Lernprozess im Gang der Geschichte, die Entwicklung der Vernunft als grundsätzlich unabgeschlossener Prozess, das aufgeklärte Zeitalter ist der Zielhorizont dieser Entwicklung als utopische Idee. Der „Probierstein" des Selbstdenkens wird nicht überflüssig, solange die Vernunft sich bemüht, das zu realisieren, was sie ist: Freiheit. Das „aufgeklärte Zeitalter" bleibt daher immer eine Idee, realisiert werden kann immer nur ein Zeitalter der Aufklärung. Dieses Moment der Prozesshaftigkeit hat Konsequenzen auch für den einzelnen:

> Die Maxime, jederzeit selbst zu denken, ist die Aufklärung. Dazu gehört nun eben so viel nicht, als sich diejenigen einbilden, welche die Aufklärung in Kenntnisse setzen; da sie vielmehr ein negativer Grundsatz im Gebrauche seines Erkenntnisvermögens ist, und öfter der, so an Kenntnissen überaus reich ist im Gebrauche derselben, am wenigsten aufgeklärt ist (Was heißt: sich im Denken orientieren? A 330).

Nicht also das positiv Gewusste garantiert ein aufgeklärtes Selbst- und Weltverständnis; das Prinzip des Selbstdenkens vielmehr ist Kant wichtig; impliziert ist hier Dynamik, Veränderung, Offenheit, vor allem aber aktiver Eigenvollzug, das Ich, die Identität unmittelbar betreffend.

Alles, was sich der Maxime des Selbstdenkens entzieht, kann keinen Anspruch auf Vernunft erheben.

Anmerkungen

1. Die Angaben „A“, „BA“, „B“ beziehen sich jeweils auf die Seitenzahlen der ersten (A) und zweiten (B) Auflage des zitierten Werkes.
2. Nach Günther Patzig: Der kategorische Imperativ in der Ethik-Diskussion der Gegenwart. In: G.P.: Tatsachen, Normen, Sätze. Aufsätze und Vorträge. Stuttgart 1980, S. 155-177.
3. Heinrich Heine: Zur Geschichte der Religion und Philosophie in Deutschland, in: Heines Werke. Bd. 5. Berlin 1964, S. 95.
4. Hartmut und Gernot Böhme: Das Andere der Vernunft. Frankfurt 1973, S. 492.
5. Uwe Schultz: Immanuel Kant. Reinbek 1965, S. 44.
6. Ebd. S. 26.
7. Arnold Gehlen: Über Kants Persönlichkeit. In: A. G.: Theorie der Willensfreiheit und frühe philosophische Schriften. Neuwied 1965, S. 305.
8. Ebd. S. 307.
9. Heinrich Heine: Zur Geschichte der Religion und Philosophie in Deutschland. In: Heines Werke. Bd. 5. Berlin 1964, S. 96.
10. Karl Raimund Popper: Immanuel Kant, der Philosoph der Aufklärung. Gedächtnisrede zu seinem 150. Todestag (1954). In: K. R. R: Die offene Gesellschaft und ihre Feinde. Bd. 1, Bern 1957, S. 9.
11. Hartmut Böhme und Gernot Böhme: Das Andere der Vernunft. Zur Entwicklung von Rationalitätsstrukturen am Beispiel Kants. Frankfurt 1983, S. 83.
12. „a priori“ meint unabhängig von aller (sinnlichen) Erfahrung.
13. Karl Raimund Popper: Immanuel Kant, der Philosoph der Aufklärung. S. 16.

Immanuel Kant im Unterricht: Zur Begründung des kategorischen Imperativs

Der folgende Text ist ein Doppelangebot:

Als erstes (I) eine knapp zusammenfassende Darstellung, die die zentralen Begriffe präsentiert, Fragen auch noch offen lässt, orientiert an der „Grundlegung der Metaphysik der Sitten" – Basis möglicherweise eines Lehrervortrags.

zweitens (II) der Versuch, wiederholend und vertiefend, eng am Text orientiert, Kants Begründung des kategorischen Imperativs in der „Grundlegung der Metaphysik der Sitten" nachzuvollziehen – einschließlich der Probleme, die sich hier argumentativ im Detail stellen.[1] Unterrichtlich bietet sich an die Verbindung von Lehrervortrag und der Lektüre ausgewählter, weniger Textstellen. Der Lehrervortrag ließe sich visuell stützen durch Projektion der fettgedruckten Begriffe als Hilfe und begriffliches Konzentrat.Fragen im Text sind gelegentlich kursiv gesetzt: Signal für ein mögliches Unterrichtsgespräch oder Signal für den Leser, innezuhalten und selbst über eine Antwort nachzudenken („sapere aude", so Kant in seiner Aufklärungsschrift).

I

In drei Schritten erfolgt die Argumentation: Der Klärung des **sittlich Guten** folgt die Anwendung des Sittlichkeitsbegriffs auf die Situation des Menschen als eines begrenzten Vernunftwesens: Auf diese Weise fällt der Blick auf den Begriff der **Pflicht**. Er wird konkretisiert im **kategorischen Imperativ**.

Gut ist mancherlei: tauglich oder nützlich für etwas oder jemanden, gut ist, was sinnvoll erscheint, was uns erfreut; Zufriedenheit, Freude und Glück selbst erscheinen uns als erstrebenswert und gut. Das alles ist aber nicht das **sittlich Gute**. Kant definiert es als das „ohne Einschränkung", also unbedingt und an sich Gute. Und dieses sittlich Gute ist allein ein **guter Wille**. *Wieso? Wenn Sie eine Handlung oder einen Menschen moralisch beurteilen, wonach fragen Sie dabei?*

Grundlage ist für Kant die **praktische Vernunft** des Menschen, verstanden als die Fähigkeit, Ziele zu setzen und zu begründen: Die Vernunftfähigkeit des Menschen schließt es aus, dass Glückseligkeit als Bedürfnisbefriedigung der eigentliche Zweck, das eigentliche Ziel der menschlichen Natur ist, denn um das zu erreichen, eignet sich ein eingepflanzter Naturinstinkt als sicheres Steuerungsinstrument viel besser. Wenn uns aber Vernunft als praktisches Vermögen zugeteilt ist, so muss ihre Bestimmung sein, einen nicht nur als Mittel für etwas anderes (Glückseligkeit), sondern – vernunftorientiert – an sich selbst guten Willen hervorzubringen. Der **Wille** wird von der praktischen Vernunft her dann auch definiert: „Ein vernünftiges Wesen hat das Vermögen, nach der Vorstellung von Gesetzen, d. i. nach Prinzipien zu handeln, oder einen Willen." Er ist „nichts anderes als praktische Vernunft" (Grundlegung zur Metaphysik der Sitten. BA 37).

Inhaltlich besteht der gute Wille im Bewusstsein der **Pflicht**. *Wieso? Gehen Sie aus vom letzten Zitat: Handeln nach Prinzipien oder Grundsätzen.*

Derart wird die Sittlichkeit in Form des Gebotes, des Sollens bestimmt: Dies ist sinnvoll und notwendig überall da, wo der Wille nicht von vornherein gut ist, überall da, wo neben die praktische Vernunft noch andere Motive und Antriebe des Verhaltens treten, Formen naturwüchsigen und triebhaften Begehrens. Das heißt: Der Begriff der Pflicht zielt auf den Menschen in seiner Gebrochenheit zwischen Vernunftfähigkeit und Unvernunft, Vernunftorientierung und Trieborientierung. Der Begriff der Pflicht definiert die Moralität des Menschen. Die Erfüllung der Pflicht ist nun auf verschiedene Weise und aus verschiedenen Gründen denkbar: aus Selbstinteresse, aus taktischen Gründen, aus Neigung – oder aus Einsicht und Anerkennung der Pflicht als solcher. Daher unterscheidet Kant die **Legalität**, die Pflichtgemäßheit, d. h. die Pflichterfüllung aus irgendwelchen Gründen, von der Sittlichkeit oder **Moralität**, der Pflichterfüllung um der Pflicht willen.

Warum macht Kant diese Unterscheidung, was folgt aus ihr?

Kant verschärft auf diese Weise den Maßstab für ethisches Verhalten, den Anspruch an ethisches Handeln: Nicht mehr die Handlung selbst, sondern nur ihr Bestimmungsgrund, das Motiv, das Wollen gibt Auskunft über die Moralität eines Tuns oder Lassens. Die Berücksichtigung der Folgen einer Entscheidung ist selbstverständlich, nur ist diese Bedingung nicht mehr hinreichend: Im moralischen Handeln wird erstens das sittlich Geforderte und Richtige getan, die Pflicht wird erfüllt, zweitens aber wird die Pflichterfüllung und nicht etwas anderes als Handlungsmotiv gefordert. Die Folge: Moraltheorien, die an Verfahrensweisen oder an Resultaten orientiert sind, begründen aus der Sicht Kants nur Legalität, nicht aber Moralität; dies gilt z. B. für den Utilitarismus, für Hobbes' Ansatz eines langfristig kalkulierenden Egoismus, für den Ansatz eines Gegenseitigkeitsprinzips, z. B. „wie Du mir, so ich Dir."

Seinen Ansatz konkretisiert Kant im **kategorischen Imperativ**. Warum? Kant definiert den Begriff der Pflicht als „Notwendigkeit einer Handlung aus Achtung für das Gesetz" (Grundlegung. BA 14). Das „Gesetz" ist das Sittengesetz, der kategorische Imperativ: „Handle nur nach derjenigen Maxime, durch die du zugleich wollen kannst, dass sie ein allgemeines Gesetz werde" (Grundlegung. BA 52). *Warum „Gesetz", warum „Imperativ", warum „kategorisch", was meint „Maxime"?*

Der Imperativ ist der Begriff der Sittlichkeit unter den Bedingungen menschlichen Seins, dies meint ein Doppeltes: Er folgt unmittelbar aus dem Begriff der Sittlichkeit als dem schlechthin Guten – deshalb gilt er unbedingt, absolut, d. h. kategorisch; er gilt für den Menschen als ein gebrochenes, begrenztes Vernunftwesen – deshalb ist er als Imperativ formuliert. Der Imperativ gilt kategorisch, wieso? Oder anders gefragt, gilt das nicht für alle Imperative? Was ist seine Besonderheit?

Die ethische Grundfrage „was soll ich tun?" kann auf dreierlei Weise verstanden werden, das Sollen ist dabei jeweils ein anderes: Die Regeln der Geschicklichkeit (Kant nennt sie „technische Imperative") gebieten die Wege und Mittel zu beliebigen Absichten und Zielen; wer z. B. reich werden oder bleiben will, muss sich um mehr Einnahmen als Ausgaben bemühen. Die „pragmatischen Imperative", die Ratschläge der Klugheit, bestimmen die Wahl der Mittel zur Glückseligkeit: Kant stellt sich hier deutlich in die Aristotelische Tradition, wenn er den Begriff der Klugheit als Orientierungshorizont nennt und die pragmatischen von den technischen Imperativen abhebt; er tut dies, weil die Glückseligkeit ein Ziel sei, das jedem Menschen wesensnotwendig eignet. Beide Formen von Imperativen sind **hypothetische Imperative**: Ihre Gültigkeit steht unter einer einschränkenden Voraussetzung: „Wenn ich x möchte, dann muss ich y tun." Erst unter Voraussetzung eines bestimmten Zieles greift der Imperativ als Ausweis der zu diesem Ziel notwendigen Mittel.

Im Unterschied zu den hypothetischen Imperativen verpflichtet der **kategorische Imperativ** ohne jede Einschränkung und Voraussetzung, unbedingt und allgemein gültig, ausnahmslos und notwendig: Das sind genau die Strukturmerkmale von Naturgesetzen; daher spricht Kant hier vom (Sitten-)**Gesetz**: Die strenge Allgemeinheit und Objektivität eines Naturgesetzes ist der Maßstab der Moralität.

Der kategorische Imperativ bezieht sich auf **Maximen**: Es sind dies subjektive Grundsätze des Handelns, von Individuum zu Individuum also verschieden; sie beziehen sich auf bestimmte Grundaspekte des Lebens, auf Situationstypen, zum Beispiel Hilfsbedürftigkeit oder Beleidigung: Für alle Situationen also der Hilfsbedürftigkeit wird ein leitendes Handlungsprinzip aufgestellt, etwa Hilfsbereitschaft – oder auch Gleichgültigkeit. Das tatsächliche Verhalten fällt je nach konkreten Situationsumständen und nach den Fähigkeiten des Handelnden auch bei Anerkennung der gleichen Maxime verschieden aus: So wird der hilfsbereite Schwimmer einem Ertrinkenden vermutlich anders helfen als der hilfsbereite Nichtschwimmer. Die Ebene der Maximen ist also deutlich von der Ebene des konkreten Handelns zu unterscheiden, ein gewisses Maß an Flexibilität und Offenheit für das Tun wird dadurch gewonnen.

Derartige Maximen setzt Kant also als ersten Aspekt von Moralität voraus. Der zweite Aspekt des kategorischen Imperativs prüft, ob die subjektive relative Allgemeinheit der Maxime auch dem Anspruch der strengen Allgemeinheit des Gesetzes standhält. Es werden auf diese Weise die moralischen aus den nichtmoralischen Maximen ausgesondert, und zugleich ist der Handelnde kategorisch aufgefordert, den moralischen Maximen zu folgen. Der kategorische Imperativ soll angewendet werden in konkreten Handlungssituationen, die strenge Prüfung dieser Situationen erfolgt indes auf der Ebene der Maximen: Die Welt bricht nicht zusammen an einer Lüge, aber am Regelfall der Lüge! Deutlich wird hier, dass der kategorische Imperativ durchaus nicht, wie man gelegentlich gegen Kant eingewendet hat, eine rigorose, überzogene, kaum realisierbare Ethik nach sich zieht; vielmehr begründet er eher nur eine Minimalethik, ein unverzichtbares Zentrum ethischer Orientierung.

II

1. Ausgangspunkt ist die **Ziel**vorstellung einer **reinen, von aller Empirie gereinigten Moralkonzeption**. *Warum?*

Eine moralische Forderung, wenn sie denn maximale Geltung haben soll, „notwendig“ also gelten soll, d. h. absolut verbindlich, ohne Einschränkung, zwingend gültig, kann nicht in meiner Erfahrung, nicht in empirischen Daten, Fakten oder historisch/ kulturell gegebenen Wertvorstellungen oder Normen begründet sein, darf nicht einmal in der Natur des Menschen oder den Umständen dieser Welt gesucht werden. *Warum nicht?*

Eine Vorschrift, sofern sie sich auch nur in einem Minimum auf empirische Gründe stützt, kann zwar „eine praktische Regel, niemals aber ein moralisches Gesetz heißen“ (Grundlegung. BA VII f.).

Was bleibt übrig als **Begründungsbasis**? Es bleiben übrig die **Begriffe der reinen Vernunft**, a priori, vor und unabhängig von aller Erfahrung.

A priori: Lässt sich das näher bestimmen, *was meint es genau?*

Es ist der genaue Gegenbegriff zur Erfahrung. In der „Kritik der reinen Vernunft“ nennt Kant die zwei Voraussetzungen, die erfüllt sein müssen, um von einer Erkenntnis a priori sprechen zu können:

- Sie muss allgemein gelten.

- Sie muss notwendigerweise gelten.

Dieser Maßstab gilt auch für das Handeln: Kants Moralkonzept, „das moralische Gesetz“, muss diese beiden Voraussetzungen erfüllen.

Auf dieser Basis also ist ein moralisches Gesetz als das **„oberste Prinzip der Moralität“** (BA XV) zu finden: Es ist der sichere Leitfaden und Beurteilungsmaßstab aller Normen und Regeln.

2. Ohne Einschränkung für gut erklärt werden kann nur der **„gute Wille“** (BA 1 f.), und nicht etwa der Verstand und die anderen „Talente des Geistes“, auch nicht Mut, Entschlusskraft und die anderen „Eigenschaften des Temperaments“, auch nicht Macht, Reichtum und die anderen „Glücksgaben.“ *Warum nicht?*

Die „Talente des Geistes“, die „Eigenschaften des Temperaments“ und gar „die Glücksgaben“ sind moralisch indifferent, lassen sich missbrauchen. Die Frage bleibt indes: Wodurch ist denn der gute Wille gut? Nicht durch das, was er bewirkt! Nicht durch seine Ziel- oder Zwecksetzung! (BA 3) *Wieso nicht?*

Kant ist entschieden nicht der Meinung, dass der Zweck die Mittel heiligt. Was bleibt dann aber übrig? Der gute Wille ist gut allein durch das Wollen. Das Wollen des Guten, reine Intentionalität des Guten als Handlungsanleitung also. Selbst wenn dieser Wille seine Absicht nicht durchsetzen könnte, sagt Kant,

„würde er wie ein Juwel doch für sich selbst glänzen, als etwas, das seinen vollen Wert in sich selbst hat." (BA 4) Der gute Wille also als reines Wollen des Guten: abstrakt und tautologisch. *Wie kommen wir weiter?*

3. Der gute Wille ist gut, wenn er allein durch die **Pflicht** bestimmt wird (BA 8 f.), das meint eine Handlung, die **nicht pflichtgemäß**, sondern **aus Pflicht** erfolgt: das Krämerbeispiel, Wohltätigkeit (BA 10f [2]). Es bleiben Fragen:

- Warum dieser Wechsel vom guten Willen zur Pflicht? Plausible Antwort: Ambivalenz, Gebrochenheit der menschlichen Natur: Sinnlichkeit und Vernunftorientierung, Sensualität und Intelligibilität.

- Wird aber damit nicht eine zentrale Prämisse aufgegeben, die Unabhängigkeit von jeglichem empirischem Faktum, auch der Gegebenheit der menschlichen Natur?

- Braucht Kant an dieser Stelle den Rekurs auf die menschliche Natur überhaupt? Kann er nicht auch im Kontext des Wollens den nächsten Schritt tun zur Formulierung des Imperativs bzw. den Kriterien, die der Imperativ einfordert oder festlegt? (Es ist dies, wie wir die genaue Darstellung vorwegnehmend wissen, im Wesentlichen die strikte Verallgemeinerung eines Handlungsgrundsatzes zum Gesetz und die Überprüfung, ob ein solches Gesetz logisch widerspruchsfrei gedacht werden kann erstens [vollkommene Pflichten], oder ob es ernsthaft von einem vernunftorientierten Wesen gewollt werden kann [unvollkommene Pflichten].)

- Weniger kritisch gefragt, vielmehr eng orientiert an Kants Gedankengang im Versuch der verstehenden Rekonstruktion: Was genau meint eine Handlung aus Pflicht? Was ist das moralische Beurteilungskriterium?

4. Worin genau liegt der moralische Wert einer Handlung, die aus Pflicht erfolgt? Was ist das konkrete Beurteilungskriterium einer aus Pflicht erfolgenden Handlung? Auch Eichmann oder Höss beanspruchten rechtfertigend den Begriff der Pflicht für ihr Verhalten. [*Didaktische Anmerkung:* Die Argumentation erscheint mir einsichtiger, wenn wir – in Abweichung von Kants Gedankengang

– von hier aus unmittelbar zu Schritt 5 gehen und die folgende Einführung des Begriffs der Maxime zurückstellen.]

Der moralische Wert einer Handlung aus Pflicht liegt nicht in ihrer Absicht, sondern in der **Maxime**, nach der sie beschlossen wird (BA 13 f.). Es ist dies das „Prinzip des Willens, unangesehen der Zwecke, die durch eine solche Handlung bewirkt werden können; denn der Wille ist mitten inne zwischen seinem Prinzip a priori, welches formell ist, und zwischen seiner Triebfeder a posteriori, welche materiell ist, gleichsam auf einem Scheidewege“ (BA 14).

Wir realisieren: Dem guten Willen ist alles Empirische, alles „Materielle“ entzogen worden; die moralisch wertvolle Maxime ist „das formelle Prinzip des Wollens überhaupt.“

Was aber ist generell und überhaupt eine Maxime?

- Kant definiert einmal die Maxime als „subjektives Prinzip des Wollens“ (BA 15, Anm.), an anderer Stelle als „subjektives Prinzip zu handeln“ (BA 51, Anm.).

- Eine Handlungsregel, eine Art Lebensentwurf: Ich habe z. B. die Maxime, wann immer möglich ein Maximum an Profit zu machen. (T. C. Williams)

- Eine faktische Handlungsregel, z. B.: Wenn der Morgen jung ist, dann stehe ich auf. (R. Bubner)

- Maximen werden bewusst gesetzt, es sind allgemeine Grundsätze, z. B.: Ich werde keine Beleidigung ungerächt erdulden. (R. Bittner)

- Eine Maxime „ist eine beabsichtigte Handlungsweise mit dem Anspruch, über die singuläre Verwirklichung hinauszugehen.“ (R. Ludwig)[3]

Wie gelangen wir zu Maximen, *haben alle Menschen Maximen? Kant geht offenbar davon aus, warum?* Das Konzept eines Lebensentwurfs und eines Selbstentwurfs im Streben nach einem gelingenden Leben, nach „Glückseligkeit“ führt vermutlich dazu, dass wir subjektive Grundsätze ausbilden, Grundhaltungen, die wir subjektiv für sinnvoll halten. Ein weiterer Aspekt: Maximen entlasten, wir müssen nicht in jeder aktualen Situation neu nachdenken und neu entscheiden (Gehlen).

Was ist jetzt eine moralisch wertvolle Maxime, und wieso ist sie rein formell?

Kant geht noch einmal einen Schritt zurück:

5. „Pflicht ist die Notwendigkeit einer Handlung aus Achtung fürs Gesetz." (BA 14) „Gesetz" ist jenes gesuchte moralische Gesetz, Sittengesetz, praktische Gesetz: „Das praktische Gesetz ist die Gesetzmäßigkeit, die herrschen würde, wenn bei allen vernünftigen Wesen die Vernunft die volle Gewalt über unseren Willen hätte, und nicht unsere Neigungen" (BA 15, Anm.).

Eine Handlung erfolgt also dann aus Pflicht, wenn sie aus **Achtung für das moralische Gesetz** erfolgt.

Bevor das moralische Gesetz näher bestimmt wird, möchte Kant ein mögliches Missverständnis klären: Mit „Achtung" will er nicht in den Bereich der Gefühle, des Sensitiven, des Empirisch Gegebenen eintreten, mithin also die Ebene der reinen Vernunftbegriffe verlassen: „Achtung" ist „kein durch Einfluss empfangenes, sondern durch einen Vernunftbegriff selbstgewirktes Gefühl", bedeutet „bloß das Bewusstsein der Unterordnung meines Willens unter einem Gesetze", „die unmittelbare Bestimmung des Willens durchs Gesetz und das Bewusstsein derselben", „Wirkung des Gesetzes auf das Subjekt" (BA 16, Anm.), durch die Vernunft selbst initiiert als „Vorstellung des Gesetzes an sich selbst" (Ba 16).

In einem letzten Zwischenschritt bekräftigt Kant noch einmal die Absage an alle Empirie (BA 26 ff.) nicht nur auf der Begründungsebene, sondern auch auf der Ebene der Illustration oder des Belegs eindeutig moralischer Handlungen: Empirisch belegen lassen sich pflichtgemäße Handlungen, nicht aber Handlungen aus Pflicht, weil man ihre inneren Prinzipien, auf die es entscheidend ankommt, einfach nicht sieht und weil wir, auch im Kontext eigener Erfahrung, nie ausschließen können, dass motivational nicht doch ganz andere Faktoren als die vermeintlich moralischen die Handlung bestimmten.

6. Das moralische Gesetz hat die Form des Sollens, tritt auf als **Imperativ**. *Warum?*

Kant holt weit aus (BA 36 f.). In der Natur gelten Gesetze. Wir haben darüber hinaus als Menschen, als Vernunftwesen die Möglichkeit, eigene Regeln aufzustellen, z. B. können wir uns einen Diätplan aufstellen, es wäre dies gleichsam ein eigenes Gesetz gegenüber dem Naturgesetz des Hungertriebes. Nicht alle Handlungsregeln, Prinzipien, die wir aufstellen können, sind nun aber vernünftig: Die praktische Vernunft des Menschen als eines vernunftfähigen Wesens ist das Vermögen, Gesetze oder Prinzipien aufzustellen, die notwendig und allgemein gelten sollen. Der Wille ist das Vermögen, nach der Vorstellung dieser Gesetze, ihnen gemäß zu handeln. Unsere Doppelnatur zwischen Sinnlichkeit und Triebhaftigkeit einerseits und Vernunftfähigkeit und Intelligibilität andererseits hat zur Folge, dass das oder die Gesetze der Vernunft als Nötigung des Willens auftreten, denen er sich unterwirft: als Gebote, als Imperative.

Es gibt zwei Formen dieser Imperative, den hypothetischen und den kategorischen (BA 39f.). *Warum „hypothetisch"?*

Eine Hypothese ist eine Annahme: Angenommen, ich will ein guter Klavierspieler werden, dann musst ich jeden Tag üben. Der hypothetische Imperativ sagt also unter Voraussetzung/Annahme eines bestimmten Ziels, unter einer bestimmten Bedingung also, was zu tun gut oder auch unerlässlich notwendig ist, um dies Ziel zu erreichen. Kant spricht hier von Regeln der Geschicklichkeit (= technische Imperative: Mittel und Wege zu beliebigen Absichten, zentral auch technischen Handelns) und der Klugheit (= pragmatische Imperative: Wie erlange ich Glückseligkeit? Welche Mittel führen zu welchen Lebenszielen? Der Aristotelische Begriff der Phronesis, der Lebensklugheit steht im Hintergrund).

Der **kategorische Imperativ** gilt im Unterschied dazu unmittelbar, unbedingt, absolut: „Er betrifft nicht die Materie der Handlung und das, was aus ihr folgen soll, sondern die Form und das Prinzip, woraus sie selbst folgt, und das Wesentlich-Gute derselben besteht in der Gesinnung, der Erfolg mag sein, welcher er wolle." (BA 43)

Der kategorische Imperativ gilt also bedingungslos, d. h. unbedingt. Das impliziert die Form eines Gesetzes: Gesetze gelten ohne Wenn und Aber. So gilt auch das praktische Gesetz, das Sittengesetz ohne Wenn und Aber. Der kategorische Imperativ lautet in seiner **ersten Formel**: „Handle nur nach derjenigen Maxime, durch die Du zugleich wollen kannst, dass sie ein allgemeines Gesetz werde." (BA 52)

Die **zweite Formel** folgt elf Zeilen später: „Handle so, als ob die Maxime Deiner Handlung zum allgemeinen Naturgesetz werden sollte." (BA 52)

[*Didaktische Anmerkung:* An dieser Stelle, schlage ich vor, ist Schritt 5, die Einführung des Begriffs der Maxime, einzubringen]

7. Kants Beispiele sind klar strukturiert: Verhalten gegen sich und Verhalten gegen andere, vollkommene und unvollkommene Pflichten; diese Struktur führt zu vier Beispielen: Es sind das Selbstmord- und das Talente-Beispiel, das Versprechen- und das Hilfe-in-der-Not-Beispiel (BA 53-56).

Es folgen jetzt Kants Beispiele, eingeleitet durch Fragen. Im Anschluss werden die Beispiele auf ihre Überzeugungskraft befragt.

↪ *1. Der kategorische Imperativ ist ein Instrument, moralische von nichtmoralischen Maximen zu unterscheiden. Wie funktioniert er, wie geht Kant in den Beispielen jeweils vor?*

↪ *2. Warum vier Beispiele? In welche Formen oder Varianten lassen sich seine Beispiele einteilen?*

↪ *3. Ist Kants Argumentation jeweils überzeugend?*

- Das Selbstmord-Beispiel

  - Einer, der durch eine Reihe von Übeln, die bis zur Hoffnungslosigkeit angewachsen ist, einen Überdruss am Leben empfindet, ist noch so weit im Besitz seiner Vernunft, dass er sich selbst fragen kann, ob es auch nicht etwa der Pflicht gegen sich selbst zuwider sei, sich das Leben zu nehmen. Nun versucht er, ob die Maxime seiner Handlung wohl ein allgemeines Naturgesetz werden könne. Seine Maxime aber ist: Ich mache es mir aus Selbstliebe zum Prinzip, wenn das Leben bei seiner längern Frist mehr Übel droht, als es Annehmlichkeit verspricht, es mir abzukürzen. Es fragt sich nur noch, ob dieses Prinzip der Selbstliebe ein allgemeines Naturgesetz werden könne. Da sieht man aber bald, dass eine Natur, deren Gesetz es wäre, durch dieselbe Empfindung, deren Bestimmung es ist, zur Beförderung des Lebens anzutreiben, das Leben selbst zu zerstören, ihr selbst widersprechen und also nicht als Natur, bestehen würde, mithin jene Maxime unmöglich als allgemeines Naturgesetz stattfinden könne, und folglich dem obersten Prinzip aller Pflicht gänzlich widerstreite.

- Das Versprechen-Beispiel

    - Ein anderer sieht sich durch Not gedrungen, Geld zu borgen. Er weiß wohl, dass er nicht wird bezahlen können, sieht aber auch, dass ihm nichts geliehen werden wird, wenn er nicht festiglich verspricht, es zu einer bestimmten Zeit zu bezahlen. Er hat Lust, ein solches Versprechen zu tun; noch aber hat er so viel Gewissen sich zu fragen: ist es nicht unerlaubt und pflichtwidrig, sich auf solche Art aus Not zu helfen? Gesetzt, er beschlösse es doch, so würde seine Maxime der Handlung so lauten: wenn ich mich in Geldnot zu sein glaube, so will ich Geld borgen, und versprechen, es zu bezahlen, ob ich gleich weiß, es werde niemals geschehen. Nun ist dieses Prinzip der Selbstliebe, oder der eigenen Zuträglichkeit, mit meinem ganzen künftigen Wohlbefinden vielleicht wohl zu vereinigen, allein jetzt ist die Frage: ob es recht sei? Ich verwandle also die Zumutung der Selbstliebe in ein allgemeines Gesetz, und richte die Frage so ein: wie es dann stehen würde, wenn meine Maxime ein allgemeines Gesetz würde. Da sehe ich nun sogleich, dass sie niemals als allgemeines Naturgesetz gelten und mit sich selbst zusammenstimmen könne, sondern sich notwendig widersprechen müsse. Denn die Allgemeinheit eines Gesetzes, dass jeder, nachdem er in Not zu sein glaubt, versprechen könne, was ihm einfällt, mit dem Vorsatz, es nicht zu halten, würde das Versprechen und den Zweck, den man damit haben mag, selbst unmöglich machen, indem niemand glauben würde, dass ihm was versprochen sei, sondern über alle solche Äußerung, als eitles Vorgeben, lachen würde.

- Das Talente-Beispiel

    - Ein dritter findet in sich ein Talent, welches vermittelst einer Kultur ihn zu einem in allerlei Absicht brauchbaren Menschen machen könnte. Er sieht sich aber in bequemen Umständen, und zieht vor, lieber dem Vergnügen nachzuhängen, als sich mit Erweiterung und Verbesserung seiner glücklichen Naturanlagen zu bemühen. Noch fragt er aber: ob, außer der Übereinstimmung, die seine Maxime der Verwahrlosung seiner Naturgaben mit seinem Hange zur Ergötzlichkeit an sich hat, sie auch mit dem, was man Pflicht nennt, übereinstimme. Da sieht er nun, dass zwar eine Natur nach einem solchen allgemeinen Gesetze immer noch bestehen könne, obgleich der Mensch (so wie die Südsee-Einwohner) sein Talent rosten ließe, und sein Leben bloß auf Müßiggang, Ergötzlichkeit, Fortpflanzung, mit einem Wort, auf Genuss zu verwenden bedacht wäre; allein er kann unmöglich wollen, dass dieses ein allgemeines Naturgesetz werde, oder als ein solches in uns durch Naturinstinkt gelegt sei. Denn als ein vernünftiges Wesen will er notwendig, dass alle Vermögen in ihm entwickelt werden, weil sie ihm doch zu allerlei möglichen Absichten dienlich und gegeben sind.

- Das Hilfe-inNot-Beispiel

    - Noch denkt ein vierter, dem es wohl geht, indessen er sieht, dass andere mit großen Mühseligkeiten zu kämpfen haben (denen er auch wohl helfen könnte): Was geht's mich an? Mag doch ein jeder so glücklich sein, als es der Himmel will, oder er sich selbst machen kann, ich werde ihm nichts entziehen, ja nicht einmal beneiden; nur zu seinem Wohlbefinden, oder seinem Beistande in der Not, habe ich nicht Lust, etwas beizutragen! Nun könnte allerdings, wenn eine solche Denkungsart ein allgemeines Naturgesetz würde, das menschliche Geschlecht gar wohl bestehen, und ohne Zweifel noch besser, als wenn jedermann von Teilnehmung und Wohlwollen schwatzt, auch sich beeifert, gelegentlich dergleichen auszuüben, dagegen aber auch, wo er nur kann, betrügt, das Recht der Menschen verkauft, oder ihm sonst Abbruch tut. Aber, obgleich es möglich ist, dass nach jener Maxime ein allgemeines Naturgesetz wohl bestehen könnte: so ist es doch unmöglich, zu wollen, dass ein solches Prinzip als Naturgesetz allenthalben gelte. Denn ein Wille, der dieses beschlösse, würde sich selbst widerstreiten, indem der Fälle manche sich doch eräugnen können, wo er anderer Liebe und Teilnehmung bedarf, und wo er, durch ein solches aus seinem eigenen Willen entsprungenes Naturgesetz, sich selbst alle Hoffnung des Beistandes, den er sich wünscht, rauben würde. (BA, 53-57

- Das Selbstmord-Beispiel:
    - Es geht beim Selbstmord-Beispiel nicht um die Folgen eines weltweiten Massenselbstmordes.
    - Es geht um die Verallgemeinerung der Maxime zum Naturgesetz: Die Maxime ist die der Selbstliebe, die in der Regel die Erhaltung des Lebens, bei einer negativen Bilanzierung aber die Beendigung des Lebens nach sich zieht.
    - In der Tat wäre dies ein logisch in sich widersprüchliches Naturgesetz.
- Das Versprechen-Beispiel:
    - Es geht nicht um die möglichen Folgen der Maxime: „Wenn ich mich in Geldnot zu sein glaube, so will ich Geld borgen und versprechen, es zu bezahlen, ob ich gleich weiß, es werde niemals geschehen." Es geht nicht um die Folgen, so plausibel ihre Verallgemeinerung auch zur Auflösung der sozialen Regel oder des Sprechaktes „Versprechen" führen würde. Warum nicht? Die Kenntnis der Reaktionsfolgen auf ein falsches Versprechen setzt Erfahrung voraus; Erfahrung aber möchte Kant nie heranziehen, weil er damit den Anspruch auf absolute Gültigkeit (Stichwort a priori-Gültigkeit) aufgeben würde. Das Beispiel darf also nicht von dem sinnlich wahrnehmbaren Folgen eines gebrochenen Versprechens aufgeschlossen werden, sondern nur von der Verallgemeinerung des Willens, der dem falschen Versprechen zugrunde liegt.
    - Ein Versprechen ist eine Selbstverpflichtung: Ein falsches Versprechen als Naturgesetz wäre eine Selbstverpflichtung ohne Selbstverpflichtung: ein eindeutiger Widerspruch im Denken.
- Das Talente-Beispiel: interessant hier die Interpretationen in der Kant-Rezeption:

- Kants Maxime der Selbstverwahrlosung führt, als Gesetz gedacht, zu einem Willen, der kein Interesse an seiner eigenen Möglichkeit hat, ein Wille, der seine eigene Willenlosigkeit, also seine eigene Unmöglichkeit will: ein logischer Widerspruch.

- Kants Wille ist an die Voraussetzung der Vernunftfähigkeit des Menschen geknüpft, sonst gäbe es diesen Willen nicht; als Naturgesetz zu wollen, dass wir die Vernunft, sofern sie die Entwicklung unserer Talente ermöglicht, aufgeben, heißt uns als Vernunftwesen aufzugeben: ein logischer Widerspruch.

- Begabungen sind intentional auf Realisierung oder Entfaltung angelegt, sonst würden wir uns ihrer gar nicht bewusst; ein Naturgesetz, das zugleich die Verwirklichung und die Verwahrlosung von Begabungen zur Folge hat, ist ein logischer Widerspruch.

- Kant ordnet dieses Beispiel wie auch das nächste den unvollkommenen Pflichten zu, die ich zwar widerspruchsfrei denken, nicht aber widerspruchsfrei wollen kann. Heißt das nicht, dass die bisher skizzierten Interpretationen zu weit greifen? Was bleibt dann aber: Als Vernunftwesen kann ich ein Naturgesetz nicht wollen, das meine Vernunftfähigkeit nicht rundum fördert, sondern (partiell) vernachlässigt.

- Liegt in dieser Interpretation aber nicht die Struktur des klassischen Zirkelschlusses vor? Wenn ich mich als Vernunftwesen definiere, bedarf ich gar nicht der im kategorischen Imperativ geforderten Verallgemeinerung meiner Maxime, um zu sehen, dass sie moralisch nicht haltbar ist; auch ohne kategorischen Imperativ ist unmittelbar evident, dass diese Maxime dem Anspruch eines Vernunftwesens widerspricht.

- Noch weiter (möglicherweise auch noch weiter falsch) gedacht: Das Beispiel bedarf nicht einmal des Rekurses auf eine Maxime; wenn ich mich ernsthaft als vernunftfähiges Wesen begreife, resultiert daraus unmittelbar die Pflicht der Entfaltung meiner

Begabungen und Anlagen, sofern sie meinen spezifisch „menschlichen Horizont“, das meint meinen kulturellen Horizont, meine Bildung erweitern, um den Begriff zu nennen, der zentral war für das „Bildungs“-bürgertum der Aufklärung, das sein emanzipatorisches Selbstverständnis in der Tat als ein allgemein menschliches verstand.

- Im Hintergrund steht auch hier wieder Aristoteles: sein Konzept der Entelechie, die Überzeugung, dass gegebene Anlagen gleichsam naturaliter zur Entfaltung kommen müssen und – im Bereich menschlichen Seins – auch kommen sollen. Dieses Konzept wiederum hängt genuin zusammen mit der Aristotelischen Eudaimonía-Vorstellung: Das gelingende menschliche Leben liegt wesentlich in der vollkommenen Entfaltung des menschlichen Wesens: zóon lógon échon und zoón politikón, beides zielt ab auf Ethik und Moral, auf die theoretische Begründung und Formulierung eines tugendhaften Lebens und auf seine praktische Umsetzung in der Polis, der Herstellung gerechter Lebensverhältnisse.

- Ist denn damit der Anspruch einer von jeglicher Erfahrung freien, rein begrifflichen Vernunftorientierung, einer apriorischen und damit gleichsam logisch zwingenden und allgemeingültigen Argumentation noch gegeben – oder ist jetzt nicht eine Menge materieller Voraussetzungen, empirischer Daten berücksichtigt, zumindest an anthropologischen Aussagen, Berücksichtigung also der Natur des Menschen?

- Das Hilfe-in-Not-Beispiel:

  - Kants Formulierung führt leicht auf ein falsches Gleis: „Ein Wille, der beschlösse“, nicht zu helfen, wenn jemand in Not gerät, „würde sich selbst widerstreiten, indem der Fälle doch manche sich eräugnen könnten, wo er anderer Liebe und Teilnehmung bedarf, und wo er, durch ein solches aus seinem eigenen Willen entsprungenes Naturgesetz, sich selbst alle Hoffnung des Beistandes, den er sich wünscht, rauben würde.“ (BA 56)

Das bedeutet ja doch wohl, meine Hilfestellung – und ihre Verallgemeinerung zum Gesetz – hätte den Zweck, dass mir selbst in ähnlicher Lage auch geholfen würde: eindeutig materiell, empirisch und folgenorientiert; eher ein hypothetischer Imperativ: Wenn Du willst, dass Dir einmal in Not geholfen wird, musst Du selbst Menschen in Not helfen. Konsequenz des Verallgemeinerungsansatzes der Goldenen Regel, folgenorientiert. In der „Metaphysik der Sitten“ greift Kant das Beispiel in gleichem Duktus auf, ich zitiere ausführlich: „Denn jeder Mensch, der sich in Not befindet, wünscht, dass ihm von anderen Menschen geholfen werde. Wenn er aber seine Maxime, anderen wiederum in ihrer Not nicht Beistand leisten zu wollen, laut werden ließe, d. i. sie zum allgemeinen Erlaubnisgesetze machte: so würde ihm, wenn er selbst in Not ist, jedermann gleichfalls seinen Beistand versagen, oder wenigstens zu versagen befugt sein. Also widerstreitet sich die eigennützige Maxime selbst, wenn sie zum allgemeinen Gesetz gemacht würde, d. i. sie ist pflichtwidrig“ (II § 30, A 124). Ein Selbstwiderspruch liegt nur dann vor, wenn wir Kants Voraussetzung akzeptieren: „Jeder Mensch, der sich in Not befindet, wünscht, dass ihm von anderen Menschen geholfen werde.“ Diese Voraussetzung trifft in der Tat empirisch wohl überwiegend zu, nur aber auf der Ebene empirischer Verallgemeinerung, argumentativ nicht zwingend (vorstellbar durchaus jemand, der diese Prämisse nicht anerkennt), von logischer Notwendigkeit ist hier keine Rede – so weit kein überzeugendes Anwendungsbeispiel des kategorischen Imperativs.

- Ralf Ludwigs Rettungsversuch Kants vor sich selbst: Aus dem „Begriff des endlichen Wesens Mensch“ gehe „a priori die zwangsläufig auftretende Bedürftigkeit hervor“ und auf diese Ebene beziehe sich Kant, auf den „grundsätzlichen Beistand für die Bedürftigkeit unseres Menschseins.“[4] Dieses Argument findet sich in der Tat auch bei Kant: in der „Metaphysik der Sitten.“ Unmittelbar nach der zitierten Stelle heißt es dort: „Folglich ist die gemeinnützige Maxime, des Wohltuns gegen Bedürftige, allgemeine Pflicht der Menschen, und zwar darum: weil sie als Mitmenschen, d. i. bedürftige, auf einem Wohnplatz durch die Natur zur wechselseitigen Beihülfe vereinigte vernünftige Wesen anzusehen sind." (B 124) Ist das argumentativ einsichtig? Zweifellos. Ist es zwingend?

- Wenn man Kant und Ludwig hier nicht folgt, dann aus den gleichen Schwierigkeiten oder Gründen wie beim ersten Beispiel unvollkommener Pflichten, dem Talente-Beispiel: Liegt nicht ein Zirkelschluss vor? Setzt der Begriff des vernunftfähigen Lebewesens nicht schon voraus, was erst durch den Probierstein des kategorischen Imperativs klar werden soll, dass ich zur Hilfe verpflichtet bin, weil ich in der Tat als ein der praktischen Vernunft fähiges Lebewesen ein egoistisch gleichgültiges Verhalten nicht wollen kann? Dann allerdings bedarf es gar nicht der Überprüfung der Maxime durch strenge Verallgemeinerung, dann ist der moralische Anspruch und Inhalt, das Hilfsgebot, mit dem Begriffen Vernunftorientierung und Mensch schon gesetzt.

- Abschließend zu reflektieren:

  - *Sind die in Schritt 3 gestellten kritischen Fragen Kants Ansatz bestätigend beantwortbar oder markieren sie in der Tat Problemstellen des Konzepts?*
  - *Löst das Konzept den Anspruch auf einen apriorischen Geltungsanspruch ein, ist das „oberste Prinzip der Moralität" gefunden?*

8. Die **dritte Formel** des kategorischen Imperativs (BA 63f, 66):

- Der Mensch ist das Lebewesen, das Zwecke setzen kann; diese sind zunächst subjektiv: Ich will ein guter Klavierspieler werden. Das Mittel dazu: jeden Tag üben. Diese Zwecksetzung ist subjektiv, relativ, Kant formuliert zusätzlich: „material." Die damit verknüpfte Wahl der Mittel führt in den Bereich hypothetischer Imperative.

- Daneben gibt es eine andere Form der Zwecksetzung: gegeben „durch bloße Vernunft" und „für alle vernünftigen Wesen gleich" gültig; dieser Zweck dient „dem Willen zum objektiven Grunde seiner Selbstbestimmung"; es resultieren daraus „allgemeine, für alle vernünftigen Wesen" und „für jedes Wollen gültige und notwendige Prinzipien, d. i. praktische Gesetze." Diese Prinzipien „sind formal", weil „sie von allen subjektiven Zwecken" und den ihnen zugrunde liegenden Triebfedern „abstrahieren" (BA 63 f.). Was ist damit gemeint? Offensichtlich die **Zwecksetzung**, die aus dem **kategorischen Imperativ** resultiert, nicht als Überprüfungsinstrument nur, sondern als oberstes moralisches Prinzip verstanden, Basis allen moralischen Handelns.

- Der **Grund** dieses obersten moralischen Prinzips, des kategorischen Imperativs, kann nur in einem Wesen liegen, „dessen Dasein an sich selbst einen absoluten Wert hat, was, als **Zweck an sich selbst**, ein Grund bestimmter [= notwendiger und allgemein gültiger] Gesetze sein könnte" (BA 64). Dieses Wesen ist der **Mensch** als Vernunftwesen, als moralisches Wesen. Das zeichnet ihn in besonderer Weise aus, verleiht ihm seine spezifische **Würde** als Gattungswesen.

- Auf dieser Basis formuliert Kant die dritte Formel des kategorischen Imperativs, die **Zweck-Mittel-Formel**: „Handle so, dass Du die Menschheit, sowohl in Deiner Person, als in der Person eines jeden andern, jederzeit zugleich als Zweck, niemals bloß als Mittel brauchest." (BA 66)

Die Anwendung der Zweck-Mittel-Formel auf Kants Beispiele (BA 67 ff.):

- Beispiel 1: Der Selbstmörder verfüge über sich „bloß als eines Mittels zur Erhaltung eines erträglichen Zustandes bis zum Ende des Lebens."

- Beispiel 2: Der Lügner bediene sich anderer als Mittel zu seinem Zweck. Dasselbe liege vor bei Angriffen auf die Freiheit und das Eigentum anderer.

- Schwieriger erscheint die Anwendung auf Beispiel 3: Talente und Begabungen ermöglichen und fördern das Menschsein in seiner Vielfalt; ihre Vernachlässigung gefährde „die Beförderung" der Menschheit als

Zweck an sich selbst. Eine Instrumentalisierung, die die dritte Formel zentral verbietet, liegt hier doch wohl nicht vor, die Anwendung erscheint mir nicht eindeutig und überzeugend.

- Beispiel 4: Wer Hilfe verweigert, verkenne den „Naturzweck, den alle Menschen haben, ihre eigene Glückseligkeit“, er verweigere anderen das Zwecke-Setzen-Können, das Handeln-Können, das zu einem Menschsein elementar gehört. Auch hier ist von Instrumentalisierung wohl nicht die Rede, gleichwohl greift, meine ich, die Anwendung. Erstaunlich und vielleicht bedenklich, dass dieser elementare Grundsatz hier relativ schwach begründet wird. Das Gegenseitigkeitsprinzip oder die Goldene Regel erscheinen hier argumentativ naheliegender, einfacher und schlüssiger (vgl. Kants Erläuterung dieses Beispiels mit Hilfe der Grundformel: S. 35 f.).

Anmerkungen

1. Im Ansatz habe ich mich hier orientiert an der vorbildlichen Einführung von Ralf Ludwig: Kant für Anfänger. Der kategorische Imperativ. München 1995: Teil 2: Auf dem Weg zum obersten Moralprinzip. S. 37ff.
2. „Es ist allerdings pflichtmäßig, dass der Krämer seinen unerfahrnen Käufer nicht überteure, und, wo viel Verkehr ist, tut dieses auch der kluge Kaufmann nicht, sondern hält einen festgesetzten allgemeinen Preis für jedermann (...). Man wird also ehrlich bedient; allein das ist lange nicht genug, um deswegen zu glauben, der Kaufmann habe aus Pflicht und Grundsätzen der Ehrlichkeit so verfahren; sein Vorteil erforderte es (...). Also war die Handlung weder aus Pflicht, noch aus unmittelbarer Neigung, sondern bloß in eigennütziger Absicht geschehen.“ (BA 9)
3. Die unterschiedlichen Verstehensweisen oder Definitionsansätze von Maximen finden sich alle in Ralf Ludwigs Buch. S. 52f.
4. Ludwig. S. 85.

Autonomie und Freiheit
Der letzte Grund des kategorischen Imperativs
Zur Begründung von Ethik

In unterschiedlichen Varianten will ich versuchen, Kants „Letztbegründung" in der „Kritik der praktischen Vernunft" nachzuvollziehen. Zunächst eine etwas freiere Form, stark problemorientiert strukturiert, relativ ausführlich gehalten (I). Es folgt eine enger am Text Kants angelehnte Variante (II).

I

1. An der Tatsache **Ethik** lässt sich nicht zweifeln: Es gibt ethische Fragen, Probleme, Positionen, Diskussionen. Radikal kritisch gefragt: Inwiefern ist diese Tatsache von Bedeutung? Ist Ethik möglicherweise nur ein bloßes Sprachspiel oder wirklich notwendig mit der menschlichen Existenz verknüpft? Kants kritische Frage lautet: Was ist die Bedingung der Möglichkeit dafür? Worin gründet Ethik?

2. Seine Antwort lautet: Basis und Bedingung von Ethik ist die **Freiheit** des Menschen. Als Voraussetzung muss sie notwendig angenommen werden. Was ist nun aber Freiheit? Welche Bedingungen müssten frei erfolgende Handlungen erfüllen? Sie dürften nicht fremdbestimmt erfolgen, also nicht durch etwas anderes bedingt oder von etwas abhängig sein; dieses andere kann in der objektiven, äußeren Realität als Reiz, auf den wir reagieren, oder in meiner eigenen leiblichen oder psychischen, inneren Wirklichkeit als Trieb oder Bedürfnis, dem ich nachgebe, gegeben sein. Freiheit ist also Unabhängigkeit von empirisch, in der Erfahrung gegebenen Phänomenen, Unabhängigkeit vom Gesetz der Kausalität, das uns bestimmt, wenn wir unfrei handeln. Gibt es diese Freiheit wirklich, lässt sie sich beweisen?

3. Alle inhaltlichen – Kant sagt „materialen" – Bestimmungsgründe unseres Wollens sind empirisch, also unfrei, „heteronom", d. h. fremdbestimmt: Wir wollen etwas – Gegenstände, Zustände, Tätigkeiten –, weil wir uns von seiner Realisierung Lust, Befriedigung, Zufriedenheit, Sinn versprechen oder Unlust, Angst und Ähnliches derart zu vermeiden hoffen. Das Prinzip, das allen materialen Bestimmungsgründen gemeinsam ist, liegt im eigenen Vorteil: in der Selbstliebe

oder eigenen Glückseligkeit. Das bedeutet: Die Glückseligkeit als Zufriedenheit mit unserem Dasein ist einmal abhängig von individuellen, sozialen, historischen Bedingungen, abhängig ferner von den Möglichkeiten, die die Welt uns bietet, immer also empirisch bedingt und empirisch auch nur überprüfbar; denn nur aus Erfahrung lässt sich sagen, ob das angestrebte Glück auch erreicht wurde. Wir handeln in dieser Hinsicht also nicht frei.

4. Wenn derart aber alle Inhalte als Bestimmungsgründe des Wollens ausgeschlossen sind, was bleibt dann übrig? Übrig bleibt eine rein formale Weise der Willensbestimmung: Die bloße **Gesetzesform des kategorischen Imperativs** kann lediglich von der Vernunft vorgestellt werden, ist daher kein möglicher Gegenstand der Sinne, fällt daher nicht unter die Erscheinungen und ihr Prinzip der Kausalität. Im kategorischen Imperativ artikuliert sich der Wille daher unabhängig vom Gesetz der Kausalität. Der freie Wille gibt sich selbst sein Gesetz. Es artikuliert sich derart die **Autonomie**, d. h. die Sich-Selbst-Gesetzgebung des Willens oder die praktische Vernunft auf allgemeingültige Weise, unabhängig von jeder Erfahrung und als rein formale Anweisung: „Handle so, dass die Maxime deines Willens jederzeit zugleich als Prinzip einer allgemeinen Gesetzgebung gelten kann" (Kritik der praktischen Vernunft. § 7). Hier realisiert sich Freiheit nicht mehr nur negativ als Unabhängigkeit von materialen Bestimmungsgründen, sondern positiv als Selbstbestimmung oder eigene Gesetzgebung. Negativ ist Freiheit also das Nein zu materialen Bestimmungsgründen, positiv ist Freiheit die Möglichkeit, kraft eigener Vernunft ein formales Gesetz zu schaffen, dem ich gehorchen kann. Kant sieht darin den einzig möglichen Erweis der Freiheit und damit der **Würde des Menschen**.

Anders angesetzt: Der kategorische Imperativ ist die Antwort auf die Frage nach dem Begriff und höchsten Maßstab allen sittlichen Handelns. Die Autonomie des Willens ist die Antwort auf die Frage nach der Bedingung der Möglichkeit, moralisch zu handeln, ist der letzte Grund dafür, dem Maßstab gemäß handeln zu können. Der kategorische Imperativ nennt das Gesetz, unter dem der autonome Wille steht; die Autonomie ermöglicht es, die Forderungen des kategorischen Imperativs zu erfüllen.

> Moralität als Autonomie heißt, sich seine Bedürfnisse und gesellschaftlichen Abhängigkeiten eingestehen, sie sogar bejahen und sie doch nicht als letzten Be-

stimmungsgrund des Lebens zuzulassen. [Moralität] als Autonomie bedeutet, mehr als ein bloßes Bedürfnis- und Gesellschaftswesen zu sein und in dem Mehr – hier liegt Kants Provokation – zu seinem eigentlichen Selbst zu finden, dem moralischen Wesen, der reinen praktischen Vernunft: Notabene: „Zum Mehr gehört nicht ein Abstreifen des Weniger."[1]

5. Wille, Autonomie, praktische Vernunft, Freiheit – alle diese Begriffe rücken auf engste Weise zusammen, **Wille** und **Vernunft** sind die Pole dieses Feldes: Kant definiert den Willen z. B. als das Begehrungsvermögen, das durch die Zwecke der Vernunft bestimmt ist; hier werden zwei Begriffe zusammengedacht, die traditionell einen Gegensatz ausmachen: Seit Platon ist das Begehrungsvermögen auf das Sinnliche gerichtet, der Aristotelische Begriff des Strebens (órexis) ist gleichsam schon neutralisiert. Gleichwohl gibt es seit der Antike eine starke dualistische Tradition von Körper und Geist, Sinnlichkeit und Intellektualität, kantisch gesprochen von Sensibilität und Intelligibilität, empirischem und intelligiblen Charakter, die Kant hier begrifflich vermitteln muss: Denn „nur dadurch, dass so etwas wie dieses ursprünglich sinnliche Vermögen des Begehrens, der Absicht in sich die Möglichkeit hat, auch durch Vernunft bestimmt zu sein", können „wir uns überhaupt vorstellen, wie das Sittengesetz, der kategorische Imperativ, und unser Verhalten als empirische Wesen zusammenkommen."[2]

Ich folge Adorno: Die Vermittlung gelingt „dadurch, dass die Vernunft in Gestalt des Willens den Trieb, dass das Ich, wie die Psychologie sagen würde, das Es in Beschlag nimmt." Die Vermittlung ist dabei eine der Herrschaft der Vernunft über die verfügbare Triebenergie. Insofern kann man sagen, „dass in der Kantischen Moralphilosophie das bürgerliche Prinzip der Naturbeherrschung durch die Zentrierung der Triebenergien auf das Ich, das sie dirigiert, in der Philosophie selbst sich reflektiert und in diesem allerhöchsten Prinzip zusammenfasst."

Und umgekehrt betrachtet: Kants Begriff der Vernunft hat selber auch eine „Affinität zum Willen"; schon die theoretische, die reine Vernunft ist verstanden als „rein erzeugende Kraft", „als das Tun, das Hervorbringen, aus dem die logischen Gesetzmäßigkeiten entspringen sollen." Die Vernunft bei Kant ist letztlich nichts anderes als „Wille, nur eben der reine Wille, das heißt: eine Art von ursprünglichem Tun, das von aller Abhängigkeit von ihm vorgegebenen Objekten sich gänzlich gereinigt hat."[3]

6. Das Bewusstsein des Sittengesetzes bezeichnet Kant als **Faktum der Vernunft**, das niemand leugnen könne. Zeigen soll es, dass dem Begriff Freiheit wirklich und unstrittig Realität zukommt. Unsere moralische Erfahrung verdeutlicht: Das Sittengesetz, der kategorische Imperativ ist ein absoluter Befehl unserer Vernunft, den wir ausführen können, obgleich wir uns doch täglich als vielfältig bedingt und Mechanismen unterworfen erleben, die sich wissenschaftlich erhellen und analysieren lassen – Kant spricht von der kausalen Ordnung der Natur, der auch wir, heteronom, unterworfen sind. Der kategorische Imperativ demonstriert die Freiheit des Menschen als Moralität, ohne dass daraus ein Widerspruch entsteht zu der Grundtatsache, dass alle Ereignisse kausal bedingt sind. Unsere Handlungen sind als Teil der Naturordnung kausal bedingt und wissenschaftlich analysierbar, zugleich tragen wir als frei handelnde Menschen die moralische Verantwortung für unser Tun und Lassen.

7. Es schließt sich derart Kants Gedankengang: Nach dem ersten methodischen Schritt, der Konstruktion eines angemessenen Begriffs von Sittlichkeit als dem uneingeschränkten Guten, dem zweiten Schritt, der Anwendung des Sittlichkeitsbegriffs auf die Situation begrenzter Vernunftwesen im Begriff der Pflicht, dem dritten Schritt, der Konkretion des Pflichtbegriffs im kategorischen Imperativ, folgte als vierter Schritt die Begründung des kategorischen Imperativs in der Autonomie als Willensfreiheit und abschließend mit der These des Vernunftfaktums ein fünfter argumentativer Schritt, um nachzuweisen, dass der gesamte bisherige gedankliche und argumentative Aufbau eine eindeutig gegebene Realität und keine Fiktion behandelt.

II

Vorlauf: Kants Thematisierung der Freiheit in der „Kritik der reinen Vernunft" (KrV B 575 f.):

Es gibt in der Natur nur Kausalität; denkmöglich aber, ohne dass diese der Kausalität der Natur widerspricht, ist eine spontane Kausalität, eine Kausalität aus Freiheit, ist Freiheit. Sie liegt vor im moralischen Appell, im Sollen: „Du sollst Leben retten!" z. B. „Das Sollen drückt eine Art von Notwendigkeit und Verknüpfung mit Gründen aus, die in der ganzen Natur sonst nicht vorkommt. Der Verstand kann von dieser nur erkennen, was da ist, oder gewesen ist, oder sein wird. Es ist unmöglich, dass etwas anderes darin anders sein soll, als es in allen diesen Zeitverhältnissen in der Tat ist, ja das Sollen, wenn man bloß den Lauf der Natur vor Augen hat, hat ganz und gar keine Bedeutung. Wir können gar nicht fragen: was in der Natur geschehen soll; eben so wenig, als: was für Eigenschaften ein Zirkel haben soll, sondern was darin geschieht, oder welche Eigenschaften der letztere hat." (KrV B 575 f.) Das Sollen kommt in der Natur nicht vor: „Es mögen noch so viele Naturgründe sein, die mich zum Wollen antreiben, noch so viele sinnliche Anreize, so können sie nicht das Sollen hervorbringen" (B 576).

Die Wirklichkeit dieser Sollens-Freiheit kann nicht bewiesen werden, auch nicht durch eine moralische Handlung selbst: Erstens ist ihre Motivation möglicherweise anders fundiert, als wir selbst annehmen, zweitens ist damit bewiesen nur der Akt der Handlung, nicht aber das möglicherweise dahinter stehende Sollen, obiger Lebensrettungsappell, er ist kein empirisch, sinnlich belegbares Datum. Zentral also: Die Wirklichkeit von Freiheit kann nicht bewiesen werden, denkmöglich aber ist sie, ohne dass dies der Kausalität widerspricht: Die Umsetzung des Sollens in Handlung, die Handlung selbst erfolgt als Erscheinung, als sinnliches wahrnehmbares Phänomen unter den gegebenen Naturbedingungen; sie betreffen nicht das Sollen, die Sollens-Freiheit selbst, sondern nur ihre „Wirkung und den Erfolg derselben in der Erscheinung." (KrV B 576)

So weit die „Kritik der reinen Vernunft", jetzt zur Argumentation Kants in der „Kritik der praktischen Vernunft":

1. Die **Materie des Willens** (KpV A 38 f.)

„Alle praktischen Prinzipien, die ein Objekt (Materie) des Begehrungsvermögens, als Bestimmungsgrund des Willens voraussetzen, sind insgesamt empirisch und können keine praktischen Gesetze abgeben." (A 38) Warum nicht?

Ein Beispiel: Ich liebe Geld und habe die Maxime formuliert: „Wann immer möglich, will ich mein Geld vermehren." Dieses Prinzip ist ein empirisches, der Erfahrung entnommen; es bestimmt nicht a priori, also notwendig und allgemein, meinen Willen. Nicht notwendig, weil sich mit wechselnden Erfahrungen neue Situationen ergeben: Wenn ich z. B. zu Tode an Krebs erkrankt bin, habe ich andere Präferenzen. Nicht allgemein: Es gibt Menschen, denen sind andere Dinge oder Lebensformen ungleich wichtiger als Geld. Materie meint nun nicht immer etwas Materielles: Ebenso empirisch sind geistige Freuden und Lustbedürfnisse, dasselbe gilt für die Summe aller Neigungen und Bedürfnisse, das Streben nach Glückseligkeit, nach einem gelingenden und erfüllten Leben: empirisch, inhaltlich materiell bedingt.

2. Die **Form des Willens** (A 49-51)

Was bleibt aber übrig von einem Gesetz, wenn wir alle Materie, also jeden inhaltlichen Gegenstand oder Bezug als Bestimmungsgrund des Willens, herausnehmen?

Übrig bleibt nur die **bloße Form einer allgemeinen Gesetzgebung**. Was ist damit gemeint, wie soll das funktionieren?

Kant bietet ein Beispiel an (A 49): Meine Maxime lautet, mein Vermögen durch alle sicheren Mittel zu vergrößern. Nun befindet sich ein Depositum, eine Einlage, eine Geldsumme in meinen Händen, deren Eigentümer gestorben ist, ohne darüber eine Notiz zu hinterlassen. In Anwendung des kategorischen Imperativs frage ich, ob es ein Naturgesetz sein könne, „dass jedermann ein Depositum ableugnen dürfe, dessen Niederlegung ihm niemand beweisen kann. Ich werde sofort gewahr, dass ein solches Prinzip, als Gesetz, sich selbst vernichten würde, weil es machen würde, dass es gar kein Depositum gäbe." Was ist in diesem Beispiel empirisch gegeben? Die Handschrift der Beurkundung, der Tod des Eigentümers, die Vergrößerung meines Vermögens sind allesamt empirische, mit den Sinnen wahrnehmbare Daten, Kant spricht von „Erscheinungen." Nicht sinnlich wahrnehmbar ist hingegen die (formale) Überlegung, dass die Maxime sich zu einem allgemeinen Gesetz nicht verallgemeinern lässt, eine reine Tätigkeit der Vernunft: „Das **Formalgerüst dieser Überlegung** (ich kann nicht wollen, dass das Einbehalten von geschuldetem Geld ein Gesetz wird) kann nicht aus irgendeiner Kausalität der Natur kommen! Es kommt aus dem Willen und heißt Freiheit."[4]

Kant selbst: „Die bloße Form des Gesetzes" kann „**lediglich von der Vernunft vorgestellt** werden" und ist „mithin **kein Gegenstand der Sinne**", sie gehört folglich auch nicht unter die Erscheinungen"; daher ist ihre Vorstellung „als Bestimmungsgrund des Willens von allen Bestimmungsgründen der Begebenheiten in der Natur nach dem Gesetz der Kausalität unterschieden." Daraus folgt: Es „muss ein solcher Wille als gänzlich **unabhängig von dem Naturgesetz der Erscheinungen**, nämlich dem Gesetz der **Kausalität** [...] gedacht werden. Eine solche Unabhängigkeit aber heißt **Freiheit** [...]. Also ist ein Wille, dem die bloße gesetzgebende Form der Maxime allein zum Gesetz dienen kann, ein **freier Wille.**" (A 51)

3. Freiheit als **Autonomie** (A 58 f.)

Kant unterscheidet eine negative und eine positive Freiheit: Negativ ist die Freiheit das Nein zu oder die Unabhängigkeit von materialen Bestimmungsgründen. Positiv ist Freiheit die Formulierung eines formalen Gesetzes aus oder kraft meiner Vernunft, des kategorischen Imperativs, dem ich mich unterwerfe. „Also drückt das moralische Gesetz nichts anderes aus, als die Autonomie der reinen praktischen Vernunft, d. i. der Freiheit, und diese ist selbst die formale Bedingung aller Maximen, unter der sie allein mit dem obersten praktischen Gesetze zusammenstimmen können." (A 58 f.)

Anmerkungen

1. Otfried Höffe: Immanuel Kant. München 1983. S. 200.
2. Theodor W. Adorno: Probleme der Moralphilosophie (1963). Frankfurt 1996. S. 190.
3. Adorno. S. 190-195.
4. Ralf Ludwig: Kant für Anfänger. Der kategorische Imperativ. München 1995. S. 103.

Zur Begründung des Begriffs Menschenwürde

Ausgangspunkt und Zentrum dieser Begründung ist eine elementare menschliche Selbsterfahrung: Wir erleben uns als Wesen, die frei denken, wollen, planen, wählen, entscheiden und handeln können, wir erleben uns als Wesen, die überdies sich zu sich selbst in unseren Absichten, Entscheidungen und Handlungen verhalten können. Wir erleben uns als Wesen, die über diese elementare Freiheit nicht nur als Möglichkeit verfügen, sondern darüber hinaus auch ständig genötigt sind, davon Gebrauch zu machen, wir müssen uns ständig mit Gründen für diese oder jene Option, für diese oder jene Handlung entscheiden.

Mit Gründen: In dieser Erfahrung von Freiheit ist immer auch schon der Bezug auf andere Menschen mitgegeben, die uns in Blick auf ihre naturale Freiheit grundsätzlich gleichgestellt sind; dieser Bezug nötigt uns, einander als freie Subjekte unseres Wollens und Handelns, in dieser Hinsicht also gleich und gleichwertig anzuerkennen. Diesen Sachverhalt nannte Immanuel Kant die menschliche Würde, die einem jeden Mitglied der menschlichen Gattung zukommt, durch die sich der Mensch von anderen Lebewesen prinzipiell unterscheidet.

Die Anerkennung der Menschenwürde ist die Anerkennung der menschlichen Willensfreiheit. Kant verstand darunter nicht so sehr die Fähigkeit, dieses oder jenes tun zu können, sondern die Fähigkeit, sich zu sich selbst verhalten zu können, und das meint wiederum vor allem die Fähigkeit, unabhängig von gegebenen Trieb- oder Neigungsstrukturen handeln zu können, die Fähigkeit zu moralischem Handeln, das meint etwas zu tun oder zu lassen, weil es ethisch oder moralisch richtig ist und sich als solches rational auch ausweisen lässt. Die Würde des Menschen besteht nach Kant in seiner Moralität, seiner sittlichen Autonomie. „Sittlichkeit und die Menschheit, sofern sie derselben fähig ist, [ist] dasjenige, was allein Würde hat.“ (Grundlegung zur Metaphysik der Sitten. BA 77) Daraus folgt nach Kant: „Der Mensch kann von keinem Menschen [...] bloß als Mittel, sondern muss jederzeit zugleich als Zweck gebraucht werden, und darin besteht eben seine Würde.“ (Metaphysik der Sitten. Tugendlehre. A 140)

Es lohnt sich, hier ein wenig weiter auszuholen: Thomas Hobbes war einer der ersten, der im Kontext des britischen Frühkapitalismus konsequent und nüchtern den ökonomischen Begriff des Werts auf den Menschen erweiterte: „Die Geltung oder der Wert eines Menschen ist wie der aller anderen Dinge sein Preis. Das heißt, er richtet sich danach, wieviel man für die Benützung seiner Macht bezahlen würde, und ist deshalb nicht absolut, sondern von dem Bedarf und der Einschätzung eines anderen abhängig. [...] Denn mag jemand, wie es die meisten Leute tun, sich selbst den höchsten Wert beimessen, so ist doch sein wahrer Wert nicht höher, als er von anderen geschätzt wird."[1]

Zur Bestimmung der menschlichen Würde nimmt Kant diesen Gedanken auf. In der „Grundlegung der Metaphysik der Sitten" formuliert er: „Im Reich der Zwecke hat alles entweder einen Preis oder eine Würde. Was einen Preis hat, an dessen Stelle kann auch etwas anderes, als Äquivalent, gesetzt werden; was dagegen über allen Preis erhaben ist, mithin kein Äquivalent verstattet, das hat eine Würde." Was sich auf „Neigungen und Bedürfnisse bezieht, hat einen Marktpreis." Alles, was sich uns als Objekt eines Bedürfnisses oder Wunsches, als Mittel, als Instrument für einen Zweck, was immer er sei, darstellt, hat einen Wert oder einen Preis. „Das aber, was die Bedingung ausmacht, unter der allein etwas Zweck an sich selbst sein kann, hat nicht bloß einen relativen Wert, d. i. einen Preis, sondern einen innern Wert, d. i. Würde." (BA 77)

Und weiter heißt es: „Die Bedingung, unter der allein ein vernünftiges Wesen Zweck an sich selbst sein kann", „ist Moralität" [...]. Also ist Sittlichkeit und die Menschheit, sofern sie derselben fähig ist, dasjenige, was allein Würde hat." (BA 77) Und diese Selbstzweckhaftigkeit meint nicht etwa die Fähigkeit, sich Zwecke, Ziele setzen zu können, sondern die Identität von Freiheit und Unterwerfung unter das Sittengesetz der praktischen Vernunft, an der wir als Menschen Anteil haben. Der Anspruch der Würde resultiert aus dem „Anteil, den" „die sittlich gute Gesinnung" „dem vernünftigen Wesen an der allgemeinen Gesetzgebung verschafft, [...] in Ansehung aller Naturgesetze als frei, nur denjenigen allein gehorchend, die es selbst gibt und nach welchen seine Maximen einer allgemeinen Gesetzgebung (der es sich zugleich selbst unterwirft) gehören können. [...] Autonomie ist also der Grund der Würde der menschlichen und jeder vernünftigen Natur." (BA 79)

Dicht gedrängt formuliert Kant hier seine Ethik insgesamt. In der „Metaphysik der Sitten" gibt er den einzelnen Aspekten mehr Raum: „Der Mensch im System der Natur ist ein Wesen von geringer Bedeutung und hat mit den übrigen Tieren als Erzeugnissen des Bodens einen gemeinen Wert. Selbst dass er vor diesen den Verstand voraus hat und sich selbst Zwecke setzen kann, das gibt ihm doch nur einen äußeren Wert seiner Brauchbarkeit, [...] d. i. ein Preis, als einer Ware"(Metaphysik der Sitten. Tugendlehre. A 93) – die Marxsche Unterscheidung zwischen Gebrauchswert und Tauschwert, also dem Preis einer Ware, auch zwischen dem Gebrauchswert und dem Tauschwert der Ware Arbeitskraft, das meint den Lohn, liegt in diesen Formulierungen Kants schon nahe. Kant entwickelt daraus aber keine Kapitalismuskritik, sondern sein Konzept der Menschenwürde; er fährt fort: „Allein der Mensch als Person betrachtet, d. i. als Subjekt einer moralisch-praktischen Vernunft, ist über allen Preis erhaben; denn als ein solcher ist er nicht bloß als ein Mittel zu anderer ihren, ja selbst seinen eigenen Zwecken, sondern als Zweck an sich selbst zu schätzen, d. i. er besitzt eine Würde (einen absoluten innern Wert), wodurch er allen andern vernünftigen Weltwesen Achtung für ihn abnötigt, sich mit jedem andern dieser Art messen und auf den Fuß der Gleichheit schätzen kann." (A 93)

Drei Anmerkungen möchte ich machen:

1. Kant geht es offensichtlich nicht um einen Speziesismus[2], einen biologisch bedingten Vorrang der Gattung Mensch, sondern um die einzigartige Stellung eines vernunftfähigen Wesens, das sich als frei verstehen kann, frei allein durch Moralität, durch Vernunftautonomie, durch das moralische Gesetz des kategorischen Imperativs, im Selbstverständnis Kants apriorisch, unabhängig von jeglicher Empirie, gegeben. Moralische Vernunftwesen allein sind frei, unabhängig von ihrem biologischen Status.

2. Der in Kontrast zum Gebrauchs- und Tauschwert des Menschen gewonnene Begriff der Würde legt es nahe zu fragen, welche Haltungen und Handlungen in der zwischenmenschlichen Interaktion wie im Umgang mit sich selbst die menschliche Würde tangieren und verletzen. Kant geht dieser Frage in der „Metaphysik der Sitten" kritisch und detailliert nach, orientiert am Konzept einer Tugend- und Pflichtenlehre. Auf gleicher Basis wären aber auch eine Ökonomie- und Sozialkritik zu entfalten, orientiert nicht an Haltungen und Verhaltensweisen, sondern an ökonomischen und sozialen Strukturen und Verhältnissen.

3. Die Differenz zwischen Wert und Würde, die Herleitung des Würdekonzepts aus diesem Kontrast, die absolute Stellung des Begriffs Menschenwürde bei Kant verleiht dem Begriff der Menschenwürde seine Emphase, sein Pathos, seine zentrale Bedeutung. Aus der Anerkennung der Menschenwürde folgt die Anerkennung der Menschenrechte, die Anerkennung der Menschenrechte setzt voraus einen demokratisch verfassten Staat, als Rechtsstaat, der die

Menschenrechte als Grundrechte garantiert, als Sozialstaat, der über das Prinzip der gleichen Freiheit des einzelnen das Prinzip der sozialen Gerechtigkeit und Chancengleichheit anerkennt, der also über die liberalen Grundrechte hinaus die sozialen Grundrechte anerkennt.

Zentral in unseren Überlegungen zum Konzept der Menschenwürde ist der Gedanke der Selbstzweckhaftigkeit. Es stellen sich an der Stelle jedoch Fragen: Ist der Mensch das einzige Lebewesen, dem wir Würde zusprechen? Haben Tiere keine Würde? Seit einigen Jahren gibt es das „Great Ape Project“, eine politische Bewegung mit dem Ziel, auch den Primaten ein Minimum von Menschenrechten zuzuerkennen, der Anspruch auf Freiheit und das Instrumentalisierungsverbot – das Verbot, einen Menschen zu instrumentalisieren, ihn nur als Mittel oder Objekt unserer eigenen Interessen oder Zwecke zu verstehen und zu nutzen – soll auch für sie gelten.

Ich setze noch einmal neu an: Die Idee einer allgemeinen Menschenwürde ist ein relativ später Gedanke; er taucht erstmals auf in der griechischen Spätantike (alle Menschen sind von Natur aus gleichwertig = gleich würdig, es gibt nicht einen natürlichen Unterschied zwischen Herrn und Sklaven) und – religiös – im Christentum (alle Menschen sind als Kinder oder Geschöpfe Gottes gleich würdig). Was aber ist die Besonderheit des Menschen, die ihn von anderen Lebewesen unterscheidet?

Ich präsentiere als exemplarisch in dieser europäischen Tradition einen Textauszug aus dem späten 15. Jh von Giovanni Pico della Mirandola (1463-1494):

> Nach der Schöpfung der Welt war Gottes Bestand an Wesenheiten, an Archetypen erschöpft. „So beschloss der Werkmeister in seiner Güte, dass der, dem er nichts Eigenes mehr geben konnte, an allem zugleich teilhätte, was den einzelnen sonst je für sich zugeteilt war. Also ließ Gott sich auf den Entwurf vom Menschen ohne unterscheidende Züge ein; er stellte ihn in den Mittelpunkt der Welt und sprach zu ihm: ‚Keinen festen Ort habe ich dir zugewiesen und kein eigenes Aussehen, ich habe dir keine dich allein auszeichnende Gabe verliehen, da du, Adam, den Ort, das Aussehen, die Gaben, die du dir wünschst, nach eigenem Willen und Ermessen erhalten und besitzen sollst. Die beschränkte Natur der übrigen Wesen wird von Gesetzen eingegrenzt, die ich gegeben habe. Du sollst deine Natur ohne Beschränkung nach deinem freien Ermessen, dem ich dich überlassen habe,

selbst bestimmen. Ich habe dich in die Weltmitte gestellt, damit du umso leichter alles erkennen kannst, was ringsum in der Welt ist. Ich habe dich nicht himmlisch noch irdisch, nicht sterblich noch unsterblich geschaffen, damit du dich frei, aus eigener Macht, selbst modellierend und bearbeitend zu der von dir gewollten Form ausbilden kannst, Du kannst ins Untere, zum Tierischen entarten; du kannst, wenn du es willst, in die Höhe, ins Göttliche wiedergeboren werden.'"[3]

Die Natur des Menschen ist als frei geschaffene zu verstehen, säkular, nicht also religiös formuliert: Der Mensch definiert sich als ein freies Wesen, frei, sich selbst zu bestimmen, zu formen, zu gestalten.[4] Das meint in unserem Zusammenhang: Er ist in der Lage und genötigt, sich selbst Zwecke und Ziele zu setzen; er versteht sich mithin als Selbstzweck: als „etwas, was schlechthin in sich steht und seinen Sinn nicht erst in einer Funktion für irgend etwas anderes gewinnt."[5]

Robert Spaemann fährt fort: „Dies würde uns nicht wesentlich von anderen Lebewesen unterscheiden, die für sich selbst jeweils auch Selbstzweck sind" – und darin liegt in der Tat auch ihre Würde.

> Die Maus ist für sich auch Endzweck, aber sie ist es deshalb nicht für die Katze. Und dass ein Mensch gern um jeden Preis leben möchte, ist für den Löwen kein Grund, ihn am Leben zu lassen. Alle Versuche, den Selbstzweckcharakter des Menschen nur so zu verstehen, dass der Mensch für den Menschen das höchste irdische Wesen ist, dass er für sich selber höchster Zweck ist, kommen an den spezifischen Begriff der Menschenwürde nicht heran. Sie können Sitten des gegenseitigen Respekts und Verfassungen, die solche Sitten kodifizieren, nur begreifen als Komplizentum der Spezies homo sapiens gegenüber dem Rest der Welt, ein Komplizentum, in welchem der Mensch sich gerade nicht vom Rest der Welt unterscheidet.[6]

Um hier noch zu differenzieren und das Problem zuzuspitzen, können wir sagen:

- Alles, was lebt, fordert – der Begriff der Würde ist normativ – die Anerkennung als Selbstzweck: Es darf da sein, leben (es sei denn, wir haben gute Gründe dafür, hier einzugreifen).

- Alles, was lebt, präsentiert sich auch mit diesem Anspruch: Wir nehmen es auch so wahr, als Leben, das leben will, wie Albert Schweitzer das einmal formuliert hat.[7]

- Nicht alles, was lebt, sondern einiges dessen, was lebt (höher entwickelte Tiere – Primaten – Menschen), versteht sich auch selbst so: als etwas, dem das Recht zu leben und in Würde zu leben zusteht.

Wie lösen wir das Problem? Die Formel der Selbstzweckhaftigkeit menschlichen Existierens resultierte aus dem Freiheitsanspruch, aus der Fähigkeit, sich selbst Zwecke setzen zu können, traditionell betrachtet als Unterscheidungsmerkmal des Menschen gegenüber anderen Lebewesen. Aber stimmt das denn? Heute sind wir aus guten Gründen, die die Biologie geliefert hat und weiterhin liefert, sehr viel vorsichtiger geworden und sprechen tendenziell allen höher entwickelten Tieren ein gewisses Maß an Willensfreiheit zu, die Fähigkeit, zumindest in Ansätzen frei, zwecksetzend zu agieren. Dies gilt umso mehr bei unseren genetisch Nächstverwandten, den Primaten.

Wir müssen das Konzept menschlicher Willensfreiheit und Selbstzweckhaftigkeit noch einmal neu bedenken: Was ist sein Kern? Worin besteht die auszeichnende Besonderheit, die es erlaubt, die Menschenwürde deutlich von dem Anspruch auf Würde, den auch andere Lebewesen haben, zu unterscheiden?

> „Außermenschliche Wesen können den Zweckzusammenhang, in den sie selbst von außen hineingezogen werden, nicht zu ihrem eigenen machen. Sie bleiben unausweichlich im Zentrum ihres eigenen Seins und beziehen alles andere auf dieses Zentrum, auf sich selbst, auf ihre Gene allenfalls oder ihre Population. Was sie allem Anderen antun, wird auch ihnen angetan: Auch sie werden von anderen Wesen in deren Seinsvollzug als Elemente einbezogen“: als Beute oder Konkurrent oder Lebensbedrohung. „Der Mensch ist das Wesen, das sich selber zurücknehmen, sich relativieren kann.“ Er kann von seinen eigenen Interessen absehen; „er kann seine eigenen Interessen in einen Rechtfertigungsdiskurs [= ein mit Argumenten geführtes Gespräch zur Begründung oder Rechtfertigung von Interessen, Zielen, Zwecken; Anm. d. V.] mit einbringen, dessen Ausgang offen ist, weil er prinzipiell die Interessen aller anderen […] als der gleichen Berücksichtigung fähig anerkennen kann. Er macht nicht nur alles andere zur Umwelt für sich, er kann den Gedanken realisieren, dass er selbst Umwelt für Anderes und für Andere ist.“[8]

Diese Fähigkeit macht das aus, was wir Person-Sein nennen können. In der Relativierung des eigenen Ichs erweitert sich der Mensch in eine allgemeine Sichtweise seiner selbst und anderer; er versteht sich als allgemeines Menschenwesen, entwickelt gleichsam den „Blick von Nirgendwo" (Thomas Nagel), sieht ab von seinen individuellen Interessen: Konkret wird das in der moralischen Reflexion und Handlung, im Nachdenken über die Frage, was darf oder soll ich/man in dieser Situation tun oder lassen, was ist hier moralisch gefordert? Orientiert an dieser Frage leben wir mündig und verantwortungsvoll. Darin liegt der Kern menschlicher Würde. Die wechselseitige Anerkennung dieser Befähigung macht die Menschenwürde aus.

Zurück noch einmal zum Begriff der Selbstzweckhaftigkeit: Gerade wenn ich von meinem individuellen Selbst als Ego absehe, mich frei dazu entschließe, moralisch zu agieren, das meint, mich zu verstehen als ganz und gar allgemeines Wesen in meiner Verantwortung für alle von meinen Entscheidungen betroffenen Lebewesen, zu denen ich selbst natürlich auch gehöre, erweise ich mich als mündiges Subjekt, als Person, dem der Status der Selbstzweckhaftigkeit nicht für sich, sondern an sich – Spaemann sagt absolut – zukommt. Eine merkwürdig dialektische oder paradoxe Struktur.

Sie scheint mir nahezulegen, auf den Begriff der Selbstzweckhaftigkeit zu verzichten. Ergibt sich daraus ein Widerspruch zu Kant? Gar nicht: Wir sind jetzt wieder zu ihm zurückgekehrt: Kants Konzept der Autonomie als moralisch verantwortete Freiheit bleibt davon unberührt. Es bleibt indes noch eine Frage:

Was bedeutet der Begriff der Menschenwürde konkret, was sind seine Implikate? Kant beantwortet sie in der dritten Formel des kategorischen Imperativs: „Handle so, dass du die Menschheit, sowohl in deiner Person, als in der Person eines jeden andern, jederzeit zugleich als Zweck, niemals bloß als Mittel brauchest." (Grundlegung zur Metaphysik der Sitten BA 66 f.). Er formuliert derart das Instrumentalisierungsverbot. Kant hatte vermutlich im Blick vor allem Situationen der Knechtschaft, Leibeigenschaft, Sklaverei.

Interessant ist, dass die dritte Formel des kategorischen Imperativs in der Rechtslehre noch einmal auftaucht – variiert[9]: Hier lautet die erste Rechtspflicht: „Sei ein rechtlicher Mensch", diese Pflicht besteht darin, so Kant weiter: „im Verhältnis zu anderen seinen Wert als den eines Menschen zu behaupten, welche Pflicht durch den Satz ausgedrückt wird: ‚Mache dich anderen nicht zum bloßen Mittel, sondern sei für sie zugleich Zweck.' Diese Pflicht wird im folgenden als Verbindlichkeit aus dem Rechte der Menschheit in unserer eigenen Person erklärt werden." (Metaphysik der Sitten. Rechtslehre. AB 43) Bestimmt wird sie dann als „Freiheit (Unabhängigkeit von eines anderen nötigender Willkür), sofern sie mit jedes anderen Freiheit nach einem allgemeinen Gesetz zusammen bestehen kann, ist dieses einzige, ursprüngliche, jedem Menschen, kraft seiner Menschheit, zustehende Recht." (Ebd. A 45)

Darin besteht die elementare Menschenwürde. Es ändert sich die Zielrichtung: An den Anfang der gesamten Rechtslehre formuliert Kant also für den Einzelnen die kategorische Pflicht zu verhindern, für andere ein bloßes Mittel zu werden, „sich nicht so zu unterwerfen, dass er seine Autonomie verliert. [...] Der Imperativ hat also staatsrechtlich die Republik zum Ziel, in der keinem Bürger die gesetzliche Möglichkeit eingeräumt wird, andere nur als Mittel zu gebrauchen."[10] Und dies ist so formuliert, dass der Einzelne selbst der Pflicht unterstellt ist, seine Autonomie zu behaupten. Die bürgerliche Gesellschaft, den demokratischen Staat zu schaffen, der die Menschenrechte als Grundrechte garantiert, wenn wir die gedankliche Linie Kants weiter ziehen, ist also Verpflichtung des Einzelnen als Person, ihrer Verpflichtung, ihrer Menschenwürde gemäß sich als Vernunftwesen zu realisieren. Noch einmal anders formuliert: Wir sind verpflichtet, unseren elementaren Anspruch auf Freiheit im gesellschaftlichen und politischen Miteinander durchzusetzen. Das formuliert Kant 1795 in Preußen!

Reinhard Brandt zieht die Linie noch weiter: „Wenn einzig die Republik die staatliche Verfassung sein kann, in der systematisch die Benutzung von Menschen als bloßer Mittel ausgeschlossen ist, und wenn die Gründung von Republiken zum Frieden führt, dann ist die erste Rechtspflicht mit der Friedenspflicht verbunden. In seinen späten Schriften sieht Kant den Frieden nicht mehr als Ergebnis von politischem Handeln der Staatshäupter, sondern erklärt den Frieden zur Pflicht von allen. Wir ergänzen: Die Friedenspflicht erstreckt sich auf alle Zukunft; damit ist mitgesetzt die Pflicht der Erhaltung der Natur als der Lebensgrundlage künftiger Menschen, denn die Pflicht, den Frieden zu verwirklichen, impliziert die erst jetzt aktuelle Pflicht, die natürlichen Lebensgrundlagen nicht zu zerstören."[11]

Zurück zu Kants Zweck-Mittel-Formel, die der inhaltlichen Konkretion der Menschenwürde bei Kant zugrunde liegt. Genau – oder auch eng – betrachtet, reicht sie erstens nicht hin: Demütigungen, Folter sind häufig oder gar in der Regel selbst Zweck, Ziel der Aktion, nicht Mittel zu einem anderen Zweck. Wenn wir zunächst einmal annehmen, dass die Menschenwürde einen lebenden Menschen voraussetzt, so schließt das Konzept der Menschenwürde zweitens eine Gruppe elementarer Rechte ein, auf die jeder Mensch einen Anspruch hat (und die Kant zwar angerissen, aber nicht ausbuchstabiert hat). Es sind dies nicht alle

Menschenrechte der UN-Charta, es sind vielleicht auch nicht alle Grundrechte des Grundgesetzes der Bundesrepublik Deutschland. Dieter Birnbacher formuliert vier solcher elementarer Rechte:

1. Versorgung mit den biologisch notwendigen Existenzmitteln[12],
2. Freiheit von starkem und fortdauerndem Schmerz,
3. Minimale Freiheit,
4. Minimale Selbstachtung.

Das Prinzip der Achtung der Menschenwürde, Birnbacher spricht von „Menschenwürdeprinzip“, fungiert dann „sowohl als Abwehr- als auch als Anspruchsrecht. Es postuliert einen Minimalstandard der Zumutbarkeit sowohl für das, was einem Menschen angetan, als auch für das, was bei einem Menschen zugelassen wird. Es setzt eine Grenze nicht nur für inhumanes Handeln (Folter, Versklavung, Todesstrafe), sondern auch für inhumanes Unterlassen (Verhungernlassen, Zulassen, dass andere als Mitglieder rassischer, ethnischer oder religiöser Minderheiten verfolgt werden.)“[13] An späterer Stelle schlägt Birnbacher in gleicher Intention die folgenden fünf Rechte vor:

1. das Recht, von Würdeverletzungen im Sinne der Verächtlichmachung und Demütigung verschont zu bleiben,
2. das Recht auf ein Minimum an Handlungs- und Entscheidungsfreiheit,
3. das Recht auf Hilfe in unverschuldeten Notlagen,
4. das Recht auf ein Minimum an Lebensqualität im Sinne von Leidensfreiheit,
5. das Recht, nicht ohne Einwilligung und in schwerwiegender Weise zu fremden Zwecken instrumentalisiert zu werden.[14]

Diese Rechte, meint Birnbacher, gelten nahezu absolut, sie sind unabwägbar – im Unterschied etwa zu einem umfassenden Recht auf Leben (Stichworte: Verteidigungskrieg, Notwehr; passive Sterbehilfe).

Wir sind ausgegangen von der Existenz lebender Menschen als einer Voraussetzung eines ersten und starken Begriffs von Menschenwürde. Wie sieht es aus mit der Menschenwürde von Embryonen und Föten einerseits, von Verstorbenen andererseits? Gibt es hier schon oder noch ein Subjekt moralischer Rechte? Und lassen sich die aus dem starken Begriff der Menschenwürde hergeleiteten Rechte hier übertragen?

Dieter Birnbacher formuliert daher einen zweiten, schwachen Begriff von Menschenwürde: Hier geht es erstens um Pflichten unsererseits, und zweitens sind diese Pflichten abwägbar gegen andere Rechte und Pflichten (Stichworte: Schwangerschaftsabbruch, Forschung an Embryonen, die PID, die In-vitro-Fertilisation, bei der nicht alle drei Embryonen überleben sollen; die forensisch indizierte Obduktion von Leichen). Das Resultat heißt, „dass werdendes menschliches Leben und ehemaliges menschliches Leben zwar Achtung verdienen, aber eine schwache Art von Achtung."[15]

Strittig erscheint vor allem, da öffentlich kaum diskutiert, der Umgang mit ehemaligem menschlichen Leben, der Umgang mit Verstorbenen oder, begrifflich schon anders konnotiert, Leichnamen: Was lässt sich mit ihrer Würde nicht vereinbaren? Ist jede Form der Bestattung, da als letzter Wunsch geäußert, auch legitim? Sind auch die Formen der öffentlichen Zurschaustellung etwa in den „Körperwelten" Gunther von Hagens legitim? Ist auch der Verkauf plastinierter Leichen oder Leichenteile legitim?

Ging es bei den beiden bisher formulierten Begriffen von Menschenwürde jeweils um konkrete Individuen, so gilt das für den dritten Begriff nicht mehr: die Gattungswürde. Wann ist sie tangiert? Diskutiert und als illegitim abgewiesen wurden unter dem hier relevanten Aspekt der „Beeinträchtigung der Identität und Eindeutigkeit der Gattung als ganzer" die Erzeugung von Hybridwesen zwischen Mensch und Tier und das reproduktive Klonen. Birnbacher fragt kritisch nach den Gründen für diese Verbote und sieht sie, offensichtlich skeptisch, in einer „Art „Reinheitsgebot" oder in einer „Art „Widernatürlichkeit."[16]

Die Problematik stellt sich u. U. schärfer, wenn wir an gentechnische oder an cybertechnische Eingriffe denken, nicht zur Rekonstruktion, sondern zur Optimierung menschlicher Fähigkeiten oder Leistungen. Das Gespenst der Menschenzüchtung erhebt sich am Horizont, aber ich glaube, es ist in der Tat ein Gespenst, unrealistisch und gefahrlos gleichermaßen einzuschätzen:

- Unrealistisch ist die Annahme gezielter genetischer Eingriffe in das Genom, derart, dass sich Wesen mit bestimmten, gewünschten Merkmalen herstellen ließen, die diese Merkmale dann auch weiter vererben. Von Horrorszenarien wie Huxley's „Brave New World" sind wir nach wie vor Lichtjahre entfernt.

- Gefahrlos sind diese Intentionen, weil sich der Kern menschlicher Existenz, und das ist – mit Kant zu sprechen – unsere praktische Vernunft,

> unsere Moralität, wohl nicht durch genetische Manipulationen tilgen lässt. Gewissenlosigkeit lässt sich nicht durch massenhaft initiierte Züchtung erreichen; zur Frage stehen da eher Faktoren der Erziehung, der Sozialisation, des Selbstverständnisses von Gesellschaft, Kultur, des Staates und seiner Verfassung.

Dieter Birnbacher fasst seine Überlegungen zu den unterschiedlichen Konzepten einer – in allen Ausformungen normativ und universal verstandenen – Menschenwürde zusammen: Das Ergebnis ist, „dass in der Schutzwürdigkeit, die der Begriff Menschenwürde für jeden seiner drei [...] Anwendungsbereiche beinhaltet, eine klare Abstufung zu erkennen ist. [...] Bezogen auf die Gattung fordert der Menschenwürdebegriff lediglich eine Art Reinerhaltungspflicht. Bezogen auf ungeborenes menschliches Leben und menschliche Leichname fordert er eine Unterlassung krasser Formen von fremdnütziger Instrumentalisierung.[17] In seiner starken Form geht sein Gehalt jedoch weit über das Instrumentalisierungsverbot hinaus und führt auf eine Reihe von Rechtsansprüchen, die nicht nur durch zweckrationales, sondern gerade auch spontanes Verhalten wie Machtgier, grausame Vergeltung oder menschenverachtende Gleichgültigkeit verletzt werden können.“[18]

Anmerkungen

1. Thomas Hobbes: Leviathan oder Stoff, Form und Gewalt eines kirchlichen und bürgerlichen Staates. Frankfurt/M 1996. S. 115.
2. Der Begriff stammt von Peter Singer: „Rassisten verletzen das Prinzip der Gleichheit, indem sie bei einer Kollision ihrer eigenen Interessen mit denen einer anderen Rasse den Interessen von Mitgliedern ihrer eigenen Rasse größeres Gewicht beimessen. Weiße Rassisten akzeptieren nicht, dass der Schmerz, den Schwarze verspüren, ebenso schlimm ist wie der, den Weiße verspüren. Ähnlich messen jene, die ich ‚Speziesisten‘ nennen möchte, da, wo es zu einer Kollision ihrer Interessen mit denen von Angehörigen einer anderen Spezies kommt, den Interessen der eigenen Spezies größeres Gewicht bei. Speziesisten erkennen nicht an, dass der Schmerz, den Schweine oder Mäuse verspüren, ebenso schlimm ist wie der von Menschen verspürte.“ (Peter Singer: Praktische Ethik. Stuttgart 1984. S. 73 f.) In der Sache geht der Ansatz Singers, nach der Gleichheit von Menschen und Tieren zu fragen, schon zurück auf Jeremy Bentham (1743-1832).

3. Giovanni Pico della Mirandola: De dignitate hominis. Lateinisch und deutsch. Bad Homburg/Berlin/Zürich 1968. S. 27-29.
4. Ich überzeichne nicht: Mirandola formuliert hier einen Gedanken, der später von Nietzsche, im 20. Jahrhundert von Arnold Gehlen und von Jean Paul Sartre wieder aufgegriffen und entwickelt wurde.
5. Robert Spaemann: Über den Begriff der Menschenwürde. In: R. S.: Das Natürliche und das Vernünftige. Aufsätze zur Anthropologie. München 1987. S. 86.
6. Spaemann. S. 86f.
7. „Die fundamentale Tatsache des Bewusstseins des Menschen lautet: ‚Ich bin Leben, das leben will, inmitten von Leben, das leben will.' Der denkend gewordene Mensch erlebt die Nötigung, allem Willen zum Leben die gleiche Ehrfurcht vor dem Leben entgegenzubringen wie dem seinen." (Albert Schweitzer: Die Entstehung der Lehre der Ehrfurcht vor dem Leben und ihre Bedeutung für unsere Kultur. In: A. Sch.: Die Ehrfurcht vor dem Leben. Grundtexte aus fünf Jahrzehnten. Hrsg. Von Walter Bähr. München (1966)1984. S. 21)
8. Spaemann. S.89f. – Helmut Plessner bestimmte diese Grundbefindlichkeit des Menschen ganz allgemein als „exzentrische Positionalität" (z. B. in: Helmuth Plessner: Mit anderen Augen. Aspekte einer philosophischen Anthropologie. Stuttgart 1982. S. 9): Pflanzen haben einen Ort in der Natur, den sie behaupten und mit dem sie in einer Wechselbeziehung stehen: Sie haben eine Position. Das Tier lebt nicht nur, sondern lebt aus einer Mitte heraus; es merkt, empfindet, handelt in einem Hier-Jetzt als Mitte seiner Existenz und der Welt; es lebt positional zentrisch. Der Mensch hat ein und erlebt sich als ein reflektierendes Ich: Er kann sich selbst und seine Umwelt zum Gegenstand der Reflexion machen, kann sich und seine Umwelt objektivieren; er lebt positional exzentrisch.
9. Reinhard Brandt hat darauf aufmerksam gemacht. In: Information Philosophie. Oktober 2012. S. 31f.
10. Brandt. S. 31.
11. Brandt. S. 31f. – Die Annäherung zwischen Kant und Hans Jonas, die ich in meinen Überlegungen zum Konzept der Verantwortung ausgeführt habe, wird hier angerissen.
12. Birnbacher weist zu Recht darauf hin, dass in der liberalen Tradition seit Locke auf die Forderung elementarer Freiheit wirkungsgeschichtlich der Akzent gelegt wurde, ausgeblendet wurden dadurch die materiellen Voraussetzungen, Freiheit überhaupt wahrzunehmen. Dagegen protestiert hat schon Schiller in seinem Distichon „Würde des Menschen" (1796): „Nichts mehr davon, ich bitt' euch! Zu essen gebt ihm, zu wohnen;/ Habt ihr die Blöße bedeckt, gibt sich die Würde von selbst."
13. Dieter Birnbacher: Mehrdeutigkeiten im Begriff der Menschenwürde. In: Aufklärung und Kritik. Sonderheft 1/1995. S. 6.

14. Dieter Birnbacher: Instrumentalisierung und Menschenwürde. Philosophische Anmerkungen zur Debatte um Embryonen und Stammzellforschung. In: Jahrbuch der Heinrich Heine Universität Düsseldorf. 2001. www.uni-duesseldorf.de/Jahrbuch/2001/birnbacher/index.html
15. Birnbacher 2001.
16. Ebd.
17. Dabei gehe es, wie Birnbacher wenig später ausführt, von empfindungsfähigen Föten oder in ihrer Lebensfähigkeit geschädigten Frühgeborenen einmal abgesehen (Stichworte: Spätabbrüche, Neonatologie), „nicht um die Beeinträchtigungen der Bedürfnislage der von der Instrumentalisierung primär Betroffener, sondern um sekundäre Effekte, insbesondere die Auswirkungen der Instrumentalisierung auf die Gefühle Dritter [...], Gefühle der Gattungssolidarität oder auch" – Umgang mit Leichnamen – Gefühle der Pietät." Ebd.
18. Ebd.

Das Konzept des „gerechten Krieges“

Thesen

1. Das antike Konzept des gerechten Krieges hatte den Zweck, Kriege durch ethische Selbstbindung in doppelter Weise zu begrenzen: ius ad bellum und ius in bello.

2. Die Schwächen des Konzepts liegen vor allem in der grundsätzlich schwierigen Konkretion der Rechtfertigungskriterien und der Beliebigkeit der Selbsteinschätzung, damit der Instrumentalisierung des Konzepts; seiner Ideologisierung steht wenig entgegen. Hinzu kommen strukturell einmal eine prinzipielle Ziel-Mittel-Inkonsistenz von Frieden/Gewaltlosigkeit und Krieg/Gewalt und zweitens ein grundsätzlich asymmetrischer Ansatz: Dem selbstermächtigten Guten/Gerechten steht das Unrecht, das Böse entgegen, nicht etwa ein gleichwertiger Gegner; damit wird zugleich jede Neutralität für Dritte aufgehoben.

3. Die historische Entwicklung – theoretisch reflektiert von Thomas von Aquin bis Hugo Grotius und Thomas Hobbes – führt daher das bellum-iustum-Theorem konsequent auch ad absurdum.

4. Auf der Basis der Vorstellung freier, gleichberechtigter souveräner Staaten, denen das Recht zur Kriegsführung selbstverständlich zugestanden wird als ein Mittel, ihre Interessen zu realisieren, entwickelt sich seit dem Westfälischen Frieden ein Neuansatz im Versuch, Kriege einzuschränken.

5. Die staatlichen Ordnungsmodelle des Absolutismus, des Rechts- und Rechtssicherheitsstaates, des Sozialstaates und der sich selbst organisierenden Zivilgesellschaft implizieren den Frieden durch Abschreckung, durch Recht, durch Verteilungsgerechtigkeit, durch weltbürgerliche Innenpolitik und Legalität:

- Si vis pacem para bellum (Th. Hobbes)

- Si vis pacem para pacem (I. Kant: Basis ist die menschenrechtlich konzipierte Rechtsstaatlichkeit als Legitimation wiederum einzelstaatlicher

Souveränität: Verpflichtung (1) daher zur innerstaatlichen Friedensstiftung – und eo ipso (2) zur interstaatlichen Friedensstiftung im Verhältnis der Freiheit, Gleichheit und Wechselseitigkeit der souveränen Einzelstaaten als gleichberechtigter Akteure, Verpflichtung (3) zu einer weltbürgerrechtlichen Friedensstiftung in einem „Menschenstaat" – als konföderativer Vertragsgemeinschaft souveräner Staaten)

- Si vis pacem firma pacem

- Si vis pacem para iustitiam distributivam

6. Heute ist das Modell territorialstaatlicher Souveränität faktisch ausgehöhlt (Globalisierung), theoretisch nicht länger mehr das herrschende Paradigma: Dem kosmopolitischen Skeptizismus in der Tradition der realistischen Schule der Außenpolitik steht der kosmopolitische Kognitivismus in der Tradition der idealistischen Schule der Außenpolitik entgegen: Durchsetzung eines internationalen/transnationalen Rechtssystems auf der Basis der Menschenrechte.

7. Das Konzept des gerechten Krieges ist abgelöst durch das Völkerverfassungsrecht: UN-Charta Art. 1 und 2; Art. 51; Art. 39 und 42; ius cogens und erga-omnes-Verpflichtungen: Gewaltverbot, Selbstbestimmungsrecht der Völker, Einhaltung und Schutz der fundamentalen Menschenrechte; Wiener Menschenrechtskonferenz 1993: Recht der gewaltsamen militärischen Intervention zugunsten der Durchsetzung der Menschenrechte.

8. Die Rechtslage und die Realität klaffen zunehmend auseinander: US-amerikanischer Imperialismus, Unilateralismus; Rückgriff auf das Konzept des „gerechten Krieges" in ideologischer Absicht; traditionelle Großmachtpolitik; Durchsetzungsschwäche der transnationalen Rechtsordnung, „Unterinstitutionalisierung des Weltbürgerrechts" (Habermas).

Text

Die große Ernüchterung seit dem Ende des Ost-West-Konflikts, seit 1989/90 Kriege in Europa: Kroatien, Bosnien, Kosovo; Kriege im russischen Einflussbereich: Georgien, Moldavien, Tschetschenien; Kriege in Afrika: Somalia, Ruanda, Sudan, Elfenbeinküste, Liberia; Kriege im Nahen Osten: Irak, Afghanistan, Palästina, Irak noch einmal, Libyen, Syrien.

Eine andere Liste, die Liste von Staaten, mit denen die USA seit dem 2. Weltkrieg Krieg geführt haben, in die sie zumindest militärisch eingegriffen haben[1]: Korea (1950-53), Guatemala (1954, 1967-69), Indonesien (1958), Kuba (1959-61), Belgisch-Kongo (1965), Laos (1964-73), Vietnam (1961-73), Kambodscha (1969-70), Grenada (1983), Libyen (1986), El Salvador (immer wieder einmal in den 80er Jahren), Nicaragua (ähnlich: 80er Jahre), Panama (1989), Irak (seit 1991), Bosnien (1995), Sudan (1998), Jugoslawien (1999), Afghanistan (2002), Irak (2003), Libyen (2011) ...

Es stellen sich zumindest drei Fragen:

1. Offensichtlich ist Krieg historisch bis in die Gegenwart eine Konstante der Politik, eine Konstante menschlichen Verhaltens: dominant oder schwach ausgeprägt?

2. Was sagt die bellum-iustum-Tradition als ethisches Konzept zur Verhinderung und Eindämmung von Kriegen? Wie hat sie sich historisch entwickelt? Hat sie für uns heute noch eine Relevanz?

3. In welchem Maß hat sich die aktuelle Diskussion verändert: politisch, konzeptuell, argumentativ?

I.

Auf die erste Frage gehe ich nicht ein: Das Spektrum möglicher Antworten liegt zwischen evolutionsbiologischen, soziobiologischen Erklärungen einerseits über großrahmig angelegte historische Ansätze (Hominisations-, Zivilisationstheorien), über empirisch soziologische Ergebnisse der Kriegsforschung bis hin zu konkret politologischen Erklärungen der jeweils gegebenen Interessen- und Konfliktlage andererseits – ein weites Feld.

II.

Wie sieht die ethische Reflexion des Krieges aus, was sagt die bellum-iustum-Theorie als bekanntestes Konzept ethischer Problemreflexion? Ich gehe aus von einem zentralen Beispiel: Die Verteidigung der Alliierten im 2. Weltkrieg, auch ihr Angriff auf Deutschland, der Einmarsch also der Russen und Amerikaner in Deutschland waren zweifellos berechtigt. Anders stellt sich folgende Situation dar:

> Im Hochsommer 1943, während einer lang anhaltenden Hitzeperiode, flog die Royal Air Force, unterstützt von der 8. amerikanischen Luftflotte, eine Reihe von Angriffen auf Hamburg. Das Ziel dieses „Operation Gomorrha" genannten Unternehmens war die möglichst vollständige Vernichtung und Einäscherung der Stadt. Bei dem Angriff in der Nacht auf den 28. Juli, der um ein Uhr morgens begann, wurden zehntausend Tonnen Spreng- und Brandbomben ausgeladen über dem dichtbesiedelten Wohngebiet östlich der Elbe, das die Viertel Hammerbrook, Hamm-Nord und -Süd, Billwerder Ausschlag sowie Teile von St. Georg, Eilbek, Barmbek und Wandsbek umfaßte. Nach einem bereits bewährten Verfahren wurden zunächst durch viertausendpfündige Sprengbomben sämtliche Fenster und Türen zerschlagen und aus den Rahmen gerissen, dann mit leichten Brandsätzen die Dachböden angesteckt, während Brandbomben mit einem Gewicht bis zu 15 Kilo zugleich bis in die tieferen Geschosse durchschlugen.
>
> Binnen weniger Minuten brannten überall auf dem zirka zwanzig Quadratkilometer großen Angriffsareal riesige Feuer, die so schnell zusammenwuchsen, daß bereits eine Viertelstunde nach dem Niedergehen der ersten Bomben der gesamte Luftraum, so weit man sah, ein einziges Flammenmeer war. Und nach weiteren fünf Minuten, um ein Uhr zwanzig, erhob sich ein Feuersturm von einer Intensität, wie sie kein Mensch für möglich gehalten hätte bis dahin. Mit solcher Gewalt riß das jetzt zweitausend Meter in den Himmel hinauflodernde Feuer den Sauerstoff an sich, daß die Luftströme Orkanstärke erreichten und dröhnten wie mächtige Orgeln, an denen alle Register gezogen wurden zugleich.
>
> Drei Stunden lang brannte es so. Auf seinem Höhepunkt hob der Sturm Giebel und Hausdächer ab, wirbelte Balken und ganze Plakatwände durch die Luft,

drehte Bäume aus ihrem Grund und trieb Menschen als lebendige Fackeln vor sich her. Hinter einstürzenden Fassaden schossen haushoch die Flammen hervor, rollten gleich einer Flutwelle mit einer Geschwindigkeit von über 150 Stundenkilometern durch die Straßen, kreiselten als Feuerwalzen in seltsamen Rhythmen über die offenen Plätze. In einigen Kanälen brannte das Wasser. In den Straßenbahnwaggons schmolzen die Glasscheiben, der Zuckervorrat kochte in den Kellern der Bäckereien. Die aus ihren Unterständen Geflohenen sanken unter grotesken Verrenkungen in den aufgelösten, dicke Blasen werfenden Asphalt. Niemand weiß wirklich, wie viele ums Leben gekommen sind in dieser Nacht oder wie viele wahnsinnig wurden, ehe der Tod sie ereilte.
Als der Morgen anbrach, durchdrang das Sommerlicht nicht die bleierne Düsternis über der Stadt. Bis in eine Höhe von achttausend Metern war der Rauch aufgestiegen und hatte sich dort ausgebreitet als eine riesige ambossförmige Kumulonimbuswolke. Eine wabernde Hitze, von der die Bomberpiloten berichteten, daß sie sie gespürt hätten durch die Wandungen ihrer Maschinen, ging lange noch von den qualmenden, glosenden Steinbergen aus. Wohnsiedlungen mit einer Straßenfront von insgesamt zweihundert Kilometern waren restlos zerstört. Überall lagen grauenvoll entstellte Leiber. Auf manchen flackerten noch die bläulichen Phosphorflämmchen, andere waren braun oder purpurfarben gebraten und zusammengeschnurrt auf ein Drittel ihrer natürlichen Größe. Gekrümmt lagen sie in den Lachen ihres eigenen, teilweise schon erkalteten Fetts. In der schon in den nächsten Tagen zum Sperrgebiet erklärten inneren Todeszone wurden, als Strafbrigaden und Lagerhäftlinge nach dem Abkühlen der Trümmer im August mit der Räumung beginnen konnten, Menschen gefunden, die, überwältigt von Monoxydgas, noch an Tischen oder gegen die Wand gelehnt saßen, anderwärts klumpenweise Fleisch und Knochen oder ganze Körperberge gesotten von dem siedenden Wasser, das aus geborstenen Heizkesseln geschossen war. Wieder andere waren in der bis auf tausend Grad und mehr angestiegenen Glut so verkohlt und zu Asche geworden, daß man die Überreste mehrköpfiger Familien in einem einzigen Waschkorb davontragen konnte.[2]

Was soll dadurch deutlich werden? Die bellum-iustum-Lehre unterscheidet zwischen dem ius ad bellum, dem guten, berechtigten Grund zum Krieg, und dem ius in bello, dem Recht, das ist das gerechtfertigte, berechtigte Verhalten im Krieg. Und – beides kann krass differieren.

Die klassische Theorie des gerechten Krieges hatte den Zweck, Kriege durch ethische Selbstbindung zu begrenzen:

1. Gerechtfertigt ist nach Aristoteles ein Verteidigungskrieg, dessen Zweck es ist, das gute Leben einer freien Bürgerschaft zu erhalten (= ius ad bellum).

2. Unterschieden wird zwischen Kriegen unter zivilisierten Völkern, den griechischen Stadtstaaten, einerseits und Kriegen mit barbarischen Völkern andererseits. Die kriegerische Auseinandersetzung unter den Stadtstaaten unterliegt Fairnessregeln des tugendhaften Kampfes (= ius in bello) und hat zum Ziel eine Schlichtung des Streits (= stásis) in beiderseitigem Interesse. Ein Krieg mit den Barbaren ist etwas anderes: pólemos. Hier steht die Existenz auf dem Spiel, und als gerechtes Ziel gilt die Vernichtung, Unterwerfung oder Versklavung des Gegners.

3. Der Grund für diese Unterscheidung liegt im Anti-Egalitarismus der antiken Ethik, das meint die Annahme, dass es von allen Lebewesen vollkommene und weniger vollkommene Exemplare gibt, naturbedingt – so rechtfertigt Aristoteles die Sklaverei – oder historisch bzw. zivilisatorisch bedingt – so rechtfertigt noch der kosmopolitische Humanist Cicero die Sklaverei oder die Unterwerfung anderer Völker unter die römische Hegemonie als Kriegsziele. Es sei gerecht, nämlich im objektiven Interesse und zum Nutzen der Schwachen selbst, von den Besten beherrscht zu werden. „Leges pacis imponere" war die imperiale Formel für den gerechten Krieg. Ein Fortschritt gleichwohl, denn gesichert war damit die pax romana, der Friede unter römischer Hegemonie, Friede als Zustand der Rechtssicherheit und geregelten Machtverwaltung im Unterschied zur concordia, zur Eintracht der römischen Vollbürger. Ein Fortschritt, insofern damit brutale Vernichtungsfeldzüge ausgeschlossen waren – so musste Cäsar seinen Feldzug gegen die Helvetier mit deren Pflichtverletzung und als Erziehungsmaßnahme kaschieren.

Eine Anmerkung zur Differenz zwischen der pax romana und der concordia: In den 70er Jahren des 20. Jahrhunderts, maßgeblich entwickelt durch Johan Galtung, wird unterschieden zwischen einem negativen und einem positiven Friedensbegriff. Der negative Friede ist die Abwesenheit von Krieg, Gegenbegriff also personaler Gewalt; der positive Frieden wird bestimmt als Integration,

Zusammenarbeit, letztlich als System umfassender sozialer Gerechtigkeit, Gegenbegriff also zur strukturellen Gewalt.

Das Christentum greift die Perfektionsprämisse, leicht verzögert, auf: Aus Barbaren werden Heiden, zwar auch – gottebenbildlich – Menschen, ausgestattet mit dem lumen naturale, dem natürlichen Verstandeslicht, aber ein Angriffskrieg gegen sie mit dem Ziel der Unterwerfung und den Methoden der Exekution, Deportation oder Massenversklavung bleibt erlaubt: Der Gehorsam wurde für sie zur Mutter aller Tugenden (Augustinus). Der missionarische Angriffskrieg wurde derart legitimiert, der heilige Krieg der Guten (Abel) gegen die Bösen (Kain). In dieser Weise führte Augustinus in Klärung der Frage, ob Krieg nicht grundsätzlich sündhaft sei (Kontext: Das Frühchristentum lehnte den Krieg grundsätzlich ab), den Begriff oder Topos des iustum bellum ausdrücklich wieder ein.

Bei Thomas von Aquin finden wir dann die Entfaltung dieses Topos in Kriterien:

1. Die auctoritas principis: Ein gerechter Krieg kann nur von einer legitimen Autorität erklärt werden, die die Verantwortung hat für das allgemeine Wohl, normalerweise die Regierung eines Staates. Private Individuen oder Gruppen sind nicht berechtigt, einen Krieg zu erklären.

2. Die iusta causa (der gerechtfertigte Grund): Diejenigen, denen der Krieg erklärt wird, müssen dies wegen einer bestimmten Schuld verdienen – und sei es, sie sind Heiden.

3. Die intentio recta: Die Absicht muss sein, Gutes zu fördern oder Böses zu verhindern. Ein heilsgeschichtliches Ziel, die Missionierung, ist daher ein gerechtfertigtes Ziel, nicht aber z. B. die Bereicherung, sie gilt als sündhaft, verwerflich.

So weit zunächst das christliche Verständnis der iustum-bellum-Tradition. Gleichzeitig finden wir in der christlichen Theologie aber auch einen Ansatz zur Abwertung aller Kriege: in der Defizittheorie des Menschen begründet. Danach sind alle Menschen im Zeichen der Erbschuld gleich und gleichermaßen erlösungsbedürftig. Augustinus verschärft zur Lehre von den zwei Reichen, der civitas Dei, dem himmlischen Imperium, nur dort kann es den wahren Frieden geben, und der civitas terrena, dem Erbsünde-geschlagenen irdischen Leben, das auch die gerechten Kriege als Übel erscheinen lässt, notwendig zwar und gerechtfertigt, aber im Fall des Erfolges keinen Triumphzug wert – in Differenz zur Antike.

Die Tradition des bellum iustum ist heute in der politologischen und philosophischen Diskussion zumindest gebrochen, heißt, sie wird partiell entschieden abgelehnt, partiell säkularisiert aufrecht erhalten, in der theologischen Diskussion gibt sie häufig nach wie vor den Bezugshorizont ab.

Zwei Dokumente zum Beleg:

> Zur Definition des gerechten Kriegs zählen sowohl die Bedingungen zum Recht auf Krieg (ius ad bellum) als auch die Bedingungen für die Gerechtigkeit im Krieg (ius in bello).
>
> Es gibt fünf Bedingungen für das Recht auf Krieg:
>
> 1. Gerechter Grund: Die einzig gerechte Begründung für einen Krieg ist die Notwehr: Auf sie beruft man sich zu Recht, um das Leben der Staatsbürger oder die Einheit des Staates zu verteidigen, wenn sie angegriffen werden. Heute ist allgemein anerkannt, dass ein Staat auch das Recht hat, einen Nachbarstaat oder einem verbündeten Staat durch Nothilfe militärisch zu unterstützen, wenn dieser angegriffen wird.
> 2. Gerechte Absicht: Die einzig gerechte Absicht dafür in den Krieg zu ziehen, kann sein, den Frieden zu fördern bzw. wieder herzustellen. Jede andere Absicht, wie z. B. Rache, Vergeltung, Eroberungsdrang, Herrschaftsansprüche, wirtschaftlicher Gewinn etc., ist verwerflich und moralisch nicht zu rechtfertigen.
> 3. Gerechte Macht: Ein gerechter Krieg kann nur von einer gerechten Macht erklärt werden. Die gerechte Macht trägt Verantwortung für das allgemeine Wohl des Bevölkerung und ist normalerweise die Regierung des Landes. Privatpersonen oder Gruppen sind nicht berechtigt, einen Krieg zu erklären.
> 4. Letztes Mittel: Ein Krieg kann gerechter Weise erst begonnen werden, wenn alle nicht militärischen Druckmittel vergeblich angewendet und ausgeschöpft wurden. Solange politische Mittel zur friedlichen Konfliktlösung bestehen, wie z. B. Verhandlungen, diplomatischer Druck, wirtschaftliche Sanktionen etc., kann ein Krieg nicht gerecht sein.
> 5. Vernünftige Erfolgsaussicht: Nur wenn eine ausreichend hohe Wahrscheinlichkeit besteht, das gerechte Ziel des Kriegs zu erreichen, ist es moralisch gerechtfertigt, Vernichtung und Zerstörung zu verursachen. Ein aussichtsloser Kampf, der nur Opfer bringt, darf nicht begonnen werden.

Es gibt zwei Bedingungen für das Recht im Krieg:

1. Die Unterscheidung zwischen Kämpfenden und Nicht-Kämpfenden, zwischen Militär und unbeteiligten Zivilisten muss eingehalten werden. Zivilisten und nicht-militärische Ziele dürfen nicht absichtlich angegriffen oder vernichtet werden. Man muss also versuchen, den „Kollateralschaden" so gering wie möglich zu halten.

2. Die Verhältnismäßigkeit zwischen den Schäden, Opfern, Kosten des Kriegs und den guten Folgen, die der gerechte Krieg erreichen will, muss angemessen sein. Die Übel, die der Krieg zufügt, dürfen nicht größer sein als das Unrecht, das er beseitigen soll. Kein Staat darf einen Krieg führen, ohne an die langfristigen Folgen für alle Betroffenen zu denken.[3]

Auch die amerikanischen Bischöfe, der Katechismus der katholischen Kirche von 1993 und die Enzyklika Johannes Pauls II „Evangelium Vitae" vom 25. März 1995 halten an der bellum-iustum-Lehre fest.

Eine ebenso knappe wie präzise Zusammenfassung dieser Lehre bietet der Weltkatechismus:

Die Bedingungen, unter denen es einem Volk gestattet ist, sich in Notwehr militärisch zu verteidigen, sind genau einzuhalten. Eine solche Entscheidung ist so schwerwiegend, daß sie nur unter den folgenden strengen Bedingungen, die gleichzeitig gegeben sein müssen, sittlich vertretbar ist:

- Der Schaden, der der Nation oder der Völkergemeinschaft durch den Angreifer zugefügt wird, muß sicher feststehen, schwerwiegend und von Dauer sein.
- Alle anderen Mittel, dem Schaden ein Ende zu machen, müssen sich als undurchführbar oder wirkungslos erwiesen haben.
- Es muß ernsthafte Aussicht auf Erfolg bestehen.
- Der Gebrauch von Waffen darf nicht Schäden oder Wirren mit sich bringen, die schlimmer sind als das zu beseitigende Übel. Beim Urteil darüber, ob diese Bedingung erfüllt ist, ist sorgfältig auf die gewaltige Zerstörungskraft der modernen Waffen zu achten.

Dies sind die herkömmlichen Elemente, die in der sogenannten Lehre vom „gerechten Krieg" angeführt werden.

Die Beurteilung, ob alle diese Voraussetzungen für die sittliche Erlaubtheit eines Verteidigungskrieges vorliegen, kommt dem klugen Ermessen derer zu, die mit der Wahrung des Gemeinwohls betraut sind. Dies sind in einer rechtsstaatlichen Demokratie die vom Volk gewählten Regierungen, letztlich aber alle Bürger.

Divergenter sind die Positionen innerhalb der katholischen Kirche im Hinblick auf die sittliche Legitimität atomarer Abschreckung. Während die deutschen Bischöfe sie unter den Bedingungen des Ost-West-Konflikts und der damals drohenden „totalitären Erpressung" als das kleinere Übel betrachteten und für ethisch „noch zu tolerieren" ansahen, solange sie von politischen Bemühungen zur Sicherung und Förderung des Friedens begleitet wird, hielten die amerikanischen Bischöfe sie für problematisch, weil sie sich keine Situation vorstellen konnten, „in der die vorbedachte Einleitung nuklearer Kriegführung, und sei sie noch so begrenzt, moralisch gerechtfertigt werden könnte." Die Gefahr einer Eskalation sei so groß, „daß es moralisch nicht zu rechtfertigen ist, in irgendeiner Form einen Atomkrieg zu beginnen." Deshalb sei „der Rückgriff auf Nuklearwaffen als Antwort auf einen konventionellen Angriff moralisch nicht zu rechtfertigen." Der Weltkatechismus neigt zur Position der amerikanischen Bischöfe. Seine Aussagen zur Abschreckung, gegen die er „schwere moralische Vorbehalte" äußert, sind wenig präzise und lassen das Risiko einer totalitären Erpressung außer Acht.
Die Differenzen zwischen der amerikanischen und der deutschen Position wurzelten letztlich in der unterschiedlichen Beurteilung der Möglichkeit begrenzter nuklearer Kriegführung, die von den deutschen Bischöfen in kluger Einschätzung ihrer begrenzten Kompetenz offen gelassen, von den amerikanischen Bischöfen dagegen verneint wurde. Zwar wiesen die amerikanischen Bischöfe in einer Fußnote ihres Hirtenbriefes darauf hin, daß ihr Verdikt als ein „prudential judgement" nicht das gleiche Gewicht habe wie eine Aussage zu moralischen Prinzipien und daß das Problem verschiedene Meinungen gestatte", aber es ist ihnen zu Recht vorgehalten worden, „daß die hin und wieder als Vorzug des Schreibens bewertete ‚ambiguity' der ethischen Aussagen zur Abschreckung wohl zutreffender als wenig hilfreiche ‚obscurity' bezeichnet werden muß."[4]

Worin liegen die kritischen Punkte dieser Theorie? Es sind sechs Schwächen:

1. Eine zentrale Schwierigkeit ist die genauere Bestimmung, die Konkretion der Rechtfertigungskriterien, das betrifft vor allem die Abschätzung der Erfolgswahrscheinlichkeit, den Grundsatz der Verhältnismäßigkeit, die Kontrollierbarkeit des Waffeneinsatzes, die Immunität der Nichtkombattanten. Sofern dies alles das ius in bello betrifft, die Anerkennung eines Minimums an Humanitäts- und Fairnessregeln, festgehalten in einem Kodex wie z. B. der Genfer Kriegskonvention, möchte ich hinweisen auf das Buch von Michael

Walzer: „Gibt es den gerechten Krieg?"[5] Hier steht im Zentrum das ius in bello; geradezu kasuistisch, orientiert an einer Fülle authentischer Fallbeispiele, listet Walzer die Probleme auf:

- die moralische Gleichheit der Soldaten auf beiden Seiten, des Angreifers und des Verteidigers,
- den Widerspruch von Nützlichkeit (= Erfolgs- oder Zielorientierung) und Verhältnismäßigkeit,
- den Widerspruch zwischen der Immunität der Nichtkombattanten und sogenannter militärischer, strategischer Notwendigkeit, Stichwort „Kollateralschäden",
- das Problem von Belagerungen und Blockaden, den Krieg gegen Zivilisten,
- das Problem der Aufhebung des Unterschieds zwischen erkennbar Kämpfenden (= Soldaten) und erkennbar Nichtkämpfenden (= Zivilisten) im Guerilla- und Partisanenkrieg,
- das Problem des Umgangs mit einer Zivilbevölkerung, die Guerillas schützt,
- die Frage der Rechtfertigung punktueller Vergeltung und Abschreckung.

2. Der grundsätzliche Widerspruch zwischen Ziel und Mittel, hier zwischen Frieden als Zustand der Gewaltlosigkeit und dem Einsatz von Gewalt, zwischen Tötungstabu und Tötungslizenz, eine prinzipielle Ziel-Mittel-Inkonsistenz.

3. Die Diskrepanz zwischen dem ethischen Rechtfertigungsanspruch einer Ausnahmelegitimation von kriegerischer Gewalt auf der Basis des prinzipiellen Verbots und der realen Wirkungsgeschichte: Die bellum-iustum-Doktrin wurde, wie schon exemplarisch verdeutlicht, instrumentalisiert für Zwecke der Rechtfertigungsrhetorik, diente der ideologischen Verbrämung missionarischer,

kolonialistischer, imperialistischer Gewaltlegitimation. Augustinus ging es um den Erhalt des römischen Reiches als Garant einer inzwischen auch christlich inspirierten Friedensordnung gegen barbarische Eroberer, Thomas von Aquin um den Erhalt und die Ausdehnung der politisch-weltlichen Einheit der gesamten Christenheit: Die Verbreitung der christlichen Religion galt als eine gerechte Sache, die Kreuzzüge des 12. und 13. Jahrhunderts galten daher als gerechte Kriege, für die Opfer hieß es mit dem Aufruf des Zisterziensers Bernhard von Clairvaux von 1147: „Taufe oder Tod!" Ähnlich wurden im 16. Jahrhundert die Eroberungskriege gegen die Bewohner der Neuen Welt damit gerechtfertigt, die Völker durch Christianisierung auf eine höhere Zivilisationsstufe zu heben. Ideologische Pervertierung einer ursprünglich kritischen Intention.

4. Und das wiederum hat seinen Grund nicht zuletzt darin, dass die Frage der Entstehung und Beurteilung, ob alle Voraussetzungen zur legitimen militärischen Gewaltanwendung vorliegen, den Kriegsparteien selbst überlassen war – eine überstaatliche, supranationale Instanz gibt es in diesem Konzept nicht.

5. Allgemein zielt die Theorie des gerechten Krieges daher „auf Selbstermächtigung [...] überlegener oder sich für überlegen haltender Zivilisationen gegenüber grundsätzlich Ungleichen", wie Herfried Münkler betont: Eine solche Theorie beruhe nicht auf der Vorstellung von einer Gleichheit [...] der Konfliktparteien, und „darin ist sie der Idee des Heiligen Krieges [...] aufs Engste verwandt – in beiden Fällen werden asymmetrische Konstellationen konstruiert, um den Einsatz von Gewalt zu rechtfertigen."[6]

6. Es gibt in dieser Asymmetrie auch keine Neutralität eines Dritten: „Wo ein Krieg als Rechtsexekution und mit dem Anspruch geführt wird, der Gerechtigkeit zum Durchbruch zu verhelfen, ist Neutralität moralisch anrüchig geworden."[7] Ein Einwand von Besorgnis erregender Aktualität, denn in der Tat: Der Krieg gegen den Irak als einen der so genannten „Schurkenstaaten" stand ganz und gar in der Tradition der bellum-iustum-Konzeption: Ein Staat oder eine Gruppe von Staaten entscheidet – weitgehend gegen den Willen der eigenen Bevölkerung – im Selbstbewusstsein der gerechten und guten Sache und erklärt andere Staaten zu den Bösen; eine akzeptierte Neutralität kann es in diesem Krieg nicht geben, „wer in ihm nicht auf Seiten der USA ist, so der amerikanische Präsident, ist gegen sie."[8] „Wer beansprucht, einen gerechten Krieg zu führen, denkt die

Rechtsbezüge der Kontrahenten von vornherein asymmetrisch: Die eine Seite hat alles Recht auf ihrer Seite, die andere hingegen alles Unrecht [...], gedacht nach dem Vorbild des Verbrechers [...] oder [als] Inkarnation des Bösen. [...] Gerechter Krieg und heiliger Krieg stehen sich spiegelbildlich gegenüber."[9]

In der historischen Entwicklung dieses Theorems der bellum-iustum-Konzeption werden die Schwächen und Probleme, die Pervertierung einer Kriege eindämmenden Idee zur Kriegsideologie dann auch konsequent deutlich: Die spanischen Neuscholastiker des 16. Jahrhunderts thematisieren die Schwierigkeit der Überprüfung und des konkreten Nachweises der Kriterien, neben anderen erwägt Francisco de Vitoria z. B. die paradoxe Möglichkeit eines beiderseits subjektiv für gerecht gehaltenen Krieges: „bellum iustum ex utraque parte"; die Gerechtigkeitsfrage wird unentscheidbar. Noch schwieriger wird es, als der Angriffskrieg in seinen verschiedenen Varianten genauer reflektiert wird:

- als Vergeltung für erlittenes Unrecht,
- als Entscheidung über strittige Rechte,
- als Präventivkrieg, als Interventionskrieg.

Bei Machiavelli schließlich bleibt als Rechtfertigungsgrund nur mehr übrig die auctoritas principis, ausgewiesen durch die Fähigkeit, Kriege siegreich zu führen; dies wird geradezu zum Signum der Legitimität, weil es die innere Ordnung sichert und garantiert. Vom Konzept des bellum iustum bleibt damit übrig nur mehr der Gedanke eines ius in bello. Er wird seinerseits kritisch reflektiert von Hugo Grotius (De iure belli ac pacis: 1625). Grotius geht bereits davon aus, dass – was die Kriegsgründe angeht – der beiderseits gerechte Krieg der Normalfall ist. Er entwirft schon nahezu das Bild des totalen Krieges: Ein Krieg zwischen Staaten schließe Maßnahmen gegen die Zivilbevölkerung – darunter auch Frauen, Kinder, Ausländer – ein, denn als Krieg zwischen Staaten sei er ein Krieg zwischen allen Individuen, die zu diesen Staaten gehören oder sich in ihrem Schutz befinden, denn die gegenüber dem Inhaber der Staatsgewalt abgegebene Kriegserklärung gelte zwangsläufig auch gegen alle, die ihm untertan seien. Grotius entfaltet in seiner Reflexion dieses Problems kasuistisch breit die Frage nach dem ius in bello, vorrangig orientiert daran, was dem Kriegs-Zweck nützt: Im Resultat löst sich das Modell des iustum bellum geradezu auf. Bei Thomas Hobbes schließlich gibt bekanntlich der totale Privatkrieg aller gegeneinander, der Krieg omnium contra omnes, verstanden als Naturzustand der Menschen, die Basis ab für das erneute Nachdenken über die Möglichkeiten einer Eingrenzung und Begrenzung kriegerischer, hemmungsloser Gewalt. Die bellum-iustum-Tradition hatte sich zumindest zunächst aufgelöst.

Ein Neuansatz erfolgt auf ganz anderer Basis. Der Westfälische Friede von 1648, die Verträge von Münster und Osnabrück markieren die neue Grundlage: das Konzept der staatlichen Souveränität prinzipiell gleichrangiger Staaten, theoretisch vorbereitet durch Jean Bodin, radikalisiert dann später von Hobbes: Alles Recht ist fortan positives Recht innerhalb von Landesgrenzen. Für den zwischenstaatlichen Bereich gilt das moderne Naturrecht, das meint das gleiche Recht aller Rechtssubjekte, hier der souveränen Staaten. Jeder beansprucht für sich das gleiche Recht auf Freiheit: Dazu gehört selbstverständlich auch das Recht, zur Durchsetzung eigener Interessen Krieg zu führen. Dieser von Kant so genannte Privatrechtszustand wird daher zum latenten Kriegszustand: Gerechte Kriege lassen sich konzeptuell gar nicht mehr fassen. Der Krieg hat sich damit von jeglicher moralischer Einschränkung gelöst, bedarf einer moralischen Rechtfertigung, einer Legitimation als gerechter Krieg auch nicht mehr.

Notwendig daher ein Neuansatz im Versuch, Kriege einzuschränken oder zu vermeiden: Wie sieht er aus?

Den folgenden Überlegungen liegt eng zugrunde ein Aufsatz von Wolfgang Kersting[10]: Im Kontext unserer Überlegungen wird hier der Übergang von der bellum-iustum-Tradition zu gegenwärtig relevanten Konzepten entwickelt.

Kersting geht aus von vier binnenstaatlichen Ordnungsmodellen, zugleich auch Konfliktlösungsmodellen, die sich in der neuzeitlichen Geschichte entwickelt haben und philosophisch begründet wurden. Diese binnenstaatlichen Modelle thematisieren oder implizieren zumindest allesamt auch Modelle für die Lösung zwischenstaatlicher Konflikte. In der historischen Folge:

1. Das Ordnungsmodell des absoluten Staates, der gleichsam als Friedensmaschine der ökonomischen, d. h. Nutzen-Kosten- oder Zweck-Mittel-orientierten oder pragmatischen Rationalität seiner Bürger die Droh- und Abschreckungsmacht des staatlichen Gewaltmonopols in Form von Polizei, Justiz und Militär einrichtet,

2. der Rechts- und Rechtssicherheitsstaat,

3. der Sozialstaat und

4. – quer zu dieser historischen Linie – das Demokratiemodell einer sich selbst organisierenden Zivilgesellschaft.

Die binnenstaatlichen Ordnungsmodelle also der Abschreckung, des Rechts, der Verteilung und der demokratischen Herrschaft. Sie implizieren folgende Friedensmodelle für die zwischenstaatlichen Beziehungen:

- den Frieden durch Abschreckung,
- den Frieden durch Recht,
- den Frieden durch Verteilungsgerechtigkeit,
- den Frieden einer weltbürgerlichen Gesellschaft.

1. Frieden durch Abschreckung: si vis pacem para bellum

Thomas Hobbes. Kersting akzentuiert in seiner Interpretation nicht den für Hobbes häufig angenommenen anthropologischen Pessimismus. Die Unerträglichkeit des Naturzustandes als bellum omnium contra omnes resultiere vielmehr allein schon aus rationalem menschlichen Handeln unter Knappheitsbedingungen, aus der Rationalität des Nutzen maximierenden homo oeconomicus. Wir kennen die weitere Hobbessche Argumentationslinie: Ein reiner Verabredungsfrieden führt nicht aus dem Naturzustand heraus, setzt das rationale Misstrauen keinesfalls außer Kraft, garantiert nämlich nicht, dass sich auch jeder an seine moralische Selbstverpflichtung hält und auf die Aussicht eines Extraprofits verzichtet, wenn sich ihm die Chance dazu durch individuelle Gewaltausübung bietet. Der Abrüstungsvertrag der Individuen im Staat setzt also voraus die Etablierung einer Garantiemacht, den leviathanischen Staat. Für den Souverän dieses Staates gilt aber nun ebenfalls und weiterhin die Naturzustandsbedingung, die Logik der Prävention und Verdächtigung. Es gilt dies innenpolitisch, die Macht muss absolut abgesichert sein. Es gilt dies ebenso außenpolitisch in der Machtkonkurrenz absoluter Souveräne: Außenpolitisch, zwischenstaatlich wiederholt sich oder perpetuiert sich der Naturzustand. Von diesem Fakt einer konkurrierenden Pluralität souveräner Staaten ausgehend sieht Hobbes die Lösung des Problems nur in einer multilateralen Abschreckungsbalance. Der Hobbessche Frieden stützt sich auf einen doppelt, im Inneren wie im Äußeren abschreckungstüchtigen Staat; so gesehen ist der Leviathan in der Tat, logisch konzipiert, paradox formuliert, „die waffenstarrende Friedensmaschine." Erreicht wird dadurch ein Frieden im strukturellen Kriegszustand, Friede als Kriegsabwesenheit. Mittelfristig zumindest durchaus erfolgreich: „Im Schatten der Bombe blieb uns der dritte Weltkrieg bislang erspart."[11] Kersting sieht in diesem Konzept durchaus einen anthropologischen Optimismus, das Aufklärungsvertrauen in die Vernunftfähigkeit – und sei es auf der Basis einer eben nicht dominant anzusehenden bellizistischen Natur oder atavistisch brutalen, unzivilisierbaren Gefühlsstruktur des Menschen.

2. Frieden durch Recht: si vis pacem para pacem

Exemplarisch für dieses Modell steht die Kantische Rechtsphilosophie. In der – möglicherweise strittigen – Sicht Wolfgang Kerstings (strittig: zu nennen wären z. B. Jürgen Habermas, Otfried Höffe, Karl-Heinz Nusser, Matthias Lutz-Bachmann), in der Sicht Kerstings liegt folgender Ansatz vor: Der negative Frieden bloßer Kriegsabwesenheit wird ersetzt durch den positiven Frieden eines allumfassenden Rechtszustandes. Dieser positive Frieden ergibt sich nicht mehr aus der Abschreckungslogik des Naturzustandes, er muss vielmehr eigens gestiftet werden als kollektives Resultat gemeinsamen Rechtshandelns, das den Krieg ausdrücklich ächtet als absolutes Übel. Aus der Pluralität konkurrierender Souveränstaaten wird die weltbürgerliche Rechtsgemeinschaft, das Privatrecht der Willensfreiheit eines jeden Souveräns ist aufzuheben in ein öffentliches Völkerrecht. Es gibt in der Konsequenz keinen gerechten Krieg mehr, sondern nur – analog dem individuellen Rechtsverstoß in einem Staat – polizeiliche Maßnahmen der weltbürgerlichen Rechtsgemeinschaft zur Korrektur, zur Wiederherstellung des Rechts. Es stellen sich zwei Fragen:

a) Wie begründet Kant dieses Konzept?

b) Was meint konkret die weltbürgerliche Rechtsgemeinschaft?

a) Basis ist der menschenrechtliche Egalitarismus, das meint: den positiven Frieden zu stiften ist nicht nur pragmatisch klug, sondern Erfüllung einer apriorischen Menschenpflicht, die jeder Mensch seinen Mitmenschen, jeder Staat seinen Bürgern, aber auch allen anderen Menschen schuldet. Apriorisch: Diese Verpflichtung resultiert nicht aus einem Nutzenkalkül, aus langfristig oder grundsätzlich angelegten Interessen, sondern aus dem Verstehen und der Anerkennung des Konzepts der Menschenwürde, die jedem Menschen als Mitglied der Species vernunftfähiger, zur Moralität fähiger Lebewesen zukommt. Hat Hobbes den Frieden begründet als Klugheitsarrangement einer individualistisch konzipierten Rationalität, so wird er bei Kant begründet als Rechtspflicht einer universalistischen Rationalität:

- In einem ersten Schritt meint das die Etablierung des Staates als eines Systems öffentlicher Gerechtigkeit, in dem das Recht eines jeden durch Gesetze und Gerichte zuverlässig bestimmt ist; dies ist die Aufgabe des Staates. Das Recht, das er zu konkretisieren, durchzusetzen und zu sichern hat, ist von Kant grundsätzlich bestimmt als die Sicherung und Vereinbarkeit, Vermittlung der (Willkür-)Freiheit – im Unterschied zur moralischen Freiheit, im Unterschied also zum Pflichtgebot des Sittengesetzes, des kategorischen Imperativs –, die Vermittlung also der (Willkür-) Freiheit eines jeden mit der (Willkür-)Freiheit eines jeden anderen.

- Dieser innerstaatliche Rechtszustand kann aber nun jederzeit durch zwischenstaatlich ausbrechende Kriege zerstört werden. Innerstaatliche Friedensstiftung und interstaatliche Friedensstiftung sind voneinander abhängig, der Anspruch des einzelnen an den Rechtsstaat verpflichtet diesen nicht nur intrastaatlich, sondern auch zwischenstaatlich zur Sicherung der Freiheit des einzelnen, das meint zur Sicherung des Friedens (und der Grundrechte). Deshalb steht jeder Staat in einem zweiten Schritt unter der Verpflichtung, den internationalen Frieden zu sichern. Aus der staatsrechtlichen Friedensstiftung folgt also eine völkerrechtliche Friedensstiftung. Sie ist ihrerseits ein strukturelles Abbild des Rechtsstaates: Die im Rechtsstaat ermöglichte zwischenmenschliche Ordnung prägt auch und analog das Verhältnis der Staaten zueinander als wechselseitige Anerkennung der Freiheit und Gleichheit eines jeden Akteurs.

- Da diese internationale rechtliche Friedensordnung aus dem individuellen Recht auf eine rechtsstaatliche bürgerliche Verfassung abgeleitet ist, folgt in einem dritten Schritt der Anspruch auf eine weltbürgerrechtliche Friedensstiftung, die gesicherte Mitgliedschaft in einer Weltrepublik als vollkommener Vereinigung der menschlichen Gattung in einem „Menschenstaat."

b) Welche konkrete rechtliche Verfassung verlangt nun aber diese pax kantiana? Wolfgang Kersting entwickelt aus dieser Frage das dritte Modell:

3. Eine konföderative Vertragsgemeinschaft souveräner Staaten oder eine Republik freier, verbündeter Staaten oder ein Weltstaat? Si vis pacem firma pacem legibus.

Kant lehnt das Weltstaatsmodell ab – aus pragmatischen Gründen: Er befürchtet erstens einen Despotismus, er spricht vom „Kirchhof der Freiheit", und hält zweitens einen solchen Staat für unregierbar.

Kant lehnt auch die Republik freier, verbündeter Staaten ab, ein Modell, das Elemente supranationaler Staatlichkeit auf der Basis einvernehmlicher und partieller Souveränitätsverzichte der Mitgliedsstaaten enthält. Sein zentrales Argument gegen dieses Modell ist die Überzeugung, dass die einzelstaatliche Souveränität unteilbar sei, es sei dies ein Implikat des Begriffs staatlicher Souveränität; folglich muss er das Republik-Modell für analytisch in sich widersprüchlich halten.

Kersting spricht hier kritisch von einem „subkutanen Hobbesianismus", kritisch, weil dieses für Hobbes in der Tat konstitutive Dogma der Unteilbarkeit einzelstaatlicher Souveränität der Friedenspolitik den Rechtsweg versperrt: Strukturen Rechtsvereinbarungen durchsetzender, supranationaler Gewalt können dann nicht etabliert werden. Es bleibt dann nur der Weg der Politik, das ist das Hobbessche Abschreckungsargument, oder der Weg der Moral, des moralischen Appells. Das ist Kants Weg: das Modell der Konföderation souveräner Staaten ohne jegliche supranationalen Elemente, institutionell daher unbefestigt, moralischer Schwebezustand.

Kants Notlösung ist der Vorschlag eines permanenten Staatenkongresses – aber das reicht in der Tat nicht hin, um das Ziel der realen Aufhebung des Krieges überhaupt und das zweite Ziel, die Durchsetzung von auf der Basis gesicherten Rechts von der Staatengemeinschaft verhängte Polizeiaktionen, zu erreichen. Zur Verdeutlichung der Aktualität dieser Überlegungen zu Kant: Die UNO-Vollversammlung – nicht ganz korrekt jetzt einmal verstanden als permanenter Staatenkongress – hat Kriege zwischen ihren Mitgliedstaaten bisher nicht verhindern können. Kants Verzicht auf überstaatliche Entscheidungsgremien, auf einen internationalen Gerichtshof, auf eine international organisierte militärische Durchsetzungsmacht hat für seine friedensphilosophische Ausformung des Rechtsbegriffs – Kants Ausgangspunkt – zur Folge, dass das Recht aufhört zugunsten der rein moralischen Selbstbindung der Regierungen, im Resultat: Staatsrecht bricht Menschenrecht.

Kant ist daher konsequenter Anti-Interventionist: „Kein Staat soll sich in die Verfassung und Regierung eines anderen Staates gewalttätig einmischen", lautet der fünfte Präliminarartikel der Friedensschrift.

Lapidarer noch heißt es im Schlusskapitel der Rechtslehre in der „Metaphysik der Sitten", ich möchte hier länger zitieren:

> Nun spricht die moralisch-praktische Vernunft in uns ihr unwiderstehliches Veto aus: Es soll kein Krieg sein; weder der, welcher zwischen mir und dir im Naturzustande, noch zwischen uns als Staaten, die, obzwar innerlich im gesetzlichen, doch äußerlich (im Verhältnis gegeneinander) im gesetzlosen Zustande sind; denn das ist nicht die Art, wie jedermann sein Recht suchen soll.
> Also ist nicht mehr die Frage, ob der ewige Friede ein Ding oder ein Unding sei und ob wir uns nicht in unserem theoretischen Urteile betrügen, wenn wir das erstere annehmen, sondern wir müssen so handeln, als ob das Ding sei, was vielleicht nicht ist, auf Begründung desselben und diejenige Konstitution, die uns dazu die tauglichste scheint (vielleicht den Republikanism aller Staaten samt und sonders) hinwirken, um ihn herbei zu führen und dem heillosen Kriegführen, worauf als den Hauptzweck bisher alle Staaten, ohne Ausnahme, ihre inneren Anstalten gerichtet haben, ein Ende zu machen. Und, wenn das letztere [...] auch immer ein frommer Wunsch bliebe, so betrügen wir uns gewiss nicht mit der Annahme der Maxime, dahin unablässig zu wirken; denn diese ist Pflicht; das moralische Gesetz aber in uns selbst für betrüglich anzunehmen würde den Abscheu erregenden Wunsch hervorbringen, lieber aller Vernunft zu entbehren und sich, seinen Grundsätzen nach, mit den übrigen Tierklassen in einen gleichen Mechanism der Natur geworfen anzusehen. (B 264 f.)

Ähnlich grundsätzlich formuliert Kant in der Friedensschrift, dass die Vernunft „den Krieg als Rechtsgang schlechterdings verdammt, den Friedenszustand dagegen zur unmittelbaren Pflicht macht“ (BA 36). Moralphilosophisch ist diese Position klar begründet:

- Über den Ausgang eines jeden Krieges entscheiden nicht ethische oder Rechtsgründe, sondern allein die Qualität der Strategien, eingesetzten Waffen und Soldaten.

- In einem jeden Krieg werden Menschen von der Staatsgewalt eingesetzt als Mittel.

- In einem jeden Krieg werden die Freiheit und das Leben Unschuldiger gefährdet und zerstört.

Keine militärische Intervention also von außen, die staatliche Souveränität also gilt Kant als unantastbar: Staatsrecht bricht Menschenrecht auch in dieser Hinsicht. Erstaunlich für einen erklärten Menschenrechtsverfechter, erstaunlich, zumal die staatliche Souveränität doch mit der Verpflichtung der Anerkennung der Menschenrechte – Recht ist die staatliche Sicherung der Willkürfreiheit der Individuen im Umgang miteinander – begründet wird. Erstaunlich schließlich vor dem Hintergrund der aktuellen Debatte um die Berechtigung letztlich auch militärischer Intervention im Fall massiver Verletzung von Menschenrechten: Im Hintergrund der Position, die eine Intervention für gerechtfertigt hält, steht ja doch Kant (vgl. S. 97 ff.).

Wie lässt sich demgegenüber Kants Anti-Interventionismus erklären? Auch hier liegt ein entscheidender Grund in Kants Begriff der staatlichen Souveränität. Hajo Schmidt sieht hier ein rechtslogisches Argument Kants: „Nur ein intakter, weder von innen noch von außen in Frage gestellter Staat kann den institutionellen Rahmen eines die individuellen Rechte garantierenden, dabei entwicklungsfähigen Systems der Gerechtigkeit abgeben.“[12] Allein die strikte Unantastbarkeit der einzelstaatlichen Souveränität garantiert „die Autonomie aller Staaten“, formuliert Kant selbst in der Schrift „zum ewigen Frieden“ (BA 12).

Ich möchte dieses Argument eher transzendental akzentuieren: Der nicht in Frage gestellte Staat ist die Bedingung der Möglichkeit für die Anerkennung der Menschenrechte, denn mag ein Revolutionär von innen oder ein Intervent von außen auch subjektiv in bester Absicht für menschenrechtsangemessenere Verhältnisse kämpfen, so gefährdet in beiden Fällen zumindest die Wahl des Mittels, Gewalt, das menschenrechtliche Minimum. „Heute wird leicht vergessen: Wer Menschenrecht sagt, sagt auch Staat. Hannah Arendt musste feststellen, ‚dass in dem Augenblick, in dem Menschen sich nicht mehr des Schutzes einer Regierung erfreuen, keine Staatsbürgerrechte mehr genießen und daher auf das Minimum an Recht angewiesen sind, das ihnen angeblich eingeboren ist, es niemanden gab, der ihnen das Recht garantieren konnte.' (Die Ursprünge des Totalitarismus)".[13]

Kants ablehnende Position lässt sich daher ähnlich fassen und erklären wie seine kategorische Leugnung des moralischen Rechts auf Lüge auch in Extremsituationen in der Schrift „Über ein vermeintliches Recht aus Menschenliebe zu lügen": Wahrhaftigkeit als zentrale Bedingung der Möglichkeit menschlicher Kommunikation dürfe grundsätzlich nicht, auch nicht in Einzelfällen, ausgesetzt werden. Ein weiterer Aspekt, gleichsam ein historisches Argument: Die unmittelbare wie vielfältig vermittelte Kriegserfahrung Kants und seiner Zeit ließ eine Berechtigung militärischer Intervention aus humanitären Gründen wohl eher abwegig, als Illusion oder als ideologischen Vorwand, erscheinen – und bis heute ist dies eine wichtige Frage in der Debatte: Wann hat es eine humanitäre Intervention in den letzten Jahren tatsächlich gegeben, und mit welchem Resultat? Ist es nicht besser, an der Unantastbarkeit staatlicher Souveränität im Interesse der Friedenssicherung grundsätzlich festzuhalten, ein Einfallstor gar nicht erst zuzulassen? „Kriege, die zum Schutz der Menschenrechte geführt werden, entwickeln dieselbe Eigendynamik wie die alten."[14]

Kants Position in der Kriegsfrage ist eindeutig: Krieg soll nicht sein und ist nicht zu rechtfertigen, von zwei Ausnahmen abgesehen, der Verteidigung gegen einen Aggressor und des Beistandes von außen im Fall eines Bürgerkriegs (letztere Ausnahme wird als Möglichkeit knapp angerissen, nicht weiter thematisiert [Zum ewigen Frieden. BA 11f].) Eine weitere Ausnahme wird zum Thema in der „Metaphysik der Sitten", § 60: das „Recht eines Staates gegen einen ungerechten Feind", definiert als denjenigen, „dessen öffentlich [...] geäußerter Wille eine Maxime verrät, nach welcher, wenn sie zur allgemeinen Regel gemacht würde, kein Friedenszustand unter den Völkern möglich, sondern der Naturzustand verewigt werden müsste. Dergleichen ist die Verletzung öffentlicher Verträge, von welcher man voraussetzen kann, dass sie die Sache aller Völker betrifft, deren Freiheit dadurch bedroht wird und die dadurch aufgefordert werden, sich gegen einen solchen Unfug zu vereinigen und ihm die Macht zu nehmen.“ (A 226, B 256)

Wolfgang Kersting[15] hat diese Ausnahme des „hostis iniustus“, der nicht bereit ist, die Grundlagen rechtlichen Verkehrs zwischen souveränen Staaten zu akzeptieren, ergänzt um den „hostis populi“: „Wenn ein Autokrat, eine herrschende Rasse, herrschende Gruppe oder Partei Teile des Volkes verfolgt und auslöscht oder Massaker im großen Maßstab unter den Bürgern veranstaltet, dann ist eine militärische Intervention nicht nur erlaubt, sondern erfordert.“[16] Die militärische Intervention aus humanitären Gründen wird auf diese Weise mit Kants Position verknüpft. Es mag dies sinnvoll sein, Hajo Schmidt z. B. hält dafür: „Die hostis-populi-Einschränkung erst macht die Kantische Interventionsposition – Betonung der menschenrechtsdefizitären Aspekte des Interventionismus, Legitimation desselben in Extremfällen, Verbot des Demokratie- und Menschenrechtsexports – in sich stimmig. Denn sie kehrt das kategorische Verbot der Restituierung des Naturzustandes auch gegen terroristische Regierungen. Sie bezeugt deren kriteriale Aktualität für unser Jahrhundert der Genozide und Staatsmassaker, aber auch der Menschenrechtsheuchelei.“[17]

Ein letzter Aspekt noch im Kontext der Überlegungen Kants: Folgt man Schmidts und Kerstings Argumentation für eine militärische Intervention aus humanitären Gründen, so taucht das Problem auf, welche Menschenrechtsverletzungen denn eine solche Intervention als letztes Mittel der Einflussnahme legitimieren, qualitativ wie quantitativ gesehen. In Orientierung an Kant unterscheidet Wolfgang Kersting zwischen „transzendentalen“ und „programmatischen“ Menschenrechten. Zu den transzendentalen Rechten gehört „das Recht auf Leben, körperliche Unversehrtheit, gewaltfreie Lebensumstände und eine verlässliche, berechenbare politische Ordnung“, programmatische Rechte sind „das Recht auf Freiheit und Gleichheit, auf politische Selbstbestimmung, auf eine republikanische Verfassung, auf Rechtsstaatlichkeit und das Recht auf Mitgliedschaft in einer Weltrepublik.“[18]

Über die Zuordnung im Detail lässt sich diskutieren, der Unterscheidungsansatz zwischen elementaren und weniger elementaren Menschenrechten ist wichtig.

Im friedensphilosophischen Diskurs wird häufig auf Kant zurückgegriffen, diskutiert wird vor allem aber im Bereich der von Kant abgewiesenen Modelle. Diskutiert wird die kosmopolitische Republik, in zwei Varianten:

a) Der globale Rechtsstaat als Weltminimalstaat, der mit regelsetzender Kompetenz, Strafgerichtsbarkeit und Sanktionsgewalt den Frieden zwischen den

Staaten schützt. Gegen Staaten, die sich des weltbürgerlichen Verbrechens des Krieges schuldig machen, kann auf ein breites Arsenal von wirtschaftlichen Maßnahmen bis zur militärischen, genauer: weltpolizeilichen Intervention zurückgegriffen werden. Ein Weltminimalstaat als kollektives Sicherheitssystem der Staatengemeinschaft.

b) Die Rechtsverfassung einer weltbürgerlichen Gesellschaft: Hier geht es nicht mehr nur um Staatssicherungsfrieden, die Adressaten der Ordnungsleistungen dieses Modells sind vielmehr die Individuen selbst. Die weltbürgerliche Friedensverfassung begreift sich als menschenrechtsunmittelbar, betrachtet die Individuen zugleich als Staatsbürger und als Weltbürger. Neben den Menschenrechtsschutz durch die Territorialstaaten tritt der Menschenrechtsschutz durch die politische Selbstorganisation der weltbürgerlichen Gesellschaft, zwischen außenpolitischer und innenpolitischer Menschenrechtsverletzung macht diese Friedensverfassung keinen Unterschied mehr. Die institutionelle Struktur des globalen Minimalstaates wäre auszuweiten um eine Institution der Feststellung von Menschenrechtsverletzungen, ein Völkerstrafrecht und einen Völkergerichtshof, vor dem auch Individuen ihre Klagen gegen Menschenrechtsverletzungen vorbringen können. Der Friedensbegriff dieses Modells ist positiv stärker entwickelt: Es fordert einen vielgestaltigen humanitären Interventionismus, es beschränkt sich nicht auf die Verfolgung von Menschenrechtsverletzungen, sondern drängt vielmehr auf aktive Menschenrechtspolitik, daher auf vertiefte Kooperation zwischen den Staaten und die globale Verbreitung menschenrechtsdienlicher politischer, ökonomischer und sozialer Strukturen.

Einen Schritt weiter noch geht das letzte von W. Kersting vorgestellte Modell:

4. Frieden durch Verteilungsgerechtigkeit: si vis pacem para iustitiam distributivam

Der Begründungshintergrund ist naheliegend: Eine gut geordnete politische Menschengemeinschaft muss neben der Rechtsstaatlichkeit auch soziale Gerechtigkeit schaffen, das Menschenrechtsverständnis schließt heute ganz wesentlich soziale Menschenrechte ein. Wolfgang Kersting und Thomas Pogge z. B. haben neben vielen anderen Vorstellungen dazu entwickelt. Sie hier darzustellen würde aber in diesem Kontext zu weit führen. Stichworte „Globalisierung und Ethik", „soziale Menschenrechte", „Verteilungsgerechtigkeit", hier greift auch noch einmal aktuell die wesentlich von Johan Galtung erarbeitete Unterscheidung von negativem und positivem Frieden, im Kontext der Unterscheidung zwischen pax romana und concordia zu Beginn knapp erwähnt.

Wir haben die bellum-iustum-Tradition in ihrer Entwicklung und partiellen Auflösungstendenz kennengelernt. Orientiert an Wolfgang Kerstings Modellen haben wir den Horizont der dritten Ausgangsfrage nach der neuere Diskussion schon ein gutes Stück weit eröffnet. Ich möchte diesen bisher nur theoretischen, an Modellen und zweifellos partiell utopisch orientierten Horizont jetzt stärker realitätsorientiert abrunden; ich wiederhole noch einmal die dritte Ausgangsfrage: In welchem Maß hat sich die Diskussion verändert?

III.

1. Was hat sich real verändert?

Das Westfälische Modell der Weltordnung, das Modell territorialstaatlicher Souveränität, das jedem souveränen Staat ein natürliches ius ad bellum zugestand, das den Frieden zu sichern versuchte unter Bedingungen wechselseitiger Bedrohung, das Abschreckungsmodell, ist obsolet geworden. Es geht heute um die friedenspolitische Antwort auf den realen Prozess der zunehmenden ökonomischen und politischen Interdepenz und Kooperation. Stichwort Globalisierung. In der neueren Diskussion gibt es hier im wesentlichen zwei Positionen: den kosmopolitischen Skeptizismus und den kosmopolitischen Kognitivismus.

- Der Skeptizismus ist gleichsam der ethische Verbündete der so genannten realistischen Schule der Außenpolitik: Er hält eine internationale Ethik, ein prinzipienbegründetes, menschenrechtsorientiertes internationales Recht, eine Theorie internationaler Gerechtigkeit für begriffliche Chimären.

- Der Kognitivismus geht dagegen aus vom Universalanspruch der Menschenrechte, betrachtet sie als Legitimationsbasis politischer Herrschaftsverhältnisse und als Grundlage einer weltbürgerlichen Gesellschaft, fordert daher ihre weltweite rechtliche Durchsetzung und

Kodifizierung im innerstaatlichen wie im zwischenstaatlichen Bereich, die Prinzipien also einer internationalen Rechts- und Gerechtigkeitsordnung, fordert vor allem ihre Institutionalisierung inklusive einer entsprechenden Durchsetzungs- und Sanktionierungsmacht. Die Fragen der Kriegsberechtigung und der Friedenssicherung werden damit ausgelegt als Problem einer institutionalistischen Ethik: Bei allen optimistischen, wohl auch idealistischen Prämissen des kosmopolitischen Kognitivismus geht es dieser Ethik in der Konsequenz durchaus nicht um moralisch pazifistisches Pathos, um einen „Frieden durch Bekehrung“, wie Dolf Sternberger das einmal genannt hat, sondern, noch einmal Sternberger, um einen „Frieden durch Vereinbarung und Verständigung“[19], um die Durchsetzung eines Rechtssystems. Es ist dies die Antwort auch auf den Skeptizismus, auf einen – möglicherweise gut begründbaren – anthropologischen Pessimismus oder Skeptizismus, wie er sich ebenso schlicht wie absolut formuliert in dem Satz: „Friede als Eintracht für Menschen nicht möglich.“ Mag sein. Eben darum geht es um eine durchgehende Verrechtlichung internationaler Beziehungen: Kriegerische Handlungen ebenso wie massive innerstaatliche Menschenrechtsverletzungen werden dann nicht mehr „unmittelbar unter moralischen Gesichtspunkten beurteilt und bekämpft, sondern wie kriminelle Handlungen innerhalb einer staatlichen Rechtsordnung verfolgt.“[20] Das ist das entscheidend Neue, das hat sich verändert.

2. Ich wiederhole die Frage: Hat sich die Realität wirklich verändert? Was hat sich verändert?

Zugegebenermaßen ein wenig zugespitzt: Seit dem Briand-Kellog-Pakt von 1928, dem Kriegs-Ächtungs-Pakt, gibt es intentional oder völkerrechtlich keine Kriege mehr. Seither gilt:

- Ein militärischer Angriff ist kein Krieg, sondern ein Verbrechen.

- Die Verteidigung gegen einen Angriff – in der Formulierung Gustav Radbruchs – „ist kein Verteidigungskrieg, weil bei ihr Recht gegen Unrecht steht, der Krieg aber gleichberechtigte Gegner voraussetzt.“[21]

Diese Sicht impliziert: Es gibt nur noch internationale Polizeiaktionen, die von der Staatengemeinschaft legalisiert sind, konkret, die rechtlich erlaubte Notwehr oder Nothilfe, legalisiert – das ist das entscheidend Neue – durch die Ordnungen und Satzungen des bestehenden Völkerrechts und einer gerichtlichen Überprüfung zugänglich. Klar noch einmal formuliert von Hauke Brunkhorst: „Es gab gerechte Kriege, aber es gibt sie nicht mehr, und das ist ein Fortschritt. Die Theorie des gerechten Krieges wurde in einer Zeit entwickelt, als es noch kein positiv gültiges Völkerverfassungsrecht gab. Sie ist nicht mehr aktuell. Heute gibt es keine gerechten Kriege mehr, sondern nur noch legale oder illegale. Nach geltendem Völkerrecht sind nicht nur Kriege, sondern alle Gewaltakte zwischen Staaten, aber auch alle Verletzungen individueller Menschenrechte illegal."[22]

Eine Frage der Sprachregelung: Ersatz des Wortes „Krieg" überhaupt durch „Verbrechen" einerseits, „militärische Polizeiaktion" andererseits – oder Ersatz der Worte „gerechter Krieg" und „ungerechter Krieg" durch „legaler" und „illegaler" oder „gesetzloser Krieg", in der Sache macht das keinen Unterschied: Das moralische Problem der Legitimität hebt sich auf in die Ebene der Legalität analog zur innerstaatlichen Organisation und Betrachtung des Einsatzes von Gewalt. Und hier wie dort ist die Basis dieser Legalität, der Summe also der relevanten Gesetze und Rechtsvereinbarungen, ihre Legitimität, d. h. ihre moralische zwingende oder tragfähige Begründbarkeit, konkret geht es letztlich um den Schutz und die Durchsetzung der Menschenrechte. Das ist der Kern des innerstaatlichen Rechtsstaats-Begriffs, und das ist der Kern auch der Rechtsstaatlichkeit der Staatengemeinschaft.

3. Was heißt das konkret, was gilt völkerrechtlich als positives Recht, was ist legal?

3.1 Nach Art. 1 und 2 der Charta der Vereinten Nationen ist die oberste Rechtsnorm die Friedenspflicht der Staaten. Jeder Staat ist gehalten, das Friedensgebot nicht nur selbst zu beachten, sondern die Weltorganisation bei ihrer obersten Aufgabe, die Einhaltung des Friedens zu gewährleisten, zu unterstützen. Hinsichtlich der Wahl der Mittel soll der Frieden nur auf friedlichem Weg erstrebt und bewahrt werden. Die Anwendung oder Androhung von Gewalt sind verboten.

3.2 In Art. 2, Ziffer 3-4 wird das Gewaltverbot noch einmal ausdrücklich herausgestellt. Art. 2 gesteht erstens den Einzelstaaten zu das Recht auf Verteidigung, in Art. 51 noch einmal bekräftigt. Selbstverteidigung heißt, dass ein Staat seine Bürger bzw. sein Territorium schützt, nicht aber Interessen fernab der eigenen Landesgrenzen. Dieses Ausnahmerecht ist zweitens beschränkt auf den Zeitraum, bis der Sicherheitsrat die zur Wiederherstellung des Weltfriedens erforderlichen Maßnahmen ergriffen hat. Denn:

3.3 Nach Art. 39 bzw. 42 der Charta hat der UNO-Sicherheitsrat das Recht, militärische Sanktionen zu beschließen, wenn er eine Bedrohung oder einen Bruch des internationalen Friedens feststellt.

3.4 Als so genanntes ius cogens, d. h. als Norm des Völkerrechts, von der nicht abgewichen werden darf, werden besonders akzentuiert:

- das Gewaltverbot,
- das Selbstbestimmungsrecht der Völker,
- die Einhaltung und der Schutz der fundamentalen Menschenrechte (= Sklavereiverbot, Verbot der Folter, Verbot unmenschlicher Strafe oder Behandlung, der Schutz des Rechts auf Leben); die Eingrenzung „fundamentaler Menschenrechte“ ist hochrelevant für das Problem der Berechtigung militärischer humanitärer Intervention, relevant für einen möglichen ideologischen Missbrauch des Arguments der Menschenrechtsverletzung in inflationärer Ausweitung oder Instrumentalisierung für andere Zwecke. Ich erinnere an Wolfgang Kerstings in gleicher Absicht getroffene Unterscheidung von transzendentalen und programmatischen Menschenrechten. Völkerrechtlich darf vom ius cogens nicht abgewichen werden, es darf auch im Notstand nicht suspendiert werden.

3.5 Die Normen des ius cogens fallen zusammen mit den so genannten erga-omnes-Verpflichtungen: Es sind dies solche, deren Einhaltung jeder Staat der gesamten Staatengemeinschaft und allen Einzelstaaten gegenüber schuldet. Eine zweite, zusätzliche Akzentuierung also.

3.6 „Auf der Wiener Menschenrechtskonferenz der Vereinten Nationen von 1993 wurde von allen Teilnehmerstaaten anerkannt, dass der Schutz und die Förderung der Menschenrechte durch die internationale Gemeinschaft keine Einmischung in die Inneren Angelegenheiten der Staaten darstellen."[23] Daraus folgt, in Art. 51 der UNO-Charta als Recht der kollektiven Selbstverteidigung schon angesprochen, „dass [...] jeder Staat eingreifen darf, wenn ein anderer Staat gegen diese fundamentalen Verpflichtungen verstößt. Auch wenn ein Staat seine eigenen Staatsangehörigen z. B. foltert, können alle anderen Staaten Gegenmaßnahmen ergreifen."[24]

3.7 Es ergibt sich daraus als legale Nothilfe das Recht auch der gewaltsamen humanitären Intervention oder – wie Ulrich Beck und andere formulieren, um die Paradoxie dieses Begriffs, die Problematik des damit bezeichneten Sachverhalts zu unterstreichen, denn in der Tat, der gebräuchliche Terminus „humanitäre Intervention" ist mindestens ein Euphemismus[25] – das Recht zum „militärischen Humanismus"; er ist zu orientieren

- am Gebot der Verhältnismäßigkeit in Abwägung also – utilitaristisch – der Folgen für alle Betroffenen, der Nutzen- und Schadenfolgen,

- zulässig daher auch nur als letztes Mittel, wenn Sanktionen anderer Art nicht greifen,

- wegen der Missbrauchsgefahr – hier taucht das Gerechtigkeitsproblem der bellum-iustum-Tradition als Entscheidungsproblem wieder auf – schwerlich zu rechtfertigen als unilaterale Intervention, vorzuziehen ist eindeutig die kollektive Intervention in der Entscheidungskompetenz der Vereinten Nationen. Hilfreich ist hier wieder Art. 39 der Charta, nach dem der Sicherheitsrat feststellen kann, dass bestimmte Entwicklungen in einem Land eine Gefährdung des internationalen Friedens darstellen. Eine solche Feststellung erfolgte z. B. im Blick auf die Apartheidpolitik in Südafrika, den Minderheitenschutz im Irak, Menschenrechtsverletzungen im Bosnien-Konflikt. Auf der Grundlage einer solchen Feststellung können Zwangsmaßnahmen ausdrücklich autorisiert werden. Dann sind sie legal.

4. Soweit die Darstellung, wo liegen die Probleme dieser Rechtslage?

4.1 Gewiss, es gibt ein umfassendes Normensystem mit universalem Geltungsanspruch, aber es sind einzelne Teile dieses Systems – z. B. die beiden internationalen Pakte über bürgerliche und politische Rechte und über wirtschaftliche, soziale und kulturelle Rechte von 1966 und die Wiener Erklärung von 1993 – bisher noch nicht von allen UNO-Mitgliedstaaten ratifiziert, geschweige denn verwirklicht worden. Erklärungen und Normen sind mit Realitätsbeschreibungen nicht zu verwechseln.

4.2 Ein zentrales Problem der bestehenden transnationalen Rechtsordnung ist ihre Durchsetzungsschwäche. Habermas spricht von der „Unterinstitutionalisierung des Weltbürgerrechts."[26] Die Völkerrechtsverfassung hat nach wie vor bloß eine nominelle, weit gehend nur programmatische Bedeutung. Das bedeutet:

- Streng genommen ist der Sicherheitsrat an der Wahrnehmung seiner satzungsgemäßen Aufgabe de facto gehindert. Er hat weder Streitkräfte noch Mittel, deren Einsatz politisch zu kontrollieren, strategisch zu leiten und operativ zu führen. Zu diesen Fragen sieht die Charta in Art. 43, Absatz 45-47 ergänzende Ausführungsbestimmungen vor. Sie stehen bis heute aus. Der Sicherheitsrat ist intentional jedenfalls beides: beschließendes und vollziehendes Organ. Möglicherweise aus gutem Grund wollten die Gründerväter der Weltorganisation die schärfste Waffe, die Ausübung physischer Gewalt, nicht in die Hand der Mitgliedstaaten geben.

- Ungeachtet dessen ist seit 1990 mehrfach in internationalen Konflikten und Bürgerkriegen militärisch interveniert worden. In den Mitgliedstaaten werden dafür Truppen umstrukturiert und ausgerüstet, eine völkerrechtlich verbindliche Grundlage für derartige Einsätze ist bislang noch nicht entwickelt. Das bedeutet ja wohl: Die rechtliche Eingrenzung und Regelung der militärischen Intervention zur völkerrechtlichen polizeilichen Maßnahme ist derzeit politisch nicht gewollt. Die Mächtigen dieser Welt vertrauen weiter auf die Instrumente herkömmlicher Machtpolitik. Was sie der UNO verweigern, gestatten sie z. B. der NATO, womit der fundamentale Unterschied zwischen der wegweisend modernen Idee der kollektiven Sicherheit und einem traditionellen Verteidigungssystem verwischt wird.

- Eine zentrale Rolle in diesem Feld traditionell orientierter Machtpolitik bis hin zur Instrumentalisierung der UNO und ihrer Institutionen für die eigenen Ziele und Zwecke spielen seit der Gründung der UNO die USA. Ein weites Feld von gelegentlich entstehenden Hoffnungen, überwiegend aber gefüllt mit Enttäuschungen und Desillusionen. Aus der Fülle der Literatur dazu möchte ich die Veröffentlichungen von Ernst-Otto Czempiel nennen, insbesondere „Weltpolitik im Umbruch."[27]

- Was sind die Folgen der bisher genannten Schwierigkeiten? Im folgenden stütze ich mich eng auf einen informativ und argumentativ erhellenden Beitrag von Reinhard Mutz u. a.[28] Der Völkerrechtsverfassung fehlt es an gleichmäßiger Wirksamkeit. Der Sicherheitsrat beschließt manchmal Sanktionen, nicht aber immer bei gleicher Faktenlage. Anders ausgedrückt: Wir haben ein Konzept der selektiven kollektiven Reaktion auf Aggressionen anstelle des Konzepts der kollektiven Sicherheit. Hegemoniale Rechtswillkür also statt Recht. Es fehlt gegenwärtig eine fundamentale „Voraussetzung demokratischer Legitimität: die Gleichheit, die sich immer zuerst in der Gleichbehandlung gleicher Fälle zeigt."[29] Die Mandatierung militärischer Operationen durch den Sicherheitsrat ist in höchstem Maß problematisch; sie verschafft den Großmächten im Sicherheitsrat weit gezogene Ermessensspielräume, entscheidend sind hier offenbar die politischen und ökonomischen Interessen der beteiligten Mächte, es entstehen derart rein machtpolitisch ausgerichtete hegemoniale Strukturen und Klientelverhältnisse. Ich erinnere an die ganz zu Beginn genannten Fakten. Es besteht die reale Tendenz zur Rückkehr zu der im 19. Jahrhundert üblichen Gleichsetzung von staatlicher Souveränität mit Kriegsführungssouveränität. Wir brauchen aber das Gegenteil. Es kommt heute darauf an, die von der Staatengemeinschaft rechtlich schon verschlossenen Türen der alten Großmachtpolitik auch praktisch zu verriegeln. Die reale Entwicklung seit 2001 macht da nicht gerade Mut: Unter dem Vorwand der Bekämpfung des internationalen Terrorismus wird das Völkerrecht vielerorts missbraucht, offen gebrochen oder einfach ignoriert.

4.3 Ein letztes Problem stellt generell die ethische Zulässigkeit eines militärischen Eingriffs zur humanitären Intervention oder des militärischen Humanismus, im Verlauf unserer Überlegungen immer wieder schon berührt oder thematisiert. Es ist dies in Teilen die aus der bellum-iustum-Diskussion bekannte Legitimitätsfrage noch vor oder wieder vor der Legalisierung. Die Stichworte sind z. B.

- das Problem der Inkonsistenz oder Widersprüchlichkeit der Zweck-Mittel-Relation,
- die Aufrechenbarkeit von Menschenrechtsverletzungen bei so genannten „Kollateralschäden",
- die Absehbarkeit von möglichen Eingriffsfolgen,
- die Verhältnismäßigkeit der Mittelwahl: Jeder Staat, der Soldaten entsendet, wird ihr Lebensrisiko möglichst minimieren wollen. Interventionstruppen werden daher aus reinem Überlebensinteresse zum nächstschwereren Waffeninstrumentarium greifen, sobald oder noch bevor es für sie gefährlich wird (Stichwort flächendeckende und überhaupt Bombenangriffe, Luftangriffe vor dem Einsatz von Bodentruppen).

Die Probleme sind in Teilen aus der bellum-iustum-Diskussion bekannt, gleichsam in einer historischen Dialektik stellen sie sich wieder im theoretischen Diskurs, stellen sich auch wieder die Kriterien dieser Tradition. Ein Teil dieser Probleme, das ius in bello betreffend, ist seit der Haager Landkriegsordnung von 1899 und 1907 und den Genfer Konventionen seit 1929 schon rechtlich geregelt; ein Teil lässt sich durch weitere transnationale Rechtsregelungen, d. h. Entscheidungs-, Durchsetzungs- und Kontrollregelungen lösen. Einer möglichen Rechtslösung voraus geht der ethische Diskurs.

Anmerkungen

1. Aus Anlass des Krieges gegen Afghanistan veröffentlichte die Wochenzeitung „Freitag" am 19. Oktober 2001 eine Chronik der Militärinterventionen der USA nach dem Zweiten Weltkrieg: über 100 Einsätze bis 1999.
2. W. G. Sebald: Luftkrieg und Literatur. Frankfurt/M 2001. S. 33-36.
3. Walter Pfannkuche: Humanitäre Interventionen. Vortrag, Bielefeld, Februar 2002.
4. Manfred Spieker: Von der nuklearen Abschreckung zur humanitären Intervention. Zur Aktualität der bellum-iustum-Lehre. In: Zeitschrift für Politik 3/1997. S. 314f.
5. Michael Walzer: Gibt es den gerechten Krieg? Stuttgart 1982.
6. Herfried Münkler: Die neuen Kriege. Hamburg 2002. S. 112f.
7. Münkler. S. 114.
8. Münkler. S. 114.
9. Münkler. S. 57.
10. Wolfgang Kersting: Philosophische Friedenstheorie und globale Rechts- und Friedensordnung. In: ZfP (= Zeitschrift für Politik) 3/1997. S. 278-303.
11. Kersting. S. 285.
12. Hajo Schmidt: Menschenrecht und militärische Gewalt. In: Tobias Debiel/Franz Nuscheler [Hg]: Der neue Interventionismus. Bonn 1996. S.115.
13. Sibylle Tönnies: Völkerrecht bricht Menschenrecht? In: Universitas 2000/6. S. 549.
14. Lothar Brock: „Staatenrecht" und „Menschenrecht." Schwierigkeit der Annäherung an eine weltbürgerliche Ordnung. In: Matthias Lutz-Bachmann/James Bohman [Hg]: Weltstaat oder Staatenwelt. Für und wider die Idee einer Weltrepublik. Frankfurt/M 2002. S.222.
15. Wolfgang Kersting: Pax Kantiana. Towards a Political Philosophy of International Relations. In: prima philosophia 6.1993. No. 2, S.153-168.
16. Zit. in der Übersetzung von Hajo Schmidt. S. 115.
17. Hajo Schmidt. S. 116.
18. Hajo Schmidt. S. 116.
19. Dolf Sternberger: Die Politik und der Friede. Frankfurt/M 1986. S. 17. „Wer eine gewaltlose Weltgesellschaft erstrebt, [...] der muss die Welt in eine einzige Gemeinde verwandeln, er muss sie bekehren, sei es auf missionarischem oder revolutionärem Weg oder auf beiden." (S. 16) „Auf Bekehrung haben es alle jene Appelle in der westlichen Welt abgesehen, die zu einem inneren Wandel des Menschen schlechthin aufrufen." (S. 17) „All dergleichen trägt Prophetischen Charakter. Das Muster oder Motto solcher Rede ist das ‚Metanoite' – Wandelt Euch!" (S. 18) „Aber die wirkliche Menschenwelt in ihrer Pluralität der Mächte, der Interessen, der ‚Leidenschaften', der Glaubenshaltungen und der Systeme sperrt sich gegen

die Bekehrung [...]. Ebendiese Pluralität ist Bedingung der Möglichkeit von Politik, zugleich der Grund der Notwendigkeit von Frieden. [...]
Der politische Friede ist einzig durch Verständigung und Vereinbarung unter jenen Subjekten der vielfältigen, auch vielfältig zertrennten irdischen Menschenwelt zu bewirken. Nicht Einung, wohl aber Einigung ist sein Wesen, nicht Communio, wohl aber Communicatio." (S. 19)

20. Jürgen Habermas: Zeit der Übergänge. Frankfurt 2001. S. 34.
21. Gustav Radbruch: Rechtsphilosophie. Stuttgart 1950. S. 308.
22. Hauke Brunkhorst: Zwischen Kriegseinsatz und Polizeiaktion. Die Legalisierung des Krieges in der Weltgesellschaft. In: Matthias Lutz-Bachmann/James Bohman [Hg]: Weltstaat oder Staatenwelt. Für und wider die Idee einer Weltrepublik. Frankfurt/M 2002. S 65.
23. Lothar Brock: Staatenrecht und Menschenrecht. In: Lutz-Bachmann/Bohman [Hg]: Weltstaat oder Staatenwelt. S. 207.
24. Juliane Kokott: Der Schutz der Menschenrechte im Völkerrecht. In: Brunkhorst/Köhler/Lutz-Bachmann [Hg]: Recht auf Menschenrechte. Menschenrechte, Demokratie und internationale Politik. Frankfurt/M 1999. S. 183.
25. Ulrich Beck: Über den postnationalen Krieg. In: Blätter für deutsche und internationale Politik. 8/99. S.984-990.
26. Zeit der Übergänge. S. 35.
27. Ernst-Otto Czempiel: Weltpolitik im Umbruch. Die Pax Americana, der Terrorismus und die Zukunft der internationalen Beziehungen. München 2002.
28. Reinhard Mutz/Bruno Schoch/Friedhelm Solms: Frieden schaffen – auch mit Waffen? Überlegungen zu einer anhaltenden Kontroverse in der Friedensforschung. In: Vierteljahresschrift für Sicherheit und Frieden 3/98. S. 156-162.
29. Hauke Brunkhorst: Zwischen Kriegseinsatz und Polizeiaktion. S. 74.

„Humanitäre Intervention“?

Definition:

- Einmischung in die inneren Angelegenheiten, in die Souveränität eines Staates
- Gegen den Willen der Regierung dieses Staates
- Mit Zwangsmitteln, u. U. mit militärischer Gewalt
- Zur Verhinderung schwerer Menschenrechtsverletzungen

Begründung der moralischen Legitimation humanitärer Intervention:

1. In der Tradition Kants, aus dem Verhältnis von Staat und Menschenrechten:

   - Die Funktion des Staates und die Legitimität seines Gewaltmonopols liegt in der Sicherung der Freiheit der Individuen; seine Souveränität leitet sich sekundär daraus erst ab.
   - Die Freiheitsansprüche der Individuen gegeneinander definieren das Recht als System.
   - Kern des Rechts sind die Menschenrechte.
   - Die systematische Verweigerung des Menschenrechtsschutzes hat zur Folge den Legitimitätsverlust des Staates; daraus resultiert – in Analogie der individuellen Notwehr – zum einen das Widerstandsrecht gegen das staatliche Gewaltmonopol, zum anderen das Recht auch Dritter, einem Bedrohten zu helfen und gegen den Bedroher vorzugehen, das klassische Argument der Nothilfe.

- Es greift dann die subsidiäre Verantwortung der Staatengemeinschaft für den Menschenrechtsschutz: Menschenrecht bricht Staatenrecht.

2. Gibt es andere Begründungsansätze?

Bedingungen:

1. Im Unterschied zu anderen Verbrechen gegen die Integrität der Person, im Unterschied zu schwerwiegendsten Verbrechen liegt eine Menschenrechtsverletzung, die zur Intervention in die staatliche Souveränität berechtigt, nur dann vor, „wenn sie befohlen oder toleriert wird von den offiziellen Behörden eines Landes [...], eine institutionell geförderte oder geduldete Tat" also.[1] „Es steht der internationalen Gemeinschaft nicht an, sich in die inneren Angelegenheiten eines Landes einzumischen, dessen Laxheit in Sachen Verkehrssicherheit oder Waffenschein-Regelung jedes Jahr Tausende von Unschuldigen in den Tod treibt. Hingegen erwartet man von dieser selben Gemeinschaft, dass sie gegen ein Land Maßnahmen ergreift, das systematisch Gebrauch von Folter in den Gefängnissen macht. Und das auch dann, wenn letztlich viel weniger Personen Opfer einer Menschenrechtsberaubung sind als im ersten Fall."[2] Im Unterschied zu einer quantitativ orientierten Folgenabschätzung – ein utilitaristischer oder konsequentialistischer Ansatz – geht es hier um eine qualitative, strukturelle Differenz: Es leiden dann „nicht nur die Opfer, sondern es leidet die Menschheit selbst, die bedroht und verletzt wird."[3]

➥ *Im Fall staatlich initiierter Folter leiden „nicht nur die Opfer, sondern es leidet die Menschheit selbst." Ist das eine nur rhetorisch getragene, pathetische Redeweise oder markiert diese Redeweise auch eine deutliche semantische Differenz?*

➥ *Kants dritte Formel des kategorischen Imperativs lautet: „Handle so, dass du die Menschheit sowohl in deiner Person als in der Person eines jeden anderen jederzeit zugleich als Zweck, niemals bloß als Mittel brauchest." – Bietet diese Formulierung hier eine Verstehenshilfe?*

2. Die Menschenrechtsverletzungen müssen massiv sein.

➥ *Gibt es hier Kriterien? Was gilt als massiv und warum?*

- Vorschlag Véronique Zanetti: Allein schon „vom Gesichtspunkt des Gewohnheitsrechts ist eine Intervention als legitim zu betrachten, wenn eine Regierung offiziell eine Apartheids-Politik, eine ethnische Säuberung oder einen Völkermord praktiziert."[4]

- Vorschlag Wolfgang Kersting[5]: die Unterscheidung zwischen „transzendentalen" und „programmatischen" Menschenrechten; „transzendental" = die Bedingung der Möglichkeit für andere Menschenrechte = das Recht auf Leben, körperliche Unversehrtheit, gewaltfreie Lebensumstände und eine verlässliche, berechenbare politische Ordnung; „programmatisch" = das Recht auf Freiheit und Gleichheit, auf politische Selbstbestimmung, auf eine republikanische Verfassung, auf Rechtsstaatlichkeit und das Recht auf Mitgliedschaft in einer Weltrepublik.

- Vorschlag Otfried Höffe[6] (ähnlich) die Unterscheidung von „basalen" und „nachgeordneten" Menschenrechten und entsprechenden Rechtsverletzungen; massivste Verletzungen sind nach dem Genozid Menschenopfer, Sklaverei und Vertreibungen, als sehr massiv gilt die Folter, gravierend sind Verletzungen der Versammlungs-, Meinungs- und Pressefreiheit.

- Völkerrechtlich gelten als „fundamentale" Menschenrechte das Sklavereiverbot, das Verbot der Folter, das Verbot unmenschlicher Strafe oder Behandlung, der Schutz des Rechts auf Leben.

3. Es gilt – utilitarisch oder konsequentialistisch – das Gebot der Güterabwägung: Keine Intervention darf mehr Schaden anrichten, als sie verhindert. Dies schließt ein die Erfolgssicherheit wie ein Minimum an Opfern. Zu berücksichtigen sind hier generell die menschlichen, politischen und wirtschaftlichen Kosten einer militärischen Intervention; zu berücksichtigen heißt, man muss die Güter und Übel quantifizieren können.

➥ *Ist das überhaupt möglich?*

➥ *Was ist hier überhaupt zu erfassen, gleichsam in Rechnung zu stellen?*

➥ *Ist dieser Ansatz als solcher nicht schon inhuman, moralisch verwerflich?*

Die Güter- und Folgenabwägung läuft Gefahr, zynisch zu pervertieren, ein zentraler Einwand gegen den klassischen Utilitarismus, der – rein quantitativ orientiert – die Versklavung oder Unterjochung, das Unglück einer Minderheit zugunsten des Glücks der Mehrheit in Orientierung am größten Glück der größten Zahl abwägend zu rechtfertigen drohte; dagegen steht der prinzipielle Schutz der Menschenwürde und Menschenrechte, das prinzipielle Instrumentalisierungsverbot.

- Und genau darum geht es im Fall der humanitären Intervention, den prinzipiellen Schutz der Menschenrechte.

- In einer Dilemma-Situation, wie sie der Begriff der „militärischen humanitären Intervention“ schon unverhüllt widersprüchlich aufreißt, bleibt nur die Güter- und Folgenabwägung, die Orientierung am kleineren moralischen Übel in der Entscheidung zwischen Intervention oder Nicht-Intervention, zwischen Tun oder Lassen, und Letzteres meint das Zulassen massivster Gewalt gegen Menschen, Ignorieren, Wegsehen, womöglich im Bewusstsein einer puristisch konsequenten Moral der Gewaltfreiheit. Wenn beide Handlungsalternativen moralisch problematisch oder gar verwerflich sind und es einen dritten Weg nicht gibt, kann ich nur in Abwägung der jeweiligen Handlungsfolgen entscheiden – notwendigerweise quantifizierend, die unterschiedlichen mutmaßlichen Folgen gegeneinander abwägend.

- Dabei geht es um sehr konkrete Fragen: Es stellt sich nicht begrifflich abstrakt, sprachlich euphemistisch das Problem der „Kollateralschäden“, sondern konkret die Frage nach der absehbaren Tötung unschuldiger Dritter, nach der Tötung auch der eigenen Soldaten, die nicht in einem nationalen Verteidigungskrieg, sondern in einem Krieg zur Verteidigung des Universalanspruchs der Menschenrechte, in einem Krieg für Menschen anderer Staatsangehörigkeit sterben.

➥ *Lässt sich ein solcher Einsatz rechtfertigen?*

➥ *Lässt er sich gar befehlen?*

4. Zur utilitaristischen Abwägung der Folgen zählt ebenso das Gebot der Verhältnismäßigkeit in der Wahl der Mittel; dies gilt in der Abfolge der Zwangsmittel bis hin zur militärischen Intervention als letzter Möglichkeit wie in der Wahl der Mittel im Fall des militärischen Eingriffs selbst. Das meint konkret:

- Die eingesetzten Mittel „dürfen den Menschenrechts-Verletzer nicht stärker schädigen, als dies zur Vereitelung seiner Absicht nötig ist.

- Da bei kriegerischen Handlungen die Schädigung Unbeteiligter unvermeidlich ist, muss diese wenigstens so gering wie möglich gehalten werden.

- Auch die Schäden der Intervenierenden sind so gering wie möglich zu halten.

- Das Problem ist nur, dass diese drei Bedingungen leicht und notorisch in Konflikt geraten: Offenbar braucht man hier eine Theorie, die [...] den Wert des Lebens von Bedrohten, Bedrohern, Unbeteiligten und Intervenierenden abzuwägen vermag.“[7]

➥ *Hier stellt sich zentral die Frage: Ist jedes Leben gleich viel wert oder gibt es Unterschiede?*

- Im Prinzip erscheint das Problem lösbar: Es geht ethisch um universale Regeln, Regeln also für das Verhalten aller Menschen, nicht darum, „wieviel Nutzen und Schaden bei einer einzelnen, an der Regel orientierten Handlung entsteht. Worauf es ankommt, ist, dass die Befolgung der Regel insgesamt das Ziel der Moral besser befördert. Nach Maßgabe der so gerechtfertigten Regeln ist es die primäre Aufgabe der Moral, die basalen Interessen der Regelbefolger, der Unschuldigen zu schützen, nicht die der Regelbrecher, der im Sinn der Moral Schuldigen.“[8]

- Gleichsam im Selbstzitat: „Im Prinzip erscheint das Problem lösbar“ – aber doch im Detail zumindest äußerst schwierig:

> Wie ist es, wenn man die Rettung der Bedrohten dadurch umfassender erreichen kann, dass man nicht nur deren Bedroher angreift, sondern auch relativ Unbeteiligte in großer Zahl schädigt? Wäre es richtig, Städte zu bombardieren, wenn nur das zur schnelleren Kapitulation und zur Befreiung von Konzentrationslagern führt? Wie ist es, wenn man die Verluste der Intervenierenden dadurch geringer halten kann, dass man die Bedroher und/oder Unbeteiligte in größerer Zahl schädigt, als es bei einem höheren Risiko für die Intervenierenden zur Erreichung des Ziels nötig wäre? Soll man mehr von den Guten opfern, um die Schlechten oder die, die sich nur herauszuhalten versuchen, zu schonen? Das war die Frage nach der gleichsam moralisch richtigen Flughöhe der Nato-Jets im Kosovo-Krieg: Sollen die Piloten ihre Ziele aus sicherem Abstand und großer Höhe zu treffen versuchen, und dabei ein größeres Risiko eingehen, Unbeteiligte zu treffen? Oder sollen die Piloten tiefer fliegen und dabei ihr eigenes Leben stärker gefährden, um präziser treffen zu können?[9]

Und weiter:

> Angenommen, es gibt irgendwo eine üble Sklaverei oder ein rassistisches System, das aber nicht auf die Vernichtung der Unterdrückten zielt. Wieviel Tote darf es dann zur Beendigung einer solchen Unterdrückung von, sagen wir, zwei Millionen Individuen geben? Gar keinen oder 10.000 oder so viele wie nötig? Und wie ist es bei weniger gravierenden Einschränkungen der Freiheit?[10]

Und weiter:

> Schafft die Intervention überhaupt dauerhaften Frieden in der betroffenen Region? Und wie sieht es über die Region hinaus aus? Droht eine Verschlechterung des erreichten Rechtszustands zwischen den Staaten? Statuiert eine Humanitäre Intervention ein abschreckendes Beispiel, das für die Zukunft zur internen Zivilisierung aller Staaten beiträgt? Oder führt eine solche Intervention eher dazu, dass Menschenrechte verstärkt zum Vorwand für kriegerische Aktionen mit ganz anderen Zielen genommen werden? Oder führt es gar dazu, dass es infolge einer mindestens partiellen Nichtübereinstimmung darüber, was genau zu den Menschenrechten gehört und wie wichtig welches Menschenrecht ist, vermehrt zu einer Art von Menschenrechts-Religionskriegen kommt?[11]

- Probleme, aber – hier unterstellt – prinzipiell ethisch reflektierbar, argumentationsfähig und entscheidbar, modellhaft etwa in Form einer föderalen Weltpolitik mit Gewaltmonopol und klarer Verrechtlichung und Regelvorgabe lösbar (O. Höffe) und realpolitisch/realutopisch auch durchsetzbar.

5. Es gilt der Gleichheitsgrundsatz: Gleiche Fälle/Situationen sind gleich zu behandeln. Es gilt – perspektivisch anders angesetzt – die Interesselosigkeit der intervenierenden Macht/Mächte. Eine machtpolitisch orientierte Selektion der Situationen oder Staaten, in die hinein die Intervention erfolgt, ist nicht zu rechtfertigen.

➥ *In Abwägung der Folgen wird faktisch selektiert: Wenn also die genannte Bedingung nicht gegeben ist, folgt daraus, auf humanitäre Intervention grundsätzlich und überall zu verzichten?*

➥ *Faktisch sind vermutlich auch bei humanitären Interventionen auf der Ebene der Motive, nicht auf der Ebene der Rechtfertigungsgründe, Interessen gegeben, ökonomischer oder machtpolitischer Art; werden dadurch die Rechtfertigungsgründe aufgehoben?*

6. Hinzu kommt der – *ausdrückliche oder mutmaßliche (?)* – Wunsch (oder zumindest die Billigung) auf Seiten derer, zu deren Schutz die Intervention erfolgt.

Im Kontext des Kosovo-Krieges stellte sich die Frage, ob dieser NATO-Krieg, den die UNO nicht legitimiert hatte, nicht doch humanitär berechtigt war. Jürgen Habermas, Erhard Eppler und andere hielten positiv dafür. Sie gehen allgemein aus „von der grundsätzlichen Zulässigkeit eines Verstoßes gegen das Staatenrecht unter der Bedingung [...], dass dieser auf die Transformation der Staatengesellschaft in Richtung auf eine Weltbürgergesellschaft gerichtet sei und dass er mit Sensibilität für das Prekäre dieser Vorgehensweise durchgeführt werde. [...] Aus Habermas' Argumentation ergeben sich mindestens vier Kriterien für die Beurteilung der Frage, ob humanitäre Interventionen [...] ohne UN-Legitimation als Vorgriff auf eine weltbürgerliche Rechtsordnung zu werten sind oder als Rückfall in eine unregulierte Staatenanarchie:

- Die Intervention muss das letzte Mittel sein, nachdem zivile Formen der Konfliktbearbeitung versagt haben.

- Sie muss das Kriterium der Nähe erfüllen – also von einer besonderen, geografisch oder historisch vermittelten Sorge über das Geschehen getragen sein, so dass beliebige Interventionen an beliebigen Orten der Welt ausgeschlossen wären.

- Die Intervention muss mit besonderer Sensibilität für die eigene Fehlbarkeit und damit für die Notwendigkeit einer überparteilichen Kontrolle durchgeführt werden.

- Sie muss eine Ausnahme bleiben. Die Intervention muss also zum Anlass für verstärkte Bemühungen genommen werden, in Zukunft ähnliche Fälle zu vermeiden"[12] – Prävention also statt Intervention.

Präventive Intervention?

Véronique Zanetti zitiert den früheren Generalsekretär der Vereinten Nationen, Boutros-Ghali, um das Problem zu stellen:

> It is evidently better to prevent conflicts through early warning, quiet diplomacy and, in some cases, preventive deployment than to have to undertake major political-military efforts to resolve them after they have broken out. [...] Experience has shown that the greatest obstacle to success in these endeavours is not, as is widely supposed, lack of information, analytical capacity or ideas for United Nations initiatives. Success is often blocked at the outset by the reluctance of one or other of the parties to accept United Nation help. [...] Clearly the United Nations cannot impose its preventive and peacemaking services on member states who do not want them.

Zanetti fährt fort, und ich präsentiere ihren Text jetzt ausführlich:

> „Die Situation ist paradox [...]: Wenn der Hauptschuldige die Vermittlung des Generalsekretärs bei der Suche nach einer friedlichen Lösung eines inneren oder internationalen Konflikts ablehnt, wenn er die Entsendung eines externen Beobachters oder den Einsatz von Friedenstruppen hintertreibt, bleiben die Vereinten Nationen bei der Vorbereitung einer humanitären Intervention wie gelähmt; sie werden darauf warten müssen, dass die Verletzungen unerträgliche Ausmaße

erreichen, bis sie legalen Gebrauch von Sanktionsmechanismen oder Friedensdurchsetzungsmaßnahmen machen können. Die Situation ist doppelt paradox: Einerseits rüsten sich die Vereinten Nationen mit starken Mitteln, wenn die Situation, verschärft bis zur Bedrohung der internationalen Sicherheit, gefährlich und kostspielig geworden ist. Diese Mittel könnten sie entbehren, wenn Prävention es möglich machte, bei verhältnismäßig niedrigen – menschlichen und materiellen – Kosten, Leben zu retten. Andererseits schafft diese Situation für skrupellose Staatsoberhäupter und Kriegsstrategen wie Saddam Hussein, Slobodan Milosevic oder Ariel Sharon einen Anreiz, die Vermittlung der UNO abzulehnen und einen Konflikt entarten zu lassen und auf die Untätigkeit der Weltgemeinschaft zu setzen. Wenn es wahr ist, wie Boutros-Ghali behauptete, dass die Mittel zur Aufspürung von Konfliktherden existieren; wenn das Haupthindernis zum Einsatz von Hilfe nicht die vereitelte Identifikation oder Analyse oder Informationsbeschaffung, sondern die fehlende Erlaubnis zu diesem Einsatz ist; dann muss man zu dem Schluss kommen, dass "prétendre mettre en place un réseau d'alerte est au mieux une illusion, peut-etre un équivoque, au pire une imposture" (Mario Bettati).

Die Rede von einer präventiven Intervention ist [...] problematisch, weil sie eine Einmischung in die inneren Angelegenheiten eines Landes impliziert, bevor noch die Probleme sich voll entwickelt haben und bevor der Grad an Gewalttätigkeit eine Intervention der internationalen Gemeinschaft zugunsten der Opfer wirklich rechtfertigt. Andererseits haben die Erfahrungen von Ex-Jugoslawien, Ruanda, Somolia und Kosovo deutlich gemacht, welchen Preis die Menschheit dafür zahlen musste, dass sie die zahlreichen Warnungen von Nichtstaatlichen Organisationen, Enquete-Kommissionen oder in den Ländern tätigen Diplomaten ignoriert hat.

Die Präventionspolitik scheitert mithin nicht nur am Zynismus repressiver Regierungen, sondern an Gleichgültigkeit oder Untätigkeit der Staatengemeinschaft. Gibt es aber ein Recht der Opfer auf Beistand, so muss es eine entsprechende Pflicht auf Seiten der hilfeleistenden Institutionen geben, zumal wenn die ergriffenen Maßnahmen das Leben der Interventionskräfte nicht gefährden." Zanetti fordert daher, die Legitimitäts-Schwelle von (nicht-militärischen) Interventionen niedriger zu legen. „Es genügt nicht die Einrichtung eines immer umfassenderen Netzes zur Entdeckung von Konfliktherden. Die Informationen müssen zusätzlich von Krisen-Antennen gesammelt, rasch bearbeitet und an den Generalsekretär der UNO weiter geleitet werden; und dieser müsste dem Sicherheitsrat das Mandat zur Ergreifung konkreter Maßnahmen geben. Der Katalog verfügbarer Maßnahmen [...] ist groß, und er variiert notwendig mit der Eigenart des zu bekämpfenden Übels.

Hier kann es nur darum gehen, ein Inventar aufzumachen: Im Ausland angelegtes Kapitel von Regierungsmitgliedern menschenrechtsverletzender Staaten muss eingefroren werden; Friedenstruppen oder Polizeieinheiten müssen zum Schutz einer schwankenden Demokratie oder einer bedrohten Minderheit aufgeboten werden; Beobachter einer internationalen Institution müssen in eine Konfliktzone oder es müssen offiziell Beauftragte zur Überwachung der Einrichtung von Entwaffnungsprogrammem entsandt werden: lauter Maßnahmen, die den Charakter von Interventionen annehmen, sobald ihre Durchsetzung das Werk der internationalen Gemeinschaft ist und sie gegen den Willen der betroffenen Staaten erfolgen.“[13]

Um noch einmal die alternative Chance präventiver Maßnahmen zu betonen: „Die Alternative zum Krieg besteht nicht darin, groben Menschenrechtsverletzungen zuzusehen. Die Alternative besteht in einem konsequenten zivilen Engagement. Dass letzteres kein Patentrezept liefert, ist eine Binsenweisheit. Aber es geht hier nicht um Patentrezepte, sondern darum, das Schlimmste zu verhüten. Die Chancen, dies durch ein konsequentes zivilees Engagement zu erreichen, sind grundsätzlich nicht schlechter als beim Krieg. Die Kosten dürften aber in der Regel sehr viel niedriger sein. Auf einer Konferenz über städtische Kriegsführung, die das Programm für Sicherheitsstudien des MIT kürzlich durchgeführt hat, wurde dies ziemlich klar formuliert: ‚Die Vereinigten Staaten können ihre humanitären Werte auch ohne die Entsendung von Militär fördern. [...] In der Entwicklungszusammenarbeit eingesetzte Mittel sind 10- bis 20mal effektiver als eine gleich große Summe, die für humanitäre militärische Interventionen ausgegeben wird.‘“[14]

Argumente gegen das Recht auf humanitäre Intervention

1. Pragmatische Gründe:

- Die Missbrauchsgefahr: Rechtfertigungsrhetorik, ideologische Verschleierung und Instrumentalisierung, doppelte Moral.

- Überschätzung der eigenen epistemischen, d. h. der eigenen Kenntnis- und Erkenntnismöglichkeiten: Die utilitaristische Folgenabwägung ist zum Entscheidungszeitpunkt seriös und ernsthaft nicht möglich; wir verfallen hier einem technologischen oder militärischen Machbarkeitswahn.

➥ *Welches Gewicht haben diese beiden Argumente? Was folgt aus ihnen?*

- Die Chancenlosigkeit, angesichts der machtpolitischen Realitäten – imperiale Interessen ökonomischer und ordnungspolitischer Art, konkurrierende Großmachtinteressen, Einfluss- und Nichteinmischungszonen, Abhängigkeiten unterschiedlichster Art, das Fehlen neutraler Entscheidungsinstanzen im Rahmen der UNO, die institutionelle Unterversorgung/Minderausstattung der UNO in machtpolitischer oder gar militärischer Hinsicht [...] – die Chancenlosigkeit mithin, die Rechtfertigungsbedingungen humanitärer Intervention zu realisieren. „Beim gegenwärtigen Stand der Dinge ist eine Intervention keine Polizeiaktion, sondern sie ist ein militärischer Angriff auf einen souveränen Staat. Das bedeutet, dieser wird sich verteidigen und die Verteidigung wird vereitelt oder niedergeschlagen werden müssen. Das bedeutet Krieg. Krieg ist unvereinbar mit Menschenrechtsschutz."[15]

➥ *Hat die – offenbar dann normative – Kraft des Faktischen zur Folge, auf humanitäre Interventionen ganz zu verzichten?*

➥ *Was ist phänomenal, konkret, empirisch der Unterschied zwischen einer UN-gestützten Polizeiaktion und einem Krieg?*

➥ *„Krieg ist unvereinbar mit Menschenrechtsschutz"?*

- Wenn das Recht zur humanitären Intervention als positive Pflicht, anderen aus schlimmer Not zu helfen, verstanden werden kann, folgt daraus eine unabsehbare Verpflichtungsreihe, realistisch nicht einlösbar, in der Selektion und Setzung von Prioritäten kaum mit guten Gründen entscheidbar: Schlimme Not gibt es nicht nur infolge von Menschenrechtsverletzungen, sondern auch infolge von Umweltkatastrophen, Überbevölkerung, Armut, politischer Unfähigkeit, sozialen Ungerechtigkeiten. Um humanitäre Interventionen zu rechtfertigen, muss freiheitlichen und politischen Rechten eine Priorität gegenüber Subsistenzrechten, elementaren materiellen Lebensbedürfnissen eingeräumt werden, die schwerlich zu rechtfertigen ist. (Walter Pfannkuche)

➥ *Not erfordert Hilfe, wo und wie immer Hilfe zu leisten möglich ist: Was folgt daraus für die Frage der Berechtigung humanitärer Intervention?*

➥ *Gibt es zwischen der staatlich initiierten oder geduldeten massiven Menschenrechtsverletzung, der Not aus Armut infolge sozialer Ungerechtigkeit in einem Staat und der Not infolge einer Umweltkatastrophe qualitative Differenzen in Blick auf die Berechtigung oder Verpflichtung, von außen einzugreifen?*

➥ *Ist der an uns gerichtete moralische Appell bei einem Genozid und bei einer Umweltkatastrophe gleich intensiv, oder gibt es hier Differenzen?*

Walter Pfannkuche führt sein Argument aus, ich lasse ihn explizit zu Wort kommen:

1. Ausgangspunkt ist die Frage, ob es über die Berechtigung humanitärer Intervention hinaus auch eine moralische Verpflichtung dazu gibt. In einer unparteiischen Abwägung des Problems stellt sich dann folgende Frage: „Ist es aus der unparteiischen Perspektive, also aus der, dass man jeder sein könnte" (Thomas Nagels Blick von nirgendwo, John Rawls' Schleier der Unwissenheit), „besser, in einer Welt zu leben, in der man Bedrohten in anderen Staaten auch unter Gefahr für das eigene Leben helfen muss und dafür dann auch als Bedrohter mit Hilfe rechnen kann, oder in einer, in der man nicht helfen muss, aber dann auch kaum mit Hilfe rechnen kann?"[16]

2. Das Resultat. „Wenn eine Situation so ist,
   - dass es darin ein Recht zur gewaltsamen, internationalen Hilfeleistung gibt und
   - wenn die Helfenden unparteiisch und fair aus der Menge aller zur Hilfe Fähigen rekrutiert werden oder
   - wenn ihnen nur solche Opfer und Risiken zugemutet werden, die bei einer fairen Rekrutierung unvermeidbar wären,

– dann ist auch rational, eine erzwingbare Pflicht zu solcher Hilfe zu befürworten. D. h. in diesem Umfang gibt es eine solche Pflicht."[17]

3. Dasselbe Prinzip, das zur Anerkennung der Pflicht zur humanitären Intervention geführt hat, führt auch zur Generierung anderer positiver Pflichten: „Das wird evident, sobald man sich ins Gedächtnis ruft, dass es humanitäre Katastrophen in vielerlei Gestalt und aus vielerlei Ursachen gibt. Die heutigen Verletzungen so basaler Menschenrechte wie des Rechts auf Nahrung oder medizinische Hilfe resultieren zumeist gar nicht aus unmittelbarer Verfolgung, sondern weitaus öfter aus Ursachen wie Armut, Krankheit, Überbevölkerung, aus Umweltkatastrophen, politischer Dummheit und Korruption. Für die Beseitigung dieser Notlagen sind normalerweise keine kriegerischen Aktionen notwendig, sondern ein umfangreicher und anhaltender Transfer von Ressourcen, Wissen und Hilfswilligen. Aus der unparteiischen Perspektive ist es aber ebenfalls rational, einen Ressourcentransfer zur Vermeidung dieser Übel zu befürworten. Denn gemäß der unparteiischen Abwägung von Vor- und Nachteilen ist es allemal weniger übel, einen Teil seines Einkommens für humanitäre Zwecke abgeben zu müssen, als im Existenz bedrohenden Notfall ohne Hilfe zu bleiben. Und im Vergleich zu humanitären Interventionen ist es sogar weniger bedrohlich, sein Einkommen zu halbieren, als sein Leben riskieren zu müssen.

Wenn es also rational ist, einer erzwingbaren Pflicht zuzustimmen, sein Leben in gewissen Grenzen bei humanitären Intervention zu riskieren, dann ist es erst recht rational, einer erzwingbaren Pflicht zuzustimmen, die verlangt, dass gut gestellte und sicher lebende Individuen einen gegebenenfalls großen Teil ihrer materiellen Ressourcen abgeben und zur Verhinderung humanitärer Katastrophen bereitstellen, die infolge der eben genannten Ursachen entstehen. Unsere Regierung wäre demnach berechtigt und verpflichtet, uns jede entbehrliche Mark durch Steuern zu entziehen, um Menschen anderswo vor Hungertod und Mangelernährung zu bewahren und der Entstehung solcher Notsituationen langfristig vorzubeugen."

➥ *Überzeugt Sie diese Argumentation?*

„Für die bevorzugte Bekämpfung jener Leiden, die aus aktivem Unrechttun entstanden sind, gibt es drei ernst zu nehmende Gründe", die es zu prüfen gilt:

a) „Man könnte meinen, daß der Schutz vor der aktiven Verletzung von Menschenrechten vorrangig ist, weil dies konstitutiv für das Bestehen eines Rechtssystems überhaupt ist. Dort wo die moralischen Rechte von Personen nicht mehr durch Institutionen geschützt werden, besteht eben kein Rechtssystern mehr: Wenn in einem Staat mit drei Millionen Mitgliedern 30. 000 Morde im Jahr geschehen und die Aufklärungsquote minimal ist, dann lässt uns das eher daran zweifeln, dass in diesem Staat noch das Recht gilt, als wenn im selben Staat jedes Jahr 30. 000 Menschen verhungern, die bei gleicherer Verteilung der Ressourcen durchaus hätten überleben können."

➥ *Nehmen Sie Stellung.*

„Das Argument hat einen wahren Kern, aber es reicht für die beabsichtigte Schlußfolgerung nicht aus. Es ist sicher richtig, dass eine derart hohe Mordrate die Rechtsförmigkeit des gesamten Systems in Frage stellt. Viele der Morde werden aus dem Grund begangen werden, sich in den Besitz irgendwelcher Güter zu setzen. Und wenn es so viele Morde gibt, dann ist der Besitz von allem und jedem gefährdet. Das durchdringt das ganze Leben, welches dadurch zu einem ständigen Belauern aller von allen reduziert wird und in der Tat eine Abwesenheit von Recht darstellt.

Aber daraus folgt noch nicht, daß die Verhinderung aktiven Unrechttuns stets Vorrang hat vor der Verhinderung von Übeln aus anderen Ursachen. Denn aus der unparteiischen Perspektive sind das Getötetwerden und das Verhungern infolge unterlassener Hilfeleistung eben beides Übel, die jemandem in der Welt zustoßen können, und zu deren Abwendung man bestimmte universale Prinzipen und ggf. die Einrichtung entsprechender Institutionen gutheißen wird.

Und dabei ist es keineswegs rational geboten, sämtliche verfügbaren Mittel für die Einstellung weiterer Polizeibeamter zur Reduzierung der Mordquote auf Null einzusetzen, bevor man Ressourcen für die Verhinderung des Hungertodes infolge von Arbeitslosigkeit oder eines Todes infolge von Krebs oder Blinddarmentzündung investiert.

All das sind elementare Bedrohungen und es ist rational, die stets knappen Ressourcen so auf die Vermeidung dieser Übel zu verteilen, daß die insgesamt resultierende Bedrohungswahrehmung so niedrig wie möglich ist.

Bezogen auf das Problem der supranationalen Humanitären Intervention sind die Gründe für eine vorrangige Bekämpfung des aktiven Unrechttuns sogar schwächer als hinsichtlich der Bedrohungsabwägungen innerhalb eines Staates. Wenn innerhalb eines Staates kein hinreichender Schutz vor Mord und anderem aktiven Unrecht besteht, dann werden alle positiven Rechte auf elementare Güter bedeutungslos. Aber das gilt eben nicht für den internationalen Fall. Selbst ein Genozid in einem Staat zerstört nicht die Existenz und Herrschaft des Rechts in der Welt im Ganzen. Und selbst ein solcher Genozid macht es nicht sinnlos, in einem anderen Staat Hungerhilfe zu leisten.

b) Bei der Lösung des Problems, welche humanitären Katastrophen man vorrangig bekämpfen soll, müssen auch die langfristigen Folgen berücksichtigt werden. Für militärische Interventionen ließe sich dann dies anführen: Wenn eine Staatengruppe einmal gegen eine schwere Menschenrechtsverletzung gewaltsam interveniert, dann kann man hoffen, daß zukünftige totalitäre Regimes davon abgeschreckt werden, dergleichen zu tun. Selbst wenn also in einem konkret vorliegenden Fall die Kosten-Nutzen-Bilanz eher gegen eine gewaltsame Intervention spricht, die langfristig guten Folgen könnten die Bewertung umkehren."

➥ *Warum ist das nicht überzeugend?*

„Die Problematik des Arguments besteht offenkundig darin, daß man über die langfristig guten Folgen wenig wissen kann. Dies gilt insbesondere solange, wie keine Institution eingerichtet wird, die dauerhaft potentielle Menschenrechtsverletzer abschrecken könnte. Solange es sich bei solchen Interventionen nur um okkasionelle Kooperationen von interessierten Staaten handelt, kann jeder zukünftige Menschenrechtsverletzer mit einigem Recht darauf spekulieren, daß sich in seinem Fall keine Interventionsallianz bilden wird. Gleichwohl bleibt hier ein weites Feld für mögliche, aber eben kaum begründbare Hoffnungen oder Befürchtungen.

So viel kann man immerhin sagen: Wenn man das Argument der langfristigen Folgen gebrauchen will, dann muß man sich, um glaubwürdig zu sein, zugleich dafür engagieren, eine Institution zu schaffen, die unparteiisch, permanent und wirksam gegen Menschenrechtsverletzungen vorgehen kann. Zudem kann man die langfristig guten Folgen natürlich auch bei nichtmilitärischen humanitären Aktivitäten ins Feld führen. Wenn man den Bildungsstand und die ökonomischen Entfaltungsmöglichkeiten insbesondere von Frauen in unterentwickelten Ländern verbessert, vermindert man nicht nur die akute Not, sondern verringert auch die Geburtenrate und damit die von zunehmender Überbevölkerung ausgehenden Gefahren. Dabei sind gewaltsame Menschenrechtsverletzungen häufig selbst eine der Folgen, die aus ökonomischen Mangelsituationen entstehen und dementsprechend durch rechtzeitige Hilfen auch abgewendet werden können. Der Hinweis auf die langfristigen Folgen scheint mir deshalb ungeeignet, um die militärische Form humanitärer Hilfe gegenüber den zivilen Alternativen als vorziehenswert zu erweisen.

c) Das Unbehagen an der Abwägung von Bedrohungswahrscheinlichkeiten resultiert vermutlich jedoch aus einer grundsätzlichen Ablehnung der zugrundeliegenden und an den Folgen orientierten Rekonstruktion der Rechtspflichten: Mord, so könnte man meinen, ist einfach in sich ein größeres Übel als das Nichtverhindern eines vermeidbaren Sterbens. Wer tötet, gibt zu erkennen, daß er die Würde des anderen als Mensch verneint. Und Menschen liege nicht nur und auf keinen Fall vorrangig an der Erhaltung ihres Lebens, sondern ebenso auch an der Respektierung und Wahrung ihrer Würde. Also sei die Bekämpfung von würdeverletzenden Handlungen vorrangig."

➥ *Ist das ein überzeugendes Argument?*

„Mit der Addition des Gutes ‚Würde' ist nichts zu gewinnen. Zweifellos liegt Menschen etwas an der Wahrung und Respektierung ihrer Würde. Aber die Verletzung der Würde besteht eben in der Verletzung einer der Regeln, die man aus der unparteiischen Perspektive gutheißen würde. Und dann können sich die Hungernden, die ohne Hilfe bleiben und sterben, wohl wissend, daß ihnen bei einer anderen Ressourcenverwendung geholfen werden könnte, ebenso in ihrer Würde verletzt fühlen, wie die, die dem Attentat eines Rassisten zum Opfer fallen. Der Hungertod ist, sobald er vermeidbar ist, eben kein Naturereignis mehr, sondern eine Konsequenz der Entscheidungen anderer

Personen. Die Würde ist also ein auf allen Seiten der Überlegung, welche Übel man durch die Akzeptanz welcher Prinzipen und den Einsatz welcher Ressourcen abwenden möchte, addierbares Gut. Sie kann als solche die primäre Abwägung der Güter und Übel nicht verändern.

4. Wenn die Gründe für die bevorzugte Bekämpfung des aktiven Unrechttuns somit nicht überzeugend sind, dann müssen wir bei der genaueren Bestimmung unsere Pflicht zur Hilfe auch solche Fälle einbeziehen, wo die Verletzung basaler Menschenrechte aus Ursachen wie Umweltkatastrophen, Armut, Überbevölkerung und Korruption resultiert. Zur Abwendung solcher humanitären Katastrophen sind bekanntlich enorme materielle Ressourcen nötig. Und damit komme ich zu meinem letzten Argument, das gegen gewaltsame humanitäre Interventionen spricht. Dieses ergibt sich daraus, dass positive Pflichten von uns verlangen, aktiv etwas zu tun, daß wir damit schnell an die Grenzen unserer Hilfsbereitschaft oder sogar unseres Leistungsverrnögens kommen, und dass wir deshalb zwischen unseren positiven Pflichten abwägen müssen.

5. Das Argument besagt:
- Wenn die Abwendung von vorsätzlichen Bedrohungen der Menschenrechte nicht wichtiger ist als die Abwendung der Menschenrechtsverletzungen aus anderen Gründen und
- wenn man infolge knapper Ressourcen nicht alles gleichzeitig tun kann und
- wenn man knappe Mittel so einsetzen muss, dass sie den meisten Nutzen stiften, und
- wenn es wahrscheinlich ist, dass man durch die Konzentrierung auf friedliche Hilfen mehr humanitäre Katastrophen abwenden kann als durch den Einsatz von Gewaltmitteln,
- dann muss man auf gewaltsame humanitäre Interventionen in unseren Umständen verzichten.

Ich denke, es ist evident, dass die Rettung von Menschen aus schlimmer Not mit Hilfe von militärischen Einsätzen die zugleich teuerste und unsicherste Methode ist, Leiden zu mindern. Es ist sinnvoller, die Mittel in friedlichen humanitären Interventionen dort einzusetzen, wo man nicht erst bomben und töten muss, um Leiden zu verhindern. Zudem bleiben einem bei der Entscheidung für friedliche

Hilfen die quälenden Abwägungen zwischen Toten auf verschiedenen Seiten und zwischen der Schwere der Menschenrechtsverletzungen verschiedener Kategorien erspart.

Ich denke, es wäre vernünftiger, wir machten uns durch friedliche Hilfen zur Vermeidung humanitärer Katastrophen so arm, dass wir über militärische humanitäre Interventionen nicht mehr nachzudenken brauchten, weil wir dafür keine Mittel mehr haben."[18]

➥ *Überzeugen Sie die ausführlich zitierte Argumentation und die (provokante) Schlussfolgerung Walter Pfannkuches? Wägen Sie ab.*

6. Karl Otto Hondrich stellt umgekehrt den menschenrechtlich orientierten Moralansatz grundsätzlich in Frage – als unrealistisch. Realistisch, universal beobachtbar seien vielmehr drei Prinzipien: das Prinzip der Hilfs- und Schutzbereitschaft, das Prinzip der Reziprozität und das der Präferenz für das Eigene. Der menschenrechtliche Ansatz sei Ausdruck eines hegemonialen Denkens, eines moralischen Dominanzanspruchs, in Verbindung mit militärisch gewaltsamem Eingreifen diskreditiere er sich selbst.

➥ *Eine provozierende und weitreichende Argumentation: Wie lässt sie sich begründen?*

Hondrich greift zurück auf die „Tiefen moralischer Empfindungen, die von allen Menschen geteilt werden", auf moralische „Regeln, die alles soziale Leben steuern. Wir sind ihnen unterworfen, ob wir es wissen und wollen oder nicht, im Frieden wie im Krieg. [...] Sie sind elementar und universal."[19] Die erste dieser moralischen Regeln resultiere aus der Unterscheidung und Verbindung zwischen Starken und Schwachen; aus der Verbindung entstehe die „Verpflichtung des Starken, dem Schwachen zu helfen und ihn zu schützen", entstünden die Gefühle der Hilfsbereitschaft und Schutzbereitschaft. Das zweite Prinzip sei das der Reziprozität „Wie du mir (oder meinem Schützling), so ich dir. Erwiderung bis zur Genugtuung: Dies ist der moralische Kern aller Gerechtigkeitsvorstellungen."[20]

Neben dem Reziprozitätsprinzip sei die zweite große moralische Grundkraft unseres sozialen Lebens, „dass uns das Eigene, das Nahe immer und unwillkürlich mehr wert ist, bindet und verpflichtet als das Fremde und Ferne – dieses Prinzip der Präferenz für die vertrauten Bindungen (mit seiner unguten Kehrseite der Diskriminierung des Fremden) [...] erklärt vieles, erklärt, warum wir in Bosnien und Serbien eingreifen, aber nicht in Ruanda, Kurdistan oder China."[21]

„Zusammen mit den Prinzipien der Reziprozität und der Schutzbefohlenheit der Schwachen bildet das Präferenzprinzip die Grundlage einer Moral, die wahrhaft universal ist – im Gegensatz zu den Menschenrechten, die Universalität nur deklarativ beanspruchen." Letztlich seien die Menschenrechte „ein Gegenprogramm des christlich-aufgeklärten Westens gegen" die Risiken jener elementaren Moral, „zum Beispiel die Spirale reziproker Gewalt und das unheilvolle Zusammenwirken von Präferenz des Eigenen und Diskriminierung des Fremden. In dieser Funktion des Gegensteuerns sind Menschenrechte unverzichtbar."

Ich zitierie ausführlich weiter:

> In der Funktion einer globalen Ethik aber, als Richtlinie für die Sanktionspolitik einer verstärkten UNO [...] sind sie überfordert. Sie bieten zu wenig Moral, und zugleich zu viel. Zu wenig, weil sie, die Rechte von Individuen betonend, die elementaren Regelungsprinzipien des kollektiven Lebens ebenso außer Acht lassen wie den moralischen Erfahrungsreichtum der verschiedenen Kulturen. Zu viel Moral transportieren sie, sofern sie als Aufforderung an eine Welt-Machtinstanz verstanden werden, die Menschenrechte mit Gewalt durchzusetzen. Der in bester Absicht militanten Vormacht-Moral zeigt die elementare Moral in ihrer untergründigen Gegenläufigkeit die Grenzen der Macht.[22]
>
> Wie immer grausam [...] ein Machtkampf auf dem Balkan, in der Osttürkei, in Afghanistan, in Algerien oder auch in Nordirland sein mag: Die kämpfenden Parteien akzeptieren ihn; für sie ist es ein Akt gemeinsamer Selbstbestimmung. Zur Selbstbestimmung gehört eben auch, dass Volksgruppen selbst entscheiden, wieviel Gewalt sie – sich unterwerfend oder Widerstand leistend – erdulden oder aufbringen wollen. Als Ergebnis stellen sie selbst fest, wie weit ihr Streben nach Eigenheit durch eigene Macht gedeckt ist. Gerecht für alle Seiten wird dieses Ergebnis nie sein – aber es wird den Machtverhältnissen vor Ort gerecht und ist deshalb in der Regel haltbarer als das von einer fremden Vormacht diktierte.[23]
>
> Die Idee der Selbstregulierung von interkulturellen Konflikten als Alternative zur hegemonialen Durchsetzung von Menschenrechten zu akzeptieren, fällt uns schwer. Wir müßten nämlich dann die Gewalt der anderen akzeptieren. Wir müßten akzeptieren, daß Gewalt Probleme löst. Wir müßten akzeptieren, daß Gewalt und Kriege nicht die Schuld einer Seite oder eines Mannes sind, sondern Koprodukte beider Seiten. Wir müßten akzeptieren, daß Menschen sich in ihrer

kulturellen Prägung als Ungleiche empfinden und deshalb manchmal nicht mehr miteinander leben wollen.

Um zu diesen Einsichten zu gelangen, müßten wir erst den Panzer des hegemonialen Denkens aufbrechen, in dem unsere Vorstellungswelt gefangen ist. Stärker als der militärisch-politische beherrscht der moralische Dominanzanspruch dieses Denken. Er zeigt sich darin, daß wir Werte wie Gewaltlosigkeit und Gleichheit der Menschen nicht nur für die eigene Kultur verbindlich setzen, sondern auch für andere Kulturen. Folglich können wir es nicht „ertragen", wenn dort Konflikte mit Gewalt ausgetragen werden und ethnische Gruppen sich trennen wollen. Was wir nicht ertragen können, versuchen wir zu unterbinden – paradoxerweise nun mit eigener Gewalt. So ruft die moralische Dominanz die militärische herbei.
In dieser unheiligen Allianz von militärischem und moralischem Dominanzanspruch muss gerade der moralische Part in Frage gestellt werden. Denn

- die scheinbar über alles erhabene Weltbürgermoral ist [...] die eines bestimmten kulturellen Standorts;
- sie ist [...] nur ein ausgedünntes Teilstück in der Fülle der moralischen Prozesse;
- sie zeitigt [...], im Verbund mit einem hegemonialen Durchsetzungsanspruch, perverse Effekte.
- Sie deligitimiert, verhindert und zerstört auch selbstregulative Prozesse, in denen die Zukunft der Weltgesellschaft vermutlich besser, zumindest wirklichkeitsnäher aufgehoben ist als in der Version einer durchsetzbaren einheitlichen Weltmoral.

Es geht auch ohne sie. Auch mit der schlichten Moral des Schutzes für die Schwachen kann man Bedrückten zur Hilfe eilen.[24]

➥ *Ein Generalangriff auf den Universal- und Zivilisationsanspruch der Menschenrechte: auf welcher Basis? Stichworte: Postmoderne Desillusion der Aufklärung? Biologischer oder soziologischer Reduktionismus? Zynischer Sozialdarwinismus? Berechtigte Kritik und Ideologiekritik westlicher Moral?*

➥ *Hondrich hat konkret im Blick den Kosovo-Krieg, weitet aus auf interkulturelle Konflikte, ist damit das Feld humanitärer Intervention ausgeschritten, oder bleibt hier noch ein nicht thematisierter, von der Kritik nicht berührter Rest?*

➥ *Was bedeutet die „Moral des Schutzes für Schwache" für die Berechtigung humanitärer Intervention?*

7. Ethische, vorwiegend deontologisch orientierte Gründe:

   - Die absolute Ächtung des Krieges als Verbrechen hat eine Chance nur dann, wenn sie verknüpft ist mit der strikten völkerrechtlichen Anerkennung der staatlichen Souveränität: Jeder Krieg ist dann als Angriff auf die Souveränität moralisch verwerflich, legitim nur – in Analogie zur individuellen Notwehr – die Verteidigung und – in Analogie zur individuellen Nothilfe – der militärische Beistand durch die Staatengemeinschaft. Die Anerkennung der Souveränität greift derart als Instrument der Kriegsverhütung. In ähnlicher Weise hat die Anerkennung des Vetorechts im UNO-Sicherheitsrat seit dem 2. Weltkrieg einen weiteren Weltkrieg bisher vermutlich verhindert. Der aus dem Argument folgende Grundsatz also heißt: Völkerrecht vor Menschenrecht.

➥ *Ist damit die humanitäre Intervention ausgeschlossen?*

- Krieg ist unvereinbar mit Menschenrechtsschutz:

- „Krieg ist [...] ein dekultivierender, rebarbarisierender Prozess. Im Krieg ist das kulturelle Geflecht aus Gewohnheiten, Institutionen und Werten ausgesetzt, das Menschen brauchen, um sich vernünftig orientieren zu können. Die allgemeine Anerkennung des Menschenrechts ist die Substanz dieses Kulturgeflechts, doch in dem Milieu, das der Krieg schafft, wird diese Anerkennung grundsätzlich aufgekündigt: [...] Die Tötungshemmung wird im Krieg obsolet."[25]

- In einem Krieg wird immer Unbeteiligten schwerstes Leid zugefügt, das ist moralisch nicht zu rechtfertigen.

- Kein Zweck rechtfertigt es, die Tötung von Menschen als Mittel billigend und wissend in Kauf zu nehmen

- Deshalb ist ein Krieg – auch in humanitärer Absicht – nicht zu rechtfertigen; die so genannte „humanitäre Intervention" (Ulrich Beck spricht deutlicher vom militärischem Humanismus oder humanitären Krieg) ist ein Selbstwiderspruch, pragmatisch inkonsistent: „Sie behauptet, ein Ziel zu verfolgen, das sie durch ihre Mittel zerstört."[26] Und weiter Wohlrapp: „Ein Militäreinsatz für Menschenrechte verletzt Menschenrechte", sie werden „bei einem Militäreinsatz zugleich sowohl durchgesetzt als auch ignoriert."[27]

➥ *Die Zweck-Mittel-Inkonsistenz, auch den Selbstwiderspruch zugestanden: Was folgt daraus für die Berechtigung humanitärer Intervention?*

➥ *Ist die gleiche Inkonsistenz nicht auch im Fall des Verteidigungskrieges gegeben?*

➥ *Die Inkonsistenz liegt abstrakt vor, nicht aber konkret: Getötet werden z. B. diejenigen, die das Menschenrecht anderer massiv verletzen – gerade um diese anderen zu retten. Was spricht dagegen? Eher doch ein Dilemma als ein Selbstwiderspruch? Geht es nicht eher um die Berechtigung einer solchen Abwägung?*

- Das utilitaristische oder konsequentialistische „Aufrechnungsargument" verfehlt das Konzept von Menschenwürde und Menschenrecht grundsätzlich; es greift daher nicht zur Lösung der Widersprüchlichkeit/Inkonsistenz oder zumindest Dilemma-Struktur der humanitären Intervention: „Das Menschenrecht ist individuell zuerkannt, Individuum heißt ‚Unteilbares.' Ich besitze das Menschenrecht nicht als Teil einer Gruppe, die insgesamt in möglichst hohem Maße an Leib und Leben gesichert sein sollte. Sondern ich besitze es ganz. Und du besitzt es auch ganz. Unser beider Menschenrecht bildet nicht zusammengenommen eine Masse Menschenrecht, die zweimal so groß wäre wie meines. Arithmetik ist hier fehl am Platze, alles ist qualitativ [...]. Quantitäten aufzumachen ist ein Kategorienfehler."[28] Und weiter: „Ein Mensch, das ist ein Leben mit Bedürfnissen, Plänen, Hoffnungen, einer Biografie, einem Schicksal, einer individuellen Sicht der Welt. Darüber hinwegzugehen, das ist genau das Unrecht, dem der Menschenrechtsgedanke seit seiner Entstehung in der Antike entgegengesetzt wurde."[29] Die humanitäre Intervention ist ebenso grundsätzlich moralisch verwerflich wie die Todesstrafe oder auch die Folter, beides stellt sich nicht der utilitaristisch quantitativen Abwägung. „Zur Klärung der Frage nach der Aufrechenbarkeit von Menschenrechten hilft" die utilitaristische Denkweise „nicht weiter, sondern sie erzeugt einen Nebel, in dem

> Unklarheit, illusionäre Verantwortungsübernahme und ein Gefühl des Reifens in tragischer Schuld über den Mangel an theoretischer Basis für eine begründete Entscheidung hinwegtäuschen."[30]

- *Das Konzept Menschenrecht markiert eine Qualität, die jegliche quantifizierende Aufrechnung ausschließt. Was meint das?*

- *„Quantitäten aufzumachen ist ein Kategorienfehler": Was ist die Konsequenz? Nicht einzugreifen, zu ignorieren, wegzusehen? Die grundlegende Dilemma-Situation scheint derart nicht hinreichend anerkannt. Oder zeugt ihre Anerkennung von einer „illusionären Verantwortungsübernahme"? Das setzt aber doch wohl voraus die Unantastbarkeit staatlicher Souveränität; dann geht in der Tat die Staatengemeinschaft nicht an, was innerhalb eines Staates geschieht.*

- *Folter und Todesstrafe sind ethisch prinzipiell nicht zu rechtfertigen; ist die Analogie zwischen Folter zum Zweck der Rettung von Menschenleben und der humanitären Intervention korrekt? Ist die Dilemma-Struktur identisch?*

- *Offensichtlich stoßen eine deontologische und eine utilitaristische/ konsequentialistische Betrachtungs- oder Argumentationsweise hier hart gegeneinander: Lässt sich dieser Widerspruch vermitteln?*

Ich schließe mit dem Resümee eines Juristen, Josef Isensee: „Die humanitäre Intervention ist ein gefährliches, missbrauchsanfälliges Werkzeug für die gute Sache menschenrechtlich fundierter Gerechtigkeit. Doch wenn im Ernstfall zu wählen ist zwischen Intervention und Wahrung des Gewaltverbots, also zwischen Gerechtigkeit und Frieden, und die Abwägung[31] kein klares Ergebnis zeitigt, sollte im Zweifel die Entscheidung für den Frieden ausfallen."[32]

Anmerkungen

1. Véronique Zanetti: Ist das Recht auf humanitäre Intervention ein individuelles Recht? Vortrag. Bielefeld 2002. S. 6.
2. Zanetti. S. 7.
3. Zanetti. S. 7
4. Zanetti. S. 5
5. Wolfgang Kersting: Philosophische Friedenstheorie und globale Rechts- und Friedensordnung. In: ZfP (= Zeitschrift für Politik) 3/1997.
6. Otfried Höffe: Demokratie im Zeitalter der Globalisierung. München 2002. S. 393-398.
7. Walter Pfannkuche: Humanitäre Intervention und andere Hilfspflichten. Vortrag. Bielefeld 2002. S. 3
8. Pfannkuche. S. 3.
9. Pfannkuche. S. 3.
10. Pfannkuche. S. 4.
11. Pfannkuche. S.4
12. Lothar Brock: „Staatenrecht" und „Menschenrecht." Schwierigkeiten der Annäherung an eine weltbürgerliche Ordnung. In: Matthias Lutz-Bachmann/James Bohman (Hg): Weltstaat oder Staatenwelt. Für und wider die Idee einer Weltrepublik. Frankfurt/M 2002. S. 217f.
13. Zanetti. S. 8-10.
14. Lothar Brock: „Staatenrecht" und „Menschenrecht." Schwierigkeiten der Annäherung an eine weltbürgerliche Ordnung. In: Matthias Lutz-Bachmann / James Bohman [Hg]: Weltstaat oder Staatenwelt. Frankfurt/M 2002. S. 223.
15. Harald Wohlrapp: Sind Menschenrechte aufrechenbar? Überlegungen zu einem Grunddefekt der „humanitären Intervention." Vortrag. Bielefeld 2002. S. 8.
16. Pfannkuche. S. 5.
17. Pfannkuche. S. 6.
18. Pfannkuche. S. 5-9.
19. Karl Otto Hondrich: Moral und Menschenrechte. In: K.O.H.: Wieder Krieg. Frankfurt/M 2002. S. 114.
20. Hondrich. S. 115.
21. Hondrich. S. 122f.
22. Hondrich. S. 125f.
23. Hondrich. S. 126f.
24. Hondrich. S. 127-129.
25. Wohlrapp. S. 8.

26. Wohlrapp. S. 9.
27. Wohlrapp. S. 13.
28. Wohlrapp. S. 10.
29. Wohlrapp. S. 13.
30. Wohlrapp. S. 13.
31. „Das wichtigste Kriterium für die Zulässigkeit einer Intervention ist die fundierte Erfolgsprognose, dass der Militärschlag das Unheil verhindern und die Lage dauerhaft zum Besseren wenden könnte. [...] Der Intervenient haftet moralisch, politisch und letztlich auch rechtlich für die Folgen seines vorausgegangenen Tuns." (Josef Isensee: Im Zweifel für den Frieden. In: FAZ. 22.10.2012)
32. Ebd.

Gefühlsethik? Gründe gegen Gefühle. Die begrenzte Reichweite gefühlsethischer Ansätze

Ich beginne literarisch: In Alberto Moravias „Römische Erzählungen" findet sich eine Geschichte mit dem Titel „Auf Wiedersehen." Der Ich-Erzähler, wegen einer Messerstecherei verurteilt, wird aus dem Gefängnis entlassen. Er besucht seinen Freund, einen Wirt, der ihn überredet, seinen Hass auf den Zeugen, dessen Aussage ihn ins Gefängnis gebracht hatte, beizulegen, sich vielmehr mit ihm wieder zu versöhnen. Er stimmt zu. Die Versöhnung misslingt, von Wut übermannt, sticht er auf den Zeugen ein. Am gleichen Abend findet er sich wieder in einer Zelle des Gefängnisses.

Die Erzählung zeigt exemplarisch das Zusammenspiel oder Widerspiel zwischen Gefühlen und Vernunft in Handlungssituationen:

- Bemerkenswert ist schon zu Beginn, dass der Ich-Erzähler, Rodolfo, nach wie vor davon überzeugt ist, dass er zu Unrecht verurteilt worden sei, da er sich nur verteidigt habe; dagegen spricht die mahnende Ansprache seiner Mutter nach der Begrüßung, dagegen spricht die gerichtliche Aussage des Zeugen, Guglielmo. Rodolfo hält durchgehend daran fest, dass das eine Falschaussage gewesen sei. Was heißt das? Unser Realitätsbild ist ein subjektives, zumal, wenn durch Emotionen, hier durch Wut oder Angst, beeinflusst.

- Auf dem Weg zu seinem Freund erblickt Rodolfo von fern den Scherenschleiferladen Guglielmos und reagiert massiv: Es „geriet mein Blut in Wallung; und mir wurde abwechselnd glühend heiß und eiskalt, als würde ich ohnmächtig."[1] Von Gigi gefragt: „Bist du ihm denn immer noch böse? Nach so langer Zeit?" „Die Zeit existiert nicht", sagte ich, „[...]. Für Gefühle gibt es keine Zeit."[2]

- Rodolfo beginnt zu trinken, insgesamt einen Liter Wein, und lässt sich allmählich von Gigis Beruhigungsversuchen argumentativ überzeugen:

  > Und bedenk auch: „Guglielmo ist ein armer Teufel, er hat Familie, Frau und vier Kinder [...] Da muss man Verständnis haben." Ich wiederholte: „Schenk

ein […] und misch dich nicht in meine Angelegenheiten.“ Wenig später, nach dem ersten halben Liter Wein, sagt Gigi: „In solchen Dingen muss man sachte vorgehen […] sich nicht vom Gefühl mitreißen lassen […] Du bist im Recht, daran besteht kein Zweifel, aber gerade deswegen musst du dich großmütig zeigen.“ Ich trank weiter, und vielleicht war der Wein daran schuld, dass meine Gedanken jetzt wieder zu Guglielmo wanderten und ich anfing, über all das nachzudenken, was in den letzten zwei Jahren geschehen war, wie sehr ich gelitten hatte, was mir alles angetan worden war; und meine Augen füllten sich mit Tränen, und mich überkam ein schreckliches Mitleid mit mir selbst und indirekt auch mit allen anderen. Ich war ein armer Hund, hatte kein Unrecht getan und war doch im Recht, wie so viele, wie alle; und auch Guglielmo war ein armer Hund; und Gigi, auch er war ein armer Hund […]: alles arme Hunde. Ich sah Guglielmo jetzt mit anderen Augen, und allmählich wuchs in mir die Überzeugung, dass Gigi vielleicht recht hatte: Ich sollte mich wirklich großmütig zeigen und ihm verzeihen. Bei diesem Gedanken schien es mir, dass ich mich doppelt so gern hatte wie vorher; und ich war froh, dass ich darauf gekommen war, denn wenn ich auch vom Verstand her schon fast überzeugt war, dass es besser sei zu verzeihen, als Rache zu üben, so wäre ich doch nicht imstande gewesen, diese Einsicht auch umzusetzen, wenn mein Herz nicht zugestimmt hätte. Doch jetzt fürchtete ich, dieser gute Vorsatz könnte sich wieder verflüchtigen; ich begriff, dass ich rasch handeln müsste […], ich rief: „Gigi, komm mal kurz her.“ […] „Gigi, im Grunde hast du recht: Ich hab’ darüber nachgedacht, wenn du willst, ich bin bereit, gehen wir zu Guglielmo.“ Er erwiderte: „Hab ich’s dir nicht gesagt? Ein wenig Nachdenken und ein tüchtiger Schluck Wein, und schon spricht das Herz.“[3]

- Sie gehen zu Guglielmo.

Kaum sah ich ihn, fühlte ich auch schon, wie mein Blut in Wallung geriet; und mir wurde klar, dass ich ihn nicht würde umarmen können, wie Gigi es gern hätte: Wenn ich ihn umarmte, könnte es gut sein, dass ich ihm gegen meinen Willen ein Ohr abbeißen würde. Da sagte Gigi mit fröhlicher Stimme: „Guglielmo, Rodolfo ist da, er ist gekommen, um dir die Hand zu schütteln […] Geschehen ist geschehen […] “; und er wandte sich um, und ich sah, wie er erbleichte und sich anschickte, in den hinteren Teil der Werkstatt zu fliehen. Da packte es mich plötzlich, während Gigi uns ermunterte: „Na los [...] umarmt euch, und dann Schwamm drüber“, und mein Blick verfinsterte sich. Ich rief: „Du feiger Schuft, du hast mich zugrunde gerichtet“, stürzte mich auf ihn und versuchte ihn am Hals zu packen. Er stieß, wirklich ein Feigling, einen Schrei aus und floh nach hinten in den Laden. Das war ein Fehler, denn inmitten all dieser Messer wäre selbst ein Heiliger in Versuchung gekommen. Und ich erst, der ich seit Jahren auf diesen Augenblick gewartet hatte. Gigi schrie: „Rodolfo, halt [...] besinn dich“; Guglielmo brüllte wie ein Schwein, das abgestochen wird; und ich griff mir ein Messer und ging auf ihn los. Eigentlich wollte ich ihn in den Rücken treffen, aber er drehte sich um, um sich zu wehren, und so traf ich ihn oben in die Brust. Im selben Augenblick packte mich jemand am Arm, während ich ihn hob, um ein zweites Mal zuzustechen.[4]

Was liegt vor, was ist hier exemplarisch?

1. Emotionen beeinflussen unsere Wahrnehmung und unser Bild von Wirklichkeit.

2. Emotionen vermögen uns zu überwältigen, wir können uns dagegen nicht wehren.

3. Ob unter – hier beruhigendem – Alkoholeinfluss oder nicht, wir können uns dann doch mit der Zeit auf Argumente einlassen. Damit aber daraus wirklich ein Handlungsentschluss wird, bedarf es noch einmal einer emotionalen Bestätigung, wir müssen mit uns im Reinen sein, damit der aus rationaler Einsicht gefasste Entschluss auch zu einer Motivation wird und umgesetzt werden kann (Stichwort. Zustimmung des Herzens).

4. Am Ende, meint hier, in der Handlungssituation selbst, reicht das alles nicht hin: Die Emotion in ihrer ganzen Kraft und Intensität, die Wut, die Rache, schlägt unvermittelt und unkontrollierbar durch („da packte es mich plötzlich“) und fegt alle rational gefassten Vorsätze weg.

5. Warum gelingt es Rodolfo nicht, seine Versöhnungsabsicht auch durchzuführen? Er selbst spricht davon, dass er fürchtete, der gute Vorsatz könne sich wieder verflüchtigen. Warum diese Furcht? Sein Herz war eben

nicht zustimmungsfähig und bereit. Wenn Gigi sagt „Ein wenig Nachdenken und ein tüchtiger Schluck Wein, und schon spricht das Herz", so meint er mit „Herz" den Kern der personalen Identität, den „guten Kern" nicht vielleicht eines jeden, aber doch der meisten Menschen, der sich über üble Gefühle wie Wut, Hass, Rachsucht hinwegzusetzen, sie zu bezwingen oder gar aufzulösen vermag. Rodolfos „Kern" war aber davon noch erfüllt, noch nicht – in der Sprache der klassischen Tragödientheorie – gereinigt von seinem Affekt, hatte eine Katharsis noch nicht erfahren.

Soweit ein erster Blick in die Funktion und Bedeutung von Emotionen für das moralische Handeln. Es scheint in der Tat mit guten Gründen belegt: Es ist an der Zeit, den Gefühlen auch im Bereich von Moral und Ethik mehr Gewicht einzuräumen, es ist an der Zeit für eine Renaissance der Gefühle. Hintergrund dieser Forderung sind zwei Annahmen:

1. Die Gefühle wurden in der Geschichte der europäischen Philosophie bestenfalls stiefmütterlich behandelt, bestenfalls gelegentlich thematisiert.

2. Die europäische Philosophie ist geprägt durch die Orientierung an der Vernunft, dominant rationalitätsorientiert, es galt, den Vorrang der Vernunft gegenüber den Affekten zu sichern.

Die Folge ist in der Diskussion der letzten 15 Jahre die Entdeckung oder Wiederentdeckung der Gefühle als philosophisches Thema, relevant nicht nur für unser moralisches Handeln, sondern auch für unsere erkennende Orientierung in der Welt. Stimmen die genannten Annahmen? Sind Gefühle wirklich so wichtig für unsere Orientierung und unser Handeln?

Die offenen Fragen beginnen schon mit dem zentralen Begriff „Gefühle": Was sind Gefühle? Die Definitionen und die differenzierenden Klassifikationen unterscheiden sich – und dies nicht etwa im historischen Durchgang von der Antike bis ins 20. Jahrhundert, z. B. von Aristoteles zu Max Scheler, sondern auch noch in der aktuellen Diskussion.

Siegfried Reusch formuliert in der Einleitung des entsprechenden Themenhefts des „Blauen Reiters": „Gefühle sind unvermeidbare Zustände, die uns oft ohne erkennbaren Grund überfallen, Tönungen des Erlebens, die sprachlich nur schwer zu beschreiben sind."[5]

Heiner Hastedt schlägt vor, „Gefühle als Oberbegriff für die ganze Vielfalt der Gefühlsausdrücke zu benutzen und die folgenden acht Untergruppen zu bilden: Leidenschaften – Emotionen – Stimmungen – Empfindungen – sinnliche Wahrnehmungen – Wünsche – erkennende Gefühle – Gefühlstugenden.“[6]

- Leidenschaften sind „starke Gefühle, die uns antreiben und die Welt in ein neues Licht tauchen“, z. B. Begeisterung, Eifersucht, Hass, Liebe, Zorn.

- Emotionen sind „langwellige Grundtönungen der Existenz und der Weltwahrnehmung“, z. B. Angst, Freude, Liebe, Melancholie, Trauer, Vertrauen.

- Stimmungen sind ebenfalls Tönungen, bezogen auf einzelne Situationen, z. B. Fröhlichkeit.

- Empfindungen sind Körpergefühle, z. B. sexuelle Lust, Schmerzen, Ekel, Depression, Scham.

- Das erlebte Spüren sinnlicher Wahrnehmungen „führt zu Empfindungen.“

- Wünsche sind zentral für Handlungen: „Hinter jeder Handlung lässt sich ein Wunsch rekonstruieren.“ Wünsche umfassen Bedürfnisse, Interessen, Neigungen und Lust.

- Erkennende Gefühle „zeigen ohne große Begrifflichkeit Sachverhalte auf“; dazu gehören Intuition, Kreativität und Phantasie.

- Die Gefühlstugenden akzentuieren sprachlich, dass alle Tugenden „einen starken Gefühlsanteil“[7] haben, z. B. Tapferkeit, Mut, Fleiß, Geduld.

Diese acht Gefühle lassen sich wieder in zwei Gruppen einteilen: Leidenschaften, Emotionen, Stimmungen und Empfindungen gehören zu einem inneren Kreis, umringt von sinnlichen Wahrnehmungen, Wünschen, erkennenden Gefühlen und Gefühlstugenden, das sind Gefühle, „die gleichzeitig in andere Bereiche menschlicher Fähigkeiten hineinragen."[8] Definitorisch formuliert Heiner Hastedt: „Der Begriff des Gefühls steht für vielfältige Formen des leiblich-seelischen Involviertseins, das Besonderheit qualitativ erfahrbar macht und so Wichtigkeitsbesetzung ermöglicht."[9]

„Tönungen des Erlebens", „Formen des leiblich-seelischen Involviertseins", „Wichtigkeitsbesetzung", acht Gruppen in Unterscheidung von Kern- und Randgruppen – ein offensichtlich weites Feld, verknüpft zugleich mit weiten Ansprüchen: „Es ist nicht möglich, keine Gefühle zu haben. Gefühle prägen uns immer. Was irrtümlich als gefühllos daherkommt, sind im Grunde andere Gefühle, nämlich solche der Disziplinierung, der Distanz, des unterdrückten Gefühlsausdruckes." [10]

Ich notiere jetzt mein Gefühl: Mir wird unbehaglich. Ich lese und zitiere weiter, Agnes Heller schreibt: „Es gibt kein Erkennen ohne Gefühl, keine Handlung ohne Gefühl, keine Wahrnehmung ohne Gefühl, keine Erinnerung ohne Gefühl – doch jedes menschliche Gefühl beinhaltet schon als Gefühl das Moment der Kognition oder es ist zumindest mit der Kognition, mit den Zielen und Situationen verbunden; nur in Wechselwirkung mit ihnen wird es als Gefühl relevant."[11]

Ich suche weitere Hilfe bei den Humanwissenschaften: Ernst Pöppel, Psychologe und Hirnforscher, bestätigt die Aussage Hellers und führt weiter aus: „Emotionen sind der Klebstoff, um überhaupt eine Kontinuität des Erlebens herstellen zu können. Ohne gleichbleibend emotionale Bewertung gäbe es nicht einmal Denken."[12]

Ich nehme dies – was meine Gefühle angeht, eher unwillig – zur Kenntnis; es irritiert mich inhaltlich allerdings die in Differenz zu Hastedt andere Zuordnung des Kernbereichs: In der Nachfolge Darwins und Paul Ekmans, die prototypische Gesichtssignale quer durch die Kulturen feststellen wollten, geht Pöppel aus von „sechs Grundemotionen: Freude, Überraschung, Ärger, Trauer, Wut und Ekel. Diese sind genetisch vorgegebene Handlungsmuster, die zwar durch frühkindliche Erfahrungen bestätigt werden müssen, aber als neuronales Programm immer schon vorhanden sind."[13] Luc Ciompi lässt als „Grundgefühle" nur gelten „Interesse, Angst, Wut, Trauer, Freude."[14] Moralische Gefühle tauchen hier nicht auf, sind sie sekundärer Art, kulturell bedingt und geformt?

Neuerlich werden Verachtung, Scham und Schuld ebenfalls auf dieser Ebene diskutiert. Bei Darwin selbst war die Zahl dieser elementaren Gefühlsregungen noch ungleich weiter gefasst. Wie sind diese Zuordnungsdifferenzen in einem zentralen oder elementaren Feld, von Randbereichen ganz zu schweigen, zu erklären? Heiner Hastedt sagt von seiner Definition, nicht also erst von den Einteilungen und Zuordnungen: „Jede Begriffsdefinition enthält ein Element der Willkür: So sind Gefühle letztlich das, was wir als Gefühle definieren."[15]

Die Kognitivisten, sofern man hier schon von einer einheitlichen Gruppierung sprechen kann, unterscheiden ähnlich wie Hastedt und Pöppel, aber nicht identisch, Gefühle im engeren Sinn – z. B. Furcht, Ärger, Empörung, Neid, Trauer, Bewunderung, Scham oder Stolz – als „Emotionen" von nichtemotionalen Gefühlen; gemeinsam ist beiden eine bestimmte Erlebnisqualität, darüber hinaus aber sind Emotionen, und hier liegt der Akzent:

- erstens wesentlich auf etwas in der Welt gerichtet, sie sind intentional,
- zweitens repräsentieren sie dieses in einer bestimmten Weise, sie stellen es als in einer bestimmten Weise seiend dar,
- drittens bewerten sie es zugleich im Licht „eigener Ansprüche, Ziele oder Motive."[16] Im Erleben z. B. von Furcht wird etwa eine Schlange als für das Ich gefährlich dargestellt.

Deutlicher als bei Hastedt wird in diesen drei Aspekten der Akzent auf Momente gelegt, die uns eher im Kontext von kognitiver Betrachtung oder Erfahrung von Realität vertraut sind: Intentionalität, Darstellung und Bewertung. Es ist dies eine offensichtlich kognitiv oder rational orientierte Konzeption von Gefühlen.[17]

Und darum geht es auch in einer bestimmten Hinsicht: Klaus Goergen bringt es in einem zusammenfassenden Aufsatz auf den Punkt: Es geht im Kern um die Moral, um die Bedeutung von Gefühlen nicht nur bei der Motivation moralischen Handelns, sondern auch im moralischen Urteil oder gar auch bei der Begründung von Moral überhaupt. Die zentrale Fragestellung lautet: „Welche affektiven, welche kognitiven und welche gemischt-mentalen Prozesse sind an einem komplexen moralischen Urteil beteiligt?"[18]

Wenn man derart das moralische Urteil zwischen Vernunft und Gefühl stellt, lässt sich folgendes Spektrum eröffnen: Umrahmt von der reinen Vernunfttätigkeit einerseits, den Leidenschaften und reinen körperlichen Empfindungen andererseits stellt sich das moralische Urteil in folgender Bandbreite dar:

- Ich wende unparteilich den kategorischen Imperativ auf meine Maximen an,
- ich wäge meine Interessen ab,
- ich möchte mein positives Selbstbild erhalten,
- ich empfinde ein spezifisches moralisches Gefühl.

Klaus Goergen macht deutlich, dass auch die reine Vernunfttätigkeit einen affektiven Anteil haben kann, abhängig von meiner Befindlichkeit, meiner Sicherheit, meinem Selbstvertrauen, und umgekehrt, dass auch die reine körperliche Empfindung einen kognitiven Anteil haben kann, z. B. die Schmerzempfindung, abhängig von meiner Erfahrung und meinem Wissen im Umgang mit diesen Schmerzen; die Leidenschaften sind ohne kognitive Anteile gar nicht vorstellbar. Generell scheint eine dualistische Positionierung von Verstand und Gefühl zu verdecken, dass in Gefühlen kognitive Anteile und im Verstand gefühlsmäßige Anteile gegeben sind. Um so mehr gilt dies vom enger gefassten Feld der moralischen Gefühle – Gewissensbisse und Scham, Zufriedenheit und Stolz, Empörung und Verachtung, Bedauern und Mitgefühl: Sie stellen sich „als äußerst differenziertes, nach Selbst- und Fremdbezug, Intensität, Qualität und zeitlicher Entfaltung gegliedertes und abgestuftes System dar, das man insgesamt eine Art moralischen Kompass zur ethischen Orientierung in der Welt der Forderungen verstehen kann."[19]

Sabine Döring formuliert die allgemeine Konsequenz des kognitivistischen Ansatzes: Mit der Kritik am dualistischen Konzept von Vernunft und Gefühl „verändert die moderne Emotionstheorie zugleich das Bild des Menschen überhaupt. Wir scheinen nicht länger Wesen, die gleichsam in Vernunft und „Neigung" gespalten sind, sondern unsere „Neigungen" in der Gestalt emotionaler Gefühle werden zu einem unverzichtbaren Teil der Vernunft: Aus dem animal rationale wird wesentlich ein animal emotionale."[20]

Ich stelle Fragen:

➥ *Ist der geforderte Paradigmenwechsel neu oder greift er zurück und auf welche philosophischen Traditionslinien?*

- *Ist er zwingend gegeben oder möglicherweise das Resultat eines in der Tat kognitivistischen Definitionsansatzes, der zum Einen die herausgegriffenen und zur Frage stehenden Gefühle mit Rationalität auflädt? Und der auf der anderen Seite den Randbereich, die Grauzone, den Bereich „between" Vernunft und Gefühl eher den Gefühlen zuordnet? Die Konsequenz ist dann freilich eine andere Relation von Vernunft und Gefühl und zumal im Blick auf Moral: Ronald de Sousa spricht von der „Rationalität des Gefühls" oder von „rationaler Emotionalität"*[21]*, Carola Meier-Seethaler spricht von „emotionaler Vernunft."*[22] *Noch einmal die Frage: Ist die Differenz zwischen Gefühl und Vernunft nicht doch klarer und schärfer zu ziehen möglich, lassen sich hier nicht Kernbereiche genau und gegeneinander bestimmen? Die Alternative wäre in der Tat, das breite Tableau „mentaler Zustände" in ihren gemischten Qualitäten analytisch präzise zu bestimmen und zu unterscheiden – vom körperlichen Schmerz bis zur Beschäftigung mit einer mathematischen oder logischen Frage.*[23]

- *Handelt es sich bei den Gefühlen wirklich um anthropologische Konstanten oder sind sie, bedingt schon allein durch ihre sprachliche Vermittlung, historisch und kulturell beeinflusst und variabel?*[24] *Ist überhaupt mein Empfinden, wenn mich z. B. die helle Wut packt, identisch mit der Wut eines anderen und seiner Empfindung?*

Was erscheint hier recherchierend hilfreich? Ich beginne mit einer historisch orientierten begrifflichen Vergewisserung.

Die begrifflichen Unschärfen beginnen innerhalb der einzelnen Sprachen, zumal im Deutschen ist die Grenzziehung zwischen „Gefühl", „Emotion", „Affekt", „Leidenschaft" z. B. schwierig, die Unschärfen verstärken sich im sprachlichen Vergleich und sie nehmen noch einmal mehr zu, wenn wir uns fremden Kulturen nähern: Das griechische Wort „páthos" meint das Erleiden, Erdulden, dann aber auch neutral Erlebnis, Erfahrung, Eindruck, Wahrnehmung, Ereignis, Vorgang, es meint Geschick, Schicksal, Unglück, Notlage, körperliche Leiden bis hin zum Tod, seelisches Leiden, und wieder neutral Gemütsbewegung, Gefühl, Empfindung, Leidenschaft, Begierde; ist das noch vermittelbar mit unserem Konzept des Emotionalen?

Ähnlich abständig begegnet uns heute das erste Wort der Ilias, „ménis", es war bereits im Hellenismus nicht mehr verständlich und musste erläutert werden als „dauerhafter Zorn", der Zorn des Achill. Und dieser Zorn verändert sich

„im Laufe des Epos vom Jähzorn in der unmittelbaren Auseinandersetzung mit Agamemnon über schmollenden Groll am Strand abseits der Kämpfe hin zur wilden Rachsucht in der abschließenden Schlacht und der Schändung der Leiche Hektors." Erst „als komplexe Erzählung"[25] ist dieses Gefühl zu erfassen. Was hat der Zorn des Achill noch mit dem Zorn des Michael Kohlhaas gemeinsam? Ganz sicher ist der „biblische Zorn" „nicht ein allgemeines emotionales Reaktionsmuster, sondern speziell die alttestamentarische Darstellung des vor Wut und Zorn schnaubenden und zerstörenden Jahwe."[26] Eine begriffliche Aufarbeitung des Achillschen Zorns legt Aristoteles vor. Er definiert Zorn, die orgé, „als ein vom Schmerz begleitetes Streben nach Rache aufgrund einer wahrgenommenen Schmähung durch jemanden, dem dies nicht zustehe, und er nennt explizit die ménis des Achill als konkretes Beispiel dieser Emotion."[27] Ist das aber der Achillsche Zorn? Er wird in der Forschung eher verstanden als eine irrationale Primärenergie, die den Einzelnen überfällt, von ihm nicht reaktiv initiiert aufgrund einer vorhergehenden Provokation.

Das Verständnis des Zorns hat sich von Homer bis zu Aristoteles schon deutlich verändert. Gerade der Zorn des Achill wurde immer wieder thematisiert: von einer „Ilias Latina" aus dem 1. Jahrhundert n. Chr. über die mittelalterliche Troja-Tradition zu Shakespeare in „Troilus und Cressida", von Rubens über Tiepolo zu Tischbein. Beispiele dieser Art zeigen, „dass die Semantik des Emotionalen sowohl in der künstlerischen als auch in der realen Welt in hohem Maße historisch und kontextuell verankert ist."[28] Noch schärfer formuliert Fredric Jameson: „Dass die Struktur der Psyche eine historische ist und ihre eigene Geschichte besitzt, ist uns [...] ebenso schwer verständlich wie die Tatsache, dass auch die Sinne ihrerseits nicht natürliche Organe, sondern Resultate eines langen Differenzierungsprozesses im Verlauf der Menschheitsgeschichte sind." [29]

Ich komme noch einmal zurück auf Aristoteles: Emotionen oder Affekte thematisiert er mehrfach, die für diese wesentlichen körperlichen Bedingungen und Zustände werden zum Thema im ersten Buch der naturwissenschaftlichen Schrift „Über die Seele"; in der „Rhetorik", der ausführlichsten Darstellung der Gefühle oder „páthe", bleibt dieser Aspekt ausgeblendet: Das leitende Interesse ist hier die Evokation und Beeinflussbarkeit von Gefühlen durch den Redner, oder, allgemeiner, der Anteil des Kognitiven an den Affekten, genauer, an den Affekten, die einen solchen Anteil überhaupt haben können; fundiert sieht Aristoteles sie in Überzeugungen: „S glaubt, dass p" – deutlich hier die Urteilskomponente, deutlich die kognitivistische Akzentuierung.

Ich wiederhole noch einmal die Bestimmung des „Zorns“ in der Rhetorik: ein mit Schmerz oder Unlustgefühlen verknüpftes Urteil (!), von jemanden ungerecht behandelt worden zu sein, dem dies nicht zustehe, in der Folge verbunden mit Rache-Phantasien oder -wünschen. Ganz anders akzentuiert Descartes. Er ordnet die Affekte innerhalb seiner dualistischen Ontologie vermittelnd ein: Sie sind introspektiv zugänglich, zugleich aber wesentlich physiologische Prozesse, vor allem unmittelbar gefühlte Veränderungen körperlicher Zustände, vorsprachlich zugänglich, non-kognitivistisch zu bestimmen. Dieser Strang wird dann später evolutionstheoretisch aufgegriffen von Darwin, Emotionen sind in Teilen phylogenetisch erworbene, ontogenetisch angeborene Reaktionen, mit Handlungsmustern verknüpft, reproduktiv sinnvoll.

➥ *Was heißt das alles? Worauf will ich mit diesen Skizzen hinaus?*

1. Das Verständnis von Emotionen ist in hohem Maße kontextabhängig: abhängig von umfassenden Theoriekonzepten, von spezifischen Fragestellungen und Perspektiven.

2. Dabei erweist sich, so scheint es, die Annahme, philosophiehistorisch handele es sich wesentlich um einen Kampf Vernunft versus Gefühl – ich formuliere vorsichtig, da ich nur auf die Resultate entsprechender Untersuchungen[30] verweisen kann – als falsch. „Die Oppositionen, welche die Debatte bestimmen, sind meist kleinteiliger und spielen sich sozusagen emotionsintern ab. Es ist nicht die Frage, ob Emotionen im Ganzen gut oder schlecht sind beziehungsweise ob man Gefühl oder Vernunft bevorzugen solle, [...] sondern meist geht es feinkörniger um Fragen des Maßes und der Angemessenheit, um erlaubte Intensitäten, [...] um Status und Wert einzelner Gefühle, um sensible Rationalitäten.“[31]

3. Dabei erweist sich ebenso, so scheint es, die Annahme, philosophiehistorisch gehe es um die Unterwerfung des Gefühls unter die Vernunft, philosophiehistorisch dominiere der Strang der Vernunftphilosophie, als falsch. Von Aristoteles über Descartes, Pascal und Spinoza, die englische Frühaufklärung mit Shaftesbury, Hutcheson, Hume und Adam Smith werden Gefühle als eigenständiger Phänomenbereich thematisiert, von hoher Relevanz für Moral und Ethik. Vor Kant haben wir mit Rousseau den Pionier „der großen europäischen Gefühlsrevolution“[32] in Blick auf zwei Bewegungen, einmal die Empfindsamkeit und später den Sturm

und Drang mit Herder als theoretischem Kopf; nach Kant erfährt das Gefühl wieder eine Aufwertung bei Friedrich Heinrich Jacobi, bei Fichte und dem jungen Hegel – und weiter: Schopenhauer, Nietzsche, William James, Max Scheler, Franz Brentano, die Phänomenologie mit ihren Auswirkungen in die zweite Hälfte des 20. Jahrhunderts hinein – das Themenfeld blieb bearbeitet.

Hilge Landweer und Catherine Newmark versuchen in einem Überblick über die Emotions-Debatten seit der Antike das rhetorische Moment dieser Diskurse herauszuarbeiten[33]; gemeint sind damit Figuren der Kontrastierung, Polarisierung, Vereinfachung, die jeweils die eigene Position klarer und originärer herausstellen sollen. Dazu gehöre im Diskurs der letzten 20 Jahre die Polarisierung von Vernunft und Gefühl und, häufiger noch vertreten, innerhalb der Emotionstheorien, die Entgegensetzung von „Feeling-Theorien" einerseits, die in der unterschiedlichen Qualität oder auch dem spezifischen „leiblichen Spüren" von Gefühlen das Differenzmerkmal zwischen ihnen sehen, und kognitivistischen Theorien andererseits, die bei allen internen Unterschieden

- erstens annehmen, „es bedürfe bestimmter Überzeugungen, Wünsche oder Werturteile über einzelne Sachverhalte oder Objekte in einer Situation, damit ein Gefühl entstehen kann"[34],

- und zweitens davon ausgehen, „dass es die mit Gefühlen verbundenen Urteile sind, die es erlauben, die verschiedenen Gefühle voneinander zu unterscheiden."[35]

Hilge Landweer und Catherine Newmark kommen in ihrem Überblick zu folgendem Ergebnis: „Alle uns bekannten philosophischen Emotionstheorien gestehen die wichtige Rolle kognitiver Anteile bei den Emotionen zu. [...] Neu ist heute die Konzentration auf die Arbeit an der Erkenntnisfunktion und möglichen Rationalität der Emotionen."[36] Die sachliche Richtigkeit dieses Ergebnisses einmal angenommen, stellen sich mir an dieser Stelle folgende kritische Fragen – eine merkwürdige Formulierung: Stellen sich die Fragen spontan, intuitiv, assoziativ, emotional fundiert? Oder sind sie das Resultat konzentrierter rationaler Prozesse? Es stellen sich mir folgende kritische Fragen:

- *Ist die Feeling-Komponente als intrinsische Qualität des Gefühls nicht ein zentraler Bestandteil, zur Unterscheidung von Gefühlen unverzichtbar, wird sie im kognitivistischen Ansatz nicht zu Unrecht intentional im Gegenstandsbezug und evaluativ im Urteil getilgt oder verschluckt?*

- *Greift der kognitivistische Ansatz nicht zu eng, wenn wir z. B. an die Erfahrung der Überwältigung von Affekten im Zorn, in der blindwütigen Aggression, in der Eifersucht denken?*

- *Und umgekehrt: Sind unsere rationalen Urteile immer auch emotional vermittelt? Ragt unsere Emotionalität immer hinein in unsere Rationalität?*

- *Kann man gar mit Ronald de Sousa von einer intrinsischen Rationalität des Gefühls sprechen? Was sind die Kriterien dafür, dass Emotionen situativ passen?*

Ich konzentriere mich auf die dritte Frage, grenze sie ein auf den Bereich der Moral und formuliere drei Thesen, die ich begründen will:

1. Das moralische Urteil ist möglich ohne emotionale Anteile.

2. Das moralische Handeln ist möglich ohne emotionale Anteile.

3. Die Begründung von Moral ist nur rational möglich.

Zu These 1: Das moralische Urteil ist möglich ohne emotionale Anteile.

Unstrittig erscheint mir: Ein moralisches Urteil ist ein rein rationales Urteil in der Analyse der Situation, der Überprüfung ihrer moralischen Relevanz, das meint der Frage, welche moralischen Grundsätze oder Wertannahmen tangiert sind, und der daraus resultierenden Reflexion, welche konkreten Handlungsalternativen situativ angemessen sind.

Ich gebe ein Beispiel: An einer S-Bahn-Haltestelle wird ein offensichtlich betrunkener und zudem verwahrlost aussehender Mann von einer Gruppe Jugendlicher angepöbelt und dann auch geschlagen.[37]

Klar ist erstens, dass dieses Handeln der Jugendlichen moralisch verwerflich ist, und zweitens, dass wir als Beobachter oder Zuschauer verpflichtet sind, in irgend einer Weise einzugreifen. Dieses moralische Urteil erscheint mir in der Sache eindeutig, es erfolgt, wenn ich Ihnen das Beispiel nenne, ohne emotionale Beteiligung; es ist ein Beispiel von vielen möglichen Beispielen.

In vielen Alltagssituationen, bei der Zeitungslektüre, in Gesprächen, wohl auch in Unterrichtsgesprächen registrieren wir moralisch relevante Situationen, beurteilen sie, fällen möglicherweise auch explizit moralische Urteile in distanziert rationaler Reflexion, nehmen problemlos den für das moralische Urteil vielfach geforderten „Blick von Nirgendwo" (Thomas Nagel) ein. Emotionale Anteile sind dabei nicht gegeben.

Die empirischen Belege, die im Zusammenhang von Lawrence Kohlbergs rationaler (!) Konzeption moralischen Handelns erstellt wurden, beziehen sich häufig auf derart vorgegebene oder fiktive Situationen, in denen ein moralisches Urteil zu fällen war, nicht aber eine die eigene Lebenspraxis betreffende Entscheidung.

Ist es qualitativ und zwingend anders, wenn wir eine moralische Entscheidung fällen, wenn wir selbst als Akteure oder Beteiligte in eine moralisch relevante Situation eingebunden sind, ist es anders, wenn wir moralisch handeln? Wenn ich auf mein Eingangsbeispiel zurückgreife, erscheint das eindeutig: Wenn wir selbst in dieser Situation an der S-Bahn-Haltestelle uns befänden, mit dem Verhalten der Jugendlichen konfrontiert wäre, ist es schwer vorstellbar, dass wir nicht emotional involviert wären. Ich komme damit zu These 2.

Zu These 2: Das moralische Handeln ist möglich ohne emotionale Anteile.

Ich gehe aus von alltäglichen Entscheidungen und greife dann zurück auf Kant in der Überzeugung, hier eine tragfähige Begründungsbasis meiner These zu finden. Ausgangspunkt sind vier Entscheidungen und Handlungen unterschiedlicher Art, die ich selbst getroffen habe und weiterhin treffe:

1. Ich kaufe regelmäßig die Zeitschrift „Trottwar", eine von den Stuttgarter Obdachlosen erstellte und auf der Straße vertriebene Monatszeitschrift; der Erlös und Mehrerlös – man zahlt in der Regel mehr, als die Zeitschrift kostet – kommt den Obdachlosen zugute. Ich mache das gern.

2. Vor inzwischen langen Jahren habe ich beschlossen, nicht mehr zu rauchen. Eine Entscheidung, der man moralische Relevanz unter der Voraussetzung der Verpflichtung zur Gesundheitsfürsorge zugestehen kann. Was waren die Motive? Sie waren nicht rational, die guten Gründe, dass es besser sei in der Verpflichtung mir selbst und meiner Familie gegenüber, dieses gesundheitsschädliche, unter Umständen zum Tod führende Verhalten zu beenden, haben mich damals nicht sonderlich beeindruckt, sie standen zwar im Hintergrund, waren aber letztlich nicht entscheidend. Das entscheidende Motiv war die Frustration, der Ärger darüber, dass ich es bei mehrfachen Anläufen nicht schaffte, mit dem Rauchen aufzuhören. Der Ärger über die eigene Willensschwäche, die meinem Selbstbild nicht entsprach, war das Motiv: höchst emotional besetzt.

3. Ich zahle, wie vermutlich Sie alle auch, jedes Jahr meine Steuern; es ist dies sicher ein moralisch relevanter Akt. Ich tue dies ohne Wenn und Aber, ohne Tricksereien, ohne den Versuch bei der Steuererklärung, alles Mögliche für mich an Einsparung herauszuholen. Ich zahle meine Steuern weder zähneknirschend oder in Furcht vor Strafe oder in Furcht vor der Ächtung durch Freunde und Mitmenschen noch euphorisch oder stolz in Erfüllung einer bürgerlichen Pflicht oder überhaupt verknüpft mit irgend einer Emotion, sondern einfach so, weil ich es für richtig halte, dies zu tun.[38]

4. Ich gehe in aller Regel regelmäßig joggen; es hat dies für mich eine moralische Relevanz, weil es moralisch in der Verpflichtung meiner Familie gegenüber, mich möglichst lange gesund zu erhalten, begründet liegt. Dies ist das Motiv und nicht etwa eine Freude in der Ausübung dieses Sports. Emotional sträubt sich häufig sogar alles in mir, ich habe häufig die größte Lust, nicht zu laufen, tausend andere Dinge fallen mir ein, die mich in dem Augenblick mehr interessieren, die ich lustvoll lieber tun würde, die vielleicht gar auch wirklich wichtiger sind. Ich jogge eher und sehr häufig mit Unlust. Und zugrunde liegt wohl auch nicht eine mir bis dato nicht bekannte masochistische Veranlagung.[39]

Vier Alltagsbeispiele, die sich in unterschiedlicher Weise auf die These beziehen:

- Das moralische Handeln ist rational begründet, aber zumindest auch begleitet, vielleicht motiviert durch positive Emotionen,

- es ist rational begründbar, es erfolgt aber aus emotionalen Motiven, es ist eindeutig emotional motiviert,

- es ist rational begründet und motiviert, es erfolgt emotionsfrei,

- es ist rational begründet und motiviert, es erfolgt gegen meine Emotionen, es ist emotional negativ besetzt.

Zur Begründung meiner These greife ich zurück auf den klassischen Vertreter einer rational konzipierten Moral, in diesem Punkt von Schiller bekanntermaßen attackiert:

> Gern dien ich den Freunden,
> doch tu ich es leider mit Neigung,
> und so wurmt es mich oft,
> dass ich nicht tugendhaft bin.

Ich greife zurück auf Kant in der Überzeugung, dass er Recht hat – gegen das Schillersche Missverständnis. In drei Schritten oder Annäherungsversuchen möchte ich dies darstellen:

Schritt eins:

> Einer, der durch eine Reihe von Übeln, die bis zur Hoffnungslosigkeit angewachsen ist, einen Überdruss am Leben empfindet, ist noch so weit im Besitz seiner Vernunft, dass er sich selber fragen kann, ob es auch nicht der Pflicht gegen sich selbst zuwider sei, sich das Leben zu nehmen. Nun versucht er, ob die Maxime seiner Handlung wohl ein allgemeines Naturgesetz werden könne. Seine Maxime aber ist: Ich mache es mir aus Selbstliebe zum Prinzip, wenn das Leben bei seiner längeren Frist mehr Übel droht, als es Annehmlichkeit verspricht, es mir abzukürzen. Es frägt sich nur noch, ob dieses Prinzip der Selbstliebe ein allgemeines Naturgesetz werden könne. Da sieht man aber bald, dass eine Natur, deren Gesetz es wäre, durch dieselbe Empfindung, deren Bestimmung es ist, zur Beförderung des Lebens anzutreiben, das Leben selbst zu zerstören, ihr selbst widersprechen und also nicht als Natur bestehen würde, mithin jene Maxime unmöglich als allgemeines Naturgesetz stattfinden könne und folglich dem obersten Prinzip aller Pflicht gänzlich widerstreite.[40]

Es geht Kant kontextual darum zu zeigen, wie der kategorische Imperativ als Instrument, moralische Urteile zu bilden, funktioniert. Inhaltlich geht es nicht eigentlich um das Problem des Selbstmordes, sondern um die Überprüfung der Maxime der Selbstliebe in unterschiedlichen Lebenssituationen. Bei ihrer Überprüfung geht es wiederum nicht darum, was die Folgen wären, wenn alle Menschen Selbstmord begingen, sondern darum, diese Maxime der Selbstliebe als Naturgesetz zu denken. Und in der Tat, ein Naturgesetz, dass den Erhalt und die Zerstörung des Lebens bewirkt, widerspricht sich selbst.

Strukturell identisch ist das zweite Beispiel, die Maxime lautet hier: „Wenn ich mich in Geldnot zu sein glaube, so will ich Geld borgen und versprechen, es zu bezahlen, ob ich gleich weiß, es werde niemals geschehen.“[41]

Auch hier geht es nicht um die Folgen von falschen Versprechungen mit Gesetzescharakter, also um die Verallgemeinerung der Handlungsfolgen, erfahrungsorientiert können wir uns das deutlich ausmalen, aber Erfahrungsurteile schließt Kant in der Konstruktion seiner Ethik ja gerade aus; es geht vielmehr um den Selbstwiderspruch eines Naturgesetzes, in diesem Fall des Naturgesetzes, „dass mit jeder Selbstverpflichtung keine Selbstverpflichtung verbunden sei.[42]

Was liegt vor in Kants Beispielen? Eine an einem bestimmten System von Pflichten – vollkommene und unvollkommene Pflichten, gegen sich und andere – exemplarisch dargestellte Klärung moralischer Urteile in Orientierung am kategorischen Imperativ, eine Klärung moralischer Urteile, rein rational und apriorisch durchgespielt – ein Beleg meiner ersten These und nicht mehr, vom moralischen Handeln ist hier nicht die Rede.[43]

Wir müssen also noch einmal neu ansetzen:

Schritt zwei:

Das moralische Handeln erfolgt nach Kant aus der rationalen Einsicht in die Richtigkeit des Sittengesetzes und seiner unbedingten Forderung, Kant nennt dies ein Handeln aus Pflicht. Das Kriterium moralischen Handelns ist nicht, dass jemand – „mit Neigung“, um Schiller zu zitieren – das tut, was richtig ist, sondern dass er die Forderung des kategorischen Imperativs erkennt. „Man handelt nicht aus Pflicht, wenn man richtig handelt, weil man das Richtige tun will, vielmehr tut man das Richtige, weil Richtigkeit eine Forderung stellt. Man erkennt, dass man soll.“[44]

Das schließt durchaus nicht aus Freude, Neigung: Schiller verwechselt Motiv mit Grund des moralischen Handelns. Gefordert ist das klare Bewusstsein der Verpflichtung, das zu tun, was die Moral verlangt, die Orientierung an der Pflicht. Emotionen und Wünsche mögen begleitend oder motivational auch zentral gegeben sein, es interessiert Kant unter der Perspektive der Moralität der Handlung nicht, der entscheidende Akzent liegt hier: im Bewusstsein der Pflicht, die fordert, dies oder jenes zu tun oder zu lassen. Jemand, der lediglich X tun möchte – sei es auf Grund seiner affektiv gegebenen Struktur, seiner Mitmenschlichkeit, sei es aus einem egoistischen Kalkül – und nicht erkennt, dass er X tun sollte, realisiert die moralische Bedeutung von X nicht, er realisiert nicht, dass X eine moralische Forderung an ihn stellt. Das ist für Kant der zentrale Punkt. Diese Forderung mag unseren spontanen Neigungen entsprechen, sie mag ihnen widersprechen, entscheidend ist: Sie gilt, bei Kant: Sie gilt kategorisch.

Das Vorliegen einer mutigen, einer warmherzigen, einer großzügigen Handlung stellt überdies auch nicht sicher, „dass diese auch richtig ist. Zusätzlich zu ihrem Mangel an der Verpflichtung, der Moral den Vorrang einzuräumen, ist" derjenige, der „zwar mit den richtigen Gefühlen, aber nicht aus Pflicht handelt, auch blind für die Möglichkeit, dass ein wohltätiger Akt unzulässig sein kann."[45] Tätiges Mitleid kann falsch sein, ein Problem jeder Entwicklungshilfe, insbesondere im Nahrungsmittelsektor: Getreidelieferungen können die einheimische Nahrungsproduktion zugrunde richten.

Schritt 3:

Warum Schritt 3? Eine allgemeine Antwort zunächst: Kant ist kein Internalist. Er hält, wie deutlich geworden ist, nichts von Gefühlen als Basis des moralischen Handelns; er hält mithin nichts von der einfachen Kausalkette, dass „menschliche Gefühle für X [...] zu der Überzeugung führen, dass X der Fall sein sollte" und dass „daraus wiederum das Gewolltsein von X" folge, was „wiederum zu der allgemeinen Überzeugungen" führe, „Dinge wie X" seien „gut bzw, begehrenswert."[46] In Kants Sicht ist die Ebene und der Anspruch Moralität auf diese Weise nicht erreicht, sondern verfehlt. Kant hält aber auch nichts von der umgekehrten, streng rationalen einfachen Kausalkette: Jemand kommt zu dem moralischen Urteil, dass es richtig ist, X zu tun, und damit sei er auch schon motiviert, X zu tun, und tue es. Kant ist kein Internalist.

Zwischen moralischem Urteil und der moralischen Handlung setzt Kant eine Kluft, eine Lücke, die Motivationslücke. Warum? Die Moralphilosophie gibt dem Menschen „als vernünftigem Wesen Gesetze a priori, die freilich noch durch Erfahrung geschärfte Urteilskraft erfordern, um teils zu unterscheiden, in welchen Fällen sie ihre Anwendung haben, teils ihren Eingang in den Willen des Menschen und Nachdruck zur Ausübung zu verschaffen, da dieser, als selbst mit so viel Neigung affiziert, der Idee einer reinen praktischen Vernunft zwar fähig, aber nicht so leicht vermögend ist, sie in seinem Lebenswandel in concreto wirksam zu machen."[47]

Ein vollkommen guter Willen, der „von selbst, nach seiner subjektiven Beschaffenheit, nur durch die Vorstellung des Guten bestimmt" wäre, bedarf keines Imperativs, keiner Nötigung durch das Sittengesetz, keines Sollens, „weil das Wollen schon von selbst mit dem Gesetz notwendig einstimmig" wäre; anders ist es beim Menschen, diesem zweifach georteten Wesen in seiner Doppelnatur zwischen Sinnlichkeit und Vernunft, Sinnlichkeit und Rationalität, diesem „mit Vernunftfähigkeit begabtem Tier (animal rationabile)", das „aus sich selbst ein vernünftiges Tier (animal rationale) machen kann."[48] Das moralische Gesetz tritt hier auf als Imperativ, der „das Verhältnis objektiver Gesetze des Wollens überhaupt zu der subjektiven Unvollkommenheit des [...] menschlichen Willens"[49] ausdrückt. Die Imperative „sagen, dass etwas zu tun oder zu lassen gut sein würde, allein sie sagen es einem Willen, der nicht immer darum etwas tut, weil ihm vorgestellt wird, dass es zu tun gut sei."[50]

Wie gelingt es uns denn, die Kluft zwischen Sollen und individuellem Wollen zu überbrücken? Ich mute Ihnen im folgenden ein Stück eng am Text erarbeiteter Kant-Exegese zu, weil ich überzeugt bin, es ist der Mühe wert. Kant bietet in der „Grundlegung zur Metaphysik der Sitten" zwei Begriffe an, die er in einen engen Bezug zueinander setzt:

- Es ist zunächst der Begriff des Interesses: In Analogie zur „Neigung", bestimmt als „Abhängigkeit des Begehrungsvermögens von Empfindungen", bestimmt Kant das „Interesse" als „Abhängigkeit eines zufällig bestimmbaren Willens [...] von Prinzipien der Vernunft." Bei einer moralischen Handlung sind wir ausschließlich interessiert „an der Handlung selbst und ihrem Prinzip in der Vernunft (dem Gesetz)."[51] An einer anderen Stelle bestimmt Kant „Interesse" als „das, wodurch Vernunft praktisch, d. i. eine den Willen bestimmende Ursache wird.

Daher sagt man nur von einem vernünftigen Wesen, dass es woran ein Interesse nehme, vernunftlose Geschöpfe fühlen nur sinnliche Antriebe." Und weiter heißt es in Unterscheidung moralischen Handelns von anderen Formen: „Ein unmittelbares Interesse nimmt die Vernunft nur alsdenn an der Handlung, wenn die Allgemeingültigkeit der Maxime derselben ein genugsamer Bestimmungsgrund des Willens ist. Ein solches Interesse ist allein rein. Wenn sie aber den Willen nur vermittelst eines anderen Objekts des Begehrens oder unter Voraussetzung eines besonderen Gefühls des Subjekts bestimmen kann, so nimmt die Vernunft nur ein mittelbares Interesse an der Handlung, und, da Vernunft für sich allein weder Objekte des Willens noch ein besonderes ihm zugrunde liegendes Gefühl ohne Erfahrung ausfindig machen kann, so würde das letztere Interesse nur empirisch und kein reines Vernunftinteresse sein."[52]

- Das Interesse ist belegt in dem „moralischen Gefühl in uns", „welches fälschlich für das Richtmaß unserer sittlichen Beurteilung von einigen ausgegeben worden, da es vielmehr [als] die subjektive Wirkung, die das Gesetz auf den Willen ausübt angesehen werden muss."[53] Das moralische Interesse ist belegt im moralischen Gefühl, warum ein Gefühl? „Um das zu wollen, wozu die Vernunft [...] dem sinnlich-affizierten vernünftigen Wesen" – der menschliche Doppelnatur – das Sollen vorschreibt," ist Voraussetzung die Fähigkeit „der Vernunft, ein Gefühl der Lust oder des Wohlgefallens an der Erfüllung der Pflicht einzuflößen." Warum? Es geht um „Kausalität", wie Kant sagt, um die Wirkungsmacht der Vernunft, „die Sinnlichkeit ihren Prinzipien gemäß zu bestimmen."[54] Der zunächst gewählte Begriff des Interesses, sehr eng oder vernunftorientiert definiert, kann die Vermittlung noch nicht leisten, Kant muss begrifflich eindeutiger noch in den Bereich der Sinnlichkeit eintauchen: Gefühl, Lust, Wohlgefallen.

Hier gerät Kant in eine Aporie: Es sei unmöglich einzusehen, „wie ein bloßer Gedanke" – das Sittengesetz, der kategorische Imperativ –, „der selbst nichts Sinnliches in sich enthält, eine Empfindung der Lust oder Unlust hervorbringe", wie „reine Vernunft durch bloße Ideen (die gar keinen Gegenstand für Erfahrung abgeben) die Ursache von einer Wirkung, die freilich in der

Erfahrung liegt, sein soll." Daher „ist die Erklärung, wie und warum uns die Allgemeinheit der Maxime als Gesetzes, mithin die Sittlichkeit, interessiere, uns Menschen gänzlich unmöglich." Sicher sei nur, dass das Sittengesetz für uns nicht etwa „Gültigkeit hat, weil es interessiert (denn das ist Heteronomie und Abhängigkeit der praktischen Vernunft von Sinnlichkeit, nämlich einem zum Grunde liegenden Gefühl, wobei sie niemals sittlich gesetzgebend sein könnte), sondern dass es uns interessiert, weil es für uns Menschen gilt, da es aus unserem Willen als Intelligenz, mithin aus unserem eigentlichen Selbst, entsprungen ist."[55] Die Kluft zwischen moralischem Urteil und moralischem Handeln gewinnt derart an Schärfe, es ist nicht etwa nur ein Motivationsproblem zu lösen, es geht um die Vermittlung kategorialer Differenzen, der beiden kategorial verschiedenen Seiten menschlicher Existenz, Vernunft und Sinnlichkeit.

Die Aporie bleibt theoretisch zunächst ungelöst, gelöst wird sie gleichsam praktisch: Das moralische Gefühl ist Fakt. In der vermutlich zwischen 1775 und 1785, dem Jahr der „Grundlegung", mehrfach gehaltenen und aus studentischen Mitschriften rekonstruierten „Vorlesung über Ethik" schien das Problem noch nicht so scharf erkannt, konstatiert wird zunächst: „Das oberste Principium aller moralischen Beurteilung liegt im Verstande, und das oberste Principium des moralischen Antriebes, diese Handlung zu tun, liegt im Herzen; diese Triebfeder ist das moralische Gefühl. Dieses Principium der Triebfeder kann nicht mit dem Principio der Beurteilung verwechselt werden. Das Principium der Beurteilung ist die Norm, und das Principium des Antriebes ist die Triebfeder. Die Triebfeder vertritt nicht die Stelle der Norm. Das hat einen praktischen Fehler, wo die Triebfeder wegfällt, und das hat einen theoretischen Fehler, wo die Beurteilung wegfällt."[56]

Weiter heißt es über das moralische Gefühl: Es „ist eine Fähigkeit, durch ein moralisches Urteil affiziert zu werden. Wenn ich durch den Verstand urteile, dass die Handlung sittlich gut ist, so fehlt noch sehr viel, dass ich diese Handlung tue, von der ich so geurteilt habe. Bewegt mich aber dieses Urteil, die Handlung zu tun, so ist das das moralische Gefühl; das kann und wird auch keiner einsehen, dass der Verstand sollte eine bewegende Kraft zu urteilen haben. Urteilen kann der Verstand freilich, aber diesem Verstandesurteil eine Kraft zu geben, und dass es eine Triebfeder werde, den Willen zu bewegen, die Handlung auszuüben, das ist der Stein der Weisen."[57]

Der Stein der Weisen! Und weiter, etwas vorsichtiger jetzt, konjunktivisch: „Diejenige Sinnlichkeit, die mit der bewegenden Kraft des Verstandes übereinstimmt, wäre das moralische Gefühl; wir können freilich die Bonität der Handlung nicht fühlen, der Verstand widersetzt sich aber einer übeln Handlung, weil sie wider die Regel läuft. Dieser Widerstand des Verstandes ist der Bewegungsgrund. Könnte dieser Bewegungsgrund des Verstandes die Sinnlichkeit zur Übereinstimmung und Triebfeder bewegen, so wäre das das moralische Gefühl."[58]

In der „Kritik der praktischen Vernunft", 1788, findet sich ein leicht modifizierter Ansatz: Das moralische Gefühl wird a priori abgeleitet und näher bestimmt. Ausgangspunkt bleibt die Aporie der „Grundlegung": „Wie ein Gesetz für sich und unmittelbar Bestimmungsgrund des Willens sein könne [...], das ist ein für die menschliche Vernunft unauflösliches Problem [...]. Also werden wir nicht den Grund, woher das moralische Gesetz in sich eine Triebfeder abgebe, sondern was [...] sie im Gemüte wirkt [...] a priori anzuzeigen haben."[59] Dann erfolgt die argumentative Konstruktion, ich strukturiere in vier Schritte:

1. „Die Bestimmung des Willens" durch den kategorischen Imperativ ist als Ausdruck der Autonomie, der Selbstgesetzgebung der praktischen Vernunft, zugleich ein Akt der Freiheit, der Freiheit von allen sinnlichen Determinanten, Kant sagt „nicht bloß ohne Mitwirkung sinnlicher Antriebe, sondern selbst mit Abweisung aller derselben und mit Abbruch aller Neigungen, sofern sie jenem Gesetz zuwider sein könnten."

2. Daher, und a priori zu erkennen, ist „die Wirkung des moralischen Gesetzes als Triebfeder nur negativ", und da „alle Neigung und jeder sinnliche Antrieb" auf Gefühl gründen, bewirkt „das moralische Gesetz [...] ein Gefühl [...], welches Schmerz genannt werden kann."[60] Es schwächt unsere Neigungen, es schließt „den Einfluss der Selbstliebe [...] gänzlich aus und tut dem Eigendünkel [...] unendlichen Abbruch." Das aber heißt: Es „demütigt", „das moralische Gesetz [demütigt] unvermeidlich jeden Menschen" in Blick auf „den sinnlichen Hang seiner Natur."[61]

3. „Da dieses Gesetz aber doch etwas an sich Positives ist, nämlich die Form einer intellektuellen Kausalität, d. i. der Freiheit, so ist es [...] zugleich [...] ein Gegenstand der größten Achtung, mithin auch der Grund eines positiven Gefühls, das nicht empirischen Ursprungs ist und a priori erkannt wird. Also ist Achtung fürs moralische Gesetz ein Gefühl, welches durch einen intellektuellen Grund gewirkt wird, und dieses Gefühl ist das einzige, welches wir völlig a

priori erkennen und dessen Notwendigkeit wir einsehen können."[62] Es „ist das sinnliche Gefühl, was allen unseren Neigungen zum Grunde liegt, zwar die Bedingung derjenigen Empfindung, die wir Achtung nennen, aber die Ursache der Bestimmung desselben liegt in der reinen praktischen Vernunft."[63] Man könnte hier von dem Versuch einer Vermittlung von Rationalismus und Empirismus sprechen, „Achtung" als ein gemeinsames Produkt von Vernunft und Sinnlichkeit verstehen. Mir erscheint allerdings der rationale Anteil stärker akzentuiert: In der deutlich späteren Schrift „Über den Gemeinspruch: Das mag in der Theorie richtig sein, taugt aber nicht für die Praxis", erschienen 1793, beschreibt Kant den Sachverhalt wie folgt: „Allerdings muss der Wille Motive haben; aber diese sind [...] nichts anderes als das unbedingte Gesetz selbst: für welches die Empfänglichkeit des Willens, sich unter ihm als unbedingter Nötigung zu befinden, das moralische Gefühl heißt, welches also nicht Ursache, sondern die Wirkung der Willensbestimmung ist, von welchem wir nicht die mindeste Wahrnehmung in uns haben würden, wenn jene Nötigung in uns nicht vorherginge."[64]

4. Noch einmal zusammenfassend: „Das Bewusstsein einer freien Unterwerfung des Willens unter das Gesetz, doch als mit einem unvermeidlichen Zwange, der allen Neigungen, aber nur durch eigene Vernunft angetan wird, verbunden, ist nun die Achtung fürs Gesetz." Und argumentativ abschließend: „Die Handlung, die nach diesem Gesetze [...] objektiv praktisch ist, heißt Pflicht."[65]

Kants weitere Aussagen über die Achtung zeigen, meine ich, einen eigentümlichen Doppelcharakter:

- Zum Einen ist dieses Gefühl sehr rational durchwirkt oder verstanden, ich zitiere: „Und so ist die Achtung fürs Gesetz nicht Triebfeder zur Sittlichkeit, sondern sie ist die Sittlichkeit selbst, subjektiv als Triebfeder betrachtet, indem die reine praktische Vernunft [...] dem Gesetze [...] Ansehen verschafft."[66] Und wenig später: „Die Anerkennung des moralischen Gesetzes [...] ist das Bewusstsein einer Tätigkeit der praktischen Vernunft aus objektiven Gründen [...]. Also muss die Achtung fürs moralische Gesetz [...] als Wirkung desselben aufs Gefühl [...], mithin als subjektiver Grund der Tätigkeit, d. i. als Triebfeder zur Befolgung desselben und als Grund zu Maximen eines ihm gemäßen Lebenswandels angesehen werden."[67]

- Zum Anderen formuliert Kant mit einer auffallenden Emphase, ich zitiere:

  „Es liegt so etwas Besonderes in der grenzenlosen Hochachtung des reinen, von allem Vorteil entblößten moralischen Gesetzes, so wie es die praktische Vernunft uns zur Befolgung vorstellt, deren Stimme auch den kühnsten Frevler zittern macht und ihn nötigt, sich vor seinem Anblicke zu verbergen: dass man sich nicht wundern darf, diesen Einfluss einer bloß intellektuellen Idee aufs Gefühl für spekulative Vernunft unergründlich zu finden und sich damit begnügen zu müssen, dass man a priori doch noch so viel einsehen kann: Ein solches Gefühl sei unzertrennlich mit der Vorstellung des moralischen Gesetzes in jedem endlichen vernünftigen Wesen verbunden."[68]

  Wenig später folgt die berühmte emphatische Passage, das hohe Lied auf die Pflicht – ich zitiere nur den Beginn: „Pflicht! Du erhabener großer Name, der du nichts Beliebtes, was Einschmeichelung bei sich führt, in dir fassest, sondern Unterwerfung verlangst, doch auch nichts drohest [...]."[69]

  Auffallend das rationale Moment und die Emphase – ich komme darauf zurück.

Die Motivationslücke zwischen Vernunfturteil und moralischer Handlung schließt Kant also mit dem Gefühl der Achtung.

➥ *Wie können wir dieses Konzept heute verstehen?*

➥ *Welche problematischen Prämissen sind mit ihm verknüpft?*

Die Prämissen sind:

1. der scharf gesetzte anthropologische Dualismus zwischen Sinnlichkeit und Vernunft mit der Konsequenz, dass für die moralische Handlung eine Verankerung im sinnlichen Bereich gefunden werden muss, und

2. die Apriorität des moralischen Gefühls der Achtung wie des Sittengesetzes selbst.

Der Dualismus ist heute zumindest strittig, wir präferieren eine ganzheitlich integrierende Sicht. Die Apriorität ist einerseits eine zentrale Säule einer universal gültigen Moralkonzeption: Kant hat gewiss Recht, wenn er ein empirisch gegebenes Gefühl für eine zu schwache Basis moralischen Handelns erklärt. Andererseits wird Apriorität heute kaum noch ernsthaft vertreten, sie scheint mit dem Letztbegründungsdiskurs in der Nachfolge von Jürgen Habermas und Karl-Otto Apel aus der aktuellen Diskussion verschwunden; Kant wie Apel wurde der Vorwurf einer zirkulären Begründung gemacht: Das kantische wie das diskursethische Moralkonzept setze die Bereitschaft, sich auf die Forderung der praktischen oder diskursiven Vernunft überhaupt einzulassen, immer schon voraus.

➥ *Wie lässt sich Kants Konzept heute verstehen, was kann es uns tragfähig noch sagen?*

- Die Emphase scheint mir dem aufklärenden Bewusstsein der Zeit geschuldet: hohe Emotionalität in der Entdeckung einer säkularen Moral, der Emanzipation der Vernunft in den drei Kritiken Kants, der Autonomie der Vernunft, eines Konzepts unbedingter Freiheit und unbedingt gültiger moralischer Forderung gleichermaßen. Der Abschluss der „Kritik der praktischen Vernunft“ zeigt noch einmal deutlich diese Emphase, eine berühmte Stelle, die Sie alle kennen, ich zitiere in Auszügen:

  > Zwei Dinge erfüllen das Gemüt mit immer neuer und zunehmender Bewunderung und Ehrfurcht, je öfter und anhaltender sich das Nachdenken damit beschäftigt: der bestirnte Himmel über mir und das moralische Gesetz in mir. [...] Der erstere Anblick einer zahllosen Weltenmenge vernichtet gleichsam meine Wichtigkeit, als eines tierischen Geschöpfs, das die Materie, daraus es ward, dem Planeten (einem bloßen Punkt im Weltall) wieder zurückgeben muss [...]. Der zweite erhebt dagegen meinen Wert, als einer Intelligenz, unendlich durch meine Persönlichkeit, in welcher das moralische Gesetz mir ein von der Tierheit und selbst von der ganzen Sinnenwelt unabhängiges Leben offenbart.[70]

- Wenn wir die Emphase des großen Aufklärers herausnehmen, bleibt der rationale Kern der Achtung vor dem Gesetz übrig: Es ist dies die

Selbstverpflichtung oder – noch einfacher – der Akt der Anerkennung. Ich zitiere noch einmal zwei Aussagen Kants: „Und so ist die Achtung fürs Gesetz nicht Triebfeder zur Sittlichkeit, sondern sie ist die Sittlichkeit selbst, subjektiv als Triebfeder betrachtet“[71] und übersetze: Es ist dies die Ich-Aussage des einzelnen Individuums, die Aussage der ausdrücklichen Selbstverpflichtung, der Anerkennung des Sittengesetzes. Noch einmal Kant: „Die Anerkennung des moralischen Gesetzes aber ist das Bewusstsein einer Tätigkeit der praktischen Vernunft aus objektiven Gründen.“[72] Und: „Was ich unmittelbar als Gesetz für mich erkenne, erkenne ich mit Achtung, welche bloß das Bewusstsein der Unterordnung meines Willens unter einem Gesetze, [...] bedeutet. [...] Der Gegenstand der Achtung ist also lediglich das Gesetz, und zwar dasjenige, das wir uns selbst und doch als an sich notwendig auferlegen.“[73] Ein weiteres Indiz für die vernunftorientierte Interpretation der Achtung: Die Achtung gilt – ganz und gar unpersönlich – dem Gesetz, für unser gegenwärtiges Verständnis und den Gebrauch dieses Begriffs ganz ungewöhnlich: Wir achten Menschen oder eine bestimmte menschliche Haltung oder eine Tat; wenn wir sagen, ich achte das Gesetz, so heißt das nicht mehr als, ich anerkenne es. Bei Kant gebührt Menschen Achtung erst abgeleitet aus der Achtung vor dem Gesetz: Achtung gebührt allen Menschen als Wesen, die der Moral in Anerkennung des Sittengesetzes fähig sind, als Personen.[74] Das Resultat: Die rationale Konstruktion und Begründung der Moral, bei Kant gefasst als apriorische Idee der unbedingten Freiheit des Willens in der Autonomie, der Sich-Selbst-Gesetzgebung der praktischen Vernunft durch das Sittengesetz, bedarf in der Tat – aber auch nur als eines subjektiven, individuellen Bekenntnisses – eines die moralische Identität ausdrücklich konstituierenden und kontinuierlich als Haltung sichernden Aktes der Anerkennung als Selbstverpflichtung. Damit ist die Kluft zwischen Theorie und Praxis, zwischen Urteil und Handlung geschlossen. Kant nennt dies emphatisch „Achtung fürs Gesetz.“[75]

Mit dieser Deutung knüpfe ich einerseits an an die Tradition rationaler europäischer Philosophie, z. B. an den Begriff des Wissens bei Sokrates: Das philosophische Wissen des Sokrates ist nicht nur durch einen intentionalen, den Gegenstandsbezug gekennzeichnet, es bezieht sich zugleich auf den Wissenden selbst: Das, was ich wirklich weiß, bleibt mir nicht äußerlich und fremd, es betrifft und bestimmt mich in meiner Identität, in meinem Ich-Sein; wahres Wissen ist daher immer auch Selbsterkenntnis. Der wahrhaft Wissende kann das Schlechte, Falsche, Böse nicht tun, wie Platon im „Protagoras" verdeutlicht; wenn er das Falsche tut oder das Böse wählt, dann hat er noch nicht wirklich verstanden, worum es geht. Und dies ist so, weil der Mensch ein Lebewesen ist, das am Logos orientiert, vom Logos bestimmt wird; das unterscheidet ihn vom Tier. Das ist die Auffassung der griechischen Aufklärung – und das ist in meiner Sicht die Voraussetzung des Unterrichtsfachs Ethik und aller unterrichtlichen Tätigkeit und Anstrengung.

Mit der vorgestellten Deutung Kants knüpfe ich andererseits an oder vermittle hin zu Kant-kritischen Positionen:

- Harry Frankfurt hat ein Konzept vorgestellt, nach dem personale Identität die Setzung von Idealen voraussetzt; in willentlicher Selbstbindung erfolgt Verpflichtung. Im Fall des moralischen Sollens resultiert das Verpflichtungsgefühl aus der Selbstbindung an moralische Werte.[76] Empirisch ist dabei nicht uninteressant, dass bei „Personen, die unter hohen persönlichen Risiken und Kosten ihr Leben in Einklang mit ihren moralischen Überzeugungen führten", in der Beschreibung ihrer Verpflichtung „von Emotionen nicht die Rede" war. Eine Befragte „erläuterte ihren Einsatz im Kampf um die Gleichberechtigung für Schwarze wie folgt: „Rassentrennung war falsch, daran hatte ich nie einen Zweifel. Ich wusste, dass ich Recht hatte, da war ich mir ganz sicher [...] Ich tat, was ich tun musste, aber ich hatte nie das Gefühl, dass das Mut verlangte oder ich besonders tapfer war. Es war einfach etwas, was ich tun musste. Das war auch kein besonderes Gefühl von Erhebung oder Ekstase."[77]

- Die moralische Identität als Selbstverpflichtung begegnet uns seit Sokrates vielfältig auch in berühmt gewordenen Aussprüchen, in prägnanten literarischen Zitaten oder auch in Redewendungen: Luthers „Hier stehe ich, ich kann nicht anders" markiert die Willensunfähigkeit, gegen die eigene Überzeugung zu handeln. In Astrid Lindgrens Kinderroman „Die Brüder Löwenherz" sagt ein Junge, Jonathan: „Es gibt Dinge, die man tun muss, sonst ist man kein Mensch, sondern nur ein Häufchen Dreck."[78] Selbstverständlich kann sie sich – Resultat dessen, was Aristoteles wie Kant Habitualisierung nennen – auch mit Emotionen verbinden; die Redewendung „Ich möchte mir am nächsten Tag vor dem Spiegel noch ins Gesicht schauen können, ohne rot zu werden" belegt dies deutlich.

- Ernst Tugendhat formuliert in einem Aufsatz über „die Rolle der Identität in der Konstitution der Moral" einerseits, und er geht aus von den moralischen Gefühlen Scham und Empörung, dass moralische Beurteilungen von Personen – kennzeichnend im Fall des Verstoßes gegen das moralische Sollen – eben „nur durch Bezugnahme auf Scham und Empörung erklärt werden" können.[79] Was den Prozess einer gelungenen moralischen Sozialisation als empirischen Prozess angeht, möchte ich dieser Verbindung von Urteil und Emotion nicht widersprechen. Ich widerspreche dem formulierten Anspruch einer conditio qua non, dem Ausschließlichkeitsanspruch. Auf der anderen Seite nämlich setzt Tugendhat sehr rational voraus, dass sich jeder auf zwei Fragen einlassen müsse: Will ich moralisch sein? Und will ich Mitglied der moralischen Gemeinschaft sein? Die erste Frage ließe sich möglicherweise noch individualistisch oder relativistisch verstehen; die zweite Frage eröffnet den Horizont einer universalen Intersubjektivität und Reziprozität, den Horizont von Begründungs- und Rechtfertigungsverpflichtung. Beide Fragen sind in Kants Konzept der Anerkennung des Sittengesetzes noch nicht geschieden.

- Kant wie Frankfurt wie Tugendhat setzen die Kohärenz personaler Identität voraus, ihre Minimalvoraussetzung ist in der Formulierung von Kant die Annahme von Maximen. Die Konsequenz ist ein Handeln aus Überzeugung. Emotionale Anteile müssen dabei nicht vorausgesetzt werden.[80] Generell formuliert und begründet dies Julian Nida-Rümelin: „Handlungen" sind „Ausdruck einer Stellungnahme der Person [...], die ihrerseits auf Gründen beruht. [...] Es gibt keine Handlung ohne leitenden Grund. Auch eigene Neigungen können Handlungen können Handlungen nur insoweit bestimmen, als sie von der Person als guter Handlungsgrund akzeptiert werden. Neigungen bestimmen Handlungen nicht unmittelbar, sondern nur vermittels einer Stellungnahme der handelnden Person."[81]

- Selbstverständlich gibt es auch Situationen, in denen wir gegen unsere Überzeugung handeln. Es lässt sich darüber hinaus zumindest kritisch diskutieren, ob das Konzept personaler Identität überhaupt in sich widerspruchsfrei sich darstellt, ob unsere moralischen Intuitionen und Grundsätze homogen sein müssen, ob unsere Entscheidungen nicht situativ wechseln können. Das alles ist nicht der Punkt.

Zu These 3:

Die Begründung von Moral ist nur rational möglich. Ich möchte mich kurz halten, aus zeitökonomischen wie sachlichen Gründen. Ich greife zurück und unterstelle damit eine deutliche, eine strikte Trennung in der Unterscheidung von empirischer Deskription und philosophischer Normbegründung, von humanwissenschaftlicher Erklärung von der Evolutionstheorie über unterschiedliche Konzepte moralischer Sozialisation und Ansätze der Moralpsychologie bis hin zur Hirnforschung einerseits und der philosophischen Begründung von Moral andererseits.

Die Ebene der philosophischen Reflexion zur Begründung von Moral kann nur rational sein: Die Ebene der normativen, der Soll-Aussage ist der rationalen Begründung verpflichtet – unabhängig davon, ob eine grundsätzliche, die Begründung von Moral oder auch den Sinn von Moral leugnende Moralkritik, eine skeptische Position oder eine positive Moralkonzeption begründet wird: Wir können nicht hinter den rationalen Diskurs zurück, was immer wir begründen wollen. Auch eine emotivistische, eine sensualistische, eine emotional kognitivistische Moralkonzeption kann nur rational begründet werden.

Schopenhauer etwa geht aus vom Faktum des Mitleids, zunächst zwar nennt er es ein unerklärliches Mysterium, leitet – ein wenig unvermittelt – daraus einen Doppelimperativ ab – „neminem laede; imo omnes, quantum potes, iuva“: verletze niemanden; vielmehr hilf allen, soweit du kannst – um dann eine gewaltige vernunftkritische Willensmetaphysik zu entwickeln, die das Konzept rational begründend absichern soll. Der entscheidende Punkt: Das Faktum moralischer Emotionen ist das Eine, die Begründung, dass diese Emotionen und ein mit ihnen verbundener normativer Horizont moralischer Forderung auch als sinnvoll oder gar als zwingend ausgewiesen werden können, ist ein Anderes.[82]

Literatur

Ameriks, Karl/Sturma, Dieter (Hrsg): Kants Ethik. Paderborn 2004

Appiah, Kwame Anthony: Ethische Experimente. Übungen zum guten Leben. München 2009

Ciompi, Luc: Die emotionalen Grundlagen des Denkens. Entwurf einer fraktalen Affektlogik. Göttingen 1999

Damasio, Antonio R.: Descartes' Irrtum. Fühlen, Denken und das menschliche Gehirn. München 1997

Damasio, Antonio R.: Ich fühle, also bin ich. Die Entschlüsselung des Bewusstseins. Berlin 2000

Damasio, Antonio R.: Der Spinoza-Effekt. Wie Gefühle unser Leben bestimmen. Berlin 2005

Demmerling, Christoph/Landweer, Hilge: Philosophie der Gefühle. Von Achtung bis Zorn. Stuttgart 2007

De Sousa, Ronald: Die Rationalität des Gefühls. Frankfurt/M 2009

Döring, Sabine A. /Mayer, Verena (Hrsg): Die Moralität der Gefühle. Berlin 2002

Döring, Sabine A. (Hrsg): Philosophie der Gefühle. Frankfurt/M 2009

Edelstein, Wolfgang/Nunner-Winkler, Gertrud/Noam, Gil (Hrsg): Moral und Person. Frankfurt/M 1993

Edelstein, Wolfgang/Nunner-Winkler, Gertrud (Hrsg): Moral im sozialen Kontext. Frankfurt/M 2000

Engelen, Eva-Maria: Gefühle. Stuttgart 2007

Garz, Detlef/Oser, Fritz/Althof, Wolfgang: Moralisches Urteil und Handeln. Frankfurt/M 1999

Goergen, Klaus: Das moralische Urteil – ein egalitäres Modell. In: ZDPE 3/2009. S. 170-181

Hastedt, Heiner: Gefühle. Philosophische Bemerkungen. Stuttgart 2005

Harbsmeier, Martin/Möckel, Sebastian (Hrsg): Pathos, Affekt, Emotion. Transformationen der Antike. Frankfurt/M 2009

Koch, Lutz: Kants didaktische Ethik. Würzburg 2003

Landweer, Hilge (Hrsg): Gefühle – Struktur und Funktion. Berlin 2007

Nida-Rümelin, Julian: Strukturelle Rationalität. Ein philosophischer Essay über praktische Vernunft. Stuttgart 2001

Meier-Seethaler, Carola: Gefühl und Urteilskraft. Ein Plädoyer für die emotionale Vernunft. München 2001

Sommerfeld-Lethen, Caroline: Wie moralisch werden? Kants moralistische Kritik. Freiburg 2005

Anmerkungen

1. Alberto Moravia: Römische Erzählungen. München 2010. S. 18.
2. Moravia. S. 20.
3. Moravia. S. 20f.
4. Moravia. S. 22f.
5. In: Der blaue Reiter 20, S. 4.
6. Heiner Hastedt, 2005, S. 12.
7. Hastedt, 2005, S. 13-17.
8. Hastedt, 2005, S. 19.
9. Hastedt, 2005, S. 21.
10. Hastedt, 2005, S. 19.
11. Heller, 1981, S. 159.
12. Pöppel, 2004, S. 71.
13. Pöppel, 2004, S. 71.
14. Ciompi, 1999, S. 121.
15. Hastedt, 2005, S. 22.
16. Döring, 2009, S. 15. – Es besteht in dieser elementaren Frage der Gefühlsmerkmale noch kein Konsen; so werden gelegentlich folgende Aspekte genannt: Intentionalität, Handlungstendenzen (wohl z. B. bei Schuld, aber auch bei Freude?), ferner der jeweilige Gefühlsausdruck und die spezifische Erlebnisqualität. „In philosophischer Perspektive liegt das Problem genau darin, welche dieser Aspekte notwendige Bedingungen dafür sind, von einem Gefühl sprechen zu können, und welche nicht. [...] Die eigentlich interessante Frage ist die nach dem Zusammenwirken oder der Zusammengehörigkeit der einzelnen Aspekte, ob sie kausal oder auf andere Weise verknüpft sind“ (Hilge Landweer: Struktur und Funktion der Gefühle. In: Landweer, 2007, S. 8 f.).
17. Gelegentlich wurde kognitivistisch der Aspekt des Urteilens derart stark betont, dass die Gefahr der rationalen Verengung sich massiv stellt: „Wenn Gefühle Urteile sein sollen bzw. weitgehend in Urteilen aufgehen, dann gerät die spezifische Differenz zwischen einem Gefühl und einem ‚normalen‘ emotionsfreien Urteil aus dem Blick.“ (Christoph Demmerling: Brauchen Gefühle eine Sprache? In: Landweer, 2007, S. 21) Neuere Ansätze bemühen sich allerdings um ein komplexeres, weniger einseitiges Bild von Emotionen. Auf der anderen Seite gibt es zweifellos auch Emotionen, denen ein intentionaler Bezug und u.U. auch das Moment der Bewertung einer Situation fehlt: Ein Musikstück kann in uns Emotionen wie Traurigkeit oder Freude auslösen, ein Objektgehalt ist nicht gegeben.
18. Goergen, 2009, S. 172.

19. Goergen, 2009, S. 174.
20. Döring, 2009, S. 59.
21. de Sousa, S. 2009.
22. Meier-Seethaler, S. 2001.
23. Die „Süddeutsche Zeitung" berichtet in der Serie „Gemischte Gefühle" über aktuelle Forschungsprojekte. „Zahlreiche Fragen werden zu klären sein [...]: Laufen Emotionen als weitgehend automatische Affektprogramme ab oder starten sie erst nach einer gedanklichen Abwägung? Angst vor dem Examen hat nur, wer das Konzept Prüfung kennt, aber muss man das Konzept Kampfhund erlernen, um sich vor einem zähnefletschenden Pitbull zu fürchten? Soll man seine Gefühle nehmen, wie sie kommen, oder ist es angebracht, sie zu regulieren – sei es mit Medikamenten oder Meditation?" (Christian Weber: Die Triebkräfte des Lebens. In: SZ, 26.06.2010)
24. Ich zitiere weiter aus der SZ zu den Forschungsprojekten: „Welche Rolle spielt die Biologie, welche die Kultur? [...] War die Vaterliebe im 19. Jahrhundert etwas anderes als heute? Haben sich nur die Anlässe für bestimmte Gefühle geändert oder betrifft das auch ihr subjektives Erleben? Hat sich die Liebe im Mittelalter anders angefühlt als heute? Und überhaupt: Finden Gefühle nur im Kopf des Einzelnen statt oder gibt es so etwas wie kollektive oder nationale Gefühle"? (SZ, 26.06.2010) Historisch ist in diesem Feld schon mit und seit Helmut Plessners Studie über „Lachen und Weinen" und Norbert Elias' „Prozess der Zivilisation" einiges in Gang gesetzt.
25. Harbsmeier/Möckel, 2009, S. 11.
26. Ebd. 14.
27. Ebd. S. 18.
28. Harbsmeier/Möckel, S. 15.
29. Fredric Jameson, 1988, S. 55.
30. Hilge Landweer/Ursula Renz, 2008; Hilge Landweer/Catherine Newmark. In: Harbsmeier/ Möckel, S. 79-106.
31. Landweer/Newmark, S. 82.
32. Uwe C. Steiner: „Gefühl ist alles!" Die Revolution der Gefühle im 18. Jahrhundert. In: der blaue reiter 20: Gefühle, S. 81.
33. Landweer/Newmark, S. 79-106.
34. Ebd. S. 96.
35. Ebd. S. 96. In seiner wissenschaftsgeschichtlich orientierten Darstellung „Geschichte und Gefühl. Grundlagen der Emotionsgeschichte" (München 2012) geht Jan Plamper grundsätzlicher noch aus von zwei konträren Polen im Verständnis von Emotionen und den entsprechenden Forschungskonzepten: Universalismus versus Sozialkonstruktivismus.

Emotionen sind „hart, unveränderlich, kulturuniversell, speziesübergreifend, überzeitlich, biologisch, physiologisch, essentiell, basal, verdrahtet, hard-wired“ (S. 13) gegeben in der Sicht der Universalisten. Dieser Position steht gegenüber der „zweite Pol aller Forschung über Gefühle (...): der weiche, antiessentialistische, antideterministische, sozialkonstruktivistische, kulturrelativistische, kulturspezifische, kulturkontingente.“ (S. 15) Diese wissenschaftskonzeptionelle Antithetik „entspringt einer anderen dichotomischen Denkfigur: Natur versus Kultur“, als Gegensatz im frühen 18. Jahrhundert allererst und wissenschaftstheoretisch oder -konzeptionell folgenreich bis heute entstanden (S. 16f.). Das Ergebnis der Sichtung der Emotionsforschung insgesamt ist die kritisch skeptische Frage: „Besteht genügend Einheit im Bedeutungsgehalt, der es uns erlaubt, diese sehr unterschiedlichen Bezeichnungen aus verschiedenen Feldern, Zeiten und Kulturen unter dem Begriff ‚Emotion‘ zu verhandeln?“ (S. 21) In seinem Resümee formuliert Plamper neben zentralen Forschungsaufgaben einige Ratschläge: „Abzuraten“ sei „von einer Unterteilung in positive und negative Emotionen“, „nicht hilfreich“ sei „das Bild vom Gefühlshaushalt“, das „auf einem hydraulischen Emotionsmodell fußt. Abzuraten ist schließlich davon, Emotionen in basale und synthetische, einfache und komplexe zu unterteilen.“ Man solle vielmehr „den Mischzustand von Emotionen berücksichtigen; Emotionen sind immer komplexer, als die klaren Abgrenzungen der Emotionsbegriffe - ‚Angst‘, ‚Freude‘, ‚Scham‘ - vermuten lassen.“ (S. 327f.)

36. Ebd. S. 98, 99.
37. Die Tatsache, dass dieses Beispiel zugleich auch rechtlich – als Straftatbestand und Verpflichtung zur Hilfeleistung gleichermaßen – relevant ist, ändert nichts an seiner moralischen Einschätzung.
38. Auch bei der Genese dieses Urteils vor vielen Jahren waren Emotionen weder leitend noch begleitend bewusst.
39. Nun könnte man natürlich einwenden, dass es in der Tat zwar nicht um eine masochistische Neigung geht, aber vielleicht um die Angst vor Erkrankungen, vor Fitnessverlust, vor Übergewicht – also doch um Emotionen. Ich neige im Ernst dazu, das alles auszuschließen: Die emotionalen Komponenten dieser Aspekte – Angst oder Eitelkeit – sind nicht entwickelt. Ein letzter Einwand, der sich auf alle meine persönlichen Beispiele beziehen lässt: Sigmund Freud, das Unbewusste und Verdrängungsprozesse. In diesem Kontext ein Totschlagargument, zugleich aber auch nicht hilfreich oder treffend, es ließe sich denn konkret nachweisen; so bleibt es eine pauschale Unterstellung oder Behauptung.
40. Immanuel Kant: Grundlegung der Metaphysik der Sitten, BA S. 53f.
41. Ebd. S. 54f.
42. Ludwig, 1995, S. 80.

43. Die Differenz zwischen Urteilen und Handeln macht auf anrührende Weise Tolstoj in seiner Erzählung „der Tod des Iwan Iljitsch“ deutlich: Der sterbende Protagonist denkt über einen Syllogismus nach, der ihn in seiner Jugend beschäftigt hat: „Jener bekannte Syllogismus ‚Cajus ist ein Mensch, alle Menschen sind sterblich, also ist auch Cajus sterblich‘ war ihm sein ganzes Leben lang sehr richtig in Bezug auf Cajus erschienen, in keinem Fall aber in Bezug auf sich selber. Cajus – das war der Mensch, der Mensch im Allgemeinen, und da war gegen diesen Schluss nichts einzuwenden. Aber er war gar nicht Cajus und durchaus nicht der Mensch im Allgemeinen, sondern er war immer ein ganz und gar besonderes, von allen anderen verschiedenes Geschöpf. Er war Wanja und hatte seine Mama, den Papa, die Brüder Mitja, Wolodja, seine Spielsachen, den Kutscher, die Amme, später auch Katinka, er hatte alle Freuden, Schmerzen, Entzückungen der Kindheit und der Jugend. Hatte vielleicht Cajus den Geruch eines Lederballes auch so gerne wie Wanja?... Cajus ist sterblich, und es ist ganz in Ordnung, dass er stirbt; aber ich, Wanja, Iwan Iljitsch, mit all meinen Gedanken und Gefühlen – das ist eine ganz andere Sache, es kann nicht sein, dass auch ich sterben muss. Das wäre zu schrecklich. So fühlte er.“ (Lew. N. Tolstoj: In: Sämtliche Erzählungen. Bd. 4. Frankfurt/M 1990. S. 85 f.) Tolstoj schreibt: „So fühlte er.“ Wir werden sehen.
44. Marcia Baron: Handeln aus Pflicht. In: Ameriks/Sturma, 2004, S. 91.
45. Baron, S. 92.
46. Karl Ameriks: Kant und das Problem der moralischen Motivation. In: Ameriks/Sturma, S. 107.
47. Immanuel Kant: Grundlegung zur Metaphysik der Sitten, BA S. X.
48. Immanuel Kant: Anthropologie in pragmatischer Hinsicht, A S. 315.
49. Immanuel Kant: Grundlegung, BA S. 39.
50. Immanuel Kant: Grundlegung, BA S. 38f.
51. Immanuel Kant: Grundlegung, BA S. 39, Anm.
52. Immanuel Kant: Grundlegung, BA S. 122, Anm.
53. Immanuel Kant: Grundlegung, BA S. 122.
54. Immanuel Kant: Grundlegung, BA S. 122f.
55. Immanuel Kant: Grundlegung, BA S. 123.
56. Immanuel Kant: Eine Vorlesung über Ethik, Frankfurt 1990, S. 46f.
57. Immanuel Kant: Ethik, S. 54.
58. Immanuel Kant: Ethik, S. 54f.
59. Immanuel Kant: Kritik der praktischen Vernunft, A S. 128.
60. Immanuel Kant: KpV, A S. 129.
61. Immanuel Kant: KpV, A S. 132.

62. Immanuel Kant: KpV, A S. 131.
63. Immanuel Kant: KpV, A S. 134.
64. Immanuel Kant : Über den Gemeinspruch : Das mag in der Theorie richtig sein, taugt aber nicht für die Praxis, A S. 221.
65. Immanuel Kant : KpV, A S. 143. – So weit die zentrale Argumentation Kants. Dass er als Empiriker zugleich den Horizont der für das moralische Handeln hilfreichen Faktoren unterschiedlicher Art öffnete, steht dem nicht entgegen. Die Ethik hat seit Aristoteles immer auch schon nachgedacht über Fragen der moralischen Sozialisation. Kant nennt z. B. folgende Faktoren: „das Gewissen, die Liebe des Nächsten und die Achtung für sich selbst (Selbstschätzung)" als „subjective Bedingungen der Empfänglichkeit für den Pflichtbegriff", die „jeder Mensch hat und kraft deren er verpflichtet werden kann" (Metaphysik der Sitten, Tugendlehre, A 35). Hinzu kommen die elementare Anlage zur Geselligkeit, Erziehungsfähigkeit und Übung, unser charakterliches Bild in den Augen der anderen, Klugheitsüberlegungen bis hin zur Motivation zum Schein, selbst ihr als Vortäuschung kann Kant eine gute Seite abgewinnen (Caroline Sommerfeld-Lethen: Wie moralisch werden? Kants moralistische Ethik. Freiburg 2005). – Interessant indes ist, was Kant in seinen Überlegungen zur moralischen Erziehung in Auseinandersetzung mit anderen Konzepten moralischer Bildung anführt (explizit in der Methodenlehre der ‚Kritik der praktischen Vernunft' und der Methoden- und der Tugendlehre der ‚Metaphysik der Sitten'); danach hat die moralische Bildung drei Aufgaben: Instruktion, Motivation und Training. „Die Instruktion lehrt uns das Rechte und Gute mit wachem Bewusstsein zu kennen, die Motivation, es aus freien Stücken zu wollen, während das Training die Kräfte des Könnens stärkt. Man muss wissen, was man tun soll, man muss es wollen und man muss es können." (Koch, 2003, 189) In der Frage der moralischen Motivation führt Kant ganz eng zum Zentrum seines Konzepts: Es gibt nach Kant nur eine einzige „Methode, die objektiv-praktischen Gesetze der reinen Vernunft [...] subjektiv-praktisch zu machen", und zwar „durch bloße reine Vorstellung der Pflicht" (KpV, A S. 272). In einem ersten Schritt soll, wie Lutz Koch detailliert belegt, durch exemplarische Darstellung „das Gefühl der Pflichtachtung" geweckt werden, in einem zweiten Schritt „durch Reflexion auf die Fähigkeit, Pflichten trotz unserer Bedürfnisse und Abhängigkeiten befolgen zu können, zur Bewunderung unserer moralischen Anlage, d.h. unserer Freiheit, angeregt" werden (Koch, 2003, 206). Der zweite Schritt, die Entdeckung des moralischen Gesetzes in uns selbst als Resultat der Autonomie reiner Vernunft, erschien Kant der Archimedische Punkt zur Motivation des Willens (Koch, 2003, S. 208).
66. Immanuel Kant: KpV, A S. 134.
67. Immanuel Kant: KpV, A S. 140f.

68. Immanuel Kant: KpV, A S. 141f.
69. Immanuel Kant: KpV, A S. 155.
70. Immanuel Kant: KpV, A S. 289.
71. Immanuel Kant: KpV, A S. 134.
72. Immanuel Kant: KpV, A S. 140.
73. Immanuel Kant: Grundlegung zur Metaphysik der Sitten, BA S. 17, Anm.
74. „Alle Achtung für eine Person ist eigentlich nur Achtung fürs Gesetz [...], wovon jene [die Person] uns das Beispiel gibt." (Kant: Grundlegung, BA S. 17, Anm.)
75. Ganz sicher lässt sich Kants Begriff der Achtung nicht verstehen als ein akutes Gefühl, auch nicht, wie Christoph Demmerling und Hilge Landweer überprüft haben, als Disposition zu diesem Gefühl oder als eine habitualisierte Einstellung. Die Konsequenz: Schon bei Fichte und Hegel nimmt der Begriff der Anerkennung den Platz ein, „welcher der Achtung bei Kant vergleichbar ist. In verschiedenen neueren Debatten ersetzt der Begriff der Anerkennung den der Achtung nahezu vollständig. Axel Honneth zum Beispiel stellt ausdrücklich eine Beziehung zwischen Anerkennung und Achtung im Sinne Kants her." (Demmerling/Landweer, 2007, S. 36) „Anders als der Begriff der Achtung bezieht sich der Begriff der Anerkennung von vornherein auf eine Haltung und Einstellung, die keinen unmittelbaren Bezug zu einem Gefühl zu haben scheint." Und: Er ist „ausschließlich auf die Achtung im Sinne einer Haltung zu beziehen, die sich auf alle Menschen richten soll [...]. Es handelt sich um eine Haltung, die man Menschen gegenüber aufbringt, wenn man sie als Personen achtet." (Demmerling/Landweer S., 60)
76. Harry Frankfurt: Die Notwendigkeit von Idealen. In: Edelstein/Nunner-Winkler/Noam, 1993, S. 12, S. 107-118
77. Edelstein/Nunner-Winkler/Noam, 1993, S. 13.
78. Astrid Lindgren: Die Brüder Löwenherz, Hamburg 1973, S. 158.
79. Ernst Tugendhat: Die Rolle der Identität in der Konstitution von Moral. In: Edelstein/ Nunner-Winkler, 1993, S. 39.
80. Im gefühlsethischen Diskurs wird gelegentlich auf Damasios Entdeckung hingewiesen, dass nicht allein das limbische Sytem, sondern auch bestimmte Felder des Neocortex für Gefühlsabläufe zuständig sind. Argumentativ geht es dabei insbesondere um Patienten mit spezifischer präfontaler Hirnschädigung: Sie zeigen ein normales Sprachverhalten, ein intaktes Gedächtnis, eine nicht geschädigte theoretische Intelligenz, sind aber unfähig zu Gefühlsreaktionen und – argumentativ der zentrale Punkt – unfähig, lebenspraktische Entscheidungen zu treffen. Einer dieser Patienten löste den Kohlbergschen Dilemma-Test recht gut, hatte aber seinen Beruf und seine Familie verloren. (Damasio, 1997, S. 81 ff.) Was bedeutet das? Erstens: „Offenbar entsteht ohne eine emotional unterstützte

Handlungsmotivation zwischen Theorie und Praxis eine unüberbrückbare Lücke." (Meier-Seethaler, 2001, S. 236) Und zweitens, allgemeiner: Unser Gehirn arbeitet mit dem ganzen Körper zusammen, und das meint auch, „dass sich die menschliche Identität, das Selbstbewusstsein und das Lebensgefühl aus dem Zusammenwirken von Gehirn und der gesamten ‚Körperlandschaft' ergibt." (Meier-Seethaler, 2001, S. 182) Der zweiten Schlussfolgerung kann ich zustimmen, grundsätzlich und allgemein gehalten, den Cartesischen und noch Kantischen Dualismus können wir aufgeben zugunsten einer ganzheitlichen und integralen Sichtweise in Aristotelischer Tradition. Die erste Konsequenz erscheint mir zu unspezifisch: Was meint „emotionale Unterstützung der Handlungsmotivation"? Wenn damit konkret empfundene, der Introspektion zugängliche Emotionen gemeint sind, halte ich die Aussage für falsch. Hilge Landweer etwa formuliert: „Ohne Verankerung in den Gefühlen kann es keine Selbstbindung geben. [...] Für jegliches Handeln, aber auch für moralisches Handeln und die dafür unabdingbare Anerkennung von Normen, sind [...] Gefühle als Motivation erforderlich." (Hilge Landweer: Normativität, Moral und Gefühle. In: Landweer, 2007, S. 242 f.)

Ihre These geht noch weiter: „Die Selbstbindung zeigt sich darin, dass eigene Übertretungen der Norm mit unterschiedlich intensiven Gefühlen der Peinlichkeit oder der Scham sanktioniert werden. [...] Eine Norm gilt für eine Person in einem moralischen Sinn, wenn folgende vier Kriterien erfüllt sind:

1. Sie schämt sich, wenn sie selbst gegen die Norm verstoßen hat, und zugleich würde sie sich bei den entsprechenden Normübertretungen anderer empören.
2. Wenn es einen Geschädigten gibt, hat die Person außer Scham- auch Schuldgefühle.
3. Sie würde sich auch dann schämen, wenn niemand den Normverstoß bemerken würde. [...]
4. Es muss eine stabile Disposition zu Scham und Empörung bei entsprechenden Normverletzungen ausgebildet sein, da die Norm situationsübergreifend für die Person gelten muss."Diese vier Bedingungen „müsssen alle erfüllt sein; jede einzelne ist notwendig, und nur zusammen sind sie hinreichend, damit eine Norm im moralischen Sinne für jemanden gilt." (Landweer, 2007, S. 245) Ich halte dagegen: Die Anerkennung etwa des der Goldenen Regel oder des kategorischen Imperativs oder der Kantischen Ethik als eines Begründungssystems autonomer Vernunft insgesamt ist ein rationaler Akt, das Gleiche gilt für die Anerkennung einer spezifischen Forderung, sei es Wahrhaftigkeit oder die Achtung fremden Eigentums; spezifische Emotionen sind damit nicht verknüpft. Die Folge allerdings der Internalisierung moralischer Normen mögen die genannten moralischen Gefühle sein, eine innere Notwendigkeit möchte ich nicht einmal behaupten. Es ist dies das Untersuchungsfeld der Humanwissenschaften, der Moralpsychologie und -soziologie. Dass im Prozess der moralischen Sozialisation die emotionalen Anteile und das moralische

Urteilsvermögen sich verzahnen, ändert nichts daran, dass es unterschiedliche Bestandteile sind, analytisch deutlich zu trennen.
Ich komme zurück auf den Begriff „emotionale Unterstützung der Handlungsmotivation": Wenn damit allgemein ein Streben gemeint ist, das, was Aristoteles die órexis nannte, kann ich zustimmen: Es ist dies der Willensanteil, der die Aussage „ich entscheide hier und jetzt so, weil es richtig ist" von der Aussage „X handelt richtig" unterscheidet; es ist das, was ich Anerkennung oder Überzeugung nenne. Spezifische Gefühle, Emotionen oder Stimmungen sind etwas anderes. Innerhalb einer integralen Sichtweise lassen sich rationale und emotionale Phänomene bei aller Verzahnung weiterhin und sei es nur mehr orientiert an ihren Schwerpunkten differenzieren, die Pole sind gleichsam ein Erlebnis-Ich und ein Vernunft-Ich. Anderenfalls können wir die begriffliche Unterscheidung aufgeben und stehen vor diffusen sprachlichen Konstrukten wie „emotionaler Vernunft" oder „rationaler Emotionalität." Ich zitiere zustimmend Hilge Landweer: „Begrifflich sollte weder Gefühl auf Rationalität noch umgekehrt Rationalität auf Gefühl [...] reduziert werden. Denn dabei ginge entweder das Gefühlsspezifische oder das für die Rationalität Charakteristische verloren. Der gesuchte Rationalitätsbegriff soll zwei Bedingungen erfüllen: Erstens soll das rationale Vermögen auf einem Kontinuum mit dem emotionalen liegen, und zweitens soll der Rationalitätsbegriff [...] nicht im Gegenbegriff aufgehen, das heißt nicht als eine besondere Art von Gefühl bestimmt oder auf andere Weise vollständig ‚aufgeweicht' werden." (Landweer, 2007, S. 249)

De Sousas Konzept der intrinsischen Rationalität von Gefühlen, begründet mit dem Passungsverhältnis von Emotion und Situation, lauft z. B. auf eine derartige Aufweichung hinaus, reduziert Rationalität auf Funktionalität. Landweer hält dagegen, nicht den Emotionen selbst, sondern „nur dem Umgang mit Emotionen [...] sowie den Explikationen von Gefühlen" könne Rationalität zugeschrieben werden. (Landweer, 2007, S. 250) Ähnlich Nida-Rümelin: „Konativen Einstellungen (Wünschen, Befürchtungen, Hoffnungen etc) kann man Rationalität weder zuschreiben noch abstreiten, sie unterstehen nur insofern einer rationalen Kritik, als sie auf deskriptiven (begründeten oder unbegründeten) Annahmen beruhen" (Nida-Rümelin, 2001, S. 14): Ich habe Angst vor dem Hund, weil dieser Hund gefährlich ist. Was den „gesuchten Rationalitätsbegriff" (Landweer) angeht: Er liegt in der Differenz zur Cartesisch dualistischen Tradition seit der Antike schon vor, paradigmatisch entwickelt von Aristoteles.

81. Nida-Rümelin, 2001, S. 13, 17. Nida-Rümelin grenzt entschiedener noch ab als mein Rückgriff auf die Aristotelische órexis: „Der Übergang von dieser Stellungnahme zu konkreten Handlungen ist nicht mehr Gegenstand der Theorie praktischer Vernunft, sondern sollte eher einer Disziplin wie der Neuropsychologie zugeordnet werden. Der

Zusammenhang zwischen intentionalen Zuständen und Verhalten ist – zugegebenermaßen – einigermaßen obskur, aber dies ist kein Problem der Theorie praktischer Vernunft, die ihren Schlusspunkt in wohl begründeten intentionalen Zuständen (rationalen Entscheidungen) hat. Atomare, handlungsleitende Entscheidungen, die mit entsprechenden atomaren Handlungen korrespondieren, sind die letzten Elemente, die den Kriterien praktischer Vernunft unterstehen. Diese Korrespondenz zwischen manifestem Verhalten und Entscheidung kann gestört sein. Wenn es sich nicht um einen Fall von Willensschwäche handelt, sind diese Störungen jedoch nicht mehr der handelnden Person selbst zuzurechnen, das Verhalten verliert seinen Handlungscharakter." (Nida-Rümelin, 2001, S. 13 f.)

82. Ich sehe eine einzige legitime Möglichkeit der Überschneidung beider Ebenen: Aristoteles wie Kant wie die Diskursethik – exemplarisch jetzt für unterschiedliche Konzepte von Ethik genommen – setzen ein bestimmtes, die Vernunftfähigkeit des Menschen zentral akzentuierendes Menschenbild voraus, machen also eine bestimmte anthropologische Annahme, bewegen sich derart auf der Ebene der Deskription, nur ist der auf dieser Prämisse sich ereignende argumentative Diskurs zur Begründung von Ethik zugleich der Beweis für die Plausibilität der Prämisse; denn die Annahme der Vernunftfähigkeit des Menschen von Aristoteles bis zur Diskursethik macht mit den Aussagen über das So-Sein zugleich auch normative Aussagen: etwa die grundsätzliche Forderung der Begründungs- und Rechenschaftspflicht, über sachliche Regelungen der Argumentation und ihrer Geltungsansprüche hinaus auch die Anerkennung ethischer Forderungen, die zur Argumentationskompetenz gehören, z. B. Wahrhaftigkeit, Offenheit für Argumente anderer, Selbstdistanz. Die als Prämisse angenommene Vernunftfähigkeit erweist sich im Vollzug der philosophischen Argumentation. Kant spricht daher mit Recht vom Faktum der Vernunft als Basis seiner moralphilosophischen Konzeption. Wie Jürgen Habermas mit der „Theorie des kommunikativen Handelns" bewusst machen konnte, kommen wir schon in der alltäglichen Verständigung, mit jedem Akt der Rede „nicht umhin, [...] gleich ein ganzes Set von vier gleichursprünglichen Geltungsansprüchen zu erheben: Wahrheit für Behauptungen, Richtigkeit für Handlungen und Normen, Wahrhaftigkeit für die Absicht der Sprecher und die Verständlichkeit für die Äußerung selbst, die gemeinsam die Geltungsbasis der Rede bilden." (Hans-Klaus Keul: Verstand und Vernunft. In: der blaue reiter 20. Gefühle. S. 86

Verantwortung:
Hans Jonas, Immanuel Kant – und René Descartes

Wann immer in den Feldern der Naturwissenschaften, der Ökoethik oder der Technikethik von Verantwortung geredet wird, ist mit Hans Jonas eine unübersehbare Konzeption markiert: Seine Forderung einer neuen Ethik mit dem Begriff der Verantwortung im Zentrum seiner Theorie formuliert eine klassische Position im Diskurs der letzten 40 Jahre[1]. Was meint der Begriff „Verantwortung" bei Jonas, und – vor allem – wie ist dieses Konzept begründet? Es lohnt sich, hier einmal genau hinzusehen, denn es wird sich zeigen, dass mit diesem Konzept ein hoch interessantes Konzept von Ethik überhaupt begründet wird, das quer steht zu der philosophischen Tradition seit dem 17. Jahrhundert, der Tradition der Moderne. Jonas selbst sieht sich in scharfer Gegenposition zu Kant, dem in der Tat eine adäquate Thematisierung von Verantwortung abgesprochen wird[2]. Stimmt das? In einem dritten Schritt schließlich greife ich, vielleicht etwas überraschend, zurück auf Descartes, der von Christoph Hubig und Andreas Luckner in den neueren Diskurs der Technikethik eingebracht wurde[3]: Aus einem einfachen, leicht verständlichen Ansatz, der den Namen Konzeption oder gar Theorie gar nicht verdient, lässt sich hier ein für die Probleme der Gegenwart durchaus brauchbares Konzept entwickeln.

Jonas charakterisiert die traditionelle Ethik generell durch vier Merkmale:

1. Der „Umgang mit der außermenschlichen Welt", die „Wirkung auf nichtmenschliche Objekte bildete keinen Bereich ethischer Bedeutsamkeit."[4]

2. Ethisch relevant ist der „Umgang von Mensch mit Mensch, einschließlich des Umgangs mit sich selbst; alle traditionelle Ethik ist anthropozentrisch."[5]

3. „Für das Handeln in dieser Sphäre wurde die Entität ‚Mensch' und ihr fundamentaler Zustand als im Wesen konstant angesehen und nicht selber als Gegenstand umformender" verändernder Technik betrachtet[6].

4. Alle bisherige Ethik war Präsenzethik: „Das Wohl oder Übel, worum das Handeln sich zu kümmern hatte, lag nahe bei der Handlung, entweder in der Praxis selbst oder in ihrer unmittelbaren Reichweite [...]. Diese Nähe der Ziele galt für Zeit sowohl als Raum.“[7]

Ein zweiter, spezifischer Blick gilt dem traditionellen Selbstverständnis der Naturwissenschaften und ihrer Ethik:[8]

1. Seit der Genese der Naturwissenschaften im 17. Jahrhundert wurde gegen die kirchliche und staatliche Bevormundung die „Freiheit der Forschung“ in einem langen historischen Prozess erkämpft.

2. Die Freiheit der Forschung gilt absolut und unbedingt, d.h. nicht eingeschränkt durch mögliche Konflikte mit anderen Rechten oder Rücksichtnahmen.

3. Voraussetzung dieses Anspruchs ist die grundsätzliche Trennung von Theorie und Praxis: Die Tätigkeit des Forschens wie das Forschungsziel Wissen sind von der Sphäre des Handelns klar geschieden.

4. Konsequenz ist eine territoriale Ethik des wissenschaftlichen Bereichs, die Tätigkeit des Forschens selbst nur betreffend, z. B.

   - Intellektuelle Redlichkeit und Strenge, also keine Manipulation von Daten, klare Angabe und Identifikation der Quellen etc,

   - Persönliche Tugenden, wie Ausdauer, Disziplin, das selbstkritische Bemühen um Vorurteilsfreiheit,

   - Die Verpflichtung, Ergebnisse und ihre Begründung zu veröffentlichen.

   - Alles das stiftet kein Pflichtverhältnis der Wissenschaft zur Außenwelt, bleibt territorial, ist begründbar als Bedingung der guten wissenschaftlichen Leistung selbst.

Jonas' Kritik setzt an der entscheidenden Prämisse an:

These 3 ist falsch: Von Beginn an (Bacon, Descartes, Galilei, Gassendi) waren Forschung und Anwendung, Wissenschaft und Technik vernetzt; seit Mitte des 19. Jahrhunderts und beschleunigt im 20. Jahrhundert ist diese Vernetzung und Verschmelzung als wissenschaftliche Technik zu beobachten. Das Resultat:

- Es verbleibt kein Zweig der Naturwissenschaft, dessen Ergebnisse nicht einer technischen Nutzung fähig wären. Wissenschaft lebt vom Feedback ihrer technischen Anwendung. Sie empfängt von dort ihre Aufträge (Problemvorgabe und Zielrichtung). Sie wird zunehmend auch von außen finanziert.

- Zur Problemlösung benutzt sie selbst eine fortgeschrittene Technik: Ihre Apparaturen werden immer komplexer und anspruchsvoller. Innerhalb der Theorie selbst schon bricht die Trennung von Theorie und Praxis zusammen.

- Die moderne Naturwissenschaft entstand mit dem Entschluss, der Natur Erkenntnisse durch aktives Eingreifen, durch Intervention in den Erkenntnisgegenstand abzuzwingen: im Experiment (programmatisch formuliert von Francis Bacon). Das Experimentieren richtete sich zunächst erstens auf leblose Materie und hielt sich zweitens im Kleinmaßstab. Diese beiden Einschränkungen – ethische Harmlosigkeitsgarantien gleichsam – sind inzwischen hinfällig geworden. Die Grenzlinie zwischen stellvertretender und wirklicher Aktion, zwischen Versuch und Ernst ist verwischt (Atomversuche, Tierversuche, Gentechnik).

- Damit ist sowohl von Seiten der wissenschaftseigenen Techniken in der Forschung selbst wie der technologischen Anwendungsresultate der territoriale Bereich der Wissenschaftsethik gesprengt: Wissenschaft unterliegt an sich selbst der Notwendigkeit allgemeiner ethischer – und in der Konsequenz freiheitsbegrenzender – Reflexion und Prüfung. Es greift in den Anspruch der wissenschaftlichen Freiheit ein der Anspruch, Ziele,

Methoden und Konsequenzen wissenschaftlichen Tuns nach außen verantworten zu müssen.

Zur exemplarischen Konkretion zieht Jonas die Bioethik heran:

- Das Ziel der Forschung ist von Anfang an praktisch, die Herstellung von etwas Brauchbarem, Nützlichem, Rekombination z. B. als Synthese neuer Organismen oder Veränderung einer biologischen Entität durch gentechnische Eingriffe und Manipulationen.

- Die Forschungsmethode ist das tatsächliche Herstellen von Wesenheiten, über die das Wissen gesucht wird. Das theoretische Forschen selbst wird zum praktischen Erschaffen, das Experiment zur ursprünglichen Erzeugung, der Erkenntnisvorgang zur originären Hervorbringung von Realität.

- Die derart geschaffene Wirklichkeit ist lebendig: selbsttätig, selbstvermehrend, spontan wechselwirkend mit anderen Lebensformen und in der Lage, den Eintritt in die Außenwelt selbst bewirken zu können.

- Diese Technik ist der scientific community bereits entzogen, sie ist in industrielle und kommerzielle Hände übergegangen.

- Im Bereich der makrobiotischen Forschung kommt ein weiteres Problem hinzu: die Frage der prinzipiellen Legitimität des gentechnischen, genverändernden Eingreifens in höher entwickelte Lebensformen – bis hin zum Menschen.

Die Konsequenz alles dessen, wieder in Thesen konzentriert:

1. Die Vorstellung der Verknüpfung oder gar Symbiose von Wissenschaft, Technik und Fortschritt ist in weiten Bereichen nicht mehr zu halten, Ausdruck nur mehr einer blinden Ideologie. Wissenschaft/Technik ist – die Kehrseite allen Fortschritts – Herstellung von heute lebensbedrohender Macht geworden (atomare Waffen und Energie, chemische und biologische Waffen, Gentechnik, neue Techniken zur Erschließung fossiler Energien, die klimatische Bedrohung

des Lebens durch eine undifferenzierte und ethisch hemmungslose Entfaltung industrieller Technik in allen Lebensbereichen)

2. Die Macht ist unter ein Maß zu bringen: Zu begründen ist prinzipielle Verantwortung als der Maßstab im Umgang mit der Macht.

3. Zugleich hat uns die Wissenschaft den Boden entzogen, Verantwortung angemessen zu begründen: Die Reduktion des Seins (= der Wirklichkeit) auf wertneutrale Objektivität in der Neuzeit, in der historischen Phase der Entstehung der Naturwissenschaften im 17. Jahrhundert,[9] schließt den Gedanken von Verantwortung für den Gegenstandsbereich prinzipiell aus; die Wissenschaft hat vielmehr begründet die Berechtigung absoluter Verfügungsmacht über ihr Objektfeld, getragen von der Idee der Freiheit wissenschaftlichen Tuns, der Freiheit der Forschung. Diese Idee – mit moralischem Pathos durchgesetzt gegen traditionelle, zumal religiös begründete Grenzsetzung (Stichworte Aufklärung, Emanzipation als Befreiung der Vernunft) – ist losgelöst aus ethischen Grenzen: Als Wert und Selbstzweck ist anerkannt und gesetzt allein das (machtbegründende) Wissen selbst.

4. Heute ist daher das zentrale Problem eine überzeugende, zwingende, allgemeingültige Begründung von Verantwortung.

5. Die traditionelle Ethik ist dieser Aufgabe nicht gewachsen:

- orientiert nur am Nahverhältnis zwischenmenschlicher Beziehungen und am Nahhorizont Gegenwart,

- historisch überfordert angesichts des gegenwärtigen, historisch beispiellosen Macht- und Zerstörungspotentials von Industrie/Technik/Wissenschaft.

6. Zur Begründung von Verantwortung müssen wir daher hinter den historischen Horizont jener Reduktion im Verständnis der Wirklichkeit/des Seins, Jonas spricht von ontologischer Reduktion, zurückgreifen zu einer vormodernen, vorneuzeitlichen Naturbetrachtung: Zu begründen ist wieder der Begriff einer in sich selbst sinnvollen, auf die Verwirklichung von Zwecken

angelegten (= teleologischen), daher an sich selbst werthaltigen Natur. Das ist das Kernproblem. Gelingt ihm eine Lösung dieses Problems?

Jonas liefert unterschiedliche Begründungen: Uns begegnet

Ein anthropologischer Ansatz:

1. Verantwortungsfähigkeit ist empirisches Faktum und Wesensmerkmal des Menschen: Der Mensch ist das einzige uns bekannte Wesen, dem wir Verantwortung als Fähigkeit zuschreiben können.

2. Begründet liegt diese Fähigkeit im empirischen Faktum der Willensfreiheit, d. i. der Befähigung des Menschen, zwischen Alternativen des Handelns mit Wissen und Wollen zu wählen.

3. Gefolgert wird aus diesem wesentlichen Sein das Sollen: Die Fähigkeit zur Verantwortung bedeutet das Unterstelltsein unter ihr Gebot.

4. Im Kontext des Seins schlechthin, seiner Stufung anorganisches Sein – organisches Sein = Leben (pflanzlich – tierisch) – menschliches Leben (= vernunftfähiges, willensfreies, verantwortungsfähiges Leben) ist das menschliche Leben/Sein in seiner Besonderheit eine qualitative Steigerung der Werthaftigkeit des Seins überhaupt.

5. Daraus resultiert die umfassende Verantwortung des Menschen für dieses Sein schlechthin und insgesamt.

➥ *Ist diese Argumentation überzeugend?*[10]

Ein ontologischer Ansatz:[11]

1. Der Mensch ist verantwortlich für die Folgen seines Tuns, das heißt auch für das von ihm beeinflusste und veränderte außermenschliche Sein, die Natur insgesamt.

2. Das hat ethisch nur einen Sinn, wenn dieses Sein, wenn die außermenschliche Natur einen Wert hat – ansonsten könnten wir mit der Natur umgehen, wie wir wollen, sofern wir uns nicht selbst gefährden in unseren Lebensansprüchen.

3. Genau diese Bedingung setzt Jonas als gegeben an: Ausgangspunkt ist die Frage: Warum ist überhaupt etwas und nicht nichts? Die Antwort: Es ist dies so, weil dem Sein vor dem Nicht-Sein ein Vorrang zukommt – begründet in der an sich gegebenen Werthaftigkeit des Seins.

4. Diese These – die Werthaltigkeit des Seins – versucht er zu begründen über den Nachweis der Selbstzweckhaftigkeit des Seins, die in der Subjekthaftigkeit, der Freiheit des Menschen, der Fähigkeit, sich selbst Ziele und Zwecke zu setzen und dafür verantwortlich einzustehen, zur vollen Realisierung kommt. Sie sei keimhaft aber schon in allem Leben als aktiv tätige Selbsterhaltung gegen die ständige Drohung des Todes (verstanden unter dem Aspekt der Ausgangsfrage als Nicht-mehr-Sein, als Nicht-Sein) nachweisbar; Leben sei Ausdruck des Wollens zum Sein, Selbstbejahung und Selbstzweckhaftigkeit. Dies müsse aber auch im unbelebten Sein angenommen werden als der Bedingung, der Vorstufe allen Lebens. Zugrunde liegt eine ganzheitliche (= monistische) Sicht des Seins gegen den Dualismus von Materie und Geist: „Das Sein, oder die Natur, ist eines und legt Zeugnis von sich ab in dem, was es aus sich hervorgehen lässt. Was das Sein ist, muss daher seinem Zeugnis entnommen werden, und natürlich dem, das am meisten sagt, [...] dem entwickeltsten, nicht dem unentwickeltsten, dem vollsten, nicht dem ärmsten“[12] – also dem höchst entwickelten Leben, dem menschlichen Leben.

5. Vom Sein der Dinge, der Natur selbst also ergeht an uns ein Gebot zur Verantwortung für dieses Sein. Ausdrücklich greift Jonas den Vorwurf des naturalistischen Fehlschlusses auf: Ihm liege zugrunde jene ontologische Reduktion der Naturwissenschaften des 17. Jahrhunderts, „der Begriff des nackten ‚ist‘ – vorhandenen, gewesenen oder noch kommenden“ ohne Anerkennung einer Qualität, einer Werthaltigkeit, etwa der Differenz zwischen Sein und Nichtsein. Die Denkfigur des naturalistischen Fehlschlusses lasse sich auflösen, wenn es auch nur ein Beispiel gebe, „ein ontisches Paradigma, in dem das schlichte, faktische ‚ist‘ evident mit einem ‚soll‘ zusammenfällt – also den Begriff eines ‚bloßen Ist‘ gar nicht zulässt. [...] Zeigt uns einen einzigen Fall – ein einziger genügt, um das ontologische Dogma zu brechen!“[13]

6. Jonas verweist auf „das Allervertrauteste […]: das Neugeborene, dessen bloßes Atmen unwidersprechlich ein Soll an die Umwelt richtet, nämlich: sich seiner anzunehmen. Sieh hin und du weißt. […] Ich meine wirklich strikt, dass hier das Sein eines einfach ontisch Daseienden ein Sollen für andere immanent und ersichtlich beinhaltet.“[14] Ersichtlich? Möglich in der Tat sei es, hier nur wahrzunehmen „ein Konglomerat von Zellen, welche ihrerseits Konglomerate von Molekülen sind, mit ihren physiko-chemischen Transaktionen.“ Ist es dann aber „der Säugling, der hier gesehen wird? Ihn bekommt der analytische Blick des mathematischen Physikers gar nicht zu Gesicht, sondern mit Absicht nur einen äußersten Rand seiner im Übrigen abgeblendeten Wirklichkeit. […] ‚Sieh hin und du weißt‘. Dass dies Sehen der vollen Sache weniger Wahrheitswert besitzt als das ihres letzten Überrestes im Filter der Reduktion, ist ein Aberglaube, der nur vom Erfolgsprestige der Naturwissenschaft jenseits ihres selbstgesteckten Erkenntnisfeldes lebt.“[15]

Welcher Begriff von Verantwortung scheint in diesem Beispiel auf? Was ist Jonas’ Konzept von Verantwortung?

1. Die (elterliche) Verantwortung für den Säugling ist ein Urbild aller Verantwortung: „Der Begriff der Verantwortung impliziert den des Sollens, zuerst des Seinsollens von etwas, dann des Tunsollens von jemand in Respons zu jenem Seinsollen. Das innere Recht des Gegenstands geht also voran. Erst ein seinsimmanenter Anspruch kann objektiv eine Pflicht zu seinstransitiver (von einem Sein zum anderen gehender) Kausalität begründen. Die Objektivität muss wirklich vom Objekt kommen.“

2. Letztlich – das ist Jonas’ These und insoweit eine spezifische Begründung in der Tat von Ethik – „lassen sich alle Gültigkeitsbeweise von moralischen Vorschriften am Ende auf den etwa erlangbaren Ausweis eines ‚ontologischen‘ Sollens zurückführen.“[16]

3. Ausgangspunkt für Hans Jonas war die radikale Frage: Warum ist überhaupt etwas und nicht vielmehr nichts? Vor diesem Hintergrund erhält der Säugling eine „archetypische Evidenz […] für das Wesen der Verantwortung“ als Kern der Jonasschen Ethik: „Der Säugling vereinigt in sich die selbstbeglaubigende Gewalt des Schondaseins und die heischende Ohnmacht des Nochnichtseins,

den unbedingten Selbstzweck jedes Lebendigen und das Erstwerdenmüssens des zugehörigen Vermögens, ihm zu entsprechen. Dies Werdenmüssen ist ein Dazwischen – ein Hängen des hilflosen Seins über dem Nichtsein –, das eine fremde Kausalität füllen muss. In der radikalen Insuffizienz des Erzeugten als solchen ist die Abwehr des Rückfalls ins Nichts durch die Erzeuger, die Wartung seines weiteren Werdens ontologisch sozusagen vorgesehen. Die Zusage dazu war in der Zeugung enthalten."[17]

4. „Verantwortung im ursprünglichsten und massivsten Sinn folgt aus der Urheberschaft des Seins, an der über die aktuellen Erzeuger hinaus alle beteiligt sind, die der Fortpflanzungsordnung durch Nichtwiderruf ihres Fiat [=es werde, es soll sein] im eigenen Fall beipflichten, also alle, die sich selber das Leben erlauben – kurz, die jeweils seiende Menschenfamilie als solche. [...] Mit jedem Kind, das geboren wird, fängt die Menschheit im Angesicht der Sterblichkeit neu an, und insofern ist hier auch Verantwortung für den Fortbestand der Menschheit im Spiel."[18]

Welche konkreten Konsequenzen formuliert Jonas aus seiner Konzeption von Verantwortung?

Hans Jonas hat Verantwortung begründet und formuliert für das Sein oder die Natur insgesamt. In seinem an Kant orientierten und die kantische Ethik zumindest ergänzenden Imperativ setzt er an bei seinem archetypischen Beispiel, das er schon menschheitsorientiert erweitert hatte; er formuliert – ähnlich Kant – diesen Imperativ mehrfach:

- „Handle so, dass die Wirkungen deiner Handlung verträglich sind mit der Permanenz echten menschlichen Lebens auf Erden."
- „Handle so, dass die Wirkungen deiner Handlungen nicht zerstörerisch sind für die künftige Möglichkeit solchen Lebens."
- „Gefährde nicht die Bedingungen für den indefiniten Fortbestand der Menschheit auf Erden."

- „Schließe in deine gegenwärtige Wahl die zukünftige Integrität des Menschen als Mit-Gegenstand deines Wollens ein."[19]

Dieser Imperativ wird konkretisiert:

- Angesichts der möglichen Unbegrenztheit und Unumkehrbarkeit der Fernfolgen technisch industriellen Handelns wird Wissen um diese Folgen als Erstes zur moralischen Pflicht.

- Angesichts der möglichen Unüberschaubarkeit dieser Fernfolgen wird die Anerkennung des Nichtwissens indes ebenfalls zur moralischen Pflicht.

- In dieser scheinbar widersprüchlichen Situation formuliert Jonas den paradoxen Begriff der „heilsamen Furcht": Wenn Fortschrittsgläubigkeit bisher verbunden war mit der Intention, die Ursachen von Ängsten zu eliminieren, die Beherrschbarkeit der Natur zu perfektionieren, Ängste oder Furcht bisher also negativ besetzt waren, so kehrt sich der Stellenwert von Ängsten einer zukunftsorientierten Verantwortungsethik um: Ängste werden zum positiven Indikator für Vorsicht und Zurückhaltung in der Realisierung einer neuen Technologie oder technologischer Großprojekte. Jonas fordert eine „Heuristik der Furcht", d.h. die Entwicklung von Methoden, die mögliche Risiken und Gefahren industriell technischen Handelns aufzeigen.

- Bei unterschiedlichen wissenschaftlichen Expertisen oder Prognosen gilt der Vorrang der Negativprognose. Dabei muss „das vorgestellte malum (= Übel) die Rolle des erfahrenen malum übernehmen, und diese Vorstellung stellt sich nicht von selbst ein, sondern muss absichtlich beschafft werden: Also wird die vorausdenkende Beschaffung dieser Vorstellung selbst zur [...] Pflicht"[20].

In der Unterscheidung von traditioneller und geforderter Zukunftsethik hat Hans Jonas vor allem **Immanuel Kant** im Blick. Und auch in der Formulierung seines Imperativs will er sich entschieden absetzen von Kant. Er analysiert richtig, dass es Kant im kategorischen Imperativ um die Übereinstimmung der Vernunft mit sich selbst geht. Richtig ist ferner, dass der erste und strenge Maßstab des kategorischen Imperativs der logische Selbstwiderspruch ist: Eine Maxime ist eindeutig falsifiziert, wenn sie – als allgemeines Gesetz gedacht – zum Selbstwiderspruch führt.

Und Jonas fährt fort: „Man beachte, dass hier die Grundüberlegung der Moral nicht selber moralisch, sondern logisch ist“, Kants „wollen können“ in der Formulierung „Handle so, dass du auch wollen kannst, dass deine Maxime allgemeines Gesetz werde“ drücke keine „sittliche Approbation“ (= Zulassung, Zulassungskriterium) aus.[21]

Das ist falsch. Jonas übersieht, dass Kants Vernunftbegriff über die Fähigkeit konzisen logischen Denkens hinaus moralisch gefüllt ist. Die praktische Vernunft ist die Instanz der Moral selbst, ihre im kategorischen Imperativ gesetzgebende Kraft, ihre Apriorität und Autonomie in der Formulierung des Imperativs ist nichts anderes als Moralität selbst, meint die Fähigkeit und der Grund dafür, moralische Gebote und Sätze zu formulieren. Deutlich wird dies an der strukturell sorgfältigen Auswahl von Beispielen in der „Grundlegung der Metaphysik der Sitten“: Neben dem strengen ersten Kriterium zur Überprüfung von Maximen, dem logischen Selbstwiderspruch, in Kants Sicht dem strengstmöglichen Kriterium überhaupt, anerkennt Kant ein zweites, in seiner Sicht schwächeres: Wenn eine Maxime das Kriterium des logischen Widerspruchs auf der Ebene eines allgemeinen Gesetzes übersteht, scheitert sie unter Umständen daran, dass wir als vernünftige, autonome, moralische und – ich führe den Begriff jetzt bewusst ein – für uns selbst wie für andere verantwortliche Wesen, ein solches Gesetz nicht wollen können: In der Diskussion der vier Beispiele Kants ist offen, ob die beiden letzten Beispiele Kants – die Vernachlässigung eigener Talente oder Anlagen und der Verzicht darauf, anderen, die in Not sind, zu helfen – darauf abzielen, ihre „Unmöglichkeit im Denken und Wollen“[22] oder nur ihre Unmöglichkeit im Wollen aufzuzeigen. Unstrittig jedenfalls ist das zweite Kriterium: unser moralischer Wille als Vernunftwesen.

> „Es liegt [...] aber kein Selbstwiderspruch in der Vorstellung, dass die Menschheit einmal aufhöre zu existieren, und somit auch kein Selbstwiderspruch in der Vorstellung, dass das Glück gegenwärtiger und nächstfolgender Generationen mit dem Unglück oder gar der Nichtexistenz späterer Generationen erkauft wird – so wenig, wie schließlich im Umgekehrten, dass die Existenz und das Glück späterer Generationen mit dem Unglück und teilweise sogar der Vertilgung gegenwärtiger erkauft wird.“ Dass die Generationenreihe „weitergehen soll [...], lässt sich nicht

> aus der Regel der Selbsteinstimmigkeit innerhalb der Reihe, so lange oder kurz sie eben dauert, ableiten: Es ist ein außer ihr und ihr vorausliegendes Gebot ganz anderer Art und letztlich nur metaphysisch zu begründen."[23]

Verblüffend, wie sehr Kant hier von Hans Jonas verkürzt, missverstanden und verfälscht wird. Zu erklären erscheint mir dies nur, wenn wir abstellen auf die Gesamtverantwortung für das Sein, die umfassend zu begründen Jonas Intention ist, unabhängig von der inhaltlichen Begrenzung seines explizit formulierten Imperativs.

Kants erstes Beispiel überprüft die moralische Legitimität des Freitods; das in Kants Sicht eindeutige Resultat: Er ist moralisch nicht erlaubt, weil sich sonst in Kants Sicht, ich will das jetzt gar nicht diskutieren[24], ein Selbstwiderspruch ergäbe: „Ein und dasselbe Gesetz wäre für Erhaltung und Zerstörung von Leben zuständig."[25] Ich sehe nicht, wieso sich das Beispiel nicht auf die Gattung erweitern ließe, eine kollektive Selbsttötung jedenfalls wäre moralisch nach Kant unzulässig.

Jonas' weitere Überlegungen, die auf das Glück der einen auf Kosten oder zum Unglück der anderen Generation abstellen, sind ebenfalls schon mit der von Jonas herangezogenen Grundform des kategorischen Imperativs nicht vereinbar, auch nicht im Sinn des von Kant zunächst immer intendierten Aufweis eines Selbstwiderspruchs. Kants viertes Beispiel in der „Grundlegung" steht dafür ein[26], auch hier bereitet die Ausweitung des Individualfalls auf die Gattung und die Ausweitung des Zeithorizonts kein Problem, wenn man Kant und etwa Ralf Ludwig argumentativ folgt. Aber vielleicht ließe sich darüber ja noch streiten.

Es bleibt ein letzter Punkt: Ich sprach von Verfälschung Kants durch Jonas, inwiefern? Es ist schwer vorstellbar, dass Jonas die dritte Formel des kategorischen Imperativs nicht kannte: „Handle so, dass du die Menschheit, sowohl in deiner Person als in der Person eines jeden andern, jederzeit zugleich als Zweck, niemals bloß als Mittel brauchest." (Grundlegung. BA 66) Mehr ist dem eigentlich nicht hinzuzufügen.

Die Frage ist allenfalls, ob hier Kants Formulierung über den Gegenwartshorizont hinaus, den er zweifellos zumindest vor allem in Blick hatte, auch den Fernhorizont, den Zukunftshorizont Jonas' einschließt. Die Formel lässt ein solches Verständnis zweifellos zu, und sie ist inhaltlich ebenso so konkret wie die Formulierungen von Hans Jonas. In der Überprüfung des kategorischen Imperativs geht es hier nicht um die Verallgemeinerung einer Maxime zum Naturgesetz, sondern um die Überprüfung einer einzelnen Aktion[27] – und es macht gar keine Schwierigkeit, die Zukunftsdimension hier zu berücksichtigen.

Jonas' Abgrenzung von Kant wird allerdings in klaren Sätzen gestützt von Dieter Wandschneider[28]. Wandschneider stellt ausdrücklich die Frage, ob mit Kants kategorischem Imperativ „nicht auch schon eine ‚Hochrechnung' in räumlicher, zeitlicher und personeller Hinsicht gefordert" ist. Und er verneint entschieden. Mit welchen Argumenten? Es ist im Wesentlichen nur eines, aber ernst zu nehmen; ich zitiere daher ausführlich: Kant gehe es

> ausdrücklich nicht um die realen Handlungsfolgen, sondern allein um den „guten Willen", [...] also um die dem Handeln zugrunde liegende moralische Gesinnung. Kants Ethik ist eine reine Gesinnungsethik, keine Verantwortungsethik, für die gerade die Folgen des Handelns ethische Bedeutung haben. Für Kant wäre das ein Unding, und zwar deshalb, weil die Folgen empirische Tatbestände betreffen, die als solche nicht mehr in die Kompetenz „reiner praktischer Vernunft" fallen. Aufgrund ihres empirischen Charakters [...] sind sie von zahllosen, zufälligen Bedingungen der Erfahrungsrealität abhängig, die von der erfahrungsunabhängigen reinen Vernunft darum nicht zu vertreten sind. [...] Zwischen Kants Universalisierungsprinzip und dem ökoethischen Globalisierungsprinzip[29] liegen Welten. Denn die Globalisierung betrifft, in krassem Gegensatz zur gesinnungsethischen Auffassung Kants, die empirischen Handlungsfolgen. Und was in der Globalisierungsperspektive sichtbar wird, ist nicht, dass unökologisches Handeln zu einem logischen Widerspruch führt, sondern vielmehr in Widerspruch zu empirischen Werten steht – zum Beispiel Gesundheit, Lebensqualität usw. –, was außerdem nur unter Hinzuziehung einschlägigen empirischen Wissens erkennbar ist. Im Unterschied also zum rein logischen Universalisierungsprinzip Kants fordert das Globalisierungsprinzip eine empirische Universalisierung.[30]

Was setze ich entgegen? Hier wie bei Jonas selbst liegt ein klares Missverständnis Kants vor:

- Kants guter Wille: Die Intentionalität ist relevant in der Tat für die von Kant apriorisch geforderte Begründung von Ethik und die Formulierung des kategorischen Imperativs.

- Sie ist nicht etwa ein Gegensatz zu einer Verantwortungsethik, sondern eine Verschärfung des Anspruchs: Die – möglicherweise gar absehbaren, einplanbaren – guten Folgen einer Handlung reichen zum Nachweis und zur Legitimation moralischen Handelns nicht hin; den Anspruch moralischen Handelns setzt Kant höher: Wer aus egoistischer Berechnung unzweifelhaft Gutes tut, handelt legal, nicht aber schon moralisch.

- Bei der Anwendung des kategorischen Imperativs in der Überprüfung von empirisch gegebenen (!) Maximen kommen die Folgen ins Spiel. Sie werden einem strengen Universalanspruch unterzogen – und halten ihm auf der Ebene eines widerspruchsfreien allgemeinen Gesetzes stand (oder nicht), oder zumindest dem Anspruch des moralischen Wollens, meint des allgemeinen, moralisch definierten Vernunftsubjekts, unabhängig von seiner individuellen empirischen Befindlichkeit, seinen Interessen, Gewohnheiten, Schwächen etc. – Thomas Nagels „Blick von Nirgendwo."

- Was in der Globalisierungsperspektive sichtbar wird, ist u.U. sehr wohl, dass bestimmte Werte, die die Menschenwürde konkret ausmachen, dass bestimmte Menschenrechte mit der Zweck-Mittel-Formulierung des kategorischen Imperativs unvereinbar sind, ein logischer Widerspruch mithin zum Konzept der Menschenwürde, zur Zweck-Mittel-Formulierung des kategorischen Imperativs. Und dies wiegt schwerer als die Feststellung eines Widerspruchs nur zu bestimmten empirischen Werten.

Zurück zu Jonas und Kant: Was folgt aus meinen Überlegungen? Jonas formuliert in seinem Imperativ explizit dasselbe, was Kant zumindest implizit formuliert und fordert. So gesehen ist der Jonassche Imperativ überflüssig. Das ist die eine Seite. Es bleibt die andere Seite: Jonas begründet ontologisch eine das Sein insgesamt umfassende Verantwortung des Menschen – und in dieser Hinsicht ergänzt er Kants Ethik.

Jonas, Kant, es folgt **Descartes** mit seinem Konzept einer provisorischen Moral. Ich gehe wegen der Tatsache, dass Descartes im Bereich einer Technik- oder Öko- oder Verantwortungsethik bisher eher am Rande oder eher nicht einbezogen wurde, in drei Schritten vor: Als Erstes verorte ich und stelle in seinen intentionalen und biografischen Kontext den Descartschen Text, es folgt seine Interpretation, den Abschluss bildet der Versuch einer Aktualisierung oder die

Begründung, warum Descartes nach oder neben Jonas und Kant überhaupt thematisiert wird.

Kontext und Verortung des Textes

Verortet ist das Konzept im „Discours de la méthode", in jenem autobiografischen Erstling also, in dem Descartes erklärt, wie er zu seinem methodischen Zweifel kam und mittels welcher Grundsätze und Regeln des Vernunftgebrauchs er zu einer tragfähigen Philosophie und Wissenschaft zu kommen hoffte. Formuliert wird das Programm der neuen, mit der Destruktion allen Herkommens beginnenden Wissenschaft. Das zentrale Erkenntnisinteresse Descartes' ist allerdings, wie sich biografisch nachweisen lässt[31], die „strebensethische Grundfrage nach der eigenen Lebensgestaltung"[32], zunächst individuell subjektiv, nicht schon für alle Menschen als strebenswert gedacht. Descartes' zentrales Motiv, ich wiederhole noch einmal, ist ein praktisches, „das Streben nach allseitiger und endgültiger Sicherheit des Handelns und Verhaltens, nach Beherrschung der materiellen Welt und unserer selbst"[33]. Die erstrebte Absicherung im Bereich der Praxis vermag indes nur die Vernunft zu bieten. Von daher ergibt sich die Aufgabe, zunächst „das theoretische Feld zu bestellen."[34] Das Resultat dieser Bearbeitung führt im „Discours de la méthode" bekanntlich von der intuitiven Evidenz des „ego cogito, ergo sum sive existo" zu ihrer Absicherung durch Gott, die menschliche Vernunft ist dem Wesen der Natur als gottgeschaffener Ordnung zugeordnet. Das Resultat der systematischen Entwicklung dieser Vernunft formuliert Descartes 1644 als Vision in den „Prinzipien der Philosophie": „Die gesamte Philosophie ist [...] einem Baum vergleichbar, dessen Wurzel die Metaphysik, dessen Stamm die Physik und dessen Zweige alle übrigen Wissenschaften sind, die sich auf drei hauptsächliche zurückführen lassen, nämlich auf die Medizin, die Mechanik und die Ethik. Unter Ethik verstehe ich dabei die höchste und vollkommenste Sittenlehre, die, indem sie die gesamte Kenntnis der anderen Wissenschaften voraussetzt, die letzte und höchste Stufe der Weisheit bildet."[35] Diese Ethik wird sein eine strenge, mathematisch exakte Wissenschaft, letztbegründet und universal gültig.

Allerdings ist dieser Baum der menschlichen Erkenntnis noch nicht ausgewachsen, Zeit und denkerische Arbeit sind erforderlich. In der Zwischenzeit können freilich die Ansprüche der Moral nicht ignoriert werden, das Leben muss vielmehr in vernünftiger Weise geführt werden. Das dritte Kapitel des „Discours de la méthode“ beginnt daher: „ Ehe man das Haus, in dem man wohnt, von Neuem aufzubauen beginnt, muss man es nicht bloß niederrreißen und sich Material und Bauleute besorgen oder sich selbst in der Baukunst üben und außerdem auch den Grundriss sorgfältig gezeichnet haben, sondern man muss auch ein anderes Haus haben, wo man solange, als hier gearbeitet wird, bequem wohnen kann.“[36] Aus diesem Grund formuliert Descartes eine provisorische Moral, eine Moral auf Zeit. Sie besteht nur aus vier Grundsätzen:

> „Der erste war, den Gesetzen und Sitten meines Vaterlandes zu gehorchen, die Religion standhaft beizubehalten [...], in allen übrigen Dingen mich nach den mäßigsten und von dem Übermaß entferntesten Ansichten zu richten, die unter den Leuten meines Umgangs die Verständigsten in ihre Handlungsweise [...] würden aufgenommen haben.“ Orientierung also zunächst an bestehenden, bewährten Regelungen, sodass neue Kriterien oder Maßstäbe unter einem prinzipiellen Legitimationszwang stehen. In der Folge akzentuiert Descartes noch einmal den Kontext, nämlich den Versuch, die „eigenen Ansichten für nichts gelten zu lassen, weil“ er „sie alle der Prüfung anheim geben wollte“, er akzentuiert den Begriff der „Verständigsten“ und „dass, um ihre wirklichen Ansichten zu erfahren,“ er „mehr auf ihre Handlungen als auf ihre Worte achten müsste“; und „unter mehreren Ansichten von gleichem Ansehen wählte ich nur die gemäßigsten: einmal, weil sie stets für die Praxis die bequemsten und wahrscheinlich die besten sind, denn alles Übermaß ist in der Regel schlecht; dann auch, um im Fall des Fehlgriffs mich von dem wahren Weg weniger abzuwenden, als wenn ich das eine Extrem ergriffen hätte, während ich das andere hätte ergreifen sollen. Und besonders rechnete ich zum Übermaß alle Versprechungen, wodurch man etwas an seiner Freiheit aufgibt [...], weil ich nichts in der Welt in demselben Zustande bleiben sah, und weil [...] ich mir das Versprechen gegeben hatte, meine Urteile immer mehr zu vervollkommnen.“
>
> „Mein zweiter Grundsatz war, in meinen Handlungen so fest und entschlossen wie möglich zu sein und den zweifelhaftesten Ansichten, sobald ich mich einmal dafür entschieden, nicht weniger standhaft zu folgen, als wenn sie ganz sicher gewesen wären.“ Es ist, „weil die Handlungen des Lebens oft keinen Aufschub dulden, ein richtiger Grundsatz, dass, wenn wir die wahrsten Ansichten nicht deutlich zu erkennen vermögen, wir den wahrscheinlichsten folgen und [...] wenn wir keine größere Wahrscheinlichkeit bei den einen als bei den anderen bemerken, wir dennoch für eine uns entscheiden müssen und sie dann, soweit ihre prakti-

sche Bedeutung reicht, nicht mehr als zweifelhaft ansehen dürfen, sondern als ganz wahr und sicher, weil so jener Grundsatz ist, der uns zu dieser Entscheidung vermocht hat."

„Mein dritter Grundsatz war, immer bemüht zu sein, lieber mich als das Schicksal zu besiegen, lieber meine Wünsche als die Weltordnung zu verändern und überhaupt mich an den Glauben zu gewöhnen, dass nichts vollständig in unserer Macht sei als unsere Gedanken; dass mithin, wenn wir in betreff der Dinge außer uns unser Bestes getan haben, alles, was am Gelingen fehlt, in Rücksicht auf uns vollkommen unmöglich ist."

„Endlich [...] und ohne etwas von den Beschäftigungen anderer Leute sagen zu wollen, meinte ich, dass ich am besten tun würde, in der meinigen fortzufahren, das heißt mein ganzes Leben darauf zu verwenden, meine Vernunft auszubilden und mich so weit als möglich vorwärts zu bringen in der Erkenntnis der Wahrheit nach der Methode, die ich mir vorgeschrieben hatte." Die drei vorher genannten Grundsätze waren auch „nur auf die Absicht gegründet, meiner Selbstbelehrung zu leben. Denn da Gott jedem ein Licht gegeben hat, um das Wahre vom Falschen zu unterscheiden", sei es müßig, sich mit fremden Ansichten überhaupt zu beschäftigen, wenn man entschlossen sei, „im richtigen Zeitpunkt" das „eigene Urteil zu ihrer Prüfung zu gebrauchen."

Basis dieser vier Grundsätze ist die Annahme, dass zwischen Sollen und Wollen, zwischen Vernunft und Wille, zwischen Theorie und Praxis kein Hiatus, keine Kluft, keine grundsätzliche Differenz besteht: „Da unser Wille sich nur anlässt, etwas zu verfolgen oder zu fliehen, je nachdem unser Verstand ihm dasselbe als gut oder schlecht vorstellt, so genügt es, gut zu urteilen, um gut zu handeln, und so gut wie möglich zu urteilen, um so gut wie möglich zu handeln."[37]

Interpretation

Descartes, eine provisorische Moral: Was ist damit gemeint? Ich greife zurück auf Descartes' Bild des Hauses als Zwischenunterkunft, in der man „bequem wohnen kann"; das heißt, die provisorische Moral ist nicht etwa unvollständig oder noch nicht ganz fertig, sondern eine Moral für einen provisorischen Zustand. Selbstverständlich aber eine gültige Moral, ihre Regeln gelten nicht etwa nur vorläufig oder gar versuchsweise – dann wäre sie überhaupt keine Moral. Sie ist allerdings als Regelzusammenhang, als ganze „vorläufig hinsichtlich einer letzten Begründung durch Prinzipien."[38]

In unserem Alltagshandeln folgen wir häufig einer in diesem Sinn provisorischen Moral, wenn wir nach guten Gründen handeln, nicht aber nach Prinzipien, nach letzten Gründen. Ein Grundmodell einer derart provisorischen Moral ist sicher die Aristotelische Ethik: Sie kennt zwar ein Prinzip – alle Menschen streben nach der Eudaimonia –, aber daraus lässt sich nichts ableiten; das rechte Maß, die richtige Mitte, die Mesótes ist wesentlich situativ konstituiert. Was großzügig, gerecht, was gut ist, lässt sich situationsinvariant nicht bestimmen, sehr wohl aber genau ausmachen dank unserer „Fähigkeit, die Situation auf die in ihr gegebenen Möglichkeiten des richtigen Handeln zu mustern"; diese Fähigkeit ist die Phrónesis, „eine erfahrungsimprägnierte und auch nur durch Erfahrung auszubildende Fähigkeit,"[39] die moralische Praxis zu realisieren, zu erhalten, zu erweitern. Otfried Höffe hat die aristotelische Ethik einmal als „ungesättigt"[40] bezeichnet, insofern sie immer der konkreten Umstände moralisch relevanter Situationen bedarf, um das richtige Handeln bestimmen zu können. Sie ist daher als Ganze eine provisorische Moral hinsichtlich einer Prinzipiierung.

Andreas Luckner hat die vier Grundsätze des Descartes – Descartes spricht von „maximes" (Kant ist nicht so weit entfernt) – in Imperative transformiert und vereinfacht:

1. Gehorche den herrschenden Gesetzen und Sitten und im Übrigen vermeide extreme Ansichten und Handlungsweisen.
2. Sei in Deinen Handlungen und Ansichten fest und entschlossen, selbst wenn diese im Allgemeinen zweifelhaft sein sollten. [...]
3. Beschränke Dich in Deinen Handlungen auf das, was in Deiner Macht steht. [...]
4. Bilde Deine Urteilskraft aus und vervollkommne Deine Vernunft [...].[41]

Die Vereinfachung vergröbert sicherlich, sie verschärft aber auch den Blick auf scheinbare Mängel und Inkonsistenzen dieser vier Grundsätze:

- Die erste Maxime erscheint uns rein konformistisch und im Fall ihrer Verallgemeinerung relativistisch bis zur Selbstauflösung.

- Die zweite Maxime scheint – ethisch höchst problematisch – dezisionistisch und rigoristisch: Augen zu und durch!

- Die dritte Maxime scheint entweder verantwortungslos fatalistisch oder privatistisch formuliert.

- Die vierte Maxime scheint gar nicht so recht zu den anderen zu passen.

Luckner fasst zusammen: „Insgesamt scheinen [...] diese Regeln [...] nur Elemente einer die Beliebigkeit (2. Regel) sanktionierenden Moral angepasster (1. Regel) Unfreier (3. Regel) darzustellen, die sich darauf vertrösten, irgendwann einmal in den Besitz einer unumstößlich fundierten Moral zu kommen (4. Regel)."[42]

Möglicherweise wäre dies in der Tat das vernichtende Resultat, wenn wir diese Maximen/Regeln als Prinzipien missverständen; das sind sie aber nicht. Mit dieser Einsicht ist allerdings noch nichts gewonnen: Wenn es keine Prinzipien sind, sind Ausnahmen also möglich, damit scheint das Konzept aber gar vollends an Brauchbarkeit oder Wert zu verlieren.

Provisorische Moral, ich erinnere an Aristoteles: Die Maximen bilden einen komplementären Zusammenhang, komplementär in der Unterschiedlichkeit konkreter Situationen; wann welche Regel gilt, ist situationsinadäquat nicht auszumachen, die Angemessenheit an die Situation ist vielmehr das Kriterium, das hier gilt und das mit der Entwicklung der Urteilskraft, der aristotelischen Phrónesis (4. Regel), zu erwerben, einzuüben und weiter zu entwickeln ist. So setzt die erste Regel situativ voraus, dass keine neue oder einen „neuen Problemdruck erzeugende Entscheidungssituation" gegeben ist; die zweite Regel erscheint angemessen „unter Krisendruck und ohne Kenntnis sicherer Lösungsoptionen"; die dritte Regel zielt wohl auf eine Situation „fundamentaler Ungewissheit, Unfähigkeit und Desorientierung", als „Aufforderung zur Unterlassung"[43].

Die Maximen bilden einen komplementären Zusammenhang: Wie hängen sie zusammen?

- Regel 1 und Regel 2: Korrektur des Konformismus (Regel 1)
  Die zweite Regel gilt da, wo wir mit der Orientierung an Üblichkeiten nicht weiterkommen; Descartes erläutert sie mit dem Bild des im Wald Verirrten, der seine Richtung beibehalten soll, wenn er aus dem Wald herauskommen will.

- Regel 2 und Regel 1: Korrektur des Dezisionismus (Regel 2)
  Die zweite Regel legt nahe, auch da eine Entscheidung zu treffen, wo wir kein Kriterium finden, das diese Entscheidung legitimiert; in einer solchen Situation der Überforderung erscheint es sinnvoll, sich an den Üblichkeiten oder Institutionen zu orientieren.

- Regel 2 und Regel 3: Korrektur des Rigorismus (Regel 2)
  Luckner interpretiert den Appell der dritten Regel, sich der eigenen Grenzen bewusst zu sein, als Bewusstsein der Endlichkeit unserer Vernunft und damit als Fähigkeit, einen Entschluss auch revidieren zu können.

- Regel 1 und Regel 3: Korrektur des Relativismus (Regel 1)
  Ist der Rigorismus das Extrem der zweiten Regel, so ist der Relativismus das Extrem der ersten Regel; denn die Üblichkeiten können kulturspezifisch different, können plural sein. Die dritte Regel korrigiert und reguliert nach Luckner auch dieses Extrem; denn wir knüpfen in unserem Handeln immer schon an etwas an, stehen immer schon in einer bestimmten Tradition.

- Regel 3 und Regel 2: Korrektur des Fatalismus (Regel 3)
  Zwar steht die Existenz bestimmter Üblichkeiten oder Institutionen nicht in der Macht des Einzelnen, wohl aber ihre Geltung: Wir können sie anerkennen oder nicht und damit die Grenzen verschieben.

- Regel 3 und Regel 1: Korrektur des Privatismus (Regel 3).
  Luckner sieht in der Regel 3 neben dem Extrem des Fatalismus auch die Gefahr einer Privatisierung: „Dem Privatismus [...] stellt die erste Regel entgegen, dass die Institutionalität das Individuum befähigt, mehr zu tun und auch mehr verantworten zu können, d.h. mehr Macht bzw. Handlungsfreiheit zu haben, als wenn es allein auf sich gestellt agiert."[44]

Das Folgende hat den Charakter einer Anmerkung: Die vorgestellte Interpretation Andreas Luckners ist eine Lesart des Textes, er wurde auch ganz anders interpretiert: Peter Fischer stellt die provisorische Moral Descartes' eng in den Kontext des Cartesianischen Wissenschaftsverständnisses, sie diene der Realisierung dieses Wissenschafts- und Forschungskonzepts: Es gehe nicht um Moral als „Regelung der zwischenmenschlichen Beziehungen", sondern „um Moral als Asketik im Hinblick auf die wissenschaftliche Tätigkeit"; unter diesem Aspekt setzt Fischer ganz andere Akzente:

- Die erste Maxime besage: „Sei verständig, sei schlau! Missbillige niemals öffentlich geltende Konventionen, wenn dies deine wissenschaftliche Arbeit gefährden könnte. Erlaubt ist, was nicht ausdrücklich verboten ist. Auch gegen das offiziell Verbotene gibt es keinen Einwand, wenn die Übertretung nicht bemerkt wird. Binde dich nicht an Verpflichtungen, die deine Suche nach wissenschaftlicher Wahrheit behindern könnten. Unter dem Schein des Konformismus verbirgt sich eine fast pathologische Bindungslosigkeit des Wissenschaftlers Cartesianischen Typs."

- Die zweite Maxime fordert auch in Fischers Sicht „Konsequenz im Vollzug von Handlungen, zu denen einmal der Entschluss gefasst wurde." Er fährt fort: „Aber vielleicht will Descartes doch mehr sagen als diese Binsenweisheit" und rekurriert auf folgende Textstelle, Descartes schreibt: „Dadurch habe ich die Fähigkeit gewonnen, mich von aller Reue und allen inneren Vorwürfen zu befreien, welche die Gewissen schwacher und schwankender Gemüter zu beunruhigen pflegen, die sich gehen lassen ohne feste Richtung und die Dinge als gut behandeln, die sie nachher als schlecht beurteilen."[45] Fischer interpretiert: „Übersetzt in die hier favorisierte Lesart lautet die asketische Vorschrift für den Wissenschaftler: Suspendiere dein Wissen um Gut und Böse. Mache dich frei von Gewissensbissen, Schuld- und Reuegefühlen. Lasse dich bei der kompromisslosen Wahrheitssuche nicht von deinem Gewissen aufregen."

- Weniger gewalttätig, deutlich aber akzentuiert durch den Ansatz wissenschaftlicher Tätigkeit, wird die dritte Maxime interpretiert: „Keinerlei Leidenschaften und Wünsche, die über den Realitätsbereich der positiven Wissenschaften hinausgehen, sollen den Wissenschaftler antreiben. [...] Das Subjekt soll [...] die leidenschaftslose Orientierung an der wertfreien Objektivität einüben, eine Selbsttransformation, die in besonderer Weise der anthropologischen Bestimmung des Vernunftwesens Mensch entspricht."

Fischer schließt: „Diese asketischen Vorschriften sind zweifellos geeignet, das Subjekt zur Ausübung der methodischen Regeln zu befähigen. Der leidenschaftslose, sein Gewissen suspendierende Nonkonformist ist prädestiniert, nur seiner Evidenz zu folgen, die Dinge nach Maßgabe der Methode zu zerlegen und nach seinen Erkenntnis- und Nutzungsinteressen zu ordnen und zu katalogisieren."[46]

Es folgt eine zweite Anmerkung: Descartes hat eine systematische Ethik nicht mehr ausgearbeitet; Ansätze dazu sind aber in der Schrift „Über die Leidenschaften der Seele" und in seiner Korrespondenz der vierziger Jahre deutlich zu erkennen. Wolfgang Röd unterscheidet daher bei Descartes die provisorische Moral von der definitiven Moral. Ihre wesentlichen Merkmale sind die Unterwerfung unter den Willen Gottes und die Liebe zu Gott, die Einsicht in die Abhängigkeit jedes Einzelnen von einem gesellschaftlichen Ganzen, daraus resultierend die Überwindung des Egoismus und die Entwicklung einer altruistischen Einstellung, und schließlich die Entschlossenheit, das Verhalten an der Erkenntnis auszurichten, an dem höchsten jeweils erreichbaren Grad kritischer Einsicht in die jeweils gegebene Situation[47].

Aktualisierung

Christoph Hubig und seine Mitarbeiter in Stuttgart arbeiteten an einem Konzept einer Anwendungsethik, genauer einer technischen Ethik als „provisorischer Moral" unter Rückgriff auf Aristoteles und insbesondere Descartes. Warum gerade Descartes?

Descartes entwickelte seine Konzeption in einer Umbruchssituation vom Mittelalter in die Neuzeit, individuell wie programmatisch von der Absicht geleitet, Traditionen zu dekonstruieren, durch das Programm des methodischen Zweifels zu sicherem Wissen zu gelangen. Hubig nimmt eine in mancher Hinsicht analoge Situation für den gegenwärtigen Umgang mit Technik und unsere Erfahrung mit Technik und technischen Systemen an: Wir sehen uns einer doppelten Orientierungsunsicherheit gegenüber, der Unsicherheit bei der Erfassung möglicher Folgen im Einsatz technischer Systeme und der Unsicherheit bezüglich der zugrunde gelegten Werte als Orientierungsinstanzen (deutlich z. B. in unterschiedlichen Konzepten von Nachhaltigkeit).

In seinem Vortrag vom 29.November 2007 in Stuttgart, auf der Jahrestagung für Ethik-Lehrer, gab Hubig zwei Beispiele dafür, dass Descartes' provisorische

Moral sich als Ausgangsbasis für aktuelle Problemstellungen und ihre Lösung fruchtbar heranziehen lasse:

- Nachhaltige Energiebereitstellung[48]
- Gentechnik am Menschen[49]

Was meint im Kontext der Aktualisierung und Weiterentwicklung des Descartesschen Ansatzes „provisorische Moral"? In bewusster Anlehnung an die Mehrfachbedeutung von Provision und provisorisch formuliert Hubig drei Merkmale dieser Moral:

1. Sie stellt sich „dem Erfordernis einer Vorschau ins (partiell) Ungewisse."
2. Sie entwirft sich als Moral der Vorsorge.
3. Sie begreift sich „in Konsequenz der Konfrontation mit (partiellen) Ungewissheiten und daraus resultierenden Entscheidungsunsicherheiten [...] explizit als vorläufige, die eigene Revisionsbedürftigkeit unterstellende Moral"[50].

Insofern diese Moral über die Erfassung von Handlungsmöglichkeiten und ihrer Folgen hinaus auf die Sicherung der grundsätzlichen Möglichkeit des Handelns und den Erhalt der Möglichkeit des Anders-Handelns abzielt, ist sie Ausgangspunkt einer spezifischen Ethik der Technik; denn Technik meint nicht nur „instrumentelles Handeln mittels Artefakten"[51], sondern die Sicherung und Gewährleistung dieses Handelns; Technik prägt Möglichkeitsspielräume unseres Handelns. Der spezifische, eigentliche Problemhorizont einer Ethik der Technik ist nicht z. B. durch die Frage markiert: „Darf ich mit einem Gewehr töten?" Das wäre nur mehr die Anwendung und Konkretion allgemeiner Ethik, der Frage nämlich: „Darf ich einen Menschen töten?" Der Problemhorizont einer Technik-Ethik ist die Frage: „Wie eröffnen neue Waffensysteme Tötungsmöglichkeiten, die die Tötungshemmung abbauen?" Allgemeiner gefragt: „Wie lassen sich neue Chancen und Risiken verantworten und rechtfertigen?" Es geht um die Eröffnung oder Verschließung von Möglichkeitsräumen. Eine provisorische Moral der Technik reflektiert sich selbst: Sie stellt ihre „handlungsleitende, auf Antizipation beruhende Leistung (=

provision 1) auf den Prüfstand", wesentlich bezogen „auf die Gewährleistung von Zweckverfolgung überhaupt (= provision 2)", und achtet darauf, dass angebotene Orientierungen reversibel und veränderbar sind (= provision 3).[52]

In der Ausarbeitung der provisorischen Moral greift Hubig auf Descartes zurück als einen einfachen und zugleich höchst flexiblen Ansatz, „dem Anspruch verpflichtet [...], in spezifischen Situationen die Entscheidungen so zu treffen, dass eine gelingende Lebensführung möglich bleibt." Der Ansatz ist allerdings zu differenzieren: Die Stichworte sind Wertkonflikte im Bereich der Einschätzung von Problemen und von Optionen der Problemlösung, Umgang also mit Dissensen.

Exemplarisch für Wertkonflikte ist die Nachhaltigkeitsdiskussion: In Orientierung an unterschiedlichen Wertvorstellungen oder Prioritäten haben sich unterschiedliche, durchaus miteinander konkurrierende Säulen oder Bereiche herausdifferenziert: Ökologisch wird gefragt „nach den notwendig zu erhaltenden Ressourcen als Gütern der Natur, [...] Objektwerten, denen eine gewisse Würde zukommt und die nicht verrechenbar sind." Ökonomisch geht es um „zu erhaltende Funktionen der Natur, unabhängig von ihrer Gestalt in konkreten Ressourcen." Sozial geht es um „den Erhalt von Strukturen des gesellschaftlichen Zusammenlebens, welche [...] ein frei bestimmtes gutes Leben gewährleisten"[53]. Ähnlich disparat stellt sich gegenwärtig die Gerechtigkeitsdiskussion dar: Egalitaristen und Nonegalitaristen stehen einander gegenüber; Ausgangspunkt sind entweder Grundsätze der Gleichverteilung, bezogen auf Objektwerte und Ansprüche, Rechte, Pflichten oder „bedürfnisrelativ bewertete Grundgüter und Standards guten Lebens"[54].

Angesichts solcher Konstellationen fragt Hubig nach basalen Werten, d.h. nach Werten, die die Fähigkeit des Wertens und des Austragens von Wertkonflikten sichern. Es liegt dies auf der Linie der Klugheitsethiken von Aristoteles bis zu Descartes, insofern das konkrete Handeln dem Erhalt des Handeln-Könnens bei Descartes, dem Gelingen eines Gesamtlebensvollzugs bei Aristoteles unterstellt wird. Die Extreme, die bei Aristoteles wie bei Descartes zu vermeiden sind, sind „diejenigen, die das Subjekt der Entscheidung überhaupt gefährden, und diejenigen, die die Spielräume seines Entscheidens gefährden."[55] Basale Werte sind also „Werte, in denen der Bedingungserhalt zum Ausdruck kommt." Unterscheiden lassen sich „Optionswerte, welche sich auf die weitestmögliche Aufrechterhaltung von Handlungsspielräumen beziehen", und „Vermächtniswerte, welche die Gesamtheit der Bedingungen umfassen, die zur Herausbildung von Ich-Identität und Handlungskompetenz zu erhalten sind"[56].

Was ist z. B. der Wert eines Waldes? Es geht hier einmal um die „Befriedigung eines Nutzungsinteresses (z. B. die Verwertung des Holzes)“; dann geht es um den Existenzwert, anderen Interessen zu genügen, z. B. ästhetischen, religiösen oder wissenschaftlichen; dies schließt auch die Möglichkeit ein, „sich zum Wald in einen Bezug zu setzen, z. B. darin spazieren zu gehen, auch wenn man diesen Brauch bisher nicht pflegt“, und schließlich geht es darum, „diesen Wald nachkommenden Generationen als Möglichkeit, sich zu ihm in Beziehung zu setzen, zu erhalten.“[57]

Es sind dies alles Möglichkeiten von Wertbezügen, also Optionswerte. Und eine weitest mögliche Diversität des Angebots möglicher Optionen muss gewährleistet bleiben. Es muss aber auch gesichert sein, dass die Subjekte fähig sind, sich als autonome Subjekte des Wertens und Bewertens herauszubilden, und dazu gehört zentral „der Erhalt derjenigen Sozialstrukturen, die die persönliche Identitätsbildung allererst erlauben.“[58]

Auch bei den Options- wie Vermächtniswerten gilt freilich wiederum, dass sie nicht absolut zu bestimmen sind, sondern nur in dem Maße, in dem sie in konkreten Situationen berührt sind; darüber hinaus sind Konflikte zwischen ihnen im konkreten Fall möglich. Dieser Konstellation oder Struktur tragen wiederum Klugheitsethiken besonders Rechnung, weil sie nicht auf höchste, letztgültige Prinzipien, sondern auf den Ausgleich und Abgleich, auf die konkrete Abwägung durch die Urteilskraft zielen. Das ist so, weil Klugheitsethiken konzedieren, „dass Subjekte auf der Basis unterschiedlicher Lebensentwürfe aus unterschiedlichen Gründen unterschiedliche Maximen verfolgen.“[59] Es resultieren daraus Dissense unterschiedlicher Art:

1. Aufgrund der unterschiedlichen Werthaltungen „fällt die Beurteilung der Situationen als Problemlagen unterschiedlich aus“[60], die Chancen- und Risikoträchtigkeit dieser Situationen wird unterschiedlich eingeschätzt, z. B. in der Frage, wie der Optionswert der Energiebeschaffung aus Kernkraft im Vergleich zu anderen Energieträgern in Blick auf die Klimaproblematik einzuschätzen ist.

2. Es bestehen Dissense in der Frage, wie sich unterschiedliche Werthaltungen rechtfertigen lassen; zugrunde liegen können dem unterschiedliche Menschenbilder und Vorstellungen der Natur.

3. Es bestehen Dissense in der Frage des Vorgehens bei diesen bestehenden Dissensen und bei den Lösungsstrategien für den Umgang mit solchen Dissensen,

z. B. bei der Berücksichtigung real oder nur potentiell Betroffener, bei der Bewertung von Argumentationsstrategien.

Im Umgang mit dieser Situation betrachtet Hubig Dissense nicht als etwas, was „prima facie […] seine Überwindung oder Auflösung erfordert. Dissensen selbst kommt ein hoher Vermächtnis- und ein hoher Optionswert zu: Ein Vermächtniswert dadurch, dass sich in ihnen bereits ausgeprägte Subjektpositionen spiegeln, Lebensentwürfe unterschiedlicher Art," anerkennbar durchaus als zu erhaltendes Vermächtnis. „Ein Optionswert" wiederum liege „im Wertpluralismus selbst," insofern „der Erhalt unterschiedlicher Optionen der Werthaltung" eben auch Spielräume gewährleistet.[61]

In der Weiterentwicklung des Konzepts geht es Hubig um Verfahren des Dissensmanagements, die nun gerade nicht wie im Konzept der Diskursethik die Beteiligten auf einen Konsens festzulegen versuchen, „sondern sie in die Lage versetzen wollen, mit ihren jeweils partikular begründeten Dissensen in einer Weise umzugehen, die ein Lernen, ein Umdisponieren, ein fehlerfreundliches Planen und Korrigieren nicht verstellt."[62]

Das schließt durchaus Klarheit und Eindeutigkeit, um an Descartes' Zielkriterien zu erinnern, nicht aus: „Wie wäre die Frage ‚Welches Natürliche ist in welchem Umfang als Optionswert zu erhalten?' bzw. ‚Welche Sozialstrukturen dürfen, da sie Vermächtniswerte darstellen, nicht zerstört werden?' undogmatisch zu beantworten?" Zwingend erscheint es, „Makrorisiken für die Existenz bewertungsfähiger Subjekte und für die positive Freiheit ihres Handelns weitest möglich auszuschließen." Darüber hinaus lassen sich solche Optionen diskriminieren, die „ein weiteres Disponieren als Risikomanagement" einschränken, „z. B. nicht rückholbare hohe Emissionen, deren Eigenschaften nicht weitgehend bekannt sind."[63]

Es lassen sich auf dieser Basis bestimmte Regeln oder Maximen im Kontext des Dissensmanagements plausibel entwickeln, im Folgenden unter Rückgriff auf Descartes knapp skizziert oder nur mehr benannt:

1. Die Individualisierungsregel: individuelle Rechtfertigung der Zweck- und Mittelwahl

Relativierungsresultat der Descartesschen Maximen 2 und 3 ist der Vorschlag, in bestimmten Fällen die Individuen selbst entscheiden zu lassen, dies gilt z. B. vielleicht für den Verzehr gekennzeichneter, gentechnisch behandelter

Nahrungsmittel, vielleicht, wenn den Käufern die ökologischen Auswirkungen hinreichend bewusst wären; eher also ein Problemfeld als ein Beispiel; dies gilt wohl eher für Fragen der Geburtenplanung; wenngleich auch hier bevölkerungspolitische, ökologische, volkswirtschaftliche Folgen zu bedenken sind, wird aber wohl keine die individuelle Entscheidungsautonomie übergreifende, staatliche oder gar globale Verfügung hier eingreifen dürfen. Vorausgesetzt ist eine „Situationsspezifik, [...] in der die Gratifikationen und Risiken allein vom betroffenen Individuum getragen werden."[64] Hubig formuliert hier relativ hart: „Die Beschränkung auf die individuelle Handlungsmacht wäre in den wenigen Situationen, in denen diese Dissensmanagementstrategie greifen kann, wirklich radikal zu denken: Dissens über Organtransplantationen und das Hirntod-Kriterium wäre [...] nur dann jener liberalen Lösung zuzuführen, wenn die Befürworter der Organtransplantation zugleich die Bereitschaft zur Organexplantation auch für sich selbst äußerten"[65]. Und in der Tat: Die Schieflage ist da, einer überwältigenden Mehrheit potentieller Empfänger steht eine Minderheit potentieller Spender gegenüber.

2. Die Regionalisierungsregel: an unterschiedliche Problemlagen angepasste Rechtfertigung der Zweck-Mittel-Wahl

Relativierungsresultat der cartesischen Maximen 3 und 1 ist es, regionale Problemlösungen zuzulassen, wobei Region eine Problemlage, nicht unbedingt eine geografische Region meint. Angesichts des Nord-Süd-Gefälles ist dies u.U. angebracht, z. B. in Blick auf Umweltschutz- und Sicherheitsstandards: So wäre zu überlegen, ob die Bedrohung der Biodiversivität durch grüne Gentechnik angesichts der hohen oder gar Überproduktion von Nutzpflanzen in weiten Teilen der EU nicht anders zu bewerten wäre als auf ausgetrockneten oder übersalzenen Mängelböden bei geringer Biodiversivität in anderen Regionen. Descartes' Maxime 3 legt zugleich aber auch die Grenze dieses Vorschlags fest: Er findet seine Grenze „dort, wo aus dem regionalen Kompensationsgeschehen globale Wirkungen resultieren, die ihrerseits nicht kompensierbar erscheinen."[66]

3. Horizontale Problemrückverschiebung in kompensatorischer Absicht

Es können Wertkonflikte trotz gemeinsamer übergeordneter Werthaltungen entstehen: Beim Konflikt um den Bau des Main-Donau-Kanals standen sich die Verfechter des Erhalts der Biotope und die Befürworter einer ökologisch günstigsten Transportoption gleichermaßen als Naturschützer gegenüber. Das Resultat war ein Kompromiss, der die Ökotope weniger schädigte und die Wasserstraße kleiner auslegte mit dem Resultat, dass der ursprüngliche Zweck verfehlt wurde, da große Euro-Container-Schiffe den Kanal nicht mehr passieren können. Sinnvoller wäre es gewesen, zwar eine sinnvoll große Wasserstraße zu bauen und kompensatorisch umfangreiche Renaturalisierungsmaßnahmen begleitend oder andernorts durchzuführen. Allgemein: Die optimale Planung von Maßnahmen wäre in ein Überlegungsgleichgewicht zu bringen mit den unterschiedlichen Präferenzen.

4. Vertikale Problemrückverschiebung an die Problemwurzel: Neubegründung einer Lösungssuche

Relativierungsresultat der Regeln 1 und 3 ist die Strategie einer Problemrückverschiebung angesichts von Dissensen in der Beurteilung des Bedingungserhalts von Vermächtnis- und Optionswerten: Das Problem wird neu aufgerollt. Ein Beispiel: Wenn die großen Strategien der Energiebereitstellung allesamt umweltschädlich sind, die Optionen der Müllentsorgung, des Verkehrs, des Tourismus allesamt problematisch erscheinen, liegt es nahe, das Müllvolumen und Verkehrsaufkommen zu reduzieren, die Energieeffizienz zu erhöhen, die touristisch optimierte Rekreation einzuschränken, die Ernährung wieder stärker regional und jahreszeitlich zu orientieren.

5. Die Verschiebung der Problemlösung, das Moratorium

Zugrunde liegt hier die Regel 3: Solange z. B. die Endlagerung von Atommüll nicht gelöst ist, greifen wir zurück auf reparable (!) Zwischenlager oder – im Ansatz noch besser – wir verzichten auf diese problematische Energieform. Angesichts unkalkulierbarer Gefahren ist eine Entscheidungsverschiebung angemessen – und „zu revidieren, sofern die Gefahren in Risiken transformiert werden können. [...] Zwischen Risikoscheu als einer Optionswertverletzung und Waghalsigkeit als einer Vermächtniswertverletzung“ – die aristotelische Mesótes – sollten [...] Entscheidungen so lange ausgesetzt werden, bis die [...] optimistischen Prognosen, “ die die Beweislast tragen (!), „nicht mehr durch negative Prognosen [...] relativiert werden.“[67] Hans Jonas' „Heuristik der Furcht“ mit der harten Forderung des Vorrangs der Negativprognose klingt an, relativiert indes durch die Berücksichtigung des Problems von Chancen als Unterlassungsrisiken.

6. Prohibitive Maßnahmen

Der Verzicht auf Kernenergie, also das Verbot, ist begründet durch den Overkill, also die Irreversibilität der damit in Gang gesetzten Gefährdungen und Risiken, die Gefährdung weiterer Disponibilität, den Ausschluss anderer Optionen. Hubig nennt exemplarisch für die Verletzung zentraler Vermächtniswerte, die für den Erhalt der Subjektposition unverzichtbar sind, das Klonen, die positive Eugenik, die technische Manipulation von Persönlichkeit. Für die irreversible Zerstörung von Optionswerten als Handlungsspielräumen nennt er exemplarisch die Gefahr einer unkontrollierten Vermehrung resistenter genoptimierter Mikroorganismen, das Aufbrauchen nicht substituierbarer Ressourcen, irreversible Klimaschäden. Trotz unterschiedlicher Einschätzungen sind prohibitive Maßnahmen angemessen. Auch diese Strategie, orientiert an der dritten Maxime Descartes', bedarf einer Relativierung: Es könnten durch Verbote auch Lösungspotentiale zerstört werden, Descartes' Freiheitsvorbehalt der Maxime 1 kommt hier in Anschlag: Hubig nennt exemplarisch die Forschung an embryonalen Stammzellen, das therapeutische Klonen, den Einsatz von Kernenergie auf der Basis anderer technischer Standards, den Eingriff in Ökosysteme, der deren Diversivität und Variabilität nicht gefährdet. Sein Fazit: „Die Prohibition sollte daher angemessen sein insofern, als sie tatsächlich missliche Lösungsoptionen, nicht aber strittige Lösungspotentiale betrifft“[68] – ihrerseits eine sicherlich strittige Position.

7. Kompromisse: ein notwendiges Übel

Weshalb ein Übel, was sind die Vorwürfe gegenüber dieser Strategie?

- Die Probleme werden nicht gelöst, die Lösung werde vielmehr nur aufgeschoben, Nebenfolgen nur vorübergehend gemildert (Energiemix, Verkehrsmix, sanfter Tourismus)

- Strukturinnovationen werden verdrängt.

- Strategie 4 komme nicht zum Zug, und das Potential der Strategien 1 bis 3 werde nicht ausgereizt. Exemplarisch nennt Hubig die Stichtag-Regelung der embryonalen Stammzellenforschung, sie verletze partiell die moralischen Intuitionen von Menschen, sie verletze partiell die Entwicklung der einschlägigen Forschung, für ein Verbot gebe es keinen Grund, da diese Forschung alternative Optionen nicht verstelle.

Sieben Dissensmanagement-Strategien: Wann ist welche Strategie angemessen? „Wann sollte nach der Devise verfahren werden, das Entweder-Oder in ein Sowohl-als-auch zu transformieren (Strategien 1-3), wann sollte gelten Keine-von-den-zur-Verfügung-stehenden-Optionen (Strategie 4 und 5) oder Eine-von-diese-auf-keinen-Fall (Strategie 6)? Wann sollte man Zuflucht zur problematischen Strategie 7 nehmen? Wer kommt als Subjekt solchen Entscheidens in Frage?"[69]
Zur Priorisierung finden sich bei Hubig folgende Vorschläge:

1. Solange die Strategien 1-3 zu rechtfertigen sind, gibt es keinen Grund, höherstufig den Spielraum der Wahl einzuschränken.

2. Unter den Strategien 1-3 ist die Priorisierung 1 vor 2 und 2 vor 3 gerechtfertigt, weil sie in dieser Abstufung den Wertpluralismus weitestgehend erhalten.

3. Unter den Strategien 4-6 ist die Priorisierung 4 vor 5 und 5 vor 6 gerechtfertigt. Denn 4 fordere lediglich eine Rückbesinnung auf höhere Werthaltungen hinter den dissenten Bewertungen, 5 verschiebe die Austragung des Wertkonflikts und 6 sei um den Erhalt der Option, den Wertkonflikt auszutragen, bemüht.

In Summa: Worum geht es? Wichtig ist es, in Abwägung der unterschiedlichen Maximen oder Strategien

1. „die Spielräume für Handlungsoptionen möglichst groß zu halten" (Optionswerte),

2. „die für die Herausbildung von Identität vorauszusetzenden sozialen Strukturen so wenig wie möglich zu beschädigen"[70] (Vermächtniswerte: Sozialisations- und Bildungsstrukturen, Problemfelder der medizinischen Ethik, der Medienethik – alles das sind technisch induzierte Systeme),

3. konkrete Problemstellungen zu reflektieren in Blick auf die Reversibilität, die Fehlerfreundlichkeit (Descartes spricht von der Vermeidung der Extreme), den Erhalt elementarer Bedingungen.

Anmerkungen

1 Jonas' „Prinzip der Verantwortung. Versuch einer Ethik für die technische Zivilisation" erschien 1979.

2 Z. B. durch Dieter Wandschneider: Herausforderung der Ethik durch Technik. In: Ethik und Unterricht (= EU) 4/07. S. 6f.

3 Z. B. In: Christoph Hubig/Hans Poser (Hg): Cognitio humana – Dynamik des Wissens und der Werte. Leipzig 1996.

4 Hans Jonas: Das Prinzip Verantwortung. Frankfurt 1984. S. 22. – Zwar hatte schon Bentham die Berücksichtigung aller empfindsamen Lebewesen in den Handlungsfolgen gefordert, nachdrücklich dann noch einmal Schopenhauer, aber eine konsequente pathozentrisch orientierte Tierschutzgesetzgebung erfolgte in Deutschland erst in den 1990er Jahren. Und Immanuel Kant verurteilte Tierquälerei nicht der Tiere wegen, da sie Schmerzen ertragen müssten, sondern wegen der Menschen: Das Quälen von Tieren führe zu einer emotionalen Verrohung, letztlich werde auch das Mitgefühl mit anderen Menschen abgestumpft und ausgetilgt. Im Blick auf diesen Traditionsstrang, im Blick etwa auf einen fundamentalen Unterschied zwischen der hinduistischen und buddhistischen Tradition einerseits und der europäischen Neuzeit seit dem 17. Jahrhundert, hat Jonas durchaus Recht mit seiner Einschätzung. Jonas belegt an der Differenz zwischen einem theologisch christlichen Verständnis auch der außermenschlichen Realität als Teil von Gottes Schöpfung, die es zu bewahren gilt, und dem neuzeitlich naturwissenschaftlichen Verständnis, dem jeglicher Gegenstand zu einem bloßen Objekt wissenschaftlichen Zugriffs sich verkürzt, idealtypisch reduziert auf reine, mathematisch fassbare Quantität ohne Werthaltigkeit an sich, Jonas belegt an dieser Differenz den paradigmatischen, fundamentalen Wandel zwischen Mittelalter und Neuzeit. Der Sieg naturwissenschaftlicher Betrachtung der Welt war verknüpft mit einer ontologischen Reduktion oder Entwertung des Seins auf reine Gegenständlichkeit.

5 Jonas. S. 22.

6 S. 22.

7 S. 22.

8 Ich orientiere mich im Folgenden vor allem an einem der Jonasschen Aufsätze zu diesem Thema: Freiheit der Forschung und öffentliches Wohl. In: Mensch – Natur – Gesellschaft. Jg. 5. H. 1 (o.J.)

9 Vgl. z. B. Hans Jonas: Das Prinzip Leben. Frankfurt /M. 1997. S. 28ff., 66 ff.

10 Bestritten wird die Notwendigkeit, die anthropozentrische Perspektive aufzugeben; auch anthropozentrisch sei eine räumlich wie zeitlich auf die Fernwirkungen menschlichen

Handelns abstellende Verantwortung begründbar; so erweitert z. B. Dieter Birnbacher (Verantwortung für zukünftige Generationen. Stuttgart 1988) den klassischen Utilitarismus um die Dimension Zukunft, wenn er fordert: Alle von unserem gegenwärtigen technischen Handeln betroffenen Menschen einschließlich zukünftiger Generationen sollen davon in der Summe den größten Nutzen haben; unsere Rücksichtnahme bezieht also auch die zukünftigen Generationen mit ein, begründbar wiederum durch den Gleichheitsgrundsatz oder das Recht auch künftiger Generationen auf Menschenrechte.
Bestritten wird Jonas' Folgerung vom Sein auf das Sollen, von der Verantwortungsfähigkeit auf die Wahrnehmung dieser Verantwortung mit dem klassischen, von David Hume erstmals skeptisch formulierten Vorwurf des naturalistischen Fehlschlusses: Es sei logisch ein Sprung, von Fakten eine Verpflichtung abzuleiten. Zunächst vermittelnd lässt sich hier Kants Ansatz verstehen: die Konstruktion eines Freiheitsbegriffs, der genuin moralisch definiert ist, Freiheit als Notwendigkeit, moralisch zu handeln, den kategorischen Imperativ zu realisieren.
Bestritten wird Jonas' Annahme einer Werthaltigkeit des Seins insgesamt; ausreichend sei es vielmehr, eine anthropozentrisch definierte Ethik um eine pathozentrische Dimension zu erweitern in der Anerkennung, dass auch Tiere leidensfähig sind und Interessen haben, in dieser Hinsicht also uns gleichgestellt, in der Ausweitung des Gleichheitsgrundsatzes mithin.

11 In ihm thematisiert er jene bisher argumentativ nur angenommene Werthaftigkeit des Seins insgesamt.

12 Hans Jonas: Das Prinzip Verantwortung. Versuch einer Ethik für die technologische Zivilisation. Frankfurt (st 1085). S. 136.

13 Jonas. Verantwortung. S. 235.

14 S. 235.

15 S. 236.

16 S. 234.

17 S. 240. – Ist damit die Verantwortung für das ganze außermenschliche Sein, die Natur insgesamt abgedeckt? Zweifellos beeinflussen und verändern wir die Natur insgesamt und massiv; insoweit ist eine Kausalität oder gar Urheberschaft auch hier gegeben. Es stellt sich indes die Frage, ob diese Bedingung notwendig ist zur Übernahme solcherart umfassender Verantwortung: Die Anerkennung des Vorrangs des Seins vor dem Nichtsein reicht schon hin; sie ist wesentlich verknüpft mit der Kritik an der ontologischen Reduktion, der Kritik an der verengten Sichtweise der Naturwissenschaften auf ihren Gegenstand. Das Jonassche „sieh hin und du weißt!" gilt mithin auch im Blick auf tierisches oder auch pflanzliches Leben. Konkret: Warum darf ich ein Edelweiß in den Alpen nicht pflücken? Sieh doch bloß einmal hin, nimm einmal nur betrachtend wahr, und es wird deutlich, diese Pflanze hat einen Anspruch auf Leben, der uns zur Anerkennung ihrer Existenz nötigt, der uns gar

nötigt, etwas zu ihrem Schutz zu tun. – Es ergibt sich hier eine überraschende Assoziation und Verbindung zu Kant, zu Kants Wertschätzung und Begründung des Vorrangs oder der Besonderheit des Naturschönen hinsichtlich seiner Nähe zur Moral: Vgl. S. 317: „Kunst und Moral, Ästhetik und Ethik – von Immanuel Kant bis Karl Rosenkranz", Anmerkung 11. Diese Verbindung eröffnet die interessante Perspektive, Kants eindeutig anthropozentrisch definierte Moralphilosophie ökologisch zu erweitern, heißt auch der Natur – und nicht um menschlicher Interessen wegen – zur Anerkennung einladende oder gar nötigende Selbstzweckhaftigkeit zuzugestehen.

18 Jonas. Verantwortung. S. 241. – Die Frage bleibt, ob „ alle, die sich selber das Leben erlauben", verantwortlich einbezogen sind. Zumindest vorstellbar ist, dass ich erstens mich selbst, der ich dem Leben keinen Sinn mehr abgewinnen kann, nahezu kantisch formuliert, und daher durchaus/oder auch nicht mich zu töten klare Ursache sehe und zugleich zweitens das Leben der menschlichen Gattung insgesamt für nicht dem Leben des Planeten fördernd halte (oder aus welchen Gründen auch immer nicht überzeugend zu begründen imstande bin), dass ich in der Konsequenz auch keinen zwingenden Grund sehe, mich für das Leben eines einzelnen Menschen oder gar den künftigen Bestand der Gattung einzusetzen.

19 Jonas. S. 36.

20 Jonas. Verantwortung. S. 64.

21 Jonas. S. 35.

22 Ralf Ludwig: Kant für Anfänger. München 1995. S. 85.

23 Jonas. Verantwortung. S. 35

24 Vgl. hier: Immanuel Kant im Unterricht. S. 30 ff.

25 Ludwig. S. 78.

26 Vgl.: Immanuel Kant im Unterricht. S. 35-37.

27 Kant selbst spielt seine vier Fälle an der Zweck-Mittel-Formel durch, um zu zeigen, dass sie auch an dieser Formel des kategorischen Imperativs scheitern: s. S. 37 f.

28 Dieter Wandschneider: Herausforderung der Ethik durch Massentechnisierung und Innovation. In: EU 4/07. S. 4-10. – Ich unterstelle im Folgenden, dass Wandschneiders Globalisierungsprinzip – es wird von mir noch erläutert – sich analog dem Jonasschen Imperativ darstellt, Wandschneider stellt sich ausdrücklich in die Nachfolge von Jonas (S. 6); zumindest argumentiert er in der Linie, die Jonas in seinem Verständnis von Kant und in seiner Kant-Kritik gezogen hat.

29 Damit „auch der Einzelne für die Folgen seines unökologischen Handelns verantwortlich gemacht werden kann", ist zu fordern, „das individuelle Handeln gleichsam hochzurechnen, weil nur so die ökologisch relevanten Technikfolgen sichtbar werden können. Ich muss

also von einem Handeln extrapolieren auf die Auswirkungen kollektiven Handelns. Ich als Einzelner muss sozusagen eine allgemeine Gesetzgebung antizipieren, um so [...] meine Pflichten als Einzelner zu erkennen." Diese Forderung bezeichnet Wandschneider als „Globalisierungsprinzip." Wandschneider. S. 6. Nahe liegt die Frage, worin sich dieses Prinzip von der Goldenen Regel unter Bedingungen einer globalen Ethik oder einer Ethik im Fernhorizont unterscheidet.

30 Wandschneider. S. 6.

31 Wolfgang Röd: Descartes. Die Genese des Cartesianischen Rationalismus. München 1995.

32 Urs Thurnherr: Was hat Kants Maximenethik mit Descartes' provisorischer Moral zu tun? In: Christoph Hubig/Hans Poser (Hg): Cognitio humana – Dynamik des Wissens und der Werte. Leipzig 1996. S. 61.

33 Röd. S. 31.

34 Thurnherr. S. 62.

35 Descartes: Die Prinzipien der Philosophie. Hamburg 1992. S. XLII.

36 Descartes: Abhandlung über die Methode des richtigen Vernunftgebrauchs. Stuttgart 1977. S. 22.

37 Descartes: Abhandlung über die Methode. S. 23-27.

38 Andreas Luckner: Elemente provisorischer Moral. In: Cognitio humana. S. 68.

39 Luckner. S. 70.

40 Otfried Höffe: Ethik und Politik. Frankfurt/M 1979. S. 71.

41 Luckner. S. 71.

42 Luckner. S. 72.

43 Christoph Hubig: Die Kunst des Möglichen II. Ethik der Technik als provisorische Moral. Bielefeld 2007. S. 135.

44 Luckner. S. 75.

45 Descartes. Abhandlung. S. 25.

46 Peter Fischer: Moral für unterwegs. Descartes, Nietzsche und die Asketik der modernen Wissenschaft. In: Hubig/Poser (Hg): Cognitio humana. S. 88f.

47 Vgl. Wolfgang Röd: René Descartes. In : Norbert Hoerster (Hg): Klassiker des philosophischen Denkens. München 1982. S. 184-190.

48 Vereinfacht dargestellt ergibt sich folgender Vorschlag (entwickelt 2007!), hier nur skizziert: „Es gilt abzuwägen zwischen

1. Orientierung am gesichert Tradierten: dem Bedarf an Energiedienstleistung, der Beachtung der Rechtszustände

2. Durchhalten aufwendiger Entscheidungen: Energiebereitstellungsstrategien optimieren (Rubbia-Reaktor, Kernfusion)

3. Grenzen des Wissens und der Handlungsmacht berücksichtigen: fehlerfreundliche

Lösungen favorisieren (Endlagerung), Energiediversität erhöhen, Abhängigkeit vermeiden, Reversibilität begünstigen“ (Stuttgart, Institut für Philosophie, Christoph Hubig. 2007)

49 Ebenfalls in vereinfachter Skizzierung (ebenfalls zu beachten: 2007!): „Es gilt abzuwägen zwischen

1. Orientierung am Tradierten: Ideal der Krankheitsvorsorge und Heilung, Identitätskonstitution im Ausgang von Bedingungen, die im Prinzip und graduell revidierbar sind

2. Aufwendige Entscheidungen durchhalten: Forschungen an embryonalen Stammzellen fortführen, solange keine Alternative besteht

3. Grenzen der Handlungsmacht berücksichtigen: strenge Kontrolle möglichen Missbrauchs, Weiterführung alternativer Forschungsstrategien, Verhinderung der Entstehung sozialen Drucks, Erhalt der Privatheit von PID, präzise Festlegung spezifischer Problemlagen, die Interventionen rechtfertigen, restriktive Vereinbarung von Bewährtheitsstandards“ (Stuttgart, Institut für Philosophie, Christoph Hubig).

50 Hubig. S. 21f.

51 Hubig. S. 22.

52 Hubig. S. 23.

53 Hubig . S. 139.

54 Hubig. S. 140.

55 Hubig: Langzeitverantwortung im Lichte provisorischer Moral. MS (Internet) S. 10.

56 Hubig. Langzeitverantwortung. S. 11.

57 Hubig. Ethik der Technik. S. 141.

58 Hubig. Ethik der Technik. S. 142.

59 Hubig. Ethik der Technik. S. 147.

60 Hubig. Ethik der Technik.. S. 147.

61 Hubig. Ethik der Technik. S. 149.

62 Hubig. Langzeitverantwortung. S. 14.

63 Hubig. Ethik der Technik. S. 143f.

64 Hubig. Ethik der Technik. S. 151.

65 Hubig. Ethik der Technik. S. 152f.

66 Hubig. Langzeitverantwortung. S. 15.

67 Hubig. Ethik der Technik. S. 157.

68 Hubig. Ethik der Technik. S. 158.

69 Hubig. Ethik der Technik. S. 160.

70 Hubig. Langzeitverantwortung. S. 17.

„Wer einmal lügt, ...“
Kant und das Lügenverbot

Zweifellos: Das Lügenverbot gehört zu den ältesten und wohl auch zu den anerkanntesten ethischen Normen; es gilt als eines der bekanntesten Gebote des Dekalogs.[1] Einerseits.

Andererseits lügen wir alle, täglich. Peter Stiegnitz, Sozialwissenschaftler aus Wien, hat ermittelt, dass wir im Durchschnitt zwischen 150 und 200mal am Tag lügen, Männer übrigens rund 20 Prozent häufiger als Frauen[2] . Das mag ein wenig oder auch gewaltig übertrieben erscheinen, immerhin aber, seriöse empirische, mehrfach bestätigte Befunde liegen zugrunde – gleichviel: Es geht um alltägliche Phänomene wie Komplimente, Höflichkeitslügen, vorgeschobene Termine, Ausreden, Überzeichnungen aus Eitelkeit oder auch nur, um etwas interessanter, erzählenswerter zu gestalten, nicht verletzen wollen, Schwächen kaschieren wollen, den Schein nach außen wahren wollen, vermeintlich unnötige Probleme vermeiden wollen, auch ernsthaften Schwierigkeiten aus dem Weg gehen wollen, Bedürfnisbefriedigung, Egoismus, Konvention, Anpassung, Feigheit, Angst ...

In ihrem Buch „Lügen. Vom täglichen Zwang zur Unaufrichtigkeit“ stellt Sissela Bok eine ganze Flut alltäglicher Formen der Täuschung und Lüge zusammen und reflektiert ihre Begründungsfähigkeit. Sie untersucht so genannte gut gemeinte Lügen, harmlose Lügen, die niemanden verletzen sollen, Höflichkeitsfloskeln und Schmeicheleien, Ausreden, die Vortäuschung von Verpflichtungen, Übertreibungen oder Abschwächungen, die Verabreichung von Placebos an unwissende Patienten, Empfehlungsschreiben und die Sprache von Leistungsbeurteilungen und Arbeitszeugnissen, das Lügen in Krisensituationen, die Lüge als Akt der Selbsterhaltung, die Korruption, die Lüge als Waffe gegen den Lügner, die wissentlich gegenseitige Täuschung, die Lüge als Akt der Kollegialität, die Lüge zum Schutz des Mandanten, die Schweigepflicht und ihre Grenzen, die Lüge gegenüber Kindern, gegenüber Schwerkranken und Sterbenden, Täuschung als Therapie. Tausend Motive oder auch diskutable Gründe im Alltag.

Hinzu kommen die vielen Formen der bewussten Irreführung, die nicht einmal etwas Falsches aussagen: Verschweigen und Schweigen, Verschleierungen, Ablenkungsmanöver, Themenwechsel. Das Fazit: „Nur ein Bodensatz der Lüge ermöglicht es den Menschen, halbwegs friedlich miteinander zu leben. Lügen ist zutiefst menschlich. (...) Die Lüge ist", sozial gesehen, „das Gleitmittel menschlichen Zusammenlebens. (...) Lügen sind", individuell gesehen, „das Make-up der Seele."[3] Sie gilt als eine „Triebfeder der Evolution und Zeichen der sozialen Intelligenz"[4]. Immer wieder greifen die Medien daher diesen moralisch doch beunruhigenden Aspekt auf, in provokanten Titeln: „Von der Unmöglichkeit, ohne Lüge zu leben", „Ein Volk von Lügnern"[5], „Weh dem, der nicht lügt"[6], „Der Mensch bleibt Mensch – solange er lügt"[7].

Das alles wissen wir, auch aus eigenem Handeln, und sind doch verletzt, bitter enttäuscht, wenn wir entdecken, dass wir selbst belogen wurden. Wir fühlen uns verletzt, was heißt das? In der Literatur zur Lüge wird diese in der Tat gelegentlich[8] verstanden als eine Form von Gewalt: „Täuschung und Gewalt – dieses sind zwei Formen eines vorsätzlichen Angriffes auf Menschen. (...) Fast alles Leid, das einem Opfer durch Gewalt zugefügt werden kann, kann ihm auch durch eine Täuschung geschehen."[9] Das bedeutet, wir täuschen und belügen einander täglich – und empfinden dieses Tun, gerichtet gegen uns selbst, in der Opferrolle, zugleich als Gewalt, als Verletzung also, nicht zu rechtfertigen mithin. Nahezu ein Paradoxon. Warum ist das so? Knapp skizzieren möchte ich zwei unterschiedliche Erklärungen, in beiden geht es um Entwicklung, einmal in biologischer Sicht, zum anderen in historischer Sicht, beide implizieren das Einerseits wie das Andererseits, beide implizieren eine Dialektik.

Evolutionsbiologisch: Die Fähigkeit zu täuschen und zu lügen ist das Produkt der Evolution als der Entwicklung des Lebens überhaupt und zunehmend komplex, raffiniert und bewusst ausgeprägt mit der Entstehung zunehmend komplexerer Formen des Lebens – höchst funktional, nützlich, lebensdienlich, im Umgang mit Feinden wie mit Artgenossen. Zugespitzt ließe sich sagen: „Am Anfang war die Lüge. Lüge ist nicht ein spätes, in der menschlichen Kultur hervorgebrachtes Lebensphänomen."[10] Vielmehr heißt Leben Täuschung: Täuschungsmechanismen der potentiellen Beutetiere, der Opfer gegenüber ihren Jägern und umgekehrt, zwischen Artgenossen Täuschungsmechanismen in der Konkurrenz um Nahrung, Schlafplätze, die Befriedigung von Sexualbedürfnissen, um Führungspositionen, kurz, um Reproduktionschancen. Täuschungsstrategien ebenso mit dem umgekehrten Ziel der Identifikation, Entdeckung, Entlarvung angesetzter Täuschungsmechanismen und -strategien.

Und „wie bei den Menschen erscheinen Lüge, List und Täuschung in der Natur auf zweifache Weise, bald als Simulation, bald als Dissimulation. Die Simulation spiegelt etwas vor, was nicht der Fall ist.[11] [...] Die Dissimulation wiederum spielt nichts vor, sondern verbirgt und verheimlicht die wahre Beschaffenheit. Sie entzieht so das mögliche Opfer den gierigen Blicken.[12]" Menschlich: Der Hochstapler simuliert, der Spion dissimuliert. „Hamlet simuliert den Verrückten; Jago dissimuliert seinen tödlichen Hass."[13] Noch einmal Arno Baruzzi: „Leben heißt Lügen, und Lügen bringt Leben. [...] Die Natur ist der Auf- und Fortgang der Lüge. Evolution ist die Entwicklung der Lüge. In der Natur wird also die Lüge kultiviert."[14]

Kultur der Lüge in der Evolution vom pflanzlichen Mimikry und Anlockungsphänomenen bis hin zu den raffinierten Strategien der Primaten, dem Spiel mit dem Wissen des anderen, dem Spiel auf der hoch entwickelten Ebene „ich weiß, dass du weißt, dass ich dich täuschen will, und du weißt, dass ich das weiß" – es bleibt noch eine Steigerung möglich auf der Ebene menschlichen Lebens: Täuschung und Lüge im Kontext nichtmenschlichen Lebens dient immer dem Leben, der Verbesserung der Reproduktionschancen. Beim Menschen gilt dies wohl auch, zugleich geht es um die Steigerung und Entwicklung der Bedürfnisse selbst, um das Mehr als das, was man zum Leben braucht, um Mehr-Konsum, Mehr-Gewinn, Mehr-Besitz, Steigerung seiner selbst in vielerlei Betracht. Wird deshalb „das Monopol der Lüge seit alters dem Menschen zugesprochen [...], beim Sündenfall vom Teufel erworben und so eigenhändig in seine Welt gebracht?"[15]

Genau hier setzt Augustinus genetisch wie inhaltlich den Ursprung der Lüge an: Luzifer will mehr sein, als er ist, er tritt gegen Gott selbst an und auf, will den Umsturz, die Verkehrung, Lüge daher als Ziel, nicht also nur Mittel zur Steigerung unserer Möglichkeiten in Konkurrenz miteinander, sondern wesentlich Ziel in Verkehrung dessen, was wir sind, Verkehrung von Realität. Es hat dies eine ontologische Dimension, Verkehrung der göttlichen Heils- und Weltordnung. Die Lüge avanciert daher bei Augustinus zu einem zentralen „Erb- und Grundübel, weil mit der sprachlichen Täuschung über die von Gott geschaffenen Strukturen von Welt und Mensch getäuscht werden soll"[16], die Lüge wird zu einem Vergehen an der Vollkommenheit Gottes, luziferisch in ihrem Ursprung, der Teufel ist daher im Johannes-Evangelium der „Vater der Lüge" (Joh 8,44).

Die Lüge gehört für Augustinus letztlich zum Grundbestand einer weit gefassten Sündenfall- und Zwei-Welten-Lehre: Sie resultiert einerseits, wenn wir dem Sündenfall-Mythos folgen, unmittelbar aus der Freiheit des Menschen, aus dem Wesen also der erbsündigen Kreatur Mensch; ihre ontologische Bedeutung andererseits als Verkehrung der göttlichen Ordnung unter luziferischem Einfluss verleiht der dem Menschen erscheinenden Welt insgesamt und eo ipso etwas

Täuschendes, Lügnerisches, Scheinhaftes, Falsches, Armseliges, zu Überwindendes in der Rückkehr zu Gott. Das Verbot der Lüge erhält daher bei Augustinus etwas Absolutes, Unbedingtes, radikal Kompromissloses.

Die evolutionsbiologische Sicht ist damit gesprengt, anthropologisch wie moralisch: Die spezifisch menschliche Freiheit zur Lüge schließt zugleich ein als Forderung die Freiheit von der Lüge, die Orientierung an den Kategorien Wahrheit und Wahrhaftigkeit. Wahrheit als erkenntnistheoretische Kategorie, pragmatisch gewendet als wissenschaftlicher Anspruch in der Erfassung, Interpretation und Konstruktion von Realität, moralisch gewendet zur Wahrhaftigkeit als Anspruch im Umgang miteinander als Grundkategorie menschlichen Verhaltens im Verstehen von uns selbst wie voneinander.

Ich halte noch einmal kurz inne: Nietzsche gegen Augustinus, Evolutionsbiologie gegen den moralischen Anspruch:

> Der Intellekt als Mittel zur Erhaltung des Individuums entfaltet seine Hauptkräfte in der Verstellung; denn diese ist das Mittel, durch das die schwächeren, weniger robusten Individuen sich erhalten, als welchen einen Kampf um die Existenz mit Hörnern oder scharfem Raubtiergebiss zu führen versagt ist. Im Menschen kommt diese Verstellungskunst auf ihren Gipfel: Hier ist die Täuschung, das Schmeicheln, Lügen und Trügen, das Hinter-dem-Rücken-Reden, das Repräsentieren, das im erborgten Glanze Leben, das Maskiertsein, die verhüllende Konvention, das Bühnenspiel vor anderen und vor sich selbst, kurz, das fortwährende Herumflattern um die Flamme Eitelkeit so sehr die Regel und das Gesetz, dass fast nichts unbegreiflicher ist, als wie unter den Menschen ein ehrlicher und reiner Trieb zur Wahrheit aufkommen konnte.[17]

Nietzsche, obwohl evolutionsbiologisch in der Argumentation, führt uns in der Fülle seiner konkreten Beschreibung zur zweiten Erklärung jenes eingangs umrissenen Verhaltensparadoxons, kulturhistorisch ansetzend.

Arsinoé zu ihrer Freundin Célimène:

> Weißt du, ich halte es für meine Pflicht,
> als deine beste Freundin, Célimène,
> dir grad in solchen Fällen beizustehn,
> wo du im Dunkeln tappst, und keiner schenkt

dir reinen Wein ein, was man von dir denkt.
Du ahnst ja nicht – ich merke es dir an –,
dass das fatale Folgen haben kann.
Zum Beispiel neulich erst, in Baden-Baden,
war ich zum Abendessen eingeladen
bei Leuten, die wir beide sehr gut kennen –
ich möchte lieber keine Namen nennen.
Sie fingen an, mit dem gewissen Lächeln,
du kennst das ja, uns alle durchzuhecheln.
Sie kamen auch auf dich. Ich kann dir sagen,
mir wurde dabei ziemlich flau im Magen.
„Die macht sich nicht an jeden ran, o nein!
Bei der da muss es schon ein Ölscheich sein,
ein Boss, ein Superstar der Biologie,
ein Mann mit Geld, mit Glamour, mit Genie!
Das liebe Mädchen ist nun einmal so:
sie ist ein Flittchen, aber mit Niveau."
Natürlich hab ich heftig widersprochen:
„Lasst sie in Ruh! Sie hat doch nichts verbrochen."
Die habens grade nötig, derart rüde
zu sein. Nun ja. Ich bin weiß Gott nicht prüde,
im Gegenteil. Ich hab dich stets bewundert,
und wenn ich dich um deine aberhundert
Verehrer auch nicht unbedingt beneide,
ich trete trotzdem für dich ein. Ich kreide
dir das nicht an. Ich lass dir deine Grillen.
Ich sage dir nur eins: beim besten Willen,
du übertreibst, und, nimm es mir nicht krumm:
Das schadet dir. Das spricht sich doch herum.
Ich wollt es dir nur sagen, unter Frauen,
in aller Offenheit, ganz im Vertrauen,
und weil ich unsre Freundschaft nie vergesse.
Es ist ja nur in deinem Interesse.[18]

Was liegt hier vor? Ein guter Rat der Freundin an die Freundin? Aufrichtig gemeint? Lesen wir weiter, was antwortet Célimène?

Ich weiß gar nicht, wie ich dir danken soll.
Du bist so selbstlos und so rücksichtsvoll!
Und selbstverständlich hör ich mit Entzücken,
was man mir nachsagt hinter meinem Rücken.
Damit ich deine Freundschaft nicht verliere,
erlaubst du wohl, dass ich mich revanchiere.
Es wär nicht richtig, wenn ich dir verschwiege,
was ich die ganze Zeit zu hören kriege.
Erst gestern Abend war ich wieder mal
bei meinen Freunden – wo, ist ja egal –,
und worum glaubst du, dass bei dieser Fete
sich das Gespräch die ganze Nacht lang drehte?
Um dich! Nur dass das keine Stänkerei war,
und zwar schon deshalb nicht, weil ich dabei war;
im Gegenteil, man sprach sehr positiv
von deiner herben Art; davon, wie tief
du jede Ausgelassenheit verachtest,
die du als eitel und frivol betrachtest.
„Wenn jemand ihren Hintern nur erwähnt,
wird sie ganz weiß, ihr strenges Auge tränt,
und wenn man ihr versichert, Sex sei schön,
dann dreht sie durch. Das findet sie obszön;
besonders, wenn der Mann, um den es geht,
in irgendeiner Illustrierten steht.
Man merkt es wirklich auf den ersten Blick:
Die Ärmste hat den Prominententick.
Naja, in ihrem Bett ist halt nichts los."
Entschuldige bitte, ich zitier ja bloß –
das bin ich unsrer Freundschaft einfach schuldig.
Nur dir zuliebe war ich so geduldig
und hielt das durch – sonst wär ich nicht geblieben.
Mir scheint es nämlich maßlos übertrieben,
was man so hört, und reichlich sonderbar.
Die Herzogin behauptete sogar,
du hättest stets ein Homo-Magazin
bei dir im Bett. Auf ihrem Schloss bei Wien

hat sie dich angeblich dabei ertappt,
und seitdem wärst du furchtbar eingeschnappt.
Da hättest du mich aber sehen sollen!
Das ging mir doch zu weit. An dieser tollen
Geschichte ist bestimmt kein wahres Wort.
Doch stell dir vor, sie fuhren einfach fort
und lachten sich halbtot auf deine Kosten!
Ich stand da leider auf verlornem Posten.
Du führst ja selber den Skandal herbei
mit deiner ewigen Besserwisserei.
Auch deine Art, Ressentiments zu häkeln,
an allen und an jedem rumzumäkeln
und, was dir fehlt, den andern vorzuwerfen:
das geht natürlich allen auf die Nerven.
Ich fürchte, du bist wirklich sehr frustriert.
Das schadet dir. Das stört. Das irritiert.
Ich wollt es dir nur sagen, unter Frauen,
in aller Offenheit, ganz im Vertrauen,
und weil ich unsre Freundschaft nie vergesse.
Es ist ja nur in deinem Interesse.[19]

Diese Art des Umgangs miteinander und der Rede übereinander wird von Alceste, dem „Menschenfeind“, thematisiert und auf den Punkt gebracht:

So seid ihr alle. Ach, ich könnte speien
Wenn ich euch sehe! Diese Kriechereien,
und diese Küsschen links und rechts: ‚Ganz ehrlich!
Sie sind der Größte! Und so toll gefährlich!‘ –
Wie ich das hasse! Dieses Party-Pack –
Es ist so glanzvoll wie Metallic-Lack.
Derselbe spitze Schrei: ‚You're wonderful!‘
Obs ein Genie ist oder eine Null.
Da werden Lob und Zärtlichkeit zum Hohn,
und jede Freundschaft frisst die Inflation.
[...]

Die Freundschaft ist verraten und verschenkt,
wenn keiner zugibt, was er fühlt und denkt.
Bei uns herrscht doch das reinste Gangstertum.
Statt sich zu sagen: Nein, das geht zu weit!
ist man zu jeder Kungelei bereit.
Dein bester Freund versetzt dich irgendwann
und biedert sich bei dem Gesindel an.
Komplizen seid ihr! Ekel! Borstentiere!
Nimm nur das Schwein, mit dem ich prozessiere.
Es gibt an diesem Kerl nichts zu durchschauen.
Ein jeder weiß: dem Mann ist nicht zu trauen.
Sein blauer Blick, sein dümmliches Gehüstel
täuscht nicht einmal den Pikkolo im Bristol.
Sowas frisst Dreck, kommt hoch durch Korruption
und hat auf einmal eine Position.
Der Mann geht selbstverständlich über Leichen,
um einen satten Abschluss zu erreichen;
doch laut sagt keiner, dass das ein Faschist,
ein Lumpenhund und Mafioso ist.
Man findet das im Gegenteil noch schick,
man lädt ihn ein, man schreckt vor nichts zurück.
Und eines Tages sitzt er im Senat.
Mit solchen Typen macht man bei uns – Staat.
Je mehr du stiehlst, je höher steigt dein Wert.
Mich macht das alles krank. Mir kehrts
den Magen um. Am liebsten möcht ich fliehen
aus diesem Kaff, und in die Wüste ziehen."
Was setzt ihm Philinte, sein Freund, entgegen ?
„Nimm an, Herr X kommt auf dich zu, ein Mann
mit Charme, und spricht dich höflich an.
Willst du ihn stehen lassen und brüskieren?
Nein. Was du Schwindel nennst, nenn ich Manieren.
[...]
Geh nur aus dir heraus!
Man wird beleidigt sein. Man lacht dich aus.
Neinnein. So geht es nicht. Das ist abstrakt.

In Wirklichkeit entscheidet doch der Takt.
Man überlegt und hält zuletzt den Mund.
Wer tut schon immerzu Gefühle kund?
Wo kämen wir denn hin? ‚Ich mag Sie nicht!' –
auch du sagst sowas keinem ins Gesicht.
[...]
Wir tun uns schwer. Das solltest du begreifen,
statt dich auf deinen Hochmut zu versteifen.
Du schimpfst, ereiferst dich, verlierst die Nerven –
Wer bist du denn, den ersten Stein zu werfen?
Bedenk, die Zeiten, wo der Mensch sich brav
An Normen hielt, gehorsam wie ein Schaf –
Wenns das gegeben hat –, die sind vorbei.
Mit Krach und mit Prinzipienreiterei
Kommst du nicht weiter. Wie wir alle wissen,
besteht die Welt aus lauter Kompromissen.[21]

Molières Sympathie und Position sind eindeutig: Er denunziert Alceste als „Menschenfeind“, als tragikomische, in der Gesellschaft nicht lebensfähige, zudem in der Einschätzung seiner selbst blinde, sich selbst täuschende Figur. Molière: 1666. Die Übersetzung Enzensbergers verstärkt die Annahme: So ist das Leben, so gehen Menschen miteinander um, so ist die Welt. Enzensberger sagt selbst: „Je genauer ich meinen Molière studierte, desto mehr Echos stellten sich ein. Auf Schritt und Tritt begegneten mir [...] Reaktionen, Mechanismen, Verkehrsformen, die denen der Komödie bis ins Detail glichen. Ich entdeckte, dass die Party, die am Abend des 4. Juni 1666 auf der Bühne des Theaters vom Palais-Royal begann, immer noch andauert und dass sich das Verhalten der Gäste nur in unerheblichen Äußerlichkeiten verändert hat.“[22] Vielleicht hat Enzensberger Recht. Interessanter erscheint mir eine historische Betrachtungsweise:

Ich greife zurück auf Norbert Elias' Analyse der höfischen Gesellschaft: Elias stellt exemplarisch den französischen Absolutismus Ludwigs XIV ins Zentrum. Die höfische Gesellschaft ist primär die der Elite am Hof, sie bildet sich – höchst labil – unter Konkurrenzbedingungen heraus und führt zu eigenartigen Verhaltensmustern im Umgang miteinander[23]: Nicht mehr die Tradition bestimmt maßgeblich den Rang und das Selbstverständnis des Einzelnen, sondern die Konkurrenz um Anerkennung und Prestige in totaler Abhängigkeit der sozialen

Existenz von der Wertschätzung der anderen. Die Folgen sind Affektkontrolle und äußerste Vorsicht im Umgang miteinander, Distanzierung gegeneinander als Selbstzweck, Betonung der Etikette und feinster Nuancen im Umgang, Betonung und Beachtung von Äußerlichkeiten und Formalien, genaue Beobachtung der anderen und genaue Berechnung des eigenen Verhaltens als existenznotwendige Verhaltensmuster.

Jean de La Bruyère schreibt 1688:

> Wird jemand zu einem neuen Amte erhoben, da ergießt sich über ihn ein Strom von Lobreden, der die Hofräume und die Kapelle überschwemmt, die Treppen, die Säle, die Galerie, die ganze Wohnung erreicht: Die Flut geht einem über den Kopf, es ist nicht zum Aushalten. Nicht zwei Menschen stimmen mehr verschieden über diese Person: Der Neid, die Eifersucht sprechen wie die reine Schmeichelei; alle lassen sich von dem Strome fortreißen, der sie dahinträgt, der sie zwingt, von einem Menschen zu sagen, was sie von ihm denken, oder was sie nicht von ihm denken, sowie oft denjenigen zu loben, den sie gar nicht kennen. Der Mann von Geist, von Verdienst oder von Mut wird in einem Augenblick zu einem Genie ersten Ranges, zu einem Heros, einem Halbgott erhoben. Beginnt er auf diesem Posten, worauf man ihn gestellt hatte, zu wanken, so springt die Welt sehr schnell zu einer andern Meinung über. Hat er ihn gänzlich eingebüßt, so werden sämtliche Maschinen, die ihn durch das Beifalljauchzen und die Lobeserhebungen emporgewunden hatten, so gerichtet, dass er in die äußerste Verachtung fallen muss; d.h. niemand wird ihn mehr herabwürdigen, niemand ihn bitterer tadeln und ihm mehr Übles nachreden, als gerade diejenigen, welche vorher wie unsinnig darauf aus waren, Gutes von ihm zu reden. Tausend Menschen am Hofe verbringen ihr Leben damit, diejenigen, welche etwas erhalten, zu umarmen, ihnen die Hand zu drücken, sie zu beglückwünschen, bis sie sterben, ohne selbst etwas erhalten zu haben. [...] Ein Günstling muss sehr auf der Hut sein: Wenn er mich in seinem Vorzimmer nicht so lange warten lässt wie gewöhnlich, wenn seine Miene offener erscheint, wenn er weniger die Stirn runzelt, wenn er mich williger anhört und mir etwas weiter das Geleit gibt als sonst, so schließe ich darauf, dass seine Stellung erschüttert ist, und schließe richtig. Wie arm ist doch der Mensch an inneren Werten, da es einer Ungnade oder Kränkung bedarf, ihn menschlicher, umgänglicher, bescheidener und artiger zu machen![24]

Was also entsteht in der höfischen Gesellschaft des Absolutismus? Es entstehen Affektkontrolle und hochdifferenzierte Formen des Umgangs miteinander, es entsteht civilité, Kultiviertheit, Zivilisation – als Kultur des Scheins und der Täuschung. Es wird gar nicht erst erwartet, dass man sagt, was man denkt, fühlt oder beabsichtigt; erwartet wird vielmehr „dass man sich in der Art und Weise vorführt, wie man von anderen wahrgenommen oder eingeschätzt werden will. Der Anschein ist es, der zählt, das, was andere sehen können, was sich sehen lassen kann, nicht Wesen, Sein oder Aufrichtigkeit, Wahrheit oder Wahrhaftigkeit"[25]. Dissimulation, Täuschung, Verstellung war das Rollenmodell als früheste Manifestation des Individuums in der Gesellschaft als Konkurrenzgesellschaft.

Keineswegs war das zynisch gemeint: Das einflussreichste Buch der Epoche war Baldassare Castigliones „Libro del Cortegiano", das „Buch vom Hofmann", 1528 erstmalig erschienen, immer wieder nachgedruckt und übersetzt. Von der Erscheinungsweise, dem Auftreten und Verhalten zur Herstellung eines bestimmten Eindrucks bis zur Erzeugung einer bestimmten Meinung bei anderen ist alles bedacht. Das Ideal ist die Simulation natürlicher Anmut und Grazie als Ergebnis eines mühsamen Lernprozesses, der Anschein also von Natur als Ergebnis künstlichen Zwangs unter Vermeidung gerade von Affektation oder Geziertheit. Es geht um die Technik des Heuchelns, der Verhehlung, der Verheimlichung, sie ist mit solcher Kunst zu praktizieren, „dass der andere die Maske nicht durchschaut, da sie mit perfekter Lässigkeit getragen wird"[26]. Ziel ist der erfolgreiche Konkurrenzkampf im sozialen Fortkommen, ihm dient alles. Eine interessante Dichotomie von Sein und Schein – jenseits aller Moral, oder noch vor aller Moral, denn das Sein meint hier noch nicht Wahrheit, Ich-Identität, es versteht sich vielmehr ganz und gar gesellschaftsorientiert: Ich bin das, was ich im Konkurrenzkampf bin, mehr oder weniger erfolgreich, das, was die anderen in mir sehen und sehen sollen. Meine Natur ist die eines Chamäleons in der sorgfältigen Beobachtung derer, mit denen ich umgehe. Natur ist keine Gegebenheit mehr, sondern ein Produkt, ein Konstrukt – in Analogie zu den neuen Annäherungsversuchen an die Natur in den Wissenschaften und der Technik. Gefordert ist die Fähigkeit – in enger Verwandtschaft zu Macchiavellis Tugendkonzept für den Herrscher –, „sich auf jede gegebene Situation einzustellen und dabei nötigenfalls Moral, Religion, Werte, private Bindungen [...] zu instrumentalisieren"[27].

Die klassische Tragödie dieser Kultur oder Zivilisationsform – das Spiegelbild zu Molières „Menschenfeind" –, ein Menschenalter zuvor entstanden, ist

Shakespeares „Hamlet“ (1603), in seiner Vielschichtigkeit unter anderem auch die Tragödie des Cortegiano, des Hofmannes[28]:

> KÖNIGIN: Wirf, guter Hamlet, ab die nächt'ge Farbe,
> Und lass Dein Aug' als Freund auf Dänmark sehn.
> Such' nicht beständig mit gesenkten Wimpern
> Nach Deinem edlen Vater in dem Staub.
> Du weißt, es ist gemein: was lebt, muss sterben
> Und Ew'ges nach dem Zeitlichen erwerben.
>
> HAMLET: Ja, gnäd'ge Frau, es ist gemein.
>
> KÖNIGIN: Nun wohl, weswegen scheint es so besonders Dir?
>
> HAMLET: Scheint, gnäd'ge Frau? Nein, ist; mir gilt kein „scheint.“
> Nicht bloß mein düstrer Mantel, gute Mutter,
> Noch die gewohnte Tracht von ernstem Schwarz,
> Noch stürmisches Geseufz beklemmten Odems,
> Noch auch im Auge der ergieb'ge Strom,
> Noch die gebeugte Haltung des Gesichts,
> Samt aller Sitte, Art, Gestalt des Grames
> Ist das, was wahr mich kundgibt; dies scheint wirklich:
> Es sind Gebärden, die man spielen könnte.
> Was über allen Schein, trag' ich in mir;
> All dies ist nur des Kummers Kleid und Zier. [...]
>
> HAMLET, allein: O Gott! O Gott!
> Wie ekel, schal und flach und unersprießlich
> Scheint mir das ganze Treiben dieser Welt![29]

Klaus Reichert formuliert:

> Wieder und wieder verweist Hamlet auf die Kluft zwischen Wahrheit und Schein, Illusion und Wirklichkeit. Als Polonius ihn fragt, was er liest, und er zur Antwort gibt: „Verleumdungen, Herr: denn der satirische Schuft da sagt, dass alte Männer graue Bärte haben; dass ihre Gesichter runzlig sind ...“, dann besagt das, dass

selbst die offensichtlichsten, banalen und ‚wahren' Dinge als Verleumdungen aufgefasst werden können, denn die Tatsache, dass man eine Banalität von sich gibt, kann darauf hindeuten, dass auf etwas anderes angespielt ist, sonst gäbe es keinen Grund, sie zu konstatieren, da ja alles ‚Wahre' zu verschleiern ist. [...] Hamlet [...] muss dem König und dem Hof zu deren Bedingungen begegnen, muss heucheln, um die Heuchelei zu durchschauen.[...] Dies scheint sein tragischer Konflikt zu sein: In einer Welt der Heuchelei und Hinterlist kann er nur heuchlerisch und hinterlistig handeln. [...]

Alle Figuren im Stück sind Heuchler und wissen, dass die anderen wissen, dass sie es sind. Es gibt sogar Unterweisungsszenen – mit Polonius und Laertes, Laertes und Ophelia, vor allem Polonius und Reynaldo –, in denen die Kunst der Dissimulation ausdrücklich gelehrt wird. Da jeder weiß, dass jeder andere etwas verbirgt – Claudius, Gertrude, Polonius, Rosencrantz und Guildenstern vermuten es von Hamlet, er umgekehrt von ihnen –, wird es wichtig, Mittel und Wege zu finden, um den Panzer des zivilen Betragens zu durchbrechen. Außer durch ein Lauschen an der Wand und ein Spionieren [...] ist das nur möglich durch noch raffiniertere oder verschlagenere Methoden der Dissimulation und gleichzeitig durch ständige Beobachtung der anderen, die ihre Absichten in einem Augenblick der Unaufmerksamkeit zu erkennen geben mögen, wenn sie zum Beispiel ihre Körpersprache nicht mehr kontrollieren.

Hamlet, der ziviles Verhalten als Heuchelei geißelt und statt dessen als Gegenteil der Höfischkeit grobe Ungebührlichkeit gegenüber Claudius und Gertrude, Polonius und Ophelia kultiviert und sogar die Tricks höfischen Manövrierens in seinen Begegnungen mit „gentle Rosencrantz" und „gentle Guildenstern" offen zur Schau stellt, Hamlet vermittelt den Eindruck, dass ebendiese Grobheit, obwohl sie gegen die Regeln der Zivilität verstößt, Teil seiner Natur und darum aufrichtig und ehrlich ist, das heißt das ‚normale' Verhalten eines Irren. Und doch verfügt niemand im Stück über bessere Kontrolle über sich als Hamlet, und darum kann seine Ausstellung der Grobheit nicht als bare Münze genommen werden – Ehrlichkeit gegenüber Heuchelei –, sondern ist als nochmalige Drehung der Schraube zu sehen: Vortäuschung [...] In seinen Monologen rast und schmäht er, plant er und sinnt, doch was ihn wirklich bewegt und erregt – Trauer, Verlustgefühl, die Melancholie, von der wir seit Freud wissen, dass sie in einem Verlust im Ich gründet, Schmerz, vielleicht Liebe [...] – alles das kann er in Worten nicht ausdrücken [...].Um so größer ist der Schock, wenn er den Ersten Schauspieler die Hecuba-Rede vortragen hört, diesen klagenden Ausbruch von

> Schmerz und Leidenschaft, der sogar den, der ihn spricht, den Schauspieler, zum Weinen bringt.
> Die […] Pointe ist hier, dass der Schauspieler nicht die Erschlagung des Priamus und die Verzweiflung Hecubas ausagiert, sondern dass er sie erzählt. Er erzeugt dadurch die doppelte Illusion eines Boten, der von dem Entsetzlichen, das er gesehen hat, erschüttert ist, und der erzählten Szene selbst, die die Zuhörer sich in ihrer Phantasie vorstellen müssen, wodurch die Wirkung noch einmal gesteigert wird. […] Was Hamlet bei dieser Rede so in Rage bringt, ist, dass offensichtlich die Darstellung (!) einer Emotion […] die Zuhörer und den, der sie spielt, zu Tränen zu rühren vermag, wohingegen eine wahre Empfindung das nicht kann. Er beginnt zu begreifen, dass Illusion, Simulation, Vorspiegelung einen höheren […] Wirklichkeitsgrad haben mögen. ‚Yet I, […] like John-a-dreams, unpregnant of my cause, and can say nothing …' Er lernt […], dass der Ausdruck des Inneren nur möglich ist als Show, als Dissimulation, als Verzerrung, als Lüge […]: Es ist dieser Selbstwiderspruch – der Selbstwiderspruch des Höflings –, der ihn erschüttert. In der Figur Hamlets ist die bis zum Zerreißen gespannte Verknotung von Nicht-mehr und Noch-nicht inszeniert: Einerseits gibt es nur die Konventionen für den Ausdruck der großen […] Passionen – Liebe und Tod, Schmerz, Verzweiflung, Trauer –, anderseits dämmert die Unangemessenheit dieser Formen, ohne dass es schon ein neues Vokabular gäbe, nur das erstickte Gestammel, es müsste eines geben.[30]

Letzteres greift historisch vor, zunächst gewinnen bei der Entstehung der modernen Gesellschaft die Prinzipien von Simulation und Dissimulation noch an Bedeutung, über den Rahmen der höfischen Kultur und Gesellschaft hinaus. Noch 1723 begründet Bernard Mandeville in seiner „Bienenfabel" scharfsinnig den Zusammenhang zwischen privaten Lastern und öffentlichem Nutzen; über die Lüge schreibt er: „Aller soziale Verkehr würde aufhören, wenn wir durch Kunst und kluge Verstellung (dissimulatio) nicht gelernt hätten, Gedanken zu verbergen und zu verheimlichen. Läge alles, was wir denken, anderen ebenso deutlich vor Augen wie uns selbst, so würden wir uns, mit der Fähigkeit der Sprache ausgestattet, unmöglich gegenseitig ertragen können."[31] In dieser deutlich schon abgemilderten Form erinnert die Rechtfertigung der Lüge an die eingangs genannten Einschätzungen, die Lüge als Gleitmittel des sozialen Zusammenlebens und ähnliches.

Scharf seziert begegnet uns die höfische und gleichermaßen höfliche Lüge bei Marcel Proust: als gesellschaftlich noch selbstverständliche Konvention in der

Welt des Adels einerseits, als Problem des Ich-Erzählers andererseits, der wiederum einerseits im Umgang mit Gilberte und vor allem mit Albertine geradezu zwanghaft unbedingte Wahrhaftigkeit einfordert, andererseits diesem Gebot sich selbst durchaus nicht unterwirft. Gegenwärtig ist uns die Lüge zumindest als Modus der Höflichkeit aus den Tagen der höfischen Gesellschaft durchaus erhalten und vertraut.[32] Als durchaus noch gegenwärtig manifest greift Thomas Bernhard diesen Modus der Höflichkeit, der gesellschaftlichen Konvention kritisch auf, thematisiert und entlarvt ihn immer wieder als Lüge, die allen bewusst ist; exemplarisch weise ich auf „Holzfällen"[33]; die besondere Ironie dieses Romans liegt darin, dass Bernhards Abrechnung mit der künstlerischen Gesellschaft Wiens nahezu unverhüllt autobiografisch gesättigt ist, derart, dass es zum öffentlichen Skandal kam: „Wie wahr darf Kunst sein?"

Die historische Entwicklung war zunächst eine andere, war gegenläufig:

Das neuzeitliche Subjekt konstituierte sich als bürgerliches Subjekt, arbeitsorientiert und moralisch orientiert. Die klassische bürgerliche Gesellschaft ist eine Arbeitsgesellschaft, eine Leistungsgesellschaft. Müßiggang gilt zumindest als legitimationsbedürftig, tendenziell eher als Laster, moralisch also erfasst und verworfen. Die Ideologie dieser Gesellschaft ist die Moral: Menschenwürde, Freiheit, Menschenrechte, Gleichheit und Solidarität. Darin gründet ihr Selbstverständnis und ihre Rechtfertigung. Ein wesentliches Moment dieser Moral ist der Anspruch auf Wahrheit; Wahrhaftigkeit und Authentizität sind die entsprechenden Forderungen an den Einzelnen. Dies ist ideologisch bewusst gerichtet gegen die Lasterhaftigkeit, Scheinhaftigkeit, Unehrlichkeit des absolutistischen, des höfischen Adels. Aufgestellt und erhoben wird dieser Anspruch in der Aufklärung, in Bezug auf Wahrhaftigkeit und Authentizität ausdrücklich und dezidiert von Jean Jacques Rousseau, literarische Dokumente im deutschsprachigen Raum sind z.B. Lessings „Emilia Galotti" (Emilia, Odoardo, Graf Appiani auf der einen Seite, der Prinz Gonzaga und sein Kammerherr Marinelli auf der anderen Seite) oder Schillers „Kabale und Liebe" (Ferdinand, der alte Miller, auch Lady Milford stehen hier gegen den Präsidenten von Walter und den Hofmarschall von Kalb).

Goethes „Tasso" lässt sich lesen als Konflikt zwischen höfischer Rationalität und bürgerlicher Wahrhaftigkeitstugend, als „Tragödie eines Mannes, der zweimal die Etikette verletzt und dadurch sich selbst zerstört. Einmal zieht er seinen Degen, ein anderes Mal küsst er eine Frau."[34] Er verkennt die höfische Etikette als Wahrhaftigkeit, reagiert entsprechend und wird gesellschaftlich ausgestoßen. „Für den Höfling [Antonio] ist die Affektkontrolle identisch mit dem sittlich richtigen

Verhalten. Höfische Rationalität ist Ethos, für Tasso ist sie ein unsittliches, weil unehrliches Gebaren."[35] Und Tasso lernt, so radikal, dass die Katastrophe unvermeidlich ist: Er deutet „konsequent das Verhalten sämtlicher Menschen am Hof als Maske. Alle lügen. Alle heucheln. Alle meinen stets das Gegenteil. [...] Vom Extrem einer naturhaften Unmittelbarkeit der Gefühle kippt er ins Gegenteil der radikalen Verstellung. Doch was für ihn von zwingender Logik ist, erscheint den anderen pathologisch. [...] Von der naiven Offenheit in die totale Verstellung gestürzt, ist er nicht imstande, im Reden und Handeln der anderen Wahrheit und Lüge, Ehrlichkeit und Hintergedanken zu unterscheiden."[36]

In das Zentrum seines Werks stellt Heinrich von Kleist das Gebot und den Wert der Wahrhaftigkeit, verknüpft zum einen mit dem erkenntnistheoretischen Problem der Wahrheit: „Die Sinne und die Worte täuschen" ist eine Aussage z. B, des „Amphitryon", des „Zerbrochenen Krugs", der „Verlobung in St. Domingo" z. B. „Wahrheit und Wahrhaftigkeit sind intuitiv nur zu sichern und intuitiv aber auch absolut sicher" ist eine Aussage z. B. des „Käthchens von Heilbronn", des „Zerbrochenen Krugs", der „Verlobung."

Kleist verknüpft die Problematik zweitens mit der Forderung absoluten Vertrauens, was immer der sinnlich erlebte Schein auch nahe legt; dies zu leisten hat Leberecht im „Zerbrochenen Krug" Probleme, und daran zerbricht Gustav in der „Verlobung"; jeweils sind es bei Kleist die Frauen – Evchen, Käthchen, Alkmene, Toni –, die jene absolute Gewissheit und Sicherheit für sich in Anspruch nehmen und von ihren Partnern als Vertrauensleistung einfordern. Als geradezu national vereinnahmt wirkt die Tradition der Forderung nach Wahrhaftigkeit fort in der Redewendung „auf gut Deutsch", also direkt, offen, klar, unverblümt und sei es dabei auch grob formuliert.

Die Kehrseite dessen formuliert der Baccalaureus im zweiten Teil von Goethes „Faust": „Im Deutschen lügt man, wenn man höflich ist."[37] Moralisch auf den grundsätzlichen Punkt gebracht ist die Wahrhaftigkeitsforderung z.B. von Friedrich Hebbel: „Du musst bedenken, dass eine Lüge dich nicht bloß eine Wahrheit kostet, sondern die Wahrheit überhaupt."[38] Einen systematisch letzten Höhepunkt dieser Moralvorstellung – als Ausdruck eines unglücklichen Bewusstseins, als Wertvorstellung nur mehr dem „Gesellschaftsgötzen" geschuldet – stellt uns in spezifischer, gesellschaftlich hochbedeutsamer Variante Fontane dar in „Effi Briests" Baron von Innstetten: Der zufällig nach Jahren entdeckte eheliche Betrug Effis wird von ihm gnadenlos geahndet mit Duell nach dem Ehrenkodex, der Verstoßung Effis in die gesellschaftliche Isolation und materielle Unsicherheit und eigener glückloser, zunehmend verbitterter Weiterexistenz.

Wir gingen aus von einem Verhaltensparadox, zumindest von einer Ambivalenz: Das Lügen ist allenthalben gängige Praxis und wird zugleich entschieden und scharf verurteilt. Wir fragten nach den Gründen dafür und verfolgten einen evolutionsbiologischen und einen historischen gedanklichen Ansatz. Ich möchte jetzt auf jene Ambivalenz noch einmal zurückgreifen und ihrer Spiegelung und Verarbeitung im Kontext der ethischen Reflexion nachgehen[39].

In der ethischen Reflexion lässt sich seit der Antike der Versuch beobachten, jene Ambivalenz zu vermitteln. Das Vermittlungskonzept besagt, es sei zwar grundsätzlich unzulässig, jemanden zu täuschen, aber es gebe im Einzelfall auch durchaus nützliche und gerechtfertigte Lügen; es sei zwar eigentlich schlecht, jemanden zu belügen, letztlich hänge die Bewertung aber von der Absicht des Lügners ab. Hugo Grotius (1582 – 1645) unterschied in dieser Intention begrifflich zwischen der Lüge, dem mendacium, das ein Recht des Angesprochenen verletze, und der bloßen Unwahrheit, dem falsiloquium. Dieses Vermittlungskonzept lässt sich von zwei Seiten in Frage stellen: Die liberale Seite bestreitet grundsätzlich, dass die Täuschung schon als solche verwerflich sei; die grundsätzlich orientierte Seite bestreitet, dass es überhaupt im Einzelfall unbedenkliche, nützliche oder gerechtfertigte Lügen geben könne.

Johannes Chrysostomus (344 – 407) etwa, Bischof von Konstantinopel, dreht die Beweislast um: Nicht der Lügner müsse sich rechtfertigen, sondern derjenige, der wegen dieses Kunstgriffs einen Vorwurf formulieren möchte, müsse den schädlichen Zweck der Lüge nachweisen. Auf der anderen Seite steht – zeitgleich – Augustinus: Er schließt die Lüge selbst dann aus, wenn durch sie das Leben eines Menschen gerettet werden kann. Gemeinsam ist beiden Seiten die Orientierung an der Handlungsabsicht, dies wiederum aber in unterschiedlicher Weise. Chrysostomos bewertet erst die jeweils gegebenen Absichten des Lügners, Augustinus setzt und bewertet als zentrale Intention des Lügners bereits die Verkehrung der Wahrheit, die Täuschung als solche. Neben dem ontologischen Hintergrund und damit verbunden steht hinter dieser Auffassung schon bei Augustinus ein sprachphilosophisches Argument: Der Gebrauch der Sprache verpflichte uns in der Erfassung der Realität mit dem Ziel der Erkenntnis wie im Umgang miteinander mit dem Ziel der Verständigung zur Wahrhaftigkeit. Die Lüge sei ein Missbrauch der Sprache. Die Neutralitätsthese und die Missbrauchsthese sind daher die wesentlichen gegensätzlichen Positionen in der Bewertung der Lüge. Dazwischen liegt ein unter Umständen weites Feld der Kasuistik, die Einteilung und Bewertung unterschiedlicher Situationen und Fälle, Motive und Zwecke, Rechtfertigungs- und Verurteilungsgründe.

Das ist der Hintergrund auch von Kants Überlegungen zur Lüge, Hintergrund in systematischer oder struktureller wie in historischer Hinsicht. Und vor diesem Hintergrund überrascht es nicht, dass wir auch bei Kant jene Ambivalenz oder auch Gegensätzlichkeit in der Reflexion der Lüge wieder finden. Kant thematisiert die Lüge bis 1797 mehrfach – und durchaus unterschiedlich:

Die ersten Vorlesungsmitschriften vor 1777 weisen eine weit gehend rigorose Position aus, die Position grundsätzlicher Verurteilung der Lüge. Sehr viel offener, liberaler, weniger streng zeigt sich Kant in den Mitschriften der „Vorlesungen über Moralphilosophie" von 1784/85. Er ordnet hier die Wahrhaftigkeit den Pflichten gegenüber anderen zu und diskutiert insgesamt 14 unterschiedliche Formen und Situationen eines möglichen Verstoßes gegen die Wahrhaftigkeit: von der Zurückhaltung zur Verschwiegenheit, über die bloße Unwahrheit als falsiloquium, gegeben dann, wenn der andere kein „Recht hat, von mir die Wahrheit zu fordern"[40], bis hin zur Lüge (mendacium); die entscheidende Definition lautet hier – in Abweichung von den Definitionen, die Kant in seinen publizierten Schriften gibt: „Nicht jede Unwahrheit ist Lüge, sondern wenn man sich äußerlich deklariert, dass man dem anderen seinen Sinn wolle zu verstehen geben."[41] An anderer Stelle heißt es gleichbedeutend: „Ich äußere [...] wirklich, dass ich meine Gesinnung deklarieren wolle"[42].

Der Rückgriff auf die traditionelle Unterscheidung zwischen falsiloquium und mendacium engt ein und verschärft also den Begriff der Lüge auf den Verstoß gegen den explizit gegebenen Vorsatz, hier und jetzt die Wahrheit zu sagen; es ist dies ein spezifischer und starker Fall aus dem weiten Feld des Lügens. Diskutiert werden von Kant weiter die Notlüge, die Lüge als Gegenwehr in einer Situation, in der ich durch Gewalt zu einem Geständnis gezwungen werden soll, der Betrug, die Mehrdeutigkeit, die Schmeichelei, das Recht auf Intim- und Privatsphäre gegen Indiskretion und Kritik. Interessant ist die Begründung für diese eher differenzierte Position, ein skeptisches Menschenbild: „Der Mensch hat einen Hang, sich zurückzuhalten und sich zu verstellen. Die Zurückhaltung ist die dissimulatio und die Verstellung die simulatio. Der Mensch hält sich in Ansehung seiner Schwachheiten und Vergehen zurück und kann sich auch verstellen und einen Schein annehmen. Die Neigung, sich zurückzuhalten und zu verbergen, beruht darauf, dass die Vorsicht gewollt hat, der Mensch soll nicht ganz offen sein, weil er voll Gebrechen ist. [...] Demnach ist kein Mensch in wahrem Verstande offenherzig. Würde das sein [...], dass Jupiter hätte ein Fenster ins Herz setzen sollen, damit man jedes Menschen seine Gesinnung wissen möchte, so müssten die Menschen besser beschaffen sein und gute Grundsätze haben. [...] Da das aber nicht so ist, so müssen wir unsere Fensterläden zumachen."[43]

Elf Jahre später formuliert Kant in seiner Bewertung desselben anthropologischen Befundes ganz anders, in der „Verkündigung des nahen Abschlusses eines Tractats zum ewigen Frieden in der Philosophie" von 1796 heißt es: „Die Lüge ist der eigentliche faule Fleck in der menschlichen Natur [...]. Das Gebot ‚du sollst nicht lügen' zum Grundsatz in die Philosophie innigst aufgenommen, würde allein den ewigen Frieden in ihr nicht nur bewirken, sondern auch in alle Zukunft sichern können."[44] Und in der Tat: In seinen Veröffentlichungen greift Kant das Problem der Lüge strenger und rigoroser auf, grundsatzorientiert – nicht aber argumentativ identisch. Im Wesentlichen finden sich drei unterschiedliche Argumentationen:

- das Lügenverbot als Anwendungsfall des kategorischen Imperativs,
- als Konsequenz der moralischen Pflicht eines jeden gegen sich selbst,
- rechtsphilosophisch als Basis aller Verträge.

1. Erstmalig thematisiert Kant in seinen veröffentlichten Schriften das Problem der Lüge 1785 in der „Grundlegung zur Metaphysik der Sitten" als einen Anwendungsfall des kategorischen Imperativs: das lügenhafte Versprechen als ein – recht massives – Beispiel aus dem weiten Feld der Lüge (GMS, BA 19f.). Die entscheidende Frage lautet hier: „Würde ich wohl damit zufrieden sein, dass meine Maxime (mich durch ein unwahres Versprechen aus Verlegenheit zu ziehen) als ein allgemeines Gesetz (..) gelten soll, und würde ich wohl zu mir sagen können: es mag jedermann ein unwahres Versprechen tun, wenn er sich in Verlegenheit befindet, daraus er sich auf andere Art nicht ziehen kann?"

   Kants Antwort ist eindeutig: Er hält dafür (und verallgemeinert vom lügenhaften Versprechen zur Lüge schlechthin!), „dass ich zwar die Lüge, aber ein allgemeines Gesetz zu lügen gar nicht wollen könne; denn nach einem solchen würde es eigentlich gar kein Versprechen geben (..), mithin meine Maxime, sobald sie zum allgemeinen Gesetz gemacht würde, sich selbst zerstören müsse.“ (BA 19) Ist das einsichtig?

Das gleiche Beispiel, noch konkreter gewendet, greift Kant später noch einmal auf im Kontext der vier systematisch ausgewählten Beispiele, die die Funktionsweise des kategorischen Imperativs demonstrieren sollen, das lügenhafte Versprechen in der Situation der Geldnot; die Maxime lautet: „Wenn ich mich in Geldnot zu sein glaube, so will ich Geld borgen und versprechen, es zu bezahlen, ob ich gleich weiß, es werde niemals geschehen.“ (BA 54)

In der Verallgemeinerung dieser Maxime als einem „Prinzip der Selbstliebe oder der eigenen Zuträglichkeit (!)“ zu einem allgemeinen Gesetz „sehe ich sogleich, dass sie niemals als allgemeines Naturgesetz gelten und mit sich selbst zusammenstimmen könne, sondern sich notwendig widersprechen müsse. Denn die Allgemeinheit eines Gesetzes, dass jeder, nachdem er in Not zu sein glaubt, versprechen könne, was ihm einfällt, mit dem Vorsatz, es nicht zu halten, würde das Versprechen und den Zweck, den man damit haben mag, selbst unmöglich machen“ (BA 54f.)

Der Fall ist in der Tat klar: Die zur Frage stehende Maxime lässt sich ohne Selbstwiderspruch nicht verallgemeinern; sie lautet nämlich, allgemein gewendet: „man wolle sich selbst verpflichten, ohne diese Pflicht einzuhalten.“[45]

Noch etwas genauer hat Werner Schiffer Kants Beispiel untersucht: Der Sprechakt des Versprechens ist u.a. durch zwei Bedingungen definiert: durch Aufrichtigkeit und durch die ausdrückliche Selbstverpflichtung zur Ausführung der versprochenen Handlung. Das lügenhafte Versprechen hat daher als solches schon eine widersprüchliche Struktur: „Ich verspreche H zu tun, aber ich habe nicht die entsprechende Absicht, es zu tun. [...] Der Sprecher vollzieht eine Sprechhandlung [...], hat aber nicht die Absicht, eine damit vorausgesetzte wesentliche Bedingung zu erfüllen. Man sieht, [...] hier sitzt der Widerspruch schon in der Maxime selbst – es ist kein Selbstwiderspruch, der sich [erst] ergibt, wenn man die Maxime zu verallgemeinern versucht.“[46] Die widersprüchliche Struktur eignet dem einzelnen lügenhaften Versprechen, sie eignet einer entsprechenden Handlungsmaxime – und sie eignet einem entsprechenden Naturgesetz: Letzteres wäre logisch nicht möglich.

Das ist in Kants Sicht der eindeutige Nachweis, dass das lügenhafte Versprechen moralisch nicht tragfähig, nicht haltbar, sondern verwerflich ist. Damit hat er zunächst Recht.[47]

Insoweit allerdings vereinfacht Kant hier die Problematik, macht Simone Dietz deutlich, als er „die Möglichkeit einer klar definierten Ausnahmeregelung, die selbst durchaus verallgemeinerbar sein könnte,“[48] nicht in Betracht zieht – obwohl er doch in der Konstruktion des Beispiels ausdrücklich den egoistisch orientierten Charakter der zu überprüfenden Maxime betont. Die Vereinfachung erklärt sich aus der systematischen Funktion jener vier Beispiele, Differenzierungen wären hier möglicherweise verwirrend. Wenn wir aber das Lügenverbot differenziert bedenken, so wäre etwa zu denken an die Notwendigkeit der Güterabwägung in Dilemma-Situationen, z.B. an die Maxime – schon in Blick auf Kants Schrift „Über ein vermeintliches Recht aus Menschenliebe zu lügen“ von 1797 hier konstruiert – „Ich werde ein lügenhaftes Versprechen geben, falls es das wirksamste Mittel ist, um ein Menschenleben zu retten, ohne andere dadurch in Gefahr zu bringen“[49]. Der Sinn des Versprechens werde damit durchaus nicht aufgehoben, das Vertrauen in das Versprechen generell nicht zerstört.

Nach der Entwicklung der Zweck-Mittel-Formel des kategorischen Imperativs in der „Grundlegung der Metaphysik der Sitten“ überprüft Kant die Moralität eines lügenhaften Versprechens auch daran. Der Imperativ lautet: „Handle so, dass du die Menschheit, sowohl in deiner Person als in der Person eines jeden anderen, jederzeit zugleich als Zweck, niemals bloß als Mittel brauchest.“ (BA 66f.) Die Anerkennung des Menschen als eines Zweckes an sich selbst bezieht sich auf seine Fähigkeit einer vernünftigen Willensbestimmung, seine Autonomie; der Imperativ setzt der freien Wahl des eigenen Handelns in Blick auf den Umgang mit anderen Grenzen: Wir dürfen niemanden für unsere Handlungsziele oder -zwecke so weit instrumentalisieren, dass seine Fähigkeit zu vernünftiger Willensbestimmung missachtet wird.

Kant formuliert in Bezug auf das lügenhafte Versprechen: „Was die notwendige oder schuldige Pflicht gegen andere betrifft, so wird der, so ein lügenhaftes Verssprechen gegen andere zu tun im Sinn hat, sofort einsehen, dass er sich eines anderen Menschen bloß als Mittels bedienen will, ohne dass dieser zugleich den Zweck in sich enthalte. Denn der, den ich durch ein solches Versprechen zu meinen Absichten gebrauchen will, kann unmöglich in meine

Art, gegen ihn zu verfahren, einstimmen und also selbst den Zweck dieser Handlung enthalten." (BA 68f.)

Zwar gilt auch hier wieder, dass das Beispiel des lügenhaften Versprechens nicht das ganze Feld der Lüge als einer vorsätzlich unwahren Behauptung abdeckt, im Hintergrund schimmert gleichsam durch die Unterscheidung zwischen mendacium und falsiloquium, gleichwohl ist Kants Kriterium der vernünftigen Zustimmung ein relevantes Kriterium in der moralischen Begründung des Lügenverbots. In vielen Fällen lässt sich annehmen, dass die Belogenen ihrer Täuschung nicht zustimmen würden, und dies mit guten, vernünftigen Gründen.

Die Frage aber bleibt, ob sich daher die Lüge grundsätzlich und ausnahmslos verbietet, ob bei Lügen immer eine unzulässige Instrumentalisierung des anderen vorliegt. Bei konventionellen Formen der Lüge, dem Kompliment, der Höflichkeit z.B., können wir umgekehrt die vernünftige Zustimmung des anderen erwarten; ähnlich ist die Situation, wenn wir gegenüber aufdringlichen Fragen unsere Privat- oder gar unsere Intimsphäre schützen wollen, oder wenn wir auf die Verletzbarkeit oder Schutzbedürftigkeit Beteiligter Rücksicht nehmen müssen.

Das „falsche Zeugnis" – ich erinnere an den Dekalog – ist das zweite Beispiel, das Kant zum Problem der Lüge in Anwendung des kategorischen Imperativs heranzieht, 1788 in der „Kritik der praktischen Vernunft" (A 75). Als das entscheidende Merkmal der Lüge nimmt Kant hier an einmal die vorsätzliche Unwahrheit und zweitens den Wahrheitsanspruch der zur Diskussion stehenden Aussage und folgert: „Es kann nicht mit der Allgemeinheit eines Naturgesetzes bestehen, Aussagen für beweisend und dennoch als vorsätzlich unwahr gelten zu lassen." (A 75) Der Selbstwiderspruch ist evident – zumindest für den Fall der Zeugenaussage vor Gericht: Ein derartiges „Zeugnis" kann nur als Beweis gelten, wenn die Zeugen zur Wahrhaftigkeit ihrer Aussage strikt verpflichtet sind; ansonsten wäre die Institution der Zeugenschaft sinnlos, würde sich selbst in der Tat aufheben.

Die Frage aber ist auch hier, ob dies auch generell für vorsätzlich falsche Aussagen gilt; dann erst hätten wir eine überzeugende Basis für ein allgemeines Lügenverbot. Was nehmen wir an, wenn jemand sagt: „Ich behaupte, dass ..."? Wir unterstellen doch zumindest den Wahrheitsanspruch dieser Aussage; zugleich aber behalten wir uns unter Umständen durchaus vor, diesen Anspruch zu überprüfen. „Der Unterschied zwischen dem" juristisch

„institutionalisierten Sprechakt des Bezeugens und der bloßen Behauptung ist nicht zu tilgen. Die Maxime, in manchen Fällen auch für vorsätzlich unwahre Behauptungen Wahrheitsgeltung beanspruchen zu wollen, unterscheidet sich wesentlich von der Maxime, sich von einer allgemeinen Pflicht zur Wahrhaftigkeit willkürliche Ausnahmen gestatten zu wollen. Eine allgemeine Wahrhaftigkeitspflicht für die spezielle Institution der Zeugenschaft ist unstrittig, für alltägliche Behauptungen aber nicht."[50]

Noch einmal angesetzt: Die Maxime, gelegentlich zu lügen, stellt kein massives Problem für den alltäglichen Umgang miteinander, wir kommen damit zurecht, sind darauf eingestellt; das allerdings ist für Kants Prüfstein, den kategorischen Imperativ, nicht der relevante Punkt. Kant zielt vielmehr in der Abweisung oder Herausfilterung unmoralischer Grundsätze auf den logischen Beweis ihrer Unmöglichkeit, auf den Selbstwiderspruch. Ein Selbstwiderspruch folgt aber nicht aus der Verallgemeinerung jener Maxime, sondern erst dann, wenn ich zusätzlich annehme, jeder Behauptungsaussage blind vertrauen zu können. Das Resultat: „Der kategorische Imperativ [...] ist nicht geeignet, eine [...] grundsätzliche Wahrhaftigkeitspflicht [...] zu begründen, er müsste sie voraussetzen."[51]

2. Der systematische Ort des Lügenverbots ist für Kant – entscheidend für seine zentrale Argumentation – allerdings nicht der Bereich der Pflichten gegenüber anderen, sondern der Pflichten gegenüber sich selbst. Entfaltet wird dies 1797 in der „Metaphysik der Sitten, Tugendlehre": Kant unterscheidet zunächst zwischen Rechtspflichten und Tugendpflichten; die Rechtspflichten richten sich gegen erzwingbare äußere Handlungen, bei den Tugendpflichten geht es um nicht erzwingbare innere Einstellungen. Die Tugendpflichten, der engere Bereich der Ethik, werden unterteilt in Pflichten gegen andere, ihre Glückseligkeit ist hier mein Pflichthorizont, und Pflichten gegen sich selbst, hier geht es um meine eigene Vollkommenheit. Daneben wird unterschieden in vollkommene und unvollkommene Pflichten, in Verbote und Gebote. Das Lügenverbot macht Kant fest als vollkommene Pflicht gegenüber sich selbst, orientiert daran, dem Zweck der menschlichen Natur nicht zuwider zu handeln, orientiert an der „moralischen Selbsterhaltung" (A 67). Die grundsätzliche Annahme von Pflichten gegen sich selbst, als Paradoxon von Kant zugestanden, begründet Kant mit der grundsätzlichen Selbstverpflichtung bei jeder Pflicht, die wir

anerkennen im Umgang miteinander. In der Selbstverpflichtung wissen wir uns verpflichtet gegenüber dem Menschsein in uns: Als ein zur Freiheit, also zu Moralität begabtes Vernunftwesen ist der Mensch „ein der Verpflichtung fähiges Wesen und zwar gegen sich selbst (die Menschheit in seiner Person)" (A 65).

Aus diesem Kontext folgt die Argumentation: „Die größte Verletzung der Pflicht des Menschen gegen sich selbst, bloß als moralisches Wesen betrachtet (die Menschheit in seiner Person), ist das Widerspiel der Wahrhaftigkeit: die Lüge." In seiner Definition, „das eine offen im Munde, das andere verschlossen im Herzen zu tragen" (A 83), akzentuiert Kant die Zerstörung der Einheit von Gedanke und Wort. Der Lügner verletzt nach Kant deshalb „die Würde der Menschheit in seiner eigenen Person" (A 84), weil er sein Vermögen der Gedankenmitteilung negiert, ins Gegenteil pervertiert: „Die Mitteilung seiner Gedanken an jemanden durch Worte, die doch das Gegenteil von dem (absichtlich) enthalten, was der Sprechende dabei denkt, ist ein der natürlichen Zweckmäßigkeit seines Vermögens der Mitteilung seiner Gedanken gerade entgegen gesetzter Zweck, mithin Verzichttun auf seine Persönlichkeit und eine bloß täuschende Erscheinung vom Menschen, nicht der Mensch selbst." (A 84) In Blick auf die Zweck-Mittel-Formel des kategorischen Imperativs formuliert Kant etwas später: „Der Mensch, als moralisches Wesen, kann sich selbst, als physisches Wesen, nicht als bloßes Mittel (Sprachmaschine) brauchen, das an den inneren Zweck (der Gedankenmitteilung) nicht gebunden wäre, sondern ist an die Bedingung der Übereinstimmung mit der Erklärung des ersteren gebunden und gegen sich selbst zur Wahrhaftigkeit verpflichtet." (A 86) Ist das einsichtig?

Mit dieser Argumentation steht Kant in der Tradition des Augustinus und Thomas von Aquin, der Auffassung und grundsätzlichen Verurteilung der Lüge als eines Missbrauchs der Sprache. Ähnlich wie Kant formuliert Thomas von Aquin: „Da die Worte von Natur Zeichen der Gedanken sind, ist es unnatürlich und unerlaubt, dass man durch Sprache kundgibt, was man nicht im Sinne hat"[52]. Die zugrunde liegende Bedeutungstheorie, der Kant folgt, geht davon aus, dass die Bedeutung des Gesagten, die Bedeutung von Worten, der Gedanke des Sprechers sei; wenn aber der Lügner nicht seine Gedanken ausdrückt, müsste daher seine Rede ohne Bedeutung sein. Dies ist zweifellos aber nicht der Fall, vielmehr haben die Worte auch des

Lügners genau die Bedeutung, die sie üblicherweise haben, unabhängig von der Wahrhaftigkeit des Sprechers. Jene Bedeutungstheorie ist falsch.

Kants Auffassung vom „inneren Zweck" oder von der „natürlichen Zweckmäßigkeit" der Sprache könnte allenfalls meinen die wahrhaftige Mitteilung der Gedanken; dagegen verstößt der Lügner in der Tat. Aber ist dies der natürliche Zweck der Sprache? Die Sprechakttheorie zeigt, dass dies nicht so ist: Das Singen von Liedern, Befehle, Begrüßungen, das Erzählen von Märchen, Geschichten oder Witzen, das Aufgeben von Rätseln, das Mitschreiben bei einem Vortrag, das Schreiben eines Einkaufszettels, Ernennungen, Fragen, rhetorische Fragen ..., in allen diesen Situationen des Sprachgebrauchs geht es nicht um die persönliche Überzeugung des Sprechers, um Wahrhaftigkeit oder um wahr oder falsch. Kant reduziert diese Vielfalt auf die wahrhaftige Mitteilung. In den zwischen 1787 und 1797 entstandenen „Vorarbeiten zur Rechtslehre" formuliert Kant prägnant und pointiert: „Aufrichtigkeit ist die Bedingung, ohne die das Sprechen eine Brauchbarkeit ohne allen möglichen Gebrauch enthalten würde."[53]

Simone Dietz erhebt daher unter Rückgriff auf einen Begriff John L. Austins den Vorwurf des „deskriptiven Fehlschlusses"[54], dies meint die unzulässige Verabsolutierung beschreibender Aussagen und die Vernachlässigung aller Aspekte auch beschreibender Aussagen jenseits der Kategorien von „wahr" oder „falsch", der Frage z.B., ob eine Aussage – und sei es eine Lüge – verstanden worden sei. Bernard Williams spricht im gleichen Zusammenhang von „Behauptungsfetischismus"[55].

Die Kritik an Kant greift noch weiter: Den natürlichen Zweck des Sprachgebrauchs verknüpfe Kant „mit einem moralisch verpflichtenden Zweck", es liege daher zugleich auch vor ein naturalistischer Fehlschluss, der unzulässige Schluss von einem Sein auf ein Sollen[56]. Nun ist der Vorwurf des naturalistischen Fehlschlusses grundsätzlich nicht unproblematisch: Kaum ein Begründungsansatz von Ethik überhaupt kann ihm entgehen, sinnvoll erscheint es, ihn enger nur im Horizont empirischer Beschreibung eines naturwissenschaftlich erfassbaren Seins zuzulassen. Es bleibt dann aber, dass Kant offenbar von einem teleologischen Sprachkonzept ausgeht, deskriptiv wie präskriptiv gleichermaßen verstanden. Und dieses Konzept, so der Vorwurf, werde nicht begründet, sondern nur postuliert. Williams formuliert grundsätzlicher: Nach einer solchen teleologischen Annahme könnten „gewisse Wesenheiten – beispielsweise die Natur der Behauptung als ein Etwas, das für unser Leben als vernunftbegabte Wesen unabdingbar ist – zeigen [...], wie wir uns zu verhalten haben, wenn eine Entscheidung über das eigene Verhalten möglich ist. Diese Vorstellung ist allerdings tot."[57]

In der Tradition von Augustinus über Thomas zu Kant steht auch die Diskursethik in dem Bemühen, ein grundsätzliches Lügenverbot sprachlich zu begründen; nahe liegt daher ein Exkurs, um die Ansätze Karl-Otto Apels und Jürgen Habermas' zu überprüfen[58]:

Karl-Otto Apel modifiziert Kants Gedankenexperiment zur moralischen Beurteilung subjektiver Maximen, den kategorischen Imperativ mit seinem Universalisierungskriterium, zu einem Verfahren intersubjektiver Konsensbildung: Eine moralische Norm ist dann gültig, wenn alle Betroffenen ihr zustimmen können. Die Sprache erhält dabei den Rang einer transzendentalen Vorgabe, der Bedingung der Möglichkeit für jegliche vernünftige Kritik und Rechtfertigung; ihre Regeln erhalten den Charakter apriorischer Normen, die von jedem und notwendigerweise immer schon anerkannt sind. Ähnlich wie bei Kant gilt als Falsifikationskriterium für moralisch nicht zulässige Grundsätze (Kant) oder Vereinbarungen (Apel) der „performative Selbstwiderspruch", hier der Widerspruch zwischen den Voraussetzungen des Sprachgebrauchs und den jeweiligen, sprachlich vermittelten Handlungsabsichten. Der klassische Fall eines solchen Normverstoßes sei die Lüge „als Pervertierungsform aller nur denkbaren Sprechakte"[59]. Es ist dies so, wenn man ein moralisches Verständnis von Sprache schon voraussetzt, dann verstößt die Lüge eo ipso gegen die Regeln der Sprache: Vorzuliegen scheint dann aber eine klassische petitio principii (= die Inansprucnahme des Beweisgrundes), ein Zirkel.

Wie argumentiert Apel? In Analogie zu Kant fragt er nach den Bedingungen der Möglichkeit sprachlicher Verständigung – im Sinne des argumentativen Diskurses, verstanden nicht als ein Sprachspiel oder einen Sprechakt unter anderen, sondern als ausgezeichnete Form des Sprachgebrauchs, konstitutiv für alle Sprechakte, transzendental. Zu diesen Bedingungen zählen u.a. die Gleichberechtigung, Unparteilichkeit, Chancengleichheit – und Wahrhaftigkeit. Derart zielt die „reflexive Selbsteinholung" der kommunikativen Vernunft[60] auf die Letztbegründung zentraler moralischer Prinzipien und damit der Moral überhaupt. Diese Prinzipien könnten „ohne performativen Selbstwiderspruch nicht bestritten, ja nicht einmal in Frage gestellt werden.

Kants „Faktum der Vernunft“ werde auf diese Weise „transzendental-reflexiv“ vergewissert, „transzendental-pragmatisch dechiffriert.“[61]

Den Beweis für den performativen Selbstwiderspruch als Widerspruch zwischen Sprechakt-Voraussetzung und Aussage sollen exemplarisch inkonsistente Sätze liefern, die damit zu unbestreitbaren Sätzen führen, „die man nicht verstehen kann, ohne zu wissen, dass sie wahr sind.“ Solche Sätze sind: „Ich behaupte hiermit, dass ich keinen Wahrheitsanspruch habe“, und „ich behaupte hiermit, dass ich keinen Wahrhaftigkeitsanspruch habe.“ Liegt hier ein performativer Selbstwiderspruch vor? Der Sprechakt der Behauptung ist durch die konstitutive Bedingung des Wahrheits- und des Wahrhaftigkeitsanspruchs bestimmt, dies ist die analytische Prämisse der Behauptung. Das ist für Apel der wesentliche Punkt: „Sätze über notwendige Präsuppositionen des Argumentierens, die man als Argumentierender nicht ohne pragmatischen Selbstwiderspruch bestreiten und eben deshalb nicht ohne logischen Zirkel (petitio principii) [...] logisch begründen kann.“ Es zeige dies „nicht eine Aporie im Begründungsproblem an, sondern eine notwendige Folge des Umstandes, dass die Sätze als einsehbar notwendige Präsuppositionen allen logischen Begründens a priori gewiss sind.“ Insofern sind diese Sätze [...] transzendental-reflexiv [= in einer Reflexion auf die Bedingung der Möglichkeit z.B. des Sprechaktes der Behauptung] letztbegründet.“[62]

In ihrer kritischen Überprüfung weitet Simone Dietz zunächst aus: Es ist offenbar häufig grundsätzlich unmöglich, „den jeweiligen Sprechakt performativ explizit zu vollziehen.“[63] „Ich lüge jetzt“ oder „ich lüge immer“ ist ebenso wenig performativ explizit vollziehbar wie „ich überrede dich hiermit.“ Zu diesen Sprechakten gehören täuschende Sprechhandlungen (Wörter wie „lügen“, „vortäuschen“, „verschweigen“), affektgeladene Sprechhandlungen (Ausdrücke wie „beschimpfen“, „beleidigen“, „zärtlich sagen“) und Sprechhandlungen mit zunächst nicht konventionell vereinbarten Wirkungen (Wörter wie „verblüffen“, „demütigen“, „überreden“, auch „trösten“). Der performativ explizite Gebrauch solcher Ausdrücke verstößt konstitutiv gegen Regeln des Sprachgebrauchs, gegen Regeln dieser Sprechakte, nicht aber gegen moralische Regeln; in Orientierung an einer Unterscheidung John L. Austins: Die Verständigung misslingt oder missglückt in der Konsequenz, es liegt aber kein moralischer Missbrauch vor. Solche Sprechakte oder „Handlungsweisen sind unverständlich, aber nicht unmoralisch. [...] Das Lügen dient Apel vorzugsweise als Beispiel für die moralische Dimension konstitutiver Regeln der Verständigung, doch letztlich zeigt er damit nur, dass in seinem Sprachkonzept zwischen der konstitutiven und der moralischen Dimension des Wahrhaftigkeitsanspruchs nicht ausreichend differenziert werden kann.“[64]

Jürgen Habermas verzichtet auf Letztbegründungsansprüche. Die Wahrhaftigkeitsnorm wird thematisiert als pragmatische Argumentationsvoraussetzung: „Jeder Sprecher darf nur das behaupten, was er selbst glaubt.“[65] Wie Apel zieht aber auch Habermas den performativen Selbstwiderspruch heran, in den sich jeder verwickle, der diese und andere „zunächst hypothetisch angebotenen Rekonstruktionen bestreitet“; derart soll deutlich werden, dass es sich hier in der Tat um „unausweichliche Präsuppositionen“ handele.[66]
Exemplarisch gilt Habermas der Satz: „Ich habe H schließlich durch eine Lüge davon überzeugt, dass p“; es sei dies ein „semantisches Paradox“, es besage, „dass H seine Überzeugung unter Bedingungen gebildet haben soll, unter denen sich Überzeugungen nicht bilden können.“ Denn „Überzeugungen beruhen letztlich auf einem diskursiv herbeigeführten Konsens.“[67] Und zu den Diskursregeln gehöre als Voraussetzung die Wahrhaftigkeitsnorm. Wer „in eine Argumentation eintritt, hat [...] u. a. die Voraussetzung akzeptiert, dass er einen Opponenten mit Hilfe einer Lüge niemals von etwas überzeugen, sondern allenfalls dazu überreden kann, etwas für wahr zu halten.“[68]

Simone Dietz hält dagegen, dass diese Rekonstruktion normativer Argumentationsvoraussetzungen wie bei Apel auch zirkulär auf einer „keineswegs zwingenden (!), normativen Begriffsdefinition von ‚Argumentation‘“ beruhe[69]. Der Nachweis eines performativen Selbstwiderspruchs sei „letztlich nicht mehr als die Wiederholung einer Definition von ‚Überzeugen‘.“[70] Wenn Begriffe oder Sprechakte wie „argumentieren“, „argumentativer Diskurs“, „überzeugen“ durch normative Voraussetzungen moralischer Relevanz definiert werden, ergibt sich in der Tat ein Widerspruch, wenn ich argumentiere und gegen diese Voraussetzungsregeln verstoße: Es liegt aber wieder zugrunde die Figur der petitio principii.

Mit Habermas ließe sich hier indes noch einmal einwenden, dass es sich bei diesen Präsuppositionen um „Regeln“ handelt, „ohne die das Argumentationsspiel nicht funktioniert: Wenn man überhaupt argumentieren will, gibt es für sie keine Äquivalente. Damit wird die Alternativlosigkeit dieser Regeln für die Argumentationspraxis bewiesen, ohne dass diese selbst begründet würde.“[71]

Jene von Dietz nicht für zwingend erachtete normative Begriffsdefinition wird hier als zwingend und unaufhebbar behauptet: keine Argumentation also ohne Wahrhaftigkeit, Gleichberechtigung und Chancengleichheit, minimaler Konsensbereitschaft etc; auch diese moralischen Präsuppositionen sind konstitutiv, unabdingbare Voraussetzungen der Kommunikation. Dies gilt aber dann nur für das „Argumentationsspiel", für den argumentativen oder rationalen Diskurs; es würde aber immerhin bedeuten, dass in diesem Kontext das Wahrhaftigkeitsgebot und das Lügenverbot anerkannt sein müssen, also Geltungsansprüche haben, also begründet sind.

Nun geht aber auch Habermas noch einen Schritt weiter: Auch der amoralische Aussteiger, der Skeptiker, derjenige, der sich auf einen rein strategischen Sprachgebrauch reduziert, könne nicht grundsätzlich auf argumentatives oder kommunikatives Handeln verzichten. Wir könnten uns grundsätzlich der „kommunikativen Alltagpraxis", in der wir „kontinuierlich mit ‚Ja' oder ‚Nein' Stellung zu nehmen genötigt" sind, „nicht entwinden." Es

> müssen sich [...] kommunikativ handelnde Subjekte, indem sie sich miteinander über etwas in der Welt verständigen, an Geltungsansprüchen, auch an assertorischen und normativen Geltungsansprüchen orientieren. Deshalb gibt es keine soziokulturelle Lebensform, die nicht auf eine Fortsetzung kommunikativen Handelns mit argumentativen Mitteln wenigstens angelegt wäre [...]. Argumentationen geben sich [...] als Reflexionsform des verständigungsorientierten Handelns zu erkennen. [...] Die Reziprozitäten, die die gegenseitige Anerkennung zurechnungsfähiger Subjekte tragen, sind bereits in jenes Handeln eingebaut, in dem Argumentationen wurzeln. Deshalb erweist sich die Argumentationsverweigerung des radikalen Skeptikers als leere Demonstration. Auch der konsequente Aussteiger kann aus der kommunikativen Alltagspraxis nicht aussteigen, deren Präsuppositionen bleibt er verhaftet – und diese wiederum sind, mindestens teilweise, identisch mit den Voraussetzungen von Argumentation überhaupt. [72]

Was ist das Resultat? Kritisch und skeptisch bleibt Simone Dietz: „Der Status der Wahrhaftigkeitsnorm bleibt in diesem Konzept diffus. Ist Wahrhaftigkeit eine konstitutive Bedingung für Diskurse, die den Zweck konsensueller Wahrheitsfindung verfolgen, ist sie auch eine konstitutive Bedingung oder nur eine hypothetische Unterstellung jeder Alltagskommunikation?"[73]

Positiver akzentuiert: Die Wahrhaftigkeitsnorm ist eine konstitutive Bedingung für rationale, konsensorientierte Diskurse, sie ist eine konstitutive Bedingung wohl auch für die meisten Situationen alltäglicher Argumentation und Verständigung, nicht aber für Sprache und ihren Gebrauch schlechthin; hier öffnet sich ein weites Feld unterschiedlicher Sprechakte, insonderheit der Situationen indirekten und verdeckten Sprechens.

Zurück zu Kant:

3. Eine letzte Begründung der unbedingten Verpflichtung zur Wahrhaftigkeit reflektiert Kant 1797 in der kleinen Schrift „Über ein vermeintliches Recht aus Menschenliebe zu lügen", seit ihrem Erscheinen immer wieder als Provokation empfunden, als rigoristisch verurteilt. Der Anlass zu dieser Schrift war, ebenfalls 1797, eine Veröffentlichung des französischen Schriftstellers und Politikers Benjamin Constant (1767-1830), „Über politische Reaktion". Constant erwähnt darin einen deutschen Philosophen, „der so weit geht zu behaupten, dass selbst Mördern gegenüber, die uns fragen würden, ob ein Freund von uns in unserem Hause Zuflucht gesucht hat, die Lüge ein Verbrechen wäre"[74].

Dieser deutsche Philosoph war Johann David Michaelis (1717-1791), er griff in seinem Hauptwerk, „Moral", herausgegeben 1792, auf dieses Beispiel zurück, ein Beispiel, das schon Augustinus zur Rechtfertigung eines absoluten Lügenverbots herangezogen hat; seither wird es diskutiert. Constant argumentiert in seiner Schrift folgendermaßen:

> Die Wahrheit zu sagen ist eine Pflicht. Was ist eine Pflicht? Die Idee der Pflicht ist von der des Rechts nicht zu trennen. Eine Pflicht ist das, was in dem einen Wesen den Rechten des anderen Genüge tut. Wo es keine Rechte gibt, gibt es auch keine Pflichten. Die Wahrheit zu sagen ist eine Pflicht also nur denjenigen gegenüber, die ein Recht auf Wahrheit haben. Nun hat aber kein Mensch ein Recht auf die Wahrheit, die einem anderen schadet.[75]

Erscheint dies einsichtig? Kant offenbar nicht: Die Äußerung Constants von jenem deutschen Philosophen bezieht er auf sich und antwortet mit seiner Abhandlung. Die Argumente aus der „Metaphysik der Sitten" zieht Kant hier nicht heran; er setzt neu an, weil Constant das Lügenverbot nicht als Tugendpflicht gegenüber sich selbst, sondern als Rechtspflicht gegenüber anderen diskutiert. Zunächst korrigiert Kant begrifflich: Ein Recht auf Wahrheit sei „ein Wort ohne Sinn" (A 303); es geht in der Tat nicht um Wahrheit, sondern Wahrhaftigkeit. Und hier gelte: „Wahrhaftigkeit in Aussagen, die man nicht umgehen kann, ist formale Pflicht des Menschen gegen jeden, es mag ihm oder einem anderen daraus auch noch so großer Nachteil erwachsen." (A 304)

Warum? „Eine solche Verfälschung" tue „der Pflicht überhaupt Unrecht: d.i. ich mache, so viel an mir ist, dass Aussagen überhaupt keinen Glauben finden, mithin auch alle Rechte, die auf Verträgen gegründet werden, wegfallen und ihre Kraft einbüßen, welches ein Unrecht ist, das der Menschheit überhaupt zugefügt wird. Die Lüge also, bloß als vorsätzlich unwahre Deklaration gegen einen anderen Menschen definiert, bedarf nicht des Zusatzes, dass sie einem anderen schaden müsse, wie die Juristen es zu ihrer Definition verlangen [...]. Denn sie schadet [...] der Menschheit überhaupt, indem sie die Rechtsquelle unbrauchbar macht." (A 305)

Der Grundsatz der Wahrhaftigkeit gilt Kant also als oberste Bedingung aller Rechtsverhältnisse überhaupt, daher, unterstreicht er noch einmal nachdrücklich, „eine Pflicht, die als Basis aller auf Vertrag zu gründenden Pflichten angesehen werden muss, deren Gesetz, wenn man ihr auch nur die geringste Ausnahme einräumt, schwankend und unnütz gemacht wird. Es ist also ein heiliges, unbedingt gebietendes, durch keine Konvenienzen einzuschränkendes Vernunftgebot: in allen Erklärungen wahrhaft (ehrlich) zu sein." (A 307) Die Wahrhaftigkeit, heißt es gegen Schluss der Abhandlung noch einmal, ist „eine Regel, die ihrem Wesen nach keiner Ausnahme fähig ist, weil sie sich in dieser geradezu selbst widerspricht." (A 314)

Trägt diese Argumentation? Wenn wir das zugrunde liegende Beispiel in Blick nehmen, scheinen die Konsequenzen nahezu absurd, unsere spontane ethische Intuition steht geradezu empört dagegen. Mit Recht? Eine ähnlich rigorose Haltung begegnet uns, ungebrochen in ihrer „Selbstgewissheit der Vernunft"[76], in Goethes Iphigenie, sie hält am Wahrhaftigkeitsgebot fest, gegen alle guten Gründe, setzt ihr und das Leben von zwei anderen Menschen aufs Spiel, setzt auf die Humanität eines Barbaren – und hat am Ende Recht damit. Die Situation erscheint vergleichbar, Kant mutet uns aber wohl noch mehr zu:

Er wird „nun gar zum Erzähler, indem er schildert, wie gerade der Versuch, einem andern durch eine Lüge das Leben zu retten, ganz unvorhersehbare Folgen haben könne“[77]. Peter von Matt kommentiert ironisch: „Was Kant hier vorträgt, könnte der Kern zweier Kleist-Novellen sein, einer mit glücklichem und einer mit tragischem Ausgang.[78] [...] Die zwei Novellen-Embryos aus der Feder des großen Philosophen und nicht so großen Erzählers tragen zur Klärung der Grundsatzfrage wenig bei. Es sind aussichtslose Versuche, die Leser vom unbedingten Verbot der kleinen Alltagslügen zu überzeugen. Eine reizvolle Absurdität ist den Fallbeispielen nicht abzusprechen, während die systematische Begründung im letzten Satz des obigen Zitats dann wieder das volle Gewicht des kategorischen Imperativs gewinnt.“[79]

Argumentativ zielt Kant in diesem Satz auf den Grundsatz der Wahrhaftigkeit als die Bedingung der Möglichkeit vertraglicher Verpflichtungen, auf die logische Voraussetzung des Rechts überhaupt. Steffen Dietzsch in seiner „Kleinen Kulturgeschichte der Lüge“ hält Kants Argumentation für überzeugend: „Es ist [...] entgegen der zunächst augenfälligen Gewissheit Constants gerade so, dass jenes Recht auf Lüge die Gesellschaft eben nicht aufrecht erhält, sondern sie geradezu zerstören würde. Damit hat Kant nicht einem abstrakten Rigorismus das Wort geredet, sondern einen eminenten Beitrag zur begrifflichen Unterscheidung des Rechts gegenüber allem bloß guten Willen geleistet und auf diese Weise [...] zur Rechtssicherheit und Rechtsgewissheit beigetragen. Eine Verletzung der Rechtspflicht ist unter keinen Umständen statthaft, vor allem eben auch nicht aus einem moralisch erfreulichen Motiv heraus, wie es prima vista die Menschenliebe darstellt.“[80]

Dietzsch folgt offensichtlich und akzeptiert Kants Unterscheidung zwischen Rechts- und Tugendpflichten: Die Rechtspflichten gelten als höherwertig, als zentrale Bedingungen des menschlich geordneten Zusammenlebens, freier interpretiert, als Garanten einer Minimalethik; sie dürfen daher grundsätzlich nicht in Abwägungsdiskussionen relativiert oder aufgeweicht werden. Noch in Schopenhauers zentralem Grundsatz der Moral „Schädige niemanden, vielmehr hilf' allen, soweit du kannst“ klingt diese Unterscheidung und Wertung nach. Es erklärt diese Sicht auch, dass Kant das Problem des ethischen Dilemmas, der Normenkollision in diesem Zusammenhang nicht explizit aufgreift. Er wägt den Grundsatz der Wahrhaftigkeit bzw. des Lügenverbots nicht ab gegen das Gebot, menschliches Leben zu retten, beides wäre durch den kategorischen Imperativ zu verifizieren. Kant hat sich vielmehr schon entschieden, für ihn ist schon entschieden und klar der höhere Rang der Rechtspflichten; das Dilemma stellt sich nicht mehr.

An anderer Stelle, im Kontext der Unterscheidung von rechtlicher Betrachtung und moralischer Betrachtung, sehr wohl also passend, finden wir bei Kant selbst eine ganz andere, eine pragmatisch gelassene Sicht des Problems: In der Rechtslehre der „Metaphysik der Sitten" definiert Kant als das „einzige, ursprüngliche, jedem Menschen kraft seiner Menschheit zustehende Recht" die elementar gegebene „Freiheit (Unabhängigkeit von eines anderen nötigender Willkür), sofern sie mit jedes anderen Freiheit nach einem allgemeinen Gesetz zusammen bestehen kann". (AB 45) Was bedeutet nun diese Freiheit, wie weit reicht sie? Es ist die Freiheit der Rechtssubjekte, „die nicht zu moralischer Gesinnung verpflichtet sind, sondern" nur „dazu, in ihren äußeren Handlungen allen gleiche Freiheit zuzubilligen und sie nicht zu schädigen."[81] Unter anderem schließt sie ein, anderen Menschen „bloß seine Gedanken mitzuteilen, ihnen etwas zu erzählen oder zu versprechen, es sei wahr und aufrichtig oder unwahr und unaufrichtig, weil es bloß auf ihnen beruht, ob sie ihm glauben wollen oder nicht;" und dazu noch einmal in einer Anmerkung: „Im rechtlichen Sinne [...] will man, dass nur diejenige Unwahrheit Lüge genannt werde, die einem anderen unmittelbar an seinem Recht Abbruch tut, z.B. das falsche Vorgeben eines mit jemanden geschlossenen Vertrags, um ihn um das Seine zu bringen, und dieser Unterschied sehr verwandter Begriffe ist nicht ungegründet, weil es bei der bloßen Erklärung seiner Gedanken immer dem anderen frei bleibt, sie anzunehmen, wofür er will". (AB 45f.)

In der Tat: Erstens ist nicht die wahrhaftige Aussage als solche die „Quelle des Rechts", sondern der Vertragsschluss. Verträge gelten, unabhängig von der Wahrhaftigkeit der Beteiligten; auch wenn jemand in betrügerischer Absicht einen Vertrag gleichsam zum Schein eingeht, ist er zur Einhaltung des Vertrags verpflichtet; innerstaatlich zieht der Vertragsbruch als Rechtsbruch möglicherweise eine Klage und Sanktionen nach sich. Die Gültigkeit des Rechts insgesamt und an sich steht nicht zur Diskussion. Allenfalls indirekt kann eine Lüge zur Ungültigkeit eines Vertrages führen, wenn jemand z.B. etwas verkauft, was ihm gar nicht gehört, und damit eine Voraussetzung des Vertrags nicht erfüllt. „Aber selbst wenn Verträge von der Wahrhaftigkeit der Beteiligten abhingen, würde dies" zweitens „nur die Geltung des Wahrhaftigkeitsgebotes für vertragliche Angelegenheiten begründen, nicht aber für jeden möglichen Sprachgebrauch überhaupt."[82] Der Einwand gegen Kant ist auch hier wieder, allgemein formuliert, die fehlende Differenzierung unterschiedlicher Sprechakte.

Was ist das Fazit?

Ein grundsätzliches Lügenverbot lässt sich mit Kant wohl nicht überzeugend begründen. Dies legt schon nahe eine vollständige Definition des Lügens, die vier Aspekte zu berücksichtigen hat, er sind „erstens die Wahrheitsfähigkeit der Äußerung in der Form der Aussage, zweitens der bewusste Widerspruch zwischen Aussage und innerem Fürwahrhalten, drittens der weiter reichende, aber nicht generell zu bestimmende Zweck jeder Lüge, und viertens die Absicht des Lügners, sowohl den Widerspruch zwischen seiner Aussage und seiner inneren Einstellung als auch, in vielen Fällen, seinen weiter reichenden Handlungszweck zu verbergen." Mithin ist eine Lüge „ein bewusster, aber verdeckter Widerspruch zwischen Aussage und Fürwahrhalten, der verdeckten, weiter reichenden Absichten dient."[83] Der weiter reichende Handlungszweck ist das zentrale Kriterium für die moralische Beurteilung der Lüge, zur moralischen Bewertung nicht hinreichend ist die Akzentuierung des Widerspruchs zwischen Aussage und Fürwahrhalten, wie das Kant in der Tradition von Augustinus macht. Unter den vielen Äußerungsformen, Sprachspielen und Sprechakten, die der Sprachgebrauch kennt, ist „auch das Lügen [...] eine spezifisch menschliche Fähigkeit, eine besondere Facette unseres Sprachvermögens, die vielen verschiedenen Zwecken dienen kann. Nicht das Lügen an sich ist verwerflich, sondern bestimmte Zwecke, denen das Lügen dient."[84]

Literatur

Apel, Karl-Otto: Transformation der Philosophie. Bd. 2: Das Apriori der Kommunikationsgemeinschaft. Frankfurt/M 1973

Apel, Karl-Otto: Sprechakttheorie und transzendentale Sprachpragmatik zur Frage ethischer Normen. In: Apel, Karl-Otto (Hrsg): Sprachpragmatik und Philosophie. Frankfurt/M 1976. S. 10-173

Apel, Karl-Otto: Das Problem einer philosophischen Theorie der Rationalitätstypen. In: Herbert Schnädelbach (Hrsg.): Rationalität. Philosophische Beiträge. Franfurt/M 1984. S. 15-31

Apel (Hrsg): Rationales Handeln und Gesellschaftstheorie. Bochum 1984. S. 23-80

Apel, Karl-Otto: Diskurs und Verantwortung. Das Problem des Übergangs zur postkonventionellen Moral. Frankfurt/M 1988

Baruzzi, Arno: Philosophie der Lüge. Darmstadt 1996

Beekmanns, Heinz: Der Mensch bleibt Mensch – solange er lügt. In: StZ, 31.12.2003

Bok, Sissela: Lügen. Vom täglichen Zwang zur Unaufrichtigkeit. Reinbek 1980
De La Bruyère, Jean : Die Charaktere oder die Sitten des Jahrhunderts. Stuttgart 1952
Dietz, Simone: Immanuel Kants Begründungen des Lügenverbots. In: Rochus Leonhardt/Martin Rösel (Hg): Dürfen wir lügen? Beiträge zu einem aktuellen Thema. Neukirchen 2002. S. 91-115
Dietz, Simone: Der Wert der Lüge. Über das Verhältnis von Sprache und Moral. Paderborn 2003 (1)
Dietz, Simone: Die Kunst des Lügens. Eine sprachliche Fähigkeit und ihr moralischer Wert. Reinbek 2003 (2)
Dietzsch, Steffen: Kleine Kulturgeschichte der Lüge. Leipzig 1998
Elias, Norbert: Die höfische Gesellschaft. Frankfurt 1983
Frisch, Max: Tagebuch 1946-1949. Frankfurt 1973
Geiger, Stefan: Weh dem, der nicht lügt. In: StZ, 26.09.1998
Geismann, Georg/Oberer, Hariolf (Hg): Kant und das Recht der Lüge. Königshausen 1986
Gerhardt, Gerd (Hg): Immanuel Kant. Eine Vorlesung über Ethik. Frankfurt 1990
Güntner, Joachim: Fauler Fleck in der Natur. Lüge, Freiheit und die Sprache der Politik. In: StZ, 22.02.1996
Habermas, Jürgen: Moralbewusstsein und kommunikatives Handeln. Frankfurt/M 1983
Lüge. In: J.Ritter/K.Gründer (Hg): Historisches Wörterbuch der Philosophie. Bd. 5. Darmstadt 1980. Sp. 533-545
Mandeville, Bernard: Die Bienenfabel oder private Laster, öffentliche Vorurteile. Frankfurt 1980
Marcuse, Ludwig: Das Märchen von der Sicherheit. Du sollst nicht lügen. Zürich 1981
Martens, Ekkehard (Hg): Das Wahrheitsgebot. Oder: Muss man immer die Wahrheit sagen? Stuttgart 1983
Von Matt, Peter: Die Intrige. Theorie und Praxis der Hinterlist. München 2008
Mechsner, Franz: Sag die Wahrheit. In: GEO 1998/5. S. 70-86
Molière/Enzensberger, Hans Magnus: Der Menschenfeind. Frankfurt 1979
Nietzsche, Friedrich: Über Wahrheit und Lüge im außermoralischen Sinn. In: Werke in drei Bänden. Hg. Von Karl Schlechta. Bd. 3. S. 310. München 1956
Reichert, Klaus: Der fremde Shakespeare. München 1998
Schiffer, Werner: Abenteuer Kant – oder der Tanz mit der Vernunft. In: ZDPE 3/2002. S. 227-241
Schopenhauer, Arthur: Die Welt als Wille und Vorstellung I. Zweiter Teilband. Zürich 1977 (1)
Schopenhauer, Arthur: Die beiden Grundprobleme der Ethik. Zürich 1977 (2)
Shakespeare, William: Hamlet. Stuttgart 1982
Sommer, Volker: Lob der Lüge. Täuschung und Selbstbetrug bei Tier und Mensch. München 1994
Weller, Rainer (Hg): Lügen, lauter Lügen ... Stuttgart 1981
Wiede, Patricia: Lügen haben meist kurze Männerbeine. In: Sonntag aktuell. 17.05.1998
Williams, Bernard: Wahrheit und Wahrhaftigkeit. Frankfurt 2003

Anmerkungen

1. Dietz, 2002, S. 91. – Genau besehen, zielt das Gebot (Exodus 20,16) nicht schlechthin auf das Verbot zu lügen; es ist sehr viel eingeschränkter und situativ konkreter formuliert: „Du sollst gegen deinen Nächsten kein falsches Zeugnis ablegen!" Wie sich zeigen wird, ist diese Differenz von Bedeutung.
2. Vgl. Wiede.
3. Geiger.
4. Mechsner, S. 70.
5. Dietz, 2002, S. 91.
6. Geiger.
7. Beekmans.
8. In Schopenhauers Sicht sind Lüge und Gewalt zwei Formen des Unrechts, „einerlei" in moralischer Hinsicht. In beiden Fällen nämlich zwinge ich jemanden, „statt seinem, meinem Willen zu dienen, statt nach seinem, nach meinem Willen zu handeln." (Schopenhauer, 1977 (1), S. 420 [§ 62])
9. Bok, S. 36.
10. Baruzzi, S. 13f.
11. „Harmlose Fliegen geben sich das giftiggelbe Ansehen von stechenden Wespen, die ja ihrerseits nur deshalb so giftiggelb aussehen, damit man sie von weitem erkennt und meidet. Der Trick der wirklichen Wespen ist also die Bekundung der Wahrheit, und zwar so deutlich wie möglich, damit man sie nicht für eine angenehme Nahrung hält, während jene Fliegen, die tatsächlich eine angenehme Nahrung abgeben würden, diesen Wahrheitstrick simulieren." (von Matt, S. 20)
12. Von Matt, S. 20. „Das Wiesel oder Hermelin [...] ist im Winter weiß, im Sommer erdfarbig. Das hilft beim Töten und schützt gegen das Getötetwerden zu jeder Jahreszeit." (von Matt, S. 20)
13. Von Matt, S. 20.
14. Baruzzi, S. 13f.
15. Von Matt, S. 21.
16. Dietzsch, S. 32.
17. Nietzsche, S. 310.
18. Molière: Der Menschenfeind. Übersetzung H. M. Enzensberger. Frankfurt/M 1979. S. 57f.
19. Molière, S. 58-60.
20. Molière, S. 12f, 16.
21. Molière, S. 12-14, 16f.

22. Molière, S. 107f.
23. Vgl. Elias, S. 138-144, 153f, 158-160, 162, 167-169.
24. Jean de La Bruyère: Die Charaktere oder die Sitten des Jahrhunderts. 1688. Stuttgart 1952. Zit. nach: Molière: Der Menschenfeind. Staatstheater Stuttgart. Programmbuch 24. S. 23f.
25. Reichert, S. 59.
26. Reichert, S. 64.
27. Reichert, S. 67.
28. Im Folgenden orientiere ich mich an der luziden Interpretation Klaus Reicherts: Die Welt ist aus den Fugen. In: Reichert. S. 17-115.
29. Shakespeare: Hamlet I,2. Stuttgart 1982. S. 12, 13f.
30. Reichert, S. 69-71, 75-78.
31. Mandeville, S. 379.
32. Sensibel und differenziert reflektiert Max Frisch die Frage der Höflichkeit: „Wenn wir zuweilen die Geduld verlieren, unsere Meinung einfach auf den Tisch werfen und dabei bemerken, dass der andere zusammenzuckt, berufen wir uns mit Vorliebe darauf, dass wir halt ehrlich sind [...]: Offen gestanden! Und dann, wenn es heraus ist, sind wir zufrieden; denn wir sind ja nichts anderes als ehrlich gewesen, das ist ja die Hauptsache, und im Weiteren überlassen wir es dem anderen, was er mit den Ohrfeigen anfängt, die ihm unsere Tugend versetzt. [...] Der Wahrhaftige, der nicht höflich sein kann oder will, darf sich jedenfalls nicht wundern, wenn die menschliche Gesellschaft ihn ausschließt. [...] Er übt eine Wahrhaftigkeit, die stets auf Kosten der anderen geht [...]. Das Höfliche, oft als leere Fratze verachtet, offenbart sich als eine Gabe der Weisen. Ohne das Höfliche nämlich, das nicht im Gegensatz zum Wahrhaftigen steht, sondern eine liebevolle Form für das Wahrhaftige ist, können wir nicht wahrhaftig sein und zugleich in menschlicher Gesellschaft leben, die hinwiederum allein auf der Wahrhaftigkeit bestehen kann – also auf der Höflichkeit. Höflichkeit natürlich nicht als eine Summe von Regeln, die man drillt, sondern als eine innere Haltung, eine Bereitschaft, die sich bewähren muss [...]. Wesentlich, scheint mir, geht es darum, dass wir uns vorstellen können, wie sich ein Wort oder eine Handlung, die unseren eigenen Umständen entspringt, für den anderen ausnimmt. [...] Man begnügt sich nicht damit, dass man dem anderen einfach seine Meinung sagt; man bemüht sich zugleich um ein Maß, damit sie den anderen nicht umwirft, sondern ihm hilft; wohl hält man ihm die Wahrheit hin, aber so, dass er hineinschlüpfen kann. [...] Der Weise, der wirklich Höfliche, ist stets ein Liebender. Er liebt den Menschen, den er erkennen will, damit er ihn rette, und nicht seine Erkenntnis als solche. Man spürt es schon am Ton." (Frisch, S. 59-61)
33. Ich zitiere zunächst aus dem Beginn: „Zwanzig Jahre sind dir die Eheleute Auersberger verhasst, dachte ich auf dem Ohrensessel und dann triffst du sie auf dem Graben und

nimmst ihre Einladung an und gehst tatsächlich zu dem angegebenen Zeitpunkt in die Gentzgasse. Und du kennst alle zu diesem Abendessen Eingeladenen und gehst trotzdem hin [...], auf dieses abstoßende ‚künstlerische' Abendessen in der Gentzgasse [...]. Und du sagst ihnen auch noch, wie du dich freust auf ihren Abend, auf ihr ‚künstlerisches Abendessen', das doch nur abgeschmackt sein kann, wie alle Abende, wie alle Abendessen bei ihnen, an die du dich erinnerst." Nach diesem Abendessen reflektiert der Ich-Erzähler: „Ich hielt mir doch jetzt vor, der Auersberger einen Kuss auf die Stirn gegeben zu haben, nach zwanzig Jahren, vielleicht sogar nach zwei- oder dreiundzwanzig Jahren, in welchen ich sie nichts weniger als gehasst habe, mit dem gleichen Hass, mit dem ich in diesen Jahren auch ihren Mann gehasst habe und dass ich ihr auch noch vorgelogen habe, ihr sogenanntes ‚künstlerisches Abendessen' sei mir ein ‚Vergnügen' gewesen, wo es mir doch nichts weniger als abstoßend war. Um uns aus einer Notsituation zu retten, denke ich, sind wir selbst genauso verlogen wie die, denen wir diese Verlogenheit andauernd vorwerfen und derentwegen wir alle diese Leute fortwährend in den Schmutz ziehen und verachten, das ist die Wahrheit; wir sind überhaupt um nichts besser, als diese Leute, die wir andauernd nur als unerträgliche und widerliche Leute empfinden, als abstoßende Menschen, mit welchen wir möglichst wenig zu tun haben wollen, während wir doch, wenn wir ehrlich sind, andauernd mit ihnen zu tun haben und genauso sind wie sie." In der Folge werden einzelne Lügen den Gastgebern und verschiedenen Gästen gegenüber aufgelistet, allesamt konventionelle Sprechweisen. (Thomas Bernhard: Holzfällen. Frankfurt/M 1986. S. 19-21, 315f.)

34. Von Matt, S. 396.
35. Von Matt, S. 398.
36. Von Matt, S. 399f.
37. Max Frisch kommentiert: „Ein grässliches Wort, wenn einer es als Auszeichnung nimmt [...]. Mephisto liefert übrigens die Antwort schon in dem Augenblick, da er das Stichwort gibt, das bekannte: „Du weißt wohl nicht, mein Freund, wie grob du bist?" Wichtig ist nicht, dass er grob ist. Dafür genügt der Nebensatz. Wichtig ist vor allem, dass er es nicht weiß, und das heißt: dass er sich nicht auf die anderen beziehen kann." (Frisch, S. 61)
38. Dietzsch, S. 53.
39. Orientiert im Wesentlichen an Dietz, 2003 (2), S. 10-15.
40. Gerhardt, S. 243.
41. Gerhardt, S. 244.
42. Gerhardt, S. 243.
43. Gerhardt, S. 240.
44. Zit. nach Geismann/Oberer, S. 31.
45. Dietz, 2002, S. 107.

46. Schiffer, S. 230f.
47. Gelegentlich formuliert Kant gleichsam unter dem eigenen Anspruch in den Anwendungsbeispielen des kategorischen Imperativs, egoistisch und konsequentialistisch orientiert. Schopenhauer hat diese Formulierungen scharf beobachtet und zusammengestellt. Im Kontext des Lügenverbots schreibt Kant z.B.: Nach einem allgemeinen Gesetz zu lügen „würde es eigentlich gar kein Versprechen geben, weil es vergeblich wäre, meinen Willen in Ansehung meiner künftigen Handlungen anderen vorzugeben, die diesem Vorgeben doch nicht glauben, oder, wenn sie es übereilter Weise täten, mich doch mit gleicher Münze bezahlen würden" (Grundlegung zur Metaphysik der Sitten, BA 19). Ähnlich heißt es in der späteren Stelle: „Die Allgemeinheit eines Gesetzes, dass jeder, nachdem er in Not zu sein glaubt, versprechen könne, was ihm einfällt, mit dem Vorsatz, es nicht zu halten, würde das Versprechen und den Zweck, den man damit haben mag, selbst unmöglich machen, indem niemand glauben würde, dass ihm was versprochen sei, sondern über alle solche Äußerung, als eitles Vorgeben, lachen würde." (BA 55) Schopenhauer zieht aus diesen und anderen (!) Formulierungen folgende Konsequenzen: „Also ist hier so deutlich wie nur immer möglich ausgesprochen, dass die moralische Verpflichtung ganz und gar auf vorausgesetzter Reziprozität beruhe, folglich schlechthin egoistisch ist und vom Egoismus ihre Auslegung erhält, als welcher, unter der Bedingung der Reziprozität, sich klüglich zu einem Kompromiss versteht." Es sei daher klar, „dass jene Kantische Grundregel nicht [...] ein kategorischer, sondern in der Tat ein hypothetischer Imperativ ist, indem demselben stillschweigend die Bedingung zum Grunde liegt, dass das für mein Handeln aufzustellende Gesetz, indem ich es zum allgemeinen erhebe, auch Gesetz für mein Leiden wird und ich unter dieser Bedingung, als der eventualiter passive Teil, Ungerechtigkeit und Lieblosigkeit allerdings nicht wollen kann. Hebe ich aber diese Bedingung auf und denke mich, etwan im Vertrauen auf meine überlegenen Geistes- und Leibeskräfte, stets nur als den aktiven und niemals als den passiven Teil bei der zu erwählenden allgemein gültigen Maxime, so kann ich [...] sehr wohl Ungerechtigkeit und Lieblosigkeit als allgemeine Maximen wollen und demnach die Welt regeln." (Schopenhauer, 1977 (2), S. 197f [Grundlage der Moral, § 7])
48. Dietz, 2002, S. 108.
49. Dietz, 2002, S. 108.
50. Dietz, 2002, S. 109.
51. Dietz, 2002, S. 109.
52. Thomas von Aquin: Summa Theologiae IIa-IIae 110, 3c. Zit. nach Dietz, 2002, S. 97.
53. Zit. nach: Geismann/Oberer, S. 45.
54. Dietz, 2002, S. 98f.
55. Williams, S. 156ff.

56. Dietz 2002, S. 99.
57. Williams, S. 165. – Schon Schopenhauer höhnte und polemisierte heftig in seinem Affekt gegen Kant: „Die, auf Kants Veranlassung, in manchen Kompendien gegebenen Ableitungen der Unrechtmäßigkeit der Lüge aus dem Sprachvermögen des Menschen sind so platt, kindisch und abgeschmackt, dass man, nur um ihnen Hohn zu sprechen, versucht werden könnte, sich dem Teufel in die Arme zu werfen und mit Talleyrand zu sagen: ‚Der Mensch hat die Sprache erhalten, um seine Gedanken verbergen zu können.' " (Schopenhauer, 1977 (2), S. 265 [Über die Grundlage der Moral, § 17])
58. Vgl. im folgenden Dietz, 2003 (1), S. 151-161.
59. Apel, 1976, S. 113.
60. Apel, 1984, S. 23.
61. Apel, 1988, S. 271f.
62. Apel, 1984, S. 24.
63. Dietz, 2003 (1), S. 153.
64. Dietz, 2003 (1), S. 154f. – Diese vermeintlich im Kontext der Letztbegründung von Ethik überhaupt gewonnene Unbedingtheit des Wahrhaftigkeitsanspruchs gibt Apel im Kontext realistischer Kommunikation in einer unvollkommenen, nicht-idealen Welt wieder auf: Auf der Ebene der Anwendungsbedingungen des Diskurses soll das strikt begründete Lügenverbot wieder entschärft werden; die Rede ist von einer „dialektischen Vermittlung der kommunikativ-ethischen mit der strategischen Rationalität" (Apel, 1988, S. 299), von nur mehr „regulativen Prinzipien", in Blick kommen „die zu verantwortenden Konsequenzen" (Apel, 1973, S. 428). Das grundsätzliche Wahrhaftigkeitsgebot wird reduziert zum Wahrhaftigkeitsideal. Simone Dietz spricht von einem offenen Widerspruch zwischen „einer unbedingten moralischen Norm und einem Ideal der Wahrhaftigkeit [...]. Einerseits soll an der Unbedingtheit des Lügenverbots festgehalten werden, andererseits aber will man die praktischen Konsequenzen dieser Unbedingtheit nicht in Kauf nehmen." (Dietz, 2003 (1), S. 156)
65. Habermas, 1983, S. 98.
66. Ebd. S. 100.
67. Ebd. S. 100.
68. Ebd. S. 101.
69. Dietz, 2003 (1), S. 158.
70. Ebd. S. 159.
71. Habermas, 1983, S. 105.
72. Ebd. S. 110.
73. Dietz, 2003 (1), S. 161.

74. Zit. nach Geismann/Oberer, S. 23.
75. Zit. nach Geismann/Oberer, S. 24.
76. Schiffer, S. 228.
77. Von Matt, S. 254. – „Hast du nämlich einen eben itzt mit Mordsucht Umgehenden durch eine Lüge an der Tat verhindert, so bist du für alle Folgen, die daraus entspringen möchten, auf rechtliche Art verantwortlich. Bist du aber strenge bei der Wahrheit geblieben, so kann dir die öffentliche Gerechtigkeit nichts anhaben; die unvorhergesehene Folge mag sein wie sie wolle. Es ist doch möglich, dass, nachdem du dem Mörder, auf die Frage, ob der von ihm Angefeindete zu Hause sei, ehrlicherweise mit Ja geantwortet hast, dieser doch unbemerkt ausgegangen ist, und so dem Mörder nicht in den Wurf gekommen, die Tat also nicht geschehen wäre; hast du aber gelogen, und gesagt, er sei nicht zu Hause, und er ist auch wirklich (obzwar dir unbewusst) ausgegangen, wo denn der Mörder ihm im Weggehen begegnete und seine Tat an ihm verübte: so kannst du mit Recht als Urheber des Todes desselben angeklagt werden. Denn hättest du die Wahrheit, so gut du sie wusstest, gesagt: so wäre vielleicht der Mörder über dem Nachsuchen seines Feindes im Hause von herbeigelaufenen Nachbarn ergriffen, und die Tat verhindert worden. Wer also lügt, so gutmütig er dabei auch gesinnt sein mag, muss die Folgen davon, selbst vor dem bürgerlichen Gerichtshofe, verantworten und dafür büßen: so unvorhergesehen sie auch immer sein mögen; weil Wahrhaftigkeit eine Pflicht ist, die als die Basis aller auf Vertrag zu gründenden Pflichten angesehen werden muss, deren Gesetz, wenn man ihr auch nur die geringste Ausnahme einräumt, schwankend und unnütz gemacht wird.“ (A 306f.)
78. „Die Happy-End-Variante: Einer sagt die Wahrheit im klaren Wissen, dass dies den Tod seines Freundes zur Folge hat. Er tut es, um des absoluten Wertes der Wahrheit willen. Und siehe, der Freund wird gerade dadurch gerettet. Eine nicht unähnliche Konstruktion liegt tatsächlich Kleists unterschätzter Erzählung ‚Der neue (glücklichere) Werther‘ aus den ‚Berliner Abendblättern‘ zugrunde. Die tragische Variante: Einer lügt im klaren Wissen, nur so seinem Freund das Leben retten zu können. Und siehe, der Freund muss gerade dadurch sterben. Wobei Kant hier wohl nicht einmal die Tragik anerkennen würde, weil für ihn die Wahrheit als der höhere Wert zweifelsfrei feststeht.“ (von Matt, S. 254f.)
79. Von Matt, S. 255.
80. Dietzsch, S. 61f.
81. Dietz, 2002, S. 109.
82. Dietz, 2002, S. 103.
83. Dietz, 2003 (2), S. 24f.
84. Dietz, 2002, S. 99. Zur Theorie des Bösen.

1. Der Begriff des Bösen. Eine Annäherung

„Das Böse“ ist ein metaphysisch und vor allem theologisch belasteter Begriff; ich versuche daher, ihn wieder zugänglich zu machen. Eher assoziativ orientiert, greife ich zu unterschiedlichen Ansätzen oder Konzepten.

1.1 Mythisches und religiöses Verstehen des Bösen, das Böse im Märchen

Zentrale Erfahrung ist das als bedrückend empfundene Übel in der Welt insgesamt: Wie wird es verstanden, wie erklärt? Welche Anteile daran werden ursächlich dem Menschen zugesprochen, welches Menschenbild unter dem Aspekt des Bösen liegt vor?

Ursprünglich, so scheint es, steht nicht die isolierte Erfahrung des Bösen oder des Guten, sondern ein doppelwertiges Grunderleben „dessen, was ganz anders aussieht als der Mensch, höher steht als seine Welt, unfassbar ist für seine Sinne, bizarrer wirkt als seine Ordnungen, aufschreckt aus dem Gewohnten.“ Das Numinöse hält nicht eigentlich die Schrecklichkeit, sondern „die Ungeheuerlichkeit der Welt und ihrer Überwelt“[1] fest. Sie kann auf den Menschen förderlich und schädigend wirken.

Eine ähnlich offene, variable Sicht der Dinge ist charakteristisch für das Märchen: Es geht hier fast immer um den Sieg des Guten über das Böse, aber das Böse ist nicht einfach böse. „Die meisten Figuren können böse und gut zugleich sein: Wölfe z. B. fressen die Geißlein, fressen die Großmutter. Aber sie können auch helfen: Wenn sie nicht abgeschossen werden, geben sie, wie ein Märchenbeispiel zeigt, ein Haar, und wenn der Held dieses Haar dreht, kommt der Wolf zu Hilfe. [...] Auch Dinge können gut oder böse sein: Der Wald z. B. tritt oft als ‚verschlingender Wald‘ auf, aus dem man keinen Ausgang findet. Er kann aber auch eine schützende oder nahrungsspendende Funktion haben.“[2] Gestalten, die nur böse und destruktiv sind, der Teufel z. B., sind als Aspekt Gottes selbst zu begreifen: Viele Märchen erzählen, wie ein Held sich mit ihnen misst und „Leben, Wissen und ‚höchsten Wert‘ aus der Hölle in den Menschenbereich zurückholt.“[3] Meist geht es um den Sieg des Guten über das Böse, aber das, was inhaltlich gut ist, lässt sich eindeutig nicht festlegen: „In dieser Geschichte ist Mut richtig, in jener ist Flucht das Gegebene. Hier siegt der Held durch abgefeimte Lügen, dort durch naive Aufrichtigkeit, hier muss der zu erlösende Partner mit Liebe erlöst werden, dort mit Härte usw. [...] und doch ist in jeder Einzelgeschichte nur Dieses und nicht Jenes ‚richtig'."[4]

Auch die guten Personen lassen sich nicht schematisieren: „Prinzessinnen sind nicht nur wunderschön, lieb und engelsgleich, sie können auch recht böse sein. Sie können z. B. alle Freier umbringen – aktiv oder passiv: aktiv etwa in Gestalt aller der Rätselprinzessinnen, die jeden heiratswilligen Mann töten, der ein Rätsel nicht lösen kann. Passiv etwa in Gestalt Dornröschens, das durch sein unschuldiges Schlafen viele Prinzen dazu verleitet, zur Unzeit bei ihm einzusteigen. Sie bleiben in den Dornen hängen."[5] Ebenso können Prinzen, Könige böse sein, Eltern verkaufen ihre Kinder oder setzen sie aus.

Genau besehen, siegt nicht das Gute über das Böse, sondern der Held – auf unterschiedlichste Weise, durch Standhalten, Überwinden oder Flüchten, jeweils der Situation angemessen. In der Wahl seiner Mittel ist der Märchenheld dabei oft nicht zimperlich: Vom Betrug über die List bis hin zur Brutalität und zum Mord steht ihm allerlei zu Gebote. Die Existenz des Bösen ist selbstverständlich, seine Verkörperungsformen sind noch nicht grundsätzlich festgelegt. Dies hat das Märchen mit den archaischen Mythen gemeinsam. Wodurch es sich unterscheidet, sind die Dimension des Bösen – im Märchen meist nicht göttlich überweltlich, sondern irdisch konkret erfahren – und, dadurch bedingt, der Aspekt der Hoffnung im Umgang mit dem Bösen: Der Märchenheld wird damit schon fertig.

Archaische Religionen nehmen das den Menschen machtvoll Übersteigende noch doppelwertig wahr, später erst wird geschieden: Je mehr sich z. B. die indische Götterwelt differenzierte, „desto mehr wurde Rudra, der unheilvolle Gott der vedischen Zeit, der rächende Bogenschütze und zugleich der helfende Arzt der Menschen und Tiere, zum Repräsentanten nur des Erschütternd-Bösen – so sehr, dass man ihn, der sich als Mahakala, der Tod, als Hara, der Hinwegraffer, Ugra, der Gewaltige, Bhaivara, der Schreckenerregende, darstellt, hauptsächlich mit seinem euphemistischen Beinamen Schiwa, der Freundliche, Gnädige, nannte, um ihn sich geneigt zu erhalten."[6]

Ähnlich destruktive Aspekte herrschen bei hinduistischen Muttergottheiten vor, z. B. Kali, Durga, Parvati. Das Böse bedarf hier keiner Erklärung, es ist gleich ursprünglich dem Guten vorgegeben und verkörpert in Göttern und Dämonen. Diese Betrachtungsweise erscheint kennzeichnend für viele Hochkulturen: „In der Verkündigung des iranischen Propheten Zarathustra stehen gegen die guten Geisteskräfte Ahuar Mazdah's und die Schutzmächte der Menschen, die Fravaschis, feindlich die Daevas, die Lügengeister und Urheber allen Verderbens. Das alte Babylon kannte die ‚Sieben' als Bezeichnung einer meist bösen, daneben einer guten Gruppe von Dämonen. Die Bauernkultur des alten Ägypten wusste vom Antagonismus zwischen Seth, dem Gott der feindlichen Wüste und ihrer räuberischen Bewohner, der Stürme und Nächte, und Osiris, der von Seth zerstückelt wird und weiterlebt."[7]

Die gleiche Annahme ist – in verschärfter Form – für den Buddhismus kennzeichnend: Die Welt ist nicht von einem gütigen Schöpfer geschaffen, sondern besteht immer schon, an sich nicht gut, ihr ausdrücklicher Wesenszug ist Leiden und Vergänglichkeit, es bedarf also grundsätzlich keiner Rechtfertigung. Das jeweils individuelle Leid erklärt sich durch das Karma und die Wiedergeburt: Wer leidet, hat dieses selbst durch sein Verhalten im vorigen Leben verursacht.

Eine völlig andere Problemstruktur weisen die jüdische und die christliche Religion auf: Die Annahme eines einzigen, guten Schöpfergottes und einer grundsätzlich guten Schöpfung mit dem Menschen als ihrem Endzweck hat zur Folge das Theodizeeproblem; das bedeutet, der faktisch bestehende Unheilszustand der Welt und des Menschen ist zu erklären – und zwar so, dass der gute Schöpfergott nicht unglaubwürdig wird. Verschiedene Muster sind möglich und wurden in wechselnder Akzentuierung genutzt:

- Gott lässt das Böse zu;
- Gott ist so fern und unnahbar, dass der Gedanke einer Rechtfertigung nur als absurd erscheinen kann (deus absconditus);
- die Endlichkeit der Schöpfung hat notwendigerweise den Mangel und Defekt zur Folge;
- die Materie als Gegenpol zur Geistigkeit Gottes ist notwendigerweise unvollkommen;
- das Böse rührt aus dem Freiheitsmissbrauch des Menschen und seiner Mangelhaftigkeit.

Paul Ricoeur unterscheidet in dem Versuch, die historische Vielfalt der Mythen, die sich auf den Ursprung und das Ende des Bösen beziehen, systematisch zu strukturieren, vier Grundtypen:

- Den ersten Typus nennt er das Schöpfungsdrama: Das Böse ist koexistent mit dem Ursprung der Dinge als das Chaos, mit dem Gott als Schöpfer der Weltordnung kämpft. Die sumerischen Theogonien vom Beginn des 2. Jahrtausends v. Chr. z. B. berichten vom Sieg der göttlichen Ordnung über das Chaos. Das bedeutet: Das Böse ist der Ursprung auch der Götter, die Götter besiegen es durch Krieg und Mord. Menschliche Gewalttat, das menschlich Böse ist nur die Fortsetzung jenes Urbösen, von ihm her gerechtfertigt: Die Gewalttat ist in den Ursprung der Dinge schon eingezeichnet.

- Ein anderer Mythentypus wird in der Idee des menschlichen Sündenfalles greifbar, der als irrationales Ereignis in der schon vollendeten Schöpfung hereinbricht. Der Ursprung des Bösen liegt hier im Menschen selbst als einem zum Guten bestimmten und zum Bösen geneigten Wesen.

- Der dritte Typus ist verkörpert in der griechischen Tragödie: Der durch die Hybris verblendete Mensch macht sich unvermeidbar schuldig und muss dafür zahlen. Die Götter sind gut und böse zugleich, das Göttliche und das Diabolische ist identisch – eine geradezu unerträgliche Theologie, zumutbar ist sie nur unter drei Bedingungen: Sie setzt erstens die heroische Größe des Helden voraus; das tragische Geschick muss „den Widerstand der Freiheit verspüren, muss gewissermaßen von der Härte des Helden abprallen“[8], ehe es ihn zermalmen kann. Zweitens kann sich diese Theologie nur dramatisch ereignen, konkret, situativ, durch den Stolz, den Hochmut, die Hybris des Helden noch zusätzlich gebrochen, sie wird nicht formuliert als allgemeine Theorie. Und drittens gibt es im dramatischen Vollzug und Mitvollzug das Erlebnis einer emotionalen Reinigung, der Katharsis durch den erlebten Schauder und grenzenlosen Jammer im Mitempfinden.

- Der vierte Typus ist der für die Entwicklung der platonischen und neuplatonischen Philosophie bedeutsame Mythos der verbannten Seele, wie er in der Orphik entwickelt wurde: Der Mythos erzählt, wie der Mensch zu dem Wesen wurde, das durch das Vergessen seiner Herkunft und seiner Struktur gekennzeichnet ist. Der Mythos „erzählt, wie die Seele, die göttlichen Ursprungs ist, menschlich wurde, wie der Leib, der dieser Seele fremd und der in allerlei Hinsicht schlecht ist, dieser Seele zufällt, wie die Mischung von Leib und Seele das Ereignis ist, das das Menschsein des Menschen einleitet und den Menschen zum Ort des Vergessens macht, zu dem Ort, wo die Urdifferenz zwischen Seele und Leib verwischt ist."[9] Das Böse ist in diesem Mythos zum einen bedingt durch die triebhafte Leibhaftigkeit des Menschen, zum anderen liegt es schon im Vorfeld menschlichen Seins: Der Leib wird begriffen als Kerker der Seele, in den sie verbannt ist, um eine vorgängige Schuld zu sühnen, und den sie zugleich auch als Verlockung ihrer selbst empfindet. Das Böse also ist Erbe und Wahl des Menschen zugleich.

Paul Ricoeur hebt einen Mythos besonders hervor, den Mythos vom Sündenfall. Er ist kulturprägend geworden für Europa, er beansprucht als Offenbarung einen besonderen Status, und er ist, so meint Ricoeur, durch seine Komplexität und inneren Spannungen in besonderer Weise geeignet, das Wesentliche auch der anderen Mythen bewusst zu machen.

Exkurs: Der Mythos vom „Sündenfall"

Der Adamsmythos, wie Ricoeur bewusst sagt, ist für die jüdische Tradition keineswegs der Ausgangspunkt der Erfahrung des Bösen: Erst in spätjüdischen Schriften, entstanden nach dem Fall Jerusalems im Jahre 70 n. Chr., tauchen in der Rezeptionsgeschichte der Bibel Hinweise auf diesen Mythos auf. Er setzt die Sünden- und Schulderfahrung des jüdischen Volkes schon voraus „und ist die Gestalt ihrer Reife." Begriffe wie „Abweichung, Empörung, Verirrung, Verderben, Gefangenschaft"[10] sind für diese Erfahrung charakteristisch. Wie die Geschichte der hebräischen Literatur belegt, ist Adam keine zentrale Gestalt der Bibel, wohl nur das erste Beispiel des Bösen in der menschlichen Geschichte; ihm geht der Abfall Luzifers voraus, ihm folgen der Brudermord Kains und die Sintflut angesichts der Bosheit der

Menschen insgesamt. Man vermutet hinter der Geschichte vom Anfang des Menschen die überarbeitende Tätigkeit eines Gelehrten um 900 v. Chr., des Jahwisten, der ursprünglich selbstständige Erzählungen redaktionell bearbeitete und zu einer thematischen Einheit verbunden hat. Die Absicht ist deutlich: Am Anfang steht die gute Schöpfung Gottes als heile Welt, die durch den Menschen schrittweise verkehrt wird: Sündenfall, Brudermord, allgemeine Boshaftigkeit, Hochmut und Gottverlassenheit im Turmbau zu Babel. Die Folge sind Strafaktionen Jahwes: Vertreibung aus dem Garten Eden, die Sintflut, die allgemeine Zerstreuung. Derart wird das Verderben der ursprünglich heilen Schöpfung erklärt. Der Adamsmythos ist in diesen Zusammenhang eingebunden als der Beginn. Erst die christliche Tradition rückt unter dem Aspekt des exemplarischen Falls und der Erbsünde diesen Mythos ins Zentrum.

Was sind seine wesentlichen Strukturmomente?

- Es sind dies einmal die dargestellten Figuren: Gott, Schlange, Adam, Eva und der Baum der Erkenntnis.

- Zweitens geht es um bestimmte Aussagen: Der Mensch ist erschaffen nach dem Bilde Gottes, ihm wird verboten, von den Früchten des einen Baumes in der Mitte zu essen, sonst müsse er sterben, Gott selbst spricht nach dem Verstoß gegen dieses Verbot, dass der Mensch im Erkennen von Gut und Böse geworden sei wie er selbst. Ferner ist in diesem Zusammenhang aufseiten der Menschen die Rede von der Erkenntnis der eigenen Leiblichkeit in ihrer als unstatthaft empfundenen Nacktheit.

- Drittens schließlich fällt auf das Tun: der Akt des Ungehorsams, die darauf empfundene Furcht und die Bestrafung.

Die einzelnen Elemente des Mythos wie seine Gesamtaussage wurden sehr unterschiedlich verstanden; auf folgende Fragen wurden sehr unterschiedliche Antworten gegeben:

- Ist nicht Gott in seiner Allwissenheit der Ursprung des Bösen, oder ist es der Mensch?

- Ist es nicht Gott umso mehr, als der Mensch, „im Bild Gottes" und „sehr gut" (Gen 1,31) erschaffen, durch die Aneignung der Erkenntnis von Gut und Böse Gott in dieser Hinsicht noch ein Stück näher rückt? Wenn das Erkennen von Gut und Böse zum Wesen Gottes gehört, müsste doch auch das Sein des Bösen zu Gott gehören, wo sonst soll es seinen Ursprung haben?

- Wenn umgekehrt der Ursprung des Bösen allein in der menschlichen Freiheit liegt, schränkt dies nicht die Allmacht Gottes massiv ein? In den Worten Albert Camus': „Vor Gott gibt es weniger ein Problem der Freiheit als ein Problem des Bösen. Wir kennen die Alternative: Entweder sind wir nicht frei, und der allmächtige Gott ist für das Böse verantwortlich. Oder wir sind frei und verantwortlich, aber Gott ist nicht allmächtig."[11]

- Im Ungehorsam gegen das eindeutige Verbot realisiert sich Freiheit, und ineins damit entsteht die Fähigkeit, zwischen Gut und Böse zu unterscheiden: Wie ist das zu werten? Wo liegt der Hauptakzent? Geht es zentral um den naturgeschichtlichen Ursprung der Fähigkeit verantwortlich freien Handelns als Kennzeichen des Menschen, oder geht es zentral um die Bestimmung des Menschen als des zum Bösen fähigen oder gar des zum Bösen neigenden Wesens?

- Wo liegt der Bestimmungsgrund für die Entscheidung zum Bösen? Wie ist das Symbol der Schlange zu verstehen? Was meint „so werden wie Gott"? Was hat die Erkenntnis der eigenen Leiblichkeit mit der Entscheidung zum Bösen zu tun?

Historische, theologische, psychologische und philosophische Interpretationen haben diese Fragen unterschiedlich beantwortet. Sie werden im Folgenden exemplarisch vorgestellt.

In einer historisch erklärenden Sicht dieser Geschichte vom Anfang des Menschen lässt sich folgendes feststellen: Zentrale Erfahrung ist das bedrückend empfundene Übel in der Welt, in Gottes Fluch konkret formuliert: die Bedrohung des Menschen durch Tiere, die Beschwerden der Schwangerschaft, der Herrschaftskampf der Geschlechter, die Härte der Existenzsicherung durch mühsame

Arbeit, der Tod. Diese Widrigkeiten des Lebens gilt es zu erklären: als Strafen Gottes für menschliches Vergehen. Ins Zentrum rückt dabei die Frau: Sie ist schuld und wird deshalb in dreifacher Weise bestraft – mit der Last und Qual der Schwangerschaft und Geburt, mit sexueller Abhängigkeit und mit der Unterdrückung durch den Mann (Gen 3, 16). Es ist diese Sicht das Resultat und Zeichen des hohen Legitimationsdrucks einer sich gerade formierenden patriarchalischen Gesellschaft zur Zeit der Königsherrschaft Salomons, 950 v. Chr.; mittels kollektiver Projektion und Diffamierung der Frau soll der gesellschaftliche Umwandlungsprozess bewältigt werden: Aus der Muttergöttin wird die Sünderin und Verführerin des Mannes, die an dem Übel in der Welt schuld ist, aus der Schlange als Symbol der Fruchtbarkeit und – mit ihren Häutungen – der Wiedergeburt als einem zentralen Motiv matriarchalischer Religionen wird das zentral Böse.

Ein zweiter Aspekt ist die Bestrafung des „Wie-Gott-sein-Wollens" (Gen 3,5): Die Angst des Menschen vor der übermächtigen, numinös erfahrenen Natur führt zur Projektion eines autoritären Vatergottes, der Unterwerfung und Gehorsam verlangt und jeden Ansatz von Unabhängigkeit und Selbstermächtigung als böse bestraft.

Was die weiteren Episoden dieser biblischen Geschichte zu den Anfängen der Menschheit angeht, als Projektion von Konflikten und Aggressionen zwischen verschiedenen Stämmen, Völkern, Kulturen wird der Brudermord Kains an Abel verständlich; Naturkatastrophen werden im Bericht über die Sintflut als Strafe Gottes einsichtig. Soweit ein historisch und psychologisch erklärender Ansatz der biblischen Geschichte vom Anfang des Menschen.

Die jüdische Theologie betont ein anderes Moment dieser Geschichte: „Das Sinnen und Trachten des menschlichen Herzens ist böse von Jugend auf" (Gen 6,5 und 8,21). Die radikale Erfahrung des Bösen als eigene freie Tat ist der Bezug. Ursprung und Grund des Bösen ist das Verlangen des Menschen, sich über alles hinwegzusetzen, was als Begrenzung und Einschränkung empfunden wird, sein zu wollen wie Gott.

Und in der Tat: Angesichts des gegenwärtigen Resultats der Selbstermächtigung des Menschen im Umgang mit der Natur, mit der Illusion einer Selbstrechtfertigung des Machbaren könnte man als Wahrheit religiöser Erfahrung festhalten die Einsicht in die grundsätzliche Schwäche, Fehlerhaftigkeit und Seinsabhängigkeit des Menschen. Aus dieser Einsicht resultiert ein behutsam vorsichtiger, bewahrender Umgang mit allem, was ist. Und verständlich erscheint es, das Vergessen oder Verkehren dieser Einsicht in ihr Gegenteil als den Ursprung des Bösen zu markieren.

Die jüdische Theologie betont zugleich die menschliche Freiheit: Die Neigung des menschlichen Herzens zum Bösen hebt die Willensfreiheit nicht etwa auf. Der Mensch besitzt die Fähigkeit zum Bösen wie zum Guten, er entscheidet in Freiheit; im Talmud ist die Rede von zwei Trieben, die in grundsätzlicher Spannung zueinander stehen. In dieser riskanten Freiheit lebt der Mensch in eigener Verantwortlichkeit. Ingo U. Dalferth hebt hervor, dass die biblische Tradition den Baum der Erkenntnis nicht moralisch verkürzt verstanden hat, das moralische Wissen komme dem Menschen als vernunftbegabtem Wesen in Differenz zu den Tieren grundsätzlich zu, es gehe vielmehr um ein Wissen um das für den Menschen Nützliche und Schädliche insgesamt vor dem Hintergrund dessen, was er ist, genauer, wozu ihn Gott bestimmt habe: Beauftragter Gottes zur Bearbeitung und Bewahrung der Schöpfung. Die Grundfähigkeit der Unterscheidung von Gut und Böse – in diesem weiten Sinn – sei zugleich der „Grund zur Abwendung von Gott: Der Mensch meint, ohne Gott entscheiden zu können, was für ihn gut und nicht gut ist, und verspielt damit die Einsicht in das, was er eigentlich ist. Einerseits – so die Pointe der Genesiserzählung – können Menschen gar nicht umhin, die Unterscheidung zwischen Gut und Böse immer wieder und überall zu machen, andererseits meinen sie, aufgrund der Fähigkeit zu dieser Unterscheidung Gottes Beziehung zu ihnen ignorieren oder ausblenden zu können. Darin liegt das fundamentale existentielle Dilemma, das die biblische Tradition [...] veranschaulicht. Der im Unterscheidungswissen von Gut und Böse erzielte Gewinn ist ein Verlust im Selbstwissen“[12]. Es ist dies ein Resultat bewusster Entscheidung zwischen bekannten Alternativen. Insoweit wird daraus später der Mythos vom Sündenfall als der Geschichte von Gottesblindheit und Selbstverfehlung. Die Folge ist eine neue Markierung der Differenz zwischen Schöpfer und Geschöpf: die Sterblichkeit des Menschen, nach Dalferth weniger als Bestrafung, sondern „als das vom Menschen selbst gewählte Merkmal der Geschöpflichkeit zu verstehen“[13].

Allgemein noch einmal angesetzt, die Grundsituation des menschlichen Daseins ist das zentrale Thema des Adamsmythos: die Herausforderung zur Selbstbestimmung des Handelns in der Wahl zwischen Gut und Böse. Erst in der Geschichte vom Brudermord berichtet der Jahwist von einem Menschen, der dem Bösen verfiel, von Kain (Gen 4, 7), der Begriff „Sünde“ fällt erstmalig und ausdrücklich: „Der Herr aber fragte Kain: ‚Ist es nicht so: Wenn du es gut machst, wenn du Erfolg hast, dann läufst du mit erhobenem Haupt umher, wenn du es nicht gut machst, dann ist vor der Tür die Sünde auf der Lauer, und dir gilt ihr Verlangen, du aber sollst über sie herrschen!“ (Gen 4, 7)

Deutlich wird: „Wenn die eigene Verwirklichung des Lebens auf Schwierigkeiten stößt, wenn das zu Recht Erstrebte nicht erreicht wird, wenn der Tätigkeit der Erfolg versagt bleibt, dann droht der Umschlag in Gewalt und führt Gewalt zum Vergehen an elementaren Beziehungen des Lebens.“ Doch der in der Geschichte des Brudermords „geschilderte Handlungsverlauf – vor dem gewarnt wird – ist keineswegs zwangsläufig: Kain wurde aufgefordert, der Sünde zu widerstehen, über sie zu herrschen. Auch wurde sein Vergehen für seine Nachkommen nicht zum unentrinnbaren tragischen Geschick.“[14]

In seiner riskanten Freiheit kann der Mensch einerseits darauf vertrauen und hoffen, dass Gott alles zum Guten wenden werde (Gen 8, 21f und 50, 20f.). Zugleich aber steht es ihm nicht zu, über den umfassenden Sinn des Ganzen zu verfügen, Gott entzieht sich dem menschlichen Begreifen: Die Bücher Hiob wie Kohelet (1, 12 – 3, 15) betonen – in deutlicher Spannung zu der eher vorherrschenden Tendenz der Bibel, die auf die Klarheit der Offenbarung, der Gebote und des Gesetzes abstellt – diesen Aspekt. Hans Jonas unterstreicht, dass im Gegensatz zur christlichen Tradition in jüdischer Sicht das Diesseits der Ort der göttlichen Schöpfung, Gerechtigkeit und Erlösung ist, daher „ist Gott eminent der Herr der Geschichte“[15].

Genau dieses Verständnis jüdischer Tradition sei, meint Jonas, durch und seit Auschwitz in Frage gestellt: „Die Heraufkunft des Menschen bedeutet die Heraufkunft von Wissen und Freiheit, und mit dieser höchst zweischneidigen Gabe macht die Unschuld des bloßen Subjekts eines sich selbst erfüllenden Lebens Platz für die Aufgabe der Verantwortung unter der Disjunktion von Gut und Böse. Der Chance und Gefahr dieser Vollzugsdimension ist die nun erst offenbar gewordene göttliche Sache hinfort anvertraut, und ihr Ausgang schwankt in der Waage. Das Bild Gottes [...] geht [...] in die fragwürdige Verwahrung des Menschen über, um erfüllt, gerettet oder verdorben zu werden durch das, was er mit sich und der Welt tut.“[16]

Es verschärft sich mit diesem Betrachtungsansatz das klassische Theodizeeproblem: „Göttliche Allmacht kann mit göttlicher Güte nur zusammen bestehen um den Preis gänzlicher göttlicher Unerforschlichkeit. [...] Nur von einem gänzlich unverstehbaren Gott kann gesagt werden, dass er zugleich absolut gut und absolut allmächtig ist und doch die Welt duldet, wie sie ist.“[17]

Diese Konsequenz widerspricht der Tradition jüdischer Gotteserfahrung: Die Offenbarung, die Gebote, das Gesetz und die Propheten sind die zentralen Elemente dieser Erfahrung, die allesamt die Verstehbarkeit Gottes verbürgen. Wenn man aber an der Verstehbarkeit Gottes zumindest bis zu einem gewissen Grade festhält, so fällt zwingend als Alternative die Vorstellung von Gottes Allmacht: Seine Güte ist nur mit der Existenz des Bösen vereinbar, wenn Gott nicht länger als allmächtig betrachtet wird. Das Böse, das dann im Menschen seinen Ursprung hat und Macht gewinnt, dieses substantiell eigenständige Böse impliziert „eine Freiheit mit eigener Ermächtigung selbst ihrem Schöpfer gegenüber [...]. Die Schöpfung war der Akt der absoluten Souveränität, mit dem" Gott „um des Daseins selbstbestimmter Endlichkeit willen einwilligte, nicht länger absolut zu sein – ein Akt also der göttlichen Selbstentäußerung. [...] Nachdem er sich ganz in die werdende Welt hineingegeben hatte, hat Gott nichts mehr zu geben: Jetzt ist es am Menschen, ihm zu geben."[18] So weit Hans Jonas.

In der christlichen Tradition wird der Adamsmythos verschärft zum Sündenfall, mit Paulus und seit Augustinus gilt die Überzeugung der Erbsünde. Sie verschärft zunächst die pessimistische Sichtweise, das Sein des Menschen und seine Welt betreffend. Schon bei Markus heißt es: „Von innen, aus dem Herzen des Menschen, kommen die bösen Gedanken, Unzucht, Diebstahl, Mord, Ehebruch, Habsucht, Bosheit, Arglist, Ausschweifung, Neid, Lästerung, Hochmut, Unbesonnenheit. Alles dieses Böse kommt von innen heraus und macht den Menschen unrein." (Mk 7, 21-23) Es gilt dies konsequenter noch als im Judentum, insofern jetzt die Willensfreiheit tangiert wird, vor allem von Luther in der Auseinandersetzung mit Erasmus von Rotterdam herausgearbeitet. Andererseits aber gilt der Kreuzestod Jesu Christi als Erlösungstat und Befreiung, als Herausforderung und Appell zur Nachfolge im Glauben an Jesus Christus, von der Gnade Gottes gestützt und geleitet. Zuwendung Gottes zum Menschen durch Selbstaufnahme von Leiden und Tod in der Gestalt Christi, helfender Gnadenakt Gottes und demütiger Glaube des Menschen an diesen Gott und seine Erlösungstat – diese Momente erst, historisch wie konfessionell unterschiedlich akzentuiert – vermögen das Böse im menschlichen Herzen zu überwinden. Dies ist der Horizont christlicher Hoffnung, gerichtet gegen die Möglichkeit der Selbstbefreiung und Selbstermächtigung. Die Sicht ist im Ansatz pessimistischer als die jüdische Sicht, die zum Sündenfallmythos verschärfte Geschichte Adams betreffend; andererseits ist sie optimistischer als das Judentum, was die durch die historische Realität Christi verbürgte Zuwendung Gottes betrifft.

Die biblischen Geschichten vom Ursprung des Bösen hat in jüngerer Zeit auch noch einmal Rüdiger Safranski untersucht, der seine Darstellung des Bösen im Untertitel nicht zufällig „das Drama der Freiheit“ nennt. Safranski macht zunächst auf eine Merkwürdigkeit der Sündenfall-Geschichte aufmerksam, die auch Kierkegaard beschäftigt hat: Das Verbot, vom Baum der Erkenntnis des Guten und des Bösen zu essen, enthält „einen pragmatischen Selbstwiderspruch“, denn mit dem Verbot „ist dem Menschen die Erkenntnis des Guten und Bösen bereits zuteil geworden.“[19]

Das Verbot an sich vermittelt schon die Erkenntnis, die es verbietet. Der Mensch hat seine Unschuld also nicht erst verloren im Verstoß gegen das Verbot, sondern durch das Verbot. Der Verstoß allerdings realisiert allererst die Freiheit, macht sie bewusst, die mit dem Verbot als Möglichkeit gegeben war; mit dieser Möglichkeit hatte Gott dem menschlichen Sein „eine Offenheit hinzugefügt. Er hatte es um die Dimension des Sollens erweitert und bereichert. Mit einem Schlag war die Wirklichkeit geräumiger, aber eben auch gefährlicher geworden: Von nun an gab es das Sein und das Sollen.“[20]

Und der Preis der bewusst realisierten, erlebten Freiheit ist im Widerspruch gegen die gesetzte Norm das Böse. Die unmittelbare Folge: „Sie wurden gewahr, dass sie nackt waren.“ Das meint mit Safranski: „Plötzlich sieht sich der Mensch von außen, er ist nicht mehr in seinem Leib geborgen, er ist sich selbst auffällig geworden. Er sieht sich, er reflektiert und entdeckt nun, dass auch er gesehen wird.“[21]

Die Reaktion: Flucht in die Unsichtbarkeit „unter die Bäume im Garten“ und Scham; wer sich schämt, möchte die Tat und am liebsten auch sich selbst ungeschehen machen. Dem Nein zum Verbot durch die Tat folgt das Nein zu sich selbst, mit der Unschuld der vorbewussten paradiesischen Einheit mit sich selbst ist es vorbei. Das Bewusstsein der Freiheit impliziert Reflexion, Differenz, das Risiko von in ihren Folgen nicht absehbaren und falschen Entscheidungen.

Zurück noch einmal zur Ausgangssituation: Die Einsicht in die Unterscheidung von Gut und Böse kann schwerlich doch schon das strafwürdige Böse sein; böse ist nicht eigentlich die Tat selbst, sondern das, was sich Adam und Eva davon versprechen, von der Schlange zugesagt: „Ihr werdet sein wie Gott.“ Böse ist das alle Grenzen überschreitende Wollen: allmächtig, allwissend, unsterblich; böse ist der böse Wille. Er wird bestraft. Und die Strafe besteht in der Geschichte der Menschheit: „Die Hervorbringung des Menschen durch den Menschen wird zum mühsamen und qualvollen Geschäft [...]. Die Geschichte beginnt [...], wenn man das Beste verloren hat. Es bleibt der Menschheit dann nichts anderes übrig, als Arbeit und Fortpflanzung zu adeln. Sie muss die Flucht in die Zivilisation antreten."[22]

Die Geburt der Freiheit und das damit verknüpfte böse Wollen ist das Thema der Sündenfall-Geschichte. Der Brudermord erzählt die Geschichte „der Entstehung des verfeindenden Willens zum Unterschied." Dieser Wille zum Unterschied setzt erst ein, „weil Gott einen Unterschied gemacht hat – zwischen Kain und Abel." Gott verweigert Kain die Gleichbehandlung und verstört damit die Harmonie zwischen den Brüdern. Kain ist zuerst das „Opfer des Unterschieds, dann erst wird er zum Täter."[23]

Menschen wollen sich unterscheiden und tragen den Kampf um diese Unterschiede aggressiv aus, mörderisch oder einander unterjochend: Noah, von Gott seiner Gerechtigkeit wegen unterschieden von allen anderen, „der Unterschied, der am Leben bleibt", macht seinerseits neue Unterschiede; er verflucht seinen Sohn Ham und dessen Nachkommen, die Kanaaniter; sie werden Knechte sein. „Mit Noahs Fluch gegen Ham kommt die besonders verhängnisvolle Unterscheidung zwischen den Menschen in die Welt, die zwischen Herr und Knecht."[24]

Und die biblische Geschichte als die des auserwählten Volkes geht weiter: Sie zeigt immer wieder und exemplarisch die aggressive und tödliche Differenz zwischen uns und den anderen. Das aber heißt und das wird gezeigt in den Geschichten vom Ursprung des Bösen: „Man steht schon immer in zerreißenden und verfeindeten Gegensätzen, man ist in eine bestimmte Seite des Widerspruchs hineingeboren, das gehört zur Daseinskontingenz. [...] Die Frage, ob es die ‚gute' Seite ist, stellt sich so nicht. Es gilt die umgekehrte Logik. Diese Seite ist gut, weil ich zu ihre gehöre und hier die Unsrigen sind. Wir und die Anderen – das ist eine evidente Unterscheidung."[25]

Die figurative Struktur des Adamsmythos legt ein psychologisches Verstehen nahe: Mann, Frau, Schlange und eine Vater-Gott-Gestalt. So hat man versucht, aus der Sicht C. G. Jungs auch den Adamsmythos zu interpretieren. Ich stelle diesen Versuch Rudolf Müllers im Folgenden dar[26]:

Müller geht aus von C. G. Jungs Begriff des Selbst als Symbol der psychischen Ganzheit: Vereinigung von Gegensätzen, Konflikt und Einheit zugleich. Unter diesem Aspekt sind Gut und Böse, die Bilder von Gott und Teufel, das Schöpferische und das Zerstörerische, der Eros- und Destruktionstrieb seelische Urgegebenheiten, Archetypen, wie C. G. Jung sie nennt, Pole einer Einheit, Faktoren oder Schichten des Selbst.

Dieser Betrachtungsansatz wird nun umgesetzt: In Mythen aus Griechenland, Indien, Ägypten und dem Orient wird die Schlange dargestellt als Symbol höchster Weisheit und als Unterweltsgottheit, häufig dann verdrängt von einem oberen geistigen Prinzip des Lichts, der Sonne. Sie steht in Verbindung zu den Quellen des Lebens, Symbol daher auch der Fruchtbarkeit und zugleich Urchaosmacht, die als Drache das Leben bedroht und verschlingt. Als Symbol geistiger Fruchtbarkeit steht sie für Veränderung und Wandlung, Veränderung durch Zerstörung, Revolution. Sie bringe Bewegung in den Zustand paradiesisch harmonischer Ruhe, treibe voran. In der jüdischen Wortsymbolik wird das Wort Schlange = „na hasch" mit dem Wort Erlöser = „meschiach" in Verbindung gebracht. Die Schlange, in sich selbst als polare Einheit bestimmt, werde auf diese Weise als ein Teil Gottes verstanden; abgestützt wird dieses Verstehen durch den Handlungsgang: Die Allwissenheit Gottes habe das Verhalten der Schlange wie des Menschen angesichts des zentral platzierten Baumes der Erkenntnis voraussehen müssen; es sei dieser Handlungsgang die eigene Intention Gottes, die Schlange der Aspekt in Gott, der den Menschen „aus dem Paradies der grenzen- und geschichtslosen Unmündigkeit in die Welt der Geschichte, Eigenverantwortung und Autonomie versetzt."[27]

Dieser Weg führt über die Erfahrung des Bösen und der Schuld. C. G. Jung spricht davon, „dass man nicht nur sein Glück, sondern seine entscheidende Schuld versäumen kann, ohne welche ein Mensch seine Ganzheit nicht erreichen wird"[28]. Beide Aspekte, Gut und Böse gleichermaßen, gehören zum Selbst; eine Integration kann nur erfolgen, wenn beide Aspekte gleichermaßen auch bewusst sind.

In der weiteren Entfaltung dieser Sicht wird nun zum einen der Aspekt der Generationsfolge betont: Die Verletzung des väterlich-göttlichen Tabus sei notwendig gewesen zur Abfolge der Generationen; Adam und Eva erkennen erst im Augenblick der Opposition ihre eigenen schöpferischen Fähigkeiten, die – exemplarisch und primär – in der Sexualität liegen: „Sie sahen, dass sie nackt waren." Und später, nach der Vertreibung: „Adam erkannte Eva, seine Frau. Sie wurde guter Hoffnung und gebar Kain." (Gen 4,1) In der griechischen Mythologie ist dieses Moment deutlicher entfaltet: Die Erkenntnis der eigenen Möglichkeiten, die Emanzipation führt im Mythos von Uranos, Kronos und Zeus jeweils über die Kastration des Vatergottes.

Zweitens wird betont der Aspekt der Angst: Nach der Tabuverletzung verstecken sich Adam und Eva, als sie Gott kommen hören, und Adam spricht davon, dass er sich fürchtete. Das bedeutet: Die „Auseinandersetzung mit dem dunklen Part der Seele macht zunächst Angst“ als „Signal, sich den energetischen Inhalten der Psyche nur langsam und mit Umsicht zu nähern.“[29] Ziel sei das „Aushalten der Dialektik der Polaritäten“[30], das „Annehmen des Dunklen in mir selbst“, die Fähigkeit, „den Sitz des Bösen in sich selbst und in der Realität wahrzunehmen und es nicht mehr nur auf andere“[31] zu projizieren: Mit der Anerkennung dessen, was in einem selbst verdrängt und verfremdet ist, sei die Anerkennung des anderen, so wie er ist, verbunden. Es resultierten aus diesem Lernprozess nicht der Verdrängung, sondern des Umgangs mit dem Bösen Verstehen und Solidarität im Miteinander und neue, umfassende Verantwortung für das eigene Tun und Lassen.

Rezeptionsgeschichtlich durchlief der Adamsmythos einen deutlichen, die Geistesgeschichte unmittelbar spiegelnden Veränderungsprozess:

Seit der Renaissance verlor der maßgeblich von Augustinus betonte Akzent des Sündenfalls und der Erbsünde an Dominanz. 1486 greift der Italiener Giovanni Pico della Mirandola (1563 – 1494) in seinem Entwurf von Humanität, „De dignitate hominis“, auf den Adamsmythos zurück; in einer fiktiven Ansprache Gottes an Adam entwickelt er die positiven Möglichkeiten des Menschseins, gegeben mit der Freiheit, sich selbst zu gestalten und zu entwickeln; der Sündenfall wird nicht thematisiert. In Deutschland erfolgt diese positiv akzentuierte Sichtweise des Adamsmythos einschließlich des Sündenfalls in der Aufklärung: Herder, Kant, Schiller und Hegel sind hier zu nennen.

Johann Gottfried Herder (1744 – 1803) hält einerseits am Sündenfall als Fall fest, andererseits deutet er den Mythos vor der Folie der individuellen Entwicklung des Kindes zum Erwachsenen. Der ursprüngliche Zustand im Garten Eden entspricht der Kindheit des einzelnen Menschen: kindliche Unschuld, Naturverbundenheit und kindlicher Gehorsam sind die Merkmale. Das Heraustreten aus diesem Zustand – dies ist die Konsequenz der Analogie oder des Bildes der Kindheit – ist eine Notwendigkeit: Der Mensch muss sich weiterentwickeln. Er muss die Stätte kindlicher Geborgenheit, „Vaterschoß und Mutterbrust“ verlassen, „an rauere Kost“ gewöhnt werden, um die ihm gestellten Lebensaufgaben bewältigen zu können, die Kultivierung der Erde und die eigene, geschichtliche Entwicklung zur Humanität. Die „Erzieherweisheit“ Gottes lässt den Menschen diesen notwendigen Schritt durch eigenen Antrieb schuldhaft tun, so dass die Strafe für diesen „Fehltritt“[32] und Ungehorsam zur Erziehungsmaßnahme wird; so wird ihm als Strafe auferlegt, was zu seiner eigenen Entwicklung ohnehin notwendig gewesen wäre.

Warum hält Herder dann aber noch am Moment der Schuld fest? Warum wird zur Strafe, was ein notwendiger Schritt auf dem Weg zur Mündigkeit ist?

Zugrunde liegt zum einen vermutlich die Einsicht einmal in die spezifische Struktur der Selbstbestimmung des einzelnen: Selbstbestimmung als Ablösung von Autoritäten erfolgt im Widerspruch, im Nein zu einem gesetzten Gebot oder Verbot, schuldhaft also; die Strafe ist in der Regel die Konsequenz dieser Grenzüberschreitung. Zugrunde liegt zweitens eine anthropologische Einsicht: Menschsein schließt Schuld ein, heißt schuldig werden.

Einen Schritt weiter noch geht Immanuel Kant. In seiner kleinen Schrift „Mutmaßlicher Anfang der Menschengeschichte" (1786) stellt Immanuel Kant (1724 – 1804) den Sündenfall als naturgeschichtlichen Übergang „aus der Vormundschaft der Natur in den Stand der Freiheit" dar. Einzelne Motive des Mythos werden dabei anthropologisch übersetzt: die „Stimme Gottes", die anleitete und Verbote setzte, als Instinkt, der den Menschen wie das Tier steuerte. Auf die erste Regung der Vernunft führt Kant den Ungehorsam als Bedürfniserweiterung und Fähigkeit der Instinktüberschreitung zurück: eigene, freie Wahl der Nahrung. „Da gingen beiden die Augen auf" (Gen 3,7); das meint: der Mensch „entdeckte in sich ein Vermögen, sich selbst eine Lebensweise auszuwählen und nicht gleich anderen Tieren an eine einzige gebunden zu sein."

Die im Mythos unmittelbar danach berichtete „Angst und Bangigkeit", wie Kant das ausdrückt, wird nicht mehr mit dem Wissen um das getane Böse, also mit einem schlechten Gewissen erklärt, sondern mit Unsicherheit, mangelnder Erfahrung, Angst vor dem Neuen: Bangigkeit, „wie er, der noch kein Ding nach seinen verborgenen Eigenschaften und entfernten Wirkungen kannte, mit seinem neu entdeckten Vermögen zu Werke gehen sollte. Er stand gleichsam am Rande eines Abgrunds; denn aus einzelnen Gegenständen seiner Begierde, die ihm bisher der Instinkt angewiesen hatte, war ihm eine Unendlichkeit derselben eröffnet, in deren Wahl er sich noch gar nicht zu finden wusste."

Nach diesem ersten Schritt der Vernunft in der Erweiterung des Nahrungsinstinkts nahm die Vernunft, einmal rege geworden, nun Einfluss auf den „Instinkt zum Geschlecht": Der Reiz der Sexualität wird verlängert, vergrößert, stabilisiert und sublimiert durch Verhüllung des Körpers (Gen 3,7). Der Übergang von der tierischen Begierde zur Liebe, zur Schönheit, zur Sittlichkeit ist damit angelegt.

Der dritte Schritt der Vernunft war „die überlegte Erwartung des Künftigen", die Fähigkeit zum Wissen um die Folgen des Handelns, Quelle auch „von

Sorgen und Bekümmernissen“: Auf diese Weise deutet Kant die im Mythos von Gott verhängten Strafen. Die durch Gott verfertigte Kleidung aus Fellen (Gen 3,21) steht für einen vierten Schritt der Vernunft: als die noch dunkle Einsicht des Menschen, „er sei eigentlich der Zweck der Natur“ und habe daher das Recht, sich die Tiere nutzbar zu machen. Es bleibt dem Menschen fortan in der „Mühseligkeit des Lebens“ zwar öfter noch der „Wunsch nach einem Paradiese“ als einem Ort, „wo er in ruhiger Untätigkeit und beständigem Frieden sein Dasein verträumen oder vertändeln könne“, dazwischen steht aber „die rastlose und zur Entwicklung der in ihn gelegten Fähigkeiten unwiderstehlich treibende Vernunft und erlaubt es nicht, in den Stand der Rohigkeit und Einfalt zurückzukehren.“

Kant zieht das Fazit, „dass der Ausgang des Menschen aus dem [...] Paradies nicht anders als der Übergang aus der Rohigkeit eines bloß tierischen Geschöpfes in die Menschheit, aus dem Gängelwagen des Instinktes zur Leitung der Vernunft, mit einem Worte: aus der Vormundschaft der Natur in den Stand der Freiheit gewesen sei.“ Aus dem Sündenfall ist der emanzipatorische Schritt der Menschwerdung geworden; die genannten vier Schritte dieser Emanzipation markieren durchgängig einen „Fortschritt vom Schlechteren zum Besseren“, das Böse ist zum Guten geworden. Allerdings – so Kant noch einschränkend – gilt das nur für die menschliche Gattung, nicht aber für das Individuum. „Ehe die Vernunft erwachte, war noch kein Gebot oder Verbot, und also noch keine Übertretung; als sie aber ihr Geschäft anfing, und, schwach wie sie ist, mit der Tierheit und deren ganzer Stärke ins Gemenge kam, so mussten Übel, und, was ärger ist, bei kultivierterer Vernunft Laster entspringen, die dem Stande der Unwissenheit, mithin der Unschuld, ganz fremd waren.

Der erste Schritt also aus diesem Stande war auf der sittlichen Seite ein Fall; auf der physischen waren eine ganze Menge nie gekannter Übel des Lebens die Folgen dieses Falles, mithin Strafe. Die Geschichte der Natur fängt also vom Guten an, denn sie ist das Werk Gottes; die Geschichte der Freiheit vom Bösen, denn sie ist Menschenwerk. Für das Individuum, welches im Gebrauche seiner Freiheit bloß auf sich selbst sieht, war bei einer solchen Veränderung Verlust; für die Natur, die ihren Zweck mit dem Menschen auf die Gattung richtet, war sie Gewinn. Jenes hat daher Ursache, alle Übel, die es erduldet, und alles Böse, das es verübt, seiner eigenen Schuld zuzuschreiben“[33]. – Es stellt sich hier die Frage: Eröffnen sich mit wachsendem Bewusstsein auch wachsende Möglichkeiten des Bösen? Gibt es geradezu eine Dialektik des Moralischen, derart, dass sich mit der

Entfaltung und Differenzierung der Moral dimensional und zumindest potenziell auch das Unmoralische, das Böse entfaltet und differenziert?

Diese Differenzierung, die Kant noch aufrecht erhält im Zuge einer optimistischen Interpretation, fällt bei Friedrich Schiller fort: Der Sündenfall wird zum „Abfall des Menschen vom Instinkt, der das moralische Übel zwar in die Schöpfung brachte, aber nur um das moralisch Gute darin möglich zu machen." Er „ist ohne Widerspruch die glücklichste und größte Begebenheit der Menschengeschichte; von diesem Augenblick her schreibt sich seine Freiheit, hier wurde zu seiner Moralität der erste entfernte Grundstein gelegt."[34]

Im 19. Jahrhundert bricht diese optimistische Betrachtungsweise der Aufklärung ab. Sören Kierkegaard z. B. akzentuiert völlig anders: Er anerkennt den gattungsgeschichtlichen Ansatz der Menschwerdung durch Freiheit, betont aber die damit verknüpfte Ambivalenz, greift zurück auf den christlichen Begriff der Sünde und arbeitet als zentrale Kategorie heraus den Begriff der Angst. Damit meint er die Angst zwischen der Verlockung der Freiheit einerseits und der durchaus auch lockenden Erfahrung des Bösen andererseits, die Angst also als gefährlich lockender Reiz zum einen und Bedrohung, Schrecken zum anderen. Begründet ist diese Angst in der ahnenden Wahrnehmung der eigenen Möglichkeiten, es ist die Angst vor uns selbst, vor dem Bösen in uns selbst.

Der Adamsmythos wurde auch im 20. Jahrhundert immer wieder aufgegriffen, neu und anders gesehen: Ernst Bloch, Erich Fromm, Leszek Kolakowski, Paul Ricoeur und Hans Apel sind hier zu nennen.

Zurück aus der Rezeptionsgeschichte des Adamsmythos in den Kern jüdisch christlicher Mythologie und Theologie. Das Böse tritt auf in drei Formen, schöpfungsgeschichtlich unterschieden, nacheinander sich realisierend:

- Das luziferisch, satanische Widersätzige, das Prinzip, das die göttliche Ordnung in Frage zieht, das zerstörerische Prinzip, das Widergöttliche, intentional sich zur Antithese, zum Gegensatz übersteigernd

- Die Gesamtheit des offenkundigen Übels in der Schöpfung: Katastrophen, Leiden in allen Formen, Tod

- Die mit der Willensfreiheit gesetzte Fähigkeit des Menschen, sich Gott zu widersetzen (Adams-, Sündenfall-Mythos), Überheblichkeit in Gottvergessenheit und Gottferne, Gottlosigkeit

1.2 „Böse“ – Beobachtungen zum Sprachgebrauch

Etymologisch wird das Wort zurückgeführt auf die indogermanisch lautmalende Wurzel „bhou-„: „aufblasen, sich aufblähen“; nächstverwandt mit der germanischen Wurzel „bausu-„ ist das norwegische „baus“ in der Bedeutung „stolz, keck, aufgeblasen, geschwollen.“ Ich überzeichne, wenn ich von hier aus die Brücke schlage zu einer Grunderfahrung der abendländischen Kultur: Eine Gemeinsamkeit der griechischen Antike wie der jüdisch-christlichen Tradition liegt in der Auffassung, dass die menschliche Überheblichkeit, der Ungehorsam, die Hybris gegen das Schicksal und göttlichen Beschluss – griechisch – bzw. der Wunsch, so sein zu wollen wie Gott – alttestamentarisch, bezeugt im Mythos vom Abfall Luzifers wie in der Geschichte des Sündenfalls – der Ursprung des Bösen sind. Und weiter: Es gilt dies auch für umfassende metaphysische Schöpfungsspekulationen, den „Erzählungen aus Begriffen“[35], exemplarisch etwa Friedrich Wilhelm Schellings Schrift „Über das Wesen der menschlichen Freiheit“, die Auflehnung des Einzelwillens gegen den Universalwillen ist der Beginn des Bösen, bei Schelling als Möglichkeit gegeben mit dem Menschen.

Die Brüder Grimm nehmen, was den Bedeutungskern des Wortes im Neuhochdeutschen angeht, eine Verwandtschaft der sprachlichen Wurzeln von „böse“ und „beißen“ an und erklären so den zentral und vielfältig nachgewiesenen Gebrauch des Wortes im Sinne von „beißend, bissig, verletzend“, konkret („ein böser Hund“) wie metaphorisch („ein böses Maul“) festzumachen. Es verweist dies auf das Phänomen der Aggression und entspricht unserer Alltagserfahrung: Das Böse nehmen wir primär wahr in der Erscheinung aggressiver, zunächst auch konkret körperlicher Gewalttätigkeit.

Ausgehend von diesem Bedeutungskern lassen sich unterschiedliche Gebrauchsweisen festmachen, u.a. auch die Ausweitung zum Gegensatz des Nützlichen, Tauglichen, Guten, Frommen; hier erst wird die ethische Dimension des Wortes entwickelt; sie erscheint deutlicher im Substantiv: „Bosheit“ wird enger gebraucht: „Zorn, Wut“ – „Hinterlist, Falschheit“ – „Verkehrtheit des Herzens“ – die „böse Tat“ selbst – „Schelmenstück, Frechheit.“

Hans-Jörg Ehni hat den alltäglichen Sprachgebrauch des moralisch Bösen recherchiert; folgende Bedeutungselemente lassen sich im Gebrauch des Wortfeldes feststellen:

- Das Wort markiert „einen nicht zu übertreffenden Grad des Schlechten“[36], es ist der Ausdruck stärkster moralischer Verurteilung.

- Diese Verurteilung erfolgt „mit objektivem Anspruch“[37], da eine böse Handlung als „in sich schlecht oder uneingeschränkt schlecht“[38] betrachtet wird.

- Daraus folgt: Eine böse Handlung ist zwar begründbar, nicht aber zu rechtfertigen. „Was böse ist, ist nicht zu rechtfertigen, was sich rechtfertigen lässt, ist nicht böse.“[39]

- Ein weiteres Element ist die eindeutige Zurechenbarkeit der Tat, das Wissen um die böse Handlung, die Unterstellung einer klaren Intention.

- Daraus folgt wiederum die Ausweitung der Verurteilung der Handlung auf „die gesamte Persönlichkeit eines Menschen“[40], der gesamte moralische Wert einer Person wird negiert.

- Ins Zentrum des Interesses rückt daher der böse Wille, d.h. das Handeln „nicht aus egoistischen Motiven, sondern um des Widerspruchs willen, um das Böse als Gegensatz der Moralität in die Welt zu befördern“; es wäre dies „die äußerste vorstellbare Form der bösen Gesinnung hinter einer entsprechenden Handlung.“[41]

Ehni tendiert allerdings dazu, diese Zuspitzung wieder zurückzunehmen: „Eine solche Zuspitzung ermöglicht es nicht, schlicht instrumentelles Handeln als moralisch böse zu bezeichnen, bei dem nur der eigene Nutzen mit allen Mitteln verfolgt wird.“[42] Deskriptiv empirisch sind eindeutig dominant hinter bösen Handlungen egoistische oder gar idealistische Motive. Stark zu vermuten ist daher, dass das alltagssprachliche Verständnis nicht die Realität trifft.

1.3 Philosophische Ansätze zum Begriff des Bösen

1.3.1 Definitionsansätze

Im „Historischen Wörterbuch der Philosophie“ leitet Odo Marquard den Beitrag zum Begriff des „Malum“ ein; er betont die „Symbiose und Interdependenz der Begriffe des Übels und des Bösen, des Schlechten, Schlimmen, Schrecklichen, des Unvollkommenen, Mangelhaften, Defekten, Defizitären und Inferioren, des Unordentlichen, Dysfunktionalen, Widrigen, Kranken, Fatalen, des Ruchlosen, der Sünde und der Schuld, des Verkehrten, Irrigen, Lasterhaften, der Entfremdung, des Leides, des sonst wie Nichtigen und Negativen“: Dies sei *ein* Wortfeld, der „philosophische Wortschatz im Sinnbezirk“ des Übels oder Bösen. Von diesem umfassenden Wortfeld her erst komme der gesamte Umfang der Gegenbegriffe in Blick: „das Gute, Wahre, Schöne, Eine, Seiende, Vollkommene, Makellose, Intakte, Gesunde, Ordentliche, Positive, Ganze und Heile, das Unschuldige, Tugendhafte, das Selige und das Glück.“[43]

Ähnlich öffnet Ingolf U. Dalferth den Horizont kontrastiver Begriffe und versucht erklärend zu verallgemeinern: „Indem man bestimmte Phänomene als böse klassifiziert, beschreibt man damit nicht nur diese, sondern strukturiert stets die ganze Welt, in der man lebt, unter den Gesichtspunkten dieses dualen Gegensatzes. Phänomene unter [...] Kontrastgesichtspunkten zu beschreiben, ist eine fundamentale Weise menschlicher Welt- und Lebensorientierung.“[44]

Dieser weite, umfassende Gegensatz ist schon mit der Genese des europäischen Philosophierens gegeben: Das griechische „kakón“ ist ebenso weit gefasst wie sein Gegensatz in allen Hinsichten, der Begriff des Guten, „to agathón.“ Dieser umfassende Horizont bleibt erhalten auch in der philosophischen Reflexion. Der zentrale Begriff der philosophischen Ethik von Sokrates bis hin zur Stoa, der Begriff der „areté“, der Tugend, ist ganz umfassend gedacht: Alles, was überhaupt ist, muss im Besitz einer areté sein, um sein Seinkönnen überhaupt zu realisieren.

Hier wird schon greifbar der Definitionsansatz des Bösen, der die weitere historische Entwicklung geprägt hat: die Definition des Bösen nicht in substantieller Eigenständigkeit, sondern als Defizit, als Mangel an areté, als Seinsmangel. Dieses Verständnis des Bösen lässt sich als prägender Ansatz von Platon bis Leibniz nachweisen.

In der kritischen Reflexion dieses Ansatzes lässt sich die Gewichtung der beiden Seiten, die Dominanz des Guten aber leicht umkehren und erweist sich derart schon als Resultat ethischer Intentionalität, als ethisches Postulat. Paul Ricoeur hat darauf aufmerksam gemacht: Fundamentale Voraussetzung von Ethik sind erstens das Vorhandensein jener „Spaltung von werthaft und unwerthaft" und die Annahme, „dass der Mensch bereits des Doppelten fähig ist: des Wahren und des Falschen, des Guten und des Bösen, des Schönen und des Hässlichen." Zweitens aber setzt Ethik „nicht nur die abstrakte Polarität des Werthaften und des Unwerthaften voraus, sondern einen konkreten Menschen, der bereits ‚danebengeschossen' hat", der – in der Sicht des Aristoteles – die rechte Mitte zwischen den Extremen bereits verfehlt hat, der – in der Sicht Kants – eines Imperativs bedarf als eines scharfen Korrektivs seiner grundsätzlich misslungenen Natur: „Der Mensch, wie ihn die Philosophie von Anbeginn begreift, hat sich verirrt und verlaufen; er hat den Ursprung vergessen."[45]

Diese Art der Beschreibung markiert – Postulat oder selbst schon ethische Leistung – zugleich die dritte Voraussetzung von Ethik: die Annahme, dass es einen positiven, vergessenen Ursprung, einen positiven Bereich des Wesentlichen überhaupt gebe, dass es überhaupt sinnvoll sei, einen Imperativ zu formulieren. Wenn es richtig ist, dass sich durch den Hass und den Kampf hindurch die positive Struktur der Achtung erkennen lässt, wie Ricoeur exemplarisch formuliert, dass das Böse als Verfehlung intentional auf das Originäre verweist, von dem her es als Abweg, als Entgleisung erst erkennbar ist, so hat diese Betrachtungsweise zur Voraussetzung die optimistische Annahme, dass jenes Originäre, Positive in der Tat auch das Wesentliche, Substantielle sei, daher überhaupt erreichbar.

Diese Annahme wiederum ist ein erster Akt des Ethischen selbst, weder selbstverständlich noch zwingend. Der erste Akt aller Ethik ist die Hoffnung darauf, dass sowohl das Sein insgesamt wie das Sein des Menschen letztlich und wesentlich gut sind. Ethik ist zirkulär strukturiert. Die Faktizität des Bösen macht diesen Zirkel immer wieder in seiner ganzen Fragwürdigkeit bewusst.

Deutlich unterscheiden lassen sich das „malum physicum", das Übel in der Welt überhaupt, und das „malum morale", das menschlich gegebene und verursachte Böse. Es ist zunächst das ethisch Verwerfliche, das Unrecht. Soweit Irrtum, Unwissenheit oder Dummheit ein vermeidbares Unrecht enthalten, schließt der Begriff des Bösen den Irrtum ein. Maßstab ist daher nicht allein das subjektive Unrechtsbewusstsein: Die Vorstellung eines bewussten Schadenwollens greift zu eng; ähnlich der juristischen Beurteilung einer Straftat gehen wir in der ethischen

Beurteilung über die Relativität des subjektiven Bewusstseins hinaus, stellen zumindest elementare Ansprüche an die Qualität des ethischen Wissens, Gewissens, an die Einsichtsfähigkeit und die Urteilskraft des Einzelnen. Noch vorsichtiger gesagt, zumindest ein subjektives Nichtwissen, das aus gleichgültiger Nachlässigkeit resultiert, akzeptieren wir nicht, verurteilen diese Gleichgültigkeit mit Recht als „böse", weil dieses Wort abzielt auf Rücksichtslosigkeit gegenüber anderen, dem Mitmenschen oder anderem Leben gegenüber.

Willi Oelmüller bringt es auf die Formel der selbstverschuldeten und „unbewältigten Unmenschlichkeit des Menschen", der „selbstverschuldeten Negation des Menschlichen"[46]. Das Böse ist das selbstverschuldet unmoralische Verhalten = das Unvernünftige, wenn denn das moralisch Geforderte das ist, das sich mit guten Gründen einfordern lässt; „Das Böse ist im Grunde Unvernünftigkeit. Auf dieser beruhen alle Formen negativen Verhaltens, auch die Formen der Unterdrückung."[47]

Was meint das konkret? Wenn wir Walter Schulz folgen, lässt sich durch die lange Tradition in der Reflexion des Bösen ein Kontinuum festhalten, „eine formale Konstanz [...]. Sie zeigt sich darin, dass die Menschen sich immer um die Ordnung ihres Zusammenlebens bemühen müssen, weil sie selbst diese Ordnung gefährden. Dass die Gestalten dieser Ordnung wechseln, ist klar. Aber die Differenz zwischen Ordnung und deren Negation ist ein Urphänomen des menschlichen Lebens. Auf diese Differenz weisen die beiden Begriffe Gut und Böse hin. Sie zeigen an, dass der Mensch selbst die Ordnung als das Gute nur herstellen kann im Gegenzug gegen seine eigene Tendenz zu deren Negation, das heißt dem Bösen."[48]

Über die Kontinuität jener „formalen Konstanz" hinaus wird Schulz sehr direkt und klar: „Was wir mit dem Bösen meinen, ist ein sehr realer Sachverhalt, gleichsam ein anthropologisches ‚Urphänomen', dessen Wurzel der *Egoismus* und dessen eklatanteste Ausprägung der Hang des Menschen zur *Grausamkeit* ist."[49]

Moraltheologisch bietet sich an der Begriff des „intrinsece malum", der objektiv „in-sich-schlechten Handlungen." Johannes Paul II hat diesen Begriff 1993 in seiner Enzyklika „Veritatis splendor" konkretisiert: „Was zum Leben selbst im Gegensatz steht, wie jede Art von Mord, Völkermord, Abtreibung, Euthanasie und der freiwillige Selbstmord; was immer die Unantastbarkeit der menschlichen Person verletzt, wie Verstümmelung, körperliche oder seelische Folter und der Versuch, psychischen Zwang auszuüben; was immer die menschliche Würde angreift, wie unmenschliche Lebensbedingungen, willkürliche Verhaftung, Verschleppung, Sklaverei und Prostitution, Mädchenhandel und Handel mit Jugendlichen, sodann auch unwürdige Arbeitsbedingungen."[50] Die Auswahl erscheint in einzelnen Beispielen ebenso interessant wie strittig und unvollständig.

Typologisch lassen sich vier Formen des Bösen unterscheiden:

- Das affektiv Böse zeigt sich im Exzess, im Massaker, in sinnlosen Grausamkeiten, irrationaler Destruktivität, „heißer Gewalt" (René Girard).

- Das kalkulierte Böse bildet den Gegenpol: kalte und kontrollierte Grausamkeit, nicht emotional, sondern intellektuell motiviert; staatliche Folter hat diesen Charakter.

- Das banale Böse (Hannah Arendt) ist kennzeichnend für den Alltag totalitärer Gesellschaften, politischer Diktaturen, vollzogen als mehr oder minder „normale" Aktion, ohne Schuldbewusstsein, in der Durchführung von Befehlen, Anweisungen.

- Das heilige Böse (René Girard) ist religiös gefordert oder legitimiert; islamistische Selbstmordattentate stehen heute dafür ein.

Es bleibt die Frage der Abstufung: Was unterscheidet ein unmoralisches Verhalten von einer bösen Tat?

Hannah Arendt markiert diese Differenz sehr scharf, wenn sie sagt: „Das wirklich Böse ist das, was bei uns sprachloses Entsetzen verursacht, wenn wir nichts anderes mehr sagen können als: Das hätte nie geschehen dürfen."[51] Otfried Höffe führt uns hier weiter, er nennt in Orientierung an Hans-Jörg Ehni Bedingungen, die den moralischen Begriff des Bösen kennzeichnen; es sind dies Merkmale, die durchaus an das Alltagsverständnis des Bösen anknüpfen:

- Eine erste Bedingung ist die „Zurechenbarkeit und klare Absicht"[52] der Tat, ihre „freie Urheberschaft"[53]. Anders formuliert und grundsätzlich – hier genau setzen tendenziell oder entschieden bestreitend, das Böse damit relativierend, die Humanwissenschaften an – die erste Bedingung ist die Annahme der Willensfreiheit, wenn wir Hannah Arendt folgen, historisch erst spätantik, im Christentum entdeckt: In den Gegensatz von Vernunft und Leidenschaften „ist das Vermögen des Willens eingefügt.“ Die „Entdeckung besteht darin, dass es im Menschen etwas gibt, das ja oder nein zu den Geboten der Vernunft sagen kann. [...] Ich kann mich gegen den wohlerwogenen Rat der Vernunft ebenso entscheiden wie gegen die bloße Anziehungskraft von Objekten meines Appetits, und es ist der Wille [...], der darüber entscheidet, was ich tun werde. [...] Der Wille ist der Schiedsrichter zwischen Vernunft und Begehren, und also solcher ist allein er frei. Mehr noch, während die Vernunft das offenbart, was allen Menschen gemeinsam ist, und das Begehren das, was allen lebenden Organismen gemeinsam ist, ist nur der Wille ganz mein eigen.“[54] Er ist das Vermögen des Wählens, jeweils meines Wählens. „Indem ich will, entscheide ich. Und das ist das Vermögen der Freiheit.“[55]

- Eine zweite Bedingung „besteht in der Negation des moralisch Guten, die über die bloße Abwesenheit hinaus in einer Verkehrung, einer Perversion, liegt.“[56]

- Das dritte Element erst unterscheide von „der schlichten Unmoral, der bloßen Gesetzeswidrigkeit [gemeint ist das moralische, das Sittengesetz] oder Kontra-Legalität“, die nur darin besteht, dass ich dem Moralgesetz schlicht zuwiderhandle. Es sei vielmehr „die Absicht zweiter Stufe“, das ausdrückliche Wollen des moralisch Falschen, „der absichtsvolle Widerspruch zum moralisch Guten“: Ich weiß, was moralisch richtig ist und könnte so auch handeln, aber das will ich nicht; „im Gegenteil will ich nichts anderes, als moralisch schlecht handeln.“[57] Die Verletzung der Moral ist die ausdrückliche Zwecksetzung, man tut das Böse um seiner selbst willen. Es ist dies die Steigerung der Unmoral „zur vollen Bosheit“, „die Kontra-Moralität“, die „Antimoralität“[58].

- Diese Haltung kann sich auf einzelne Handlungen beziehen, auf handlungsleitende Grundsätze oder als Grundhaltung auf das moralisch relevante Handeln insgesamt. Dann steigert sich die Bosheit zur Bösartigkeit. „Nicht nur dieses oder jenes Tun und Lassen, sondern die Person selbst ist böse: Der Betreffende hat einen bösen Charakter.“[59]

Die Frage stellt sich indes, ob mit der dritten Bedingung der Begriff des Bösen nicht zu eng gehalten wird. Einsichtig sind die Stufung und Steigerung, das Begriffsfeld des Bösen beginnt aber wohl schon mit der zweiten Stufe. Die Frage der Abstufung stellte sich auch in der angloamerikanischen analytischen Philosophie. Ronald D. Milo formuliert hier einen exemplarischen Ansatz: Er unterscheidet zunächst – in Orientierung an Aristoteles – Willensschwäche und Bösartigkeit. Im Fall der Willensschwäche handelt jemand gegen seine eigenen moralischen Grundsätze, der Bösartigkeit liegen hingegen unmoralische Grundsätze vor. Hinzu kommt als dritte Kategorie des Unmoralischen die Indifferenz der Moral gegenüber. Es sind dies drei Kategorien, ihrerseits unterschieden nach dem Wissen darum, unmoralisch zu handeln; das Resultat:

- Im Fall der moralischen Gleichgültigkeit, der Willensschwäche und der präferentiellen Bösartigkeit ist dem Handelnden bewusst, dass sein Handeln moralischen Grundsätzen widerspricht.

- Im Fall der Amoralität, der moralischen Fahrlässigkeit und der bösartigen Verkehrtheit fehlt dieses Bewusstsein.[60]

Höffes Überlegungen legen eine weitere Differenzierung nahe: Das Böse bezieht sich auf frei und verantwortlich handelnde Menschen, auf Personen. Das Handeln selbst bezeichnen wir eher als moralisch richtig oder falsch. Personen – gemessen an ihren Intentionen – sind gut oder böse, das Böse als Ausdruck eines bösen Charakters ist die fundamentale Gesinnung eines Menschen.

1.3.2 Beispiele

In seiner „Preisschrift über die Grundlage der Moral" greift Arthur Schopenhauer Zeitungsberichte auf: „von einer Mutter, die ihren fünfjährigen Knaben dadurch ermordet hat, dass sie ihm siedendes Öl in den Schlund goss, und ihr jüngeres Kind dadurch, dass sie es lebendig begrub" und eine Meldung aus Algier, „dass nach einem zufälligen Streit und Kampf zwischen einem Spanier und einem Algerier, dieser, als der stärkere, jenem die ganze untere Kinnlade rein ausriss und als Trophäe davon trug, jenen lebend zurücklassend."[61]

In dem Schwurgerichtsurteil über die Judenmorde in der Babi Jar-Schlucht heißt es: „Die Opfer wurden vom Rand der Schlucht zur Sohle hinab und zum

Exekutionskommando getrieben. Sie mussten sich dann mit dem Gesicht zur Erde auf die blutigen Leichen der bereits Erschossenen legen. Wenn sie es nicht freiwillig taten, wurden sie geschlagen und niedergerissen. Die Schützen traten dann, auf den schwankenden Haufen der Leichen hin- und hergehend, hinter die Opfer und schossen von hinten auf den Kopf. So wurde die Schlucht mit mehreren Schichten der Opfer von hinten nach vorne und von Rand zu Rand gefüllt."[62] Die Täter waren keine Monster, auch keine ausgewählten Sadisten, sondern „normale" Menschen.

Ernst Bloch greift, um die Dimension des Bösen auszumessen, auf ein Beispiel aus Auschwitz zurück, auf den Fall eines Landsers, der sich, „aus Langeweile, einige Zigeuner- und Judenkinder holte, erst um mit ihnen zu spielen, sie dann aber mit dem Kopf an die Wand schlug, bis die Schädeldecke brach und das Gehirn herausspritzte; er warf die Kadaver danach weg, wischte sich das Blut von den Händen und schrieb aus bleibender Langeweile einen Brief an seine Frau, in dem er sich liebevoll nach dem Ergehen seiner Kinder erkundigte, die etwa so alt waren und so ähnlich aussahen wie die, die er eben an die Wand geschleudert hatte. Mit solch hochbemerkbarer Stärke tritt das Böse auf, wird aber mit dem allgemeinen Gerede über Aggression [...] beiseitegeschoben."[63]

„Jungen Mann bestialisch getötet": Zwei 20jährige haben einen 19jährigen, der sie als Anhalter mitgenommen hatte, längere Zeit gequält und am Ende mit Messerstichen umgebracht. „Es war nichts Konkretes geplant, wir wussten selbst nicht, was herauskommt."[64]. Karlsruhe 1988. – Drei Jugendliche zwischen 17 und 23 Jahren misshandelten eine Nacht einen 16jährigen, den sie gut kannten, der zunächst mit ihnen den Abend verbracht hatte; sie töteten ihn schließlich und vergruben die Leiche. Für die Misshandlung gab es Zeugen und Mitwisser, nach dem Verschwinden des Opfers jedoch keinerlei Aussagen. Potzlow 2003.

1.3.3 Phasen in der Reflexion des Bösen

Noch einmal neu angesetzt: Geistesgeschichtlich lassen sich zunächst, holzschnittartig, drei Phasen in der Reflexion des Bösen erkennen:

Eine theologisch metaphysische Sicht: Das Böse wird ontologisch fundiert als satanischer Gegenpol Gottes oder als Minderung des absolut Guten zur Erklärung des Übels in der Welt.

Eine anthropologische Sicht seit der Aufklärung: Das Böse ist kein Problem des Kosmos, der Natur insgesamt, sondern allein des Menschen, das Problem des moralisch Bösen

Die Relativierung und tendenzielle Aufhebung des Bösen durch die Humanwissenschaften: Das vermeintlich Böse lässt sich analytisch auf bestimmte Faktoren zurückführen und erklären, die zu spezifischen, als defizitär geltenden Phänomenen führen. Aggressives Verhalten, sadistisches Verhalten, normabweichendes Verhalten, Triebbefriedigung, emotionale Kälte – das alles lässt sich in seiner individuell oder auch gruppengegebenen Phänomenalität humanwissenschaftlich deskriptiv fassen und analysieren in seinen dispositionellen, bedingenden, determinierenden Faktoren: evolutionsbiologisch, sozialkritisch, sozialisationstheoretisch, gruppendynamisch, psychologisch und psychoanalytisch, neurologisch – ein weites Feld von Ansätzen bis hin zu begründeten medizinischen oder psychiatrischen Fallanalysen. Ich komme darauf zurück.

Tendenziell hat es als „Böses", als verwerfliches und ethisch zu verantwortendes Handeln, keine genuine Qualität mehr; diese Tendenz beginnt im 19. Jahrhundert. Und sie ist psychologisch auch sehr verständlich: „Alle Versuche, bei Verbrechern Anomalien des Gehirns oder defekte Gene nachzuweisen, sind letztlich ein Indiz für die Hilflosigkeit, mit welcher wir auf Verhaltensweisen reagieren, die kollektive Werte und Normen, selbst die fundamentalen Menschenrechte verhöhnen. Dass jemand in vollem Bewusstsein des Bösen sich für das Böse entscheidet, übersteigt unser Vorstellungsvermögen."[65]

Dagegen lässt sich mit Walter Schulz, exemplarisch konkret, einwenden: „Man löst das Problem der menschlichen Aggression nicht durch den Rückblick auf die Graugänse."[66] Und auch nicht durch die Beobachtung physikalisch chemischer Prozesse zwischen Hirnzellen. Und schon gar nicht durch eine noch weitergehende Relativierung bis hin zur Negation des Bösen als eines genuinen menschlichen Phänomens durch seine Pathologisierung. Das Böse als Vernichtung und Destruktion ist Fakt, es lässt sich humanwissenschaftlich analysieren und drängt danach. Es ändert dies nicht die Berechtigung und Notwendigkeit der ethischen Reflexion in Analyse und Beurteilung. Die ethische Reflexion des Bösen beruht auf der Annahme menschlicher Willensfreiheit, im Fall also einer gegebenen Aggression auf der Annahme, dass „der Mensch zu seiner Aggression Stellung nehmend sich verhalten kann"[67]; und dies beginnt mit der reflexiven Frage, ob eine bestimmte Handlung oder ein Handlungswunsch sich moralisch rechtfertigen lässt oder nicht.[68]

Dieser ersten Annäherung an den Begriff des Bösen folgt ein deutlicher differenzierender philosophiegeschichtlicher Überblick:

2. Philosophiegeschichtliche Tendenzen in der Thematisierung des Bösen

In der Antike wird das Böse entschärft oder, wie Odo Marquard das ausdrückt, „ontologisch veruneigentlicht“[69]. Die Tragödie thematisiert zwar das menschliche Leid, die Schuld, den Tod – mit dem Effekt der Katharsis für den Zuschauer, wenn wir uns an Aristoteles orientieren. Die Theorie hingegen blickt hinaus und hält fest den überzeitlichen, leidensfernen Kosmos in seiner Harmonie und vernünftigen Gesetzlichkeit. Dem Kosmos gemäß war alles: „die kunstvolle Anordnung eines Gartens, der Aufbau einer wohlgelungenen Erzählung, die Rechts- und Heeresordnung, die innere Verfassung eines wohlgeratenen Menschen. Es ist ein und dieselbe Wohlordnung, welche Himmel und Erde und Götter und Menschen zusammenhält. Und sie erscheint in aller Klarheit im regelmäßigen Umlauf der Himmelskörper [...]. Die Kosmologie der frühen griechischen Denker bleibt die Voraussetzung der Bemühungen um eine sittliche Gestaltung des Lebens. Unter dieser Idee des Kosmos erhielt das Phänomen des Bösen systematisch den Rang einer bloßen Randerscheinung.“[70]

Der unmittelbare, konkrete Hintergrund für Sokrates ist neben der griechischen Aufklärung und Sophistik der Aufschwung der Medizin: „Die Heilung vom physischen Übel wird zum Modell der Abhilfe gegen moralische Übel.“[71] Wenn Sokrates sein Tun als Dienst an Apollon auffasst, so steht im Hintergrund auch der Beiname Apollons als „alexíkakos“, als „Übelabwehrer“: Apoll ist in seinen wichtigen Funktionen der Gott der Medizin und der Mantik, der Seherkunst; der Beiname „Übelabwehrer“ betont die Gemeinsamkeit dieser Funktionen, „denn wie man den Arzt aufsucht, weil er sich auf die Prognose des Übels und seiner möglichen Heilung versteht, so befragt man den Seher in der Absicht, dem nur ihm erkennbaren Übel, das in der Zukunft droht, zu entgehen.“[72]

Jenem berühmten delphischen Orakelspruch zufolge war Sokrates als der „weiseste“ aller Menschen deutlich berufen, das Übel zu bekämpfen, an dem die Menschheit krankte, ohne es zu wissen. Es musste dieses Übel von der Art sein, dass es die Realisierung des delphischen Gebots, das „Erkenne dich selbst!“ erschwerte oder unmöglich machte. Sokrates diagnostiziert dieses Übel als eine spezifische Art der Unwissenheit, eines nur scheinhaften Wissens, das den Horizont der Wahrheit, des Menschseins und des Ich-Seins zugleich verfehlt; denn der Mensch ist dasjenige Lebewesen, welches weiß, was die Wahrheit ist, er muss nur in sich schauen, um sich als das vernünftige Lebewesen, das am Logos orientierte Lebewesen zu erkennen. Dieses Wissen, wenn ich es denn wirklich selbst realisiert habe, bleibt mir nicht äußerlich und fremd, es betrifft und bestimmt mich in meiner Identität, in meinem Ich-Sein. Dies ist der Hintergrund der These des Sokrates: „Niemand tut Falsches um des Falschen, das Böse um des Bösen willen, Unrecht um des Unrechts willen."

Im Dialog „Gorgias" nennt Sokrates explizit den Grund dieser Überzeugung: „Ich wenigstens [...] bin der Meinung, dass lieber auch meine Lyra verstimmt sein und misstönen möge oder ein Chor, den ich anzuführen hätte, und die meisten Menschen nicht mit mir einstimmen, sondern mir widersprechen mögen," – jetzt der zentrale Punkt – „als dass ich allein mit mir selbst nicht zusammenstimmen, sondern mir widersprechen müsste." (482 c-d)

Hannah Arendt hat die Bedeutung dieser Aussage erhellt: Ich bin nicht schlicht Einer, „vielmehr habe ich ein Selbst und stehe zu diesem Selbst als meinem eigenen Selbst in Beziehung. [...] Wenn ich mit anderen Menschen nicht übereinstimme, kann ich weggehen; aber von mir selbst kann ich nicht weggehen, und deshalb empfiehlt es sich für mich, zunächst mit mir selbst in Übereinstimmung zu kommen zu suchen."[73]

Die Menschen von anderen Gattungen unterscheidende Fähigkeit der Vernunft und Sprache meint diesen Dialog, den ich denkend mit mir selbst führe; Denken ist innerer Dialog, ist mit-sich-selbst-Sprechen. Das ist auch der Grund, warum bei Sokrates die Selbsterkenntnis im Zentrum steht. „Im Selbstverhältnis ist Erkenntnis ein hervorbringender Akt. Deshalb hat sich Sokrates auch häufig als Geburtshelfer bezeichnet. Er entwickelt eine Meisterschaft in der Enthüllung der mannigfachen Irrtümer über Gut und Böse. Mit solcher Beseitigung von Hemmnissen leitet er die Geburt ein."[74]

Bezogen auf unser Thema: „Wenn ich Unrecht tue, bin ich dazu verdammt, in unerträglicher Intimität mit einem Unrechtuenden zusammenzuleben; ich kann ihn nie loswerden."[75] Und es wird „niemand gerne mit einem Dieb oder einem Mörder oder einem Lügner zusammenleben wollen."[76] Um diese Einsicht geht es. Allgemein formuliert, Unrecht zu tun führt zum Selbstwiderspruch; das ist das Argument.

Einem weiter geführten Denkansatz – und einem anderen Vokabular begegnen wir bei Platon: Die individualethische Orientierung in Analogie zur Medizin genügt nicht mehr; in der „Politeia“ verbindet Platon in seinem Nachdenken über das Böse den individualethischen mit einem sozialethischen Ansatz: Das moralische Grundübel bezeichnet Platon hier als „stásis“ (444 b), das meint „Aufruhr, Aufstand, Bürgerkrieg“; es ist der Gegenbegriff zu „Harmonie, Gleichgesinntheit, Eintracht.“ Deutlich verändert hat sich der Bildhorizont hin zum Politischen. Die politische Metapher des Aufruhrs als Kern des Unrecht-Tuns, des Bösen ist dabei bezogen auf die menschliche Seele: Dem vernünftigen Seelenteil kommt die Herrschaft über die anderen Seelenteile zu, Böses geschieht individuell im Aufruhr des übermäßig Triebhaften gegen die Herrschaft der Vernunft und gesellschaftlich, politisch in der Verselbstständigung der Einzel- und Gruppeninteressen gegen das Gesamtinteresse der Polis.

Bei aller aufrührerischen Aktivität, die Platon dem Bösen – metaphorisch zumindest – zugesteht, hält er fest an der Bestimmung des Bösen als Unvollkommenheit, als Seinsmangel, als Defekt, als fehlender Teilhabe an der Vernunft.

Seit dem Niedergang der Polis wird die lebensweltliche Bewältigung des Bösen einerseits zu einem staatlich zu regelnden Rechtsproblem, im Übrigen aber zur privaten Sache des Einzelnen.

Epikureern wie Stoikern ist gemeinsam, dass sie das Böse auf den persönlichen Bereich reduzieren: Der Schmerz und die seelische Qual, Belastung und Beunruhigung des Gemüts gelten den Epikureern, die Unvernunft den Stoikern als das Übel schlechthin. Gemeinsam ist beiden Schulen das Ideal der „ataraxía“, der Seelenruhe, das Freisein von Schmerzen und seelischen Belastungen bei den Nachfolgern Epikurs, Freisein von Emotionen überhaupt und unerschütterlicher Gleichmut bei den Stoikern. Um den Preis der Distanz und Nichteinmischung in die weltlichen Dinge vermag der stoische Weise noch alle Grausamkeit und Unmenschlichkeit des Lebens als bloß äußere Begleiterscheinung einer verborgenen Wohlordnung der Welt gelassen hinzunehmen.

Die Alternative ist der Neuplatonismus: Plotin nimmt die Frage nach dem Bösen wieder auf, thematisiert es in der spätantiken Vermittlung von Mystik, orphischer Mythologie und platonischer Philosophie. Alles Seiende resultiert aus einem göttlichen Sein, gedacht als die Einheit absoluter Fülle, als Produkt der Emanation dieses Göttlichen in Stufen: Dem göttlichen Geist folgen die Weltseele, die lebendige Natur und am Ende die formlose Materie. Mit zunehmender Materialisierung ist ein zunehmender Mangel (= privatio: Beraubung) an Sein, ein Mangel an der Teilhabe am Guten verknüpft. Das Böse ist das existente Extrem der Privation, es ist die Materie als Verkehrung (= perversio) des Guten, die gesetzte vollständige Negation des Guten; zum göttlichen Guten, aus dem es stammt, verhält es sich wie das völlige Dunkel zum Licht. Es ist die völlige Qualitätslosigkeit, Wesen- und Substanzlosigkeit sind das Wesen des Bösen. Hintergrund dieser „negativen Ontologisierung des Bösen" bleibt das Gute: Aus seinem Gegensatz zum Guten heraus kann das Böse überhaupt erst thematisiert werden als Privation bis hin zur Perversion, und diese Privation ist notwendig, insofern der Prozess der welthaften Emanation aus dem Guten zwangsläufig ein trübendes Hinabschreiten und Wegrücken ist. Das Letzte in diesem Prozess, nach welchem schlechterdings nichts mehr entstehen kann, ist das Böse.[77]

Von Plotin wird einerseits der antike Ansatz der „Veruneigentlichung"[78] des Bösen radikal zu Ende gedacht, andererseits schlägt das Böse dabei in den paradox formulierten Bestimmungen fast und ganz unvermittelt um in eigenständige Substantialität, die intendierte Verharmlosung verkehrt sich fast in ihr Gegenteil: negative Ontologisierung des Bösen zugleich also in einer ganz anderen Bedeutung unter Akzentuierung von Ontologisierung. Das zeigt sich auch in einer weiteren Hinsicht: Plotin klammert das Böse aus dem Bereich der subjektiven Verantwortlichkeit des Menschen aus. Da es – metaphysisch begründet – *vor* dem Menschen ist und im zunehmenden Mangel der Materie seine Ursache liegt, bleibt kein Raum mehr für einen freien Willen und moralische Verantwortlichkeit. Dem Bösen in der menschlichen Seele vermögen nicht alle Menschen zu entrinnen: Der Einzelne ist dem Bösen unterworfen und unterlegen – oder er ist es nicht. Die intendierte metaphysische Verharmlosung schlägt um in einen pessimistischen Fatalismus.

Der Mensch findet sich spätantik mit dem Übel und dem Bösen in der Welt ab – doch „die Abfindungskraft der Menschen ist begrenzt"[79]: Der Fatalismus scheitert.

Die Kraft des Bösen lässt sich historisch nicht länger mehr verleugnen: Im Christentum wird es, heilsgeschichtlich als Sünde bestimmt, zu einem Fundamentalthema. „Dabei wird es so stark als Wirklichkeit erfahren, dass es nicht mehr in, sondern nur noch mit dieser Welt relativiert werden kann: durch ihre eschatologische Aufhebung zugunsten einer neuen Welt."[80]

Das griechische Kosmos-Vertrauen schlägt total um in den Systemen der Gnosis und im Manichäismus: Die Fundamentalerfahrung des Bösen greift so scharf, das das Böse massiv dem Schöpfergott der vorhandenen Welt angelastet wird, dem ein unabhängiger Erlösergott entgegentritt, der mit der Welt auch das Böse aufhebt. Der Kosmos wird derart zum Inbegriff des Bösen.

Die Gnosis formuliert auf dieser Grundlage einen relativen Dualismus: Die Welt entsteht durch einen schicksalhaften Prozess – häufig als Fall beschrieben – im Göttlichen selbst, der zur Entstehung eines Demiurgen führt, der seinerseits die Welt schafft als Fülle des Übels, gottfeindlich abgeschlossen gegen Gott, vom Gnostiker erlebt als Gefängnis seiner Seele, dem es zu entfliehen gilt: durch Askese, im Tod oder – von anderen gnostischen Gruppen vertreten – durch den Beweis der menschlichen Freiheit gerade im Vollbringen des von der Gesellschaft für böse Gehaltenen.

Der manichäische Dualismus ist im Ansatz radikaler gedacht: Zwei gleichrangige Urprinzipien stehen sich seit jeher gegenüber, das Lichtwesen Gott und die personifizierte materiell-geistige Bosheit. Resultat ihres Kampfes ist die Welt als Mischung von Licht und Dunkel. Strenge Askese und Minimalisierung des Weltbezugs nur vermögen das Böse zu überwinden.

Gnosis und Manichäismus waren die Herausforderung für die christlich mittelalterliche Philosophie: Ihre Überwindung „gelingt zunächst nur dadurch, dass das Böse statt dem Schöpfergott und seiner Schöpfung vielmehr der Freiheit des Menschen zugerechnet wird (Augustinus): Seine Sünde gegen Gott ist das Malum schlechthin; aus diesem Malum als dem Bösen folgt das Malum als Übel, so dass jedes Malum heilsgeschichtlich qualifiziert ist – entweder als Sünde oder als Strafe für die Sünde.“[81]

Die Schöpfung selbst ist so gut, wie es eine durch Endlichkeit gekennzeichnete Schöpfung nur sein kann; das natürliche Übel ist wesenhaft nur Mangelhaftigkeit, Privation, dem eine sinnvolle Funktion im Ganzen der Schöpfung durchaus zukommt. Das eigentlich Böse ist das, was der Schöpfungsordnung und ihrem Ursprung schlechthin entgegengesetzt ist: Dies ist die Sünde. Es ist die Tat der Freiheit, die im freien Willen gesetzte Sinnwidrigkeit, die Entscheidung für ein vermeintliches oder endliches Gut und gegen das absolut Gute.

Dieses Gute wird von Jesus neu definiert: Bei Sokrates ging es darum, Unrecht zu vermeiden, oder genauer erinnert, besser Unrecht zu erleiden als Unrecht zu tun. Die Bibel schon legte positiv fest, was zu tun ist; Jesus radikalisiert alle Gebote und Vorschriften der Bibel in Blick auf den anderen, dem ich Gutes erweise, er radikalisiert das Gute zur Selbstlosigkeit, das ist der Kern christlicher Moral. Hannah Arendt merkt rezeptionshistorisch an, dass wir daraus „ein wenig gedankenlos den Schluss gezogen haben, dass Bosheit und Selbstbezogenheit dasselbe sind."[82]

Paulus ist es, der angesichts dieser Radikalisierung im moralischen Anspruch den Willen in seiner Ohnmacht erkennt: „Das Gute, das ich will, das tue ich nicht, sondern das Böse, das ich nicht will, das tue ich." (Römer 7, 19) Der Grund dafür, dass der Wille „nicht vollbringen kann, was er will," ist für Paulus „die Zweiteilung des Menschen in ein fleischliches und ein geistiges Wesen"[83].

Die Freiheit ist zwar auf Gott hin orientiert, aber die Endlichkeit der geschöpflichen Freiheit ermöglicht den sündigen Abfall und bestätigt darin die Seinsschwäche und Nichtigkeit, aus der sich der Wille aus eigener Kraft nicht mehr lösen kann. Die Entscheidung für die Sünde zieht den Verfall der Freiheit in ihrer Offenheit für das Gute nach sich. Der sündige Mensch ist daher angewiesen auf die Befreiung durch die göttliche Gnade. Der Opfertod von Jesus steht ein für die Option der Erlösung und damit für die Integration des Bösen.

In der Auseinandersetzung mit der Gnosis entwickelt, lässt sich die theologische und metaphysische Integration des Bösen von Augustinus über Thomas von Aquin bis hin zu Leibniz aufweisen. Es ist die Tradition der Theodizee als gegengnostische Rehabilitierung der Schöpfung. Sie ist zugleich „der erste Schritt zum nachmittelalterlichen Absolutheitsgewinn der Diesseitswelt: Er löst [...] das Weltverständnis aus der heilsgeschichtlichen Optik des Christentums". Dadurch wiederum wird das Böse „pointiert zum unausweichlich innerweltlichen Problem."[84]

Zunächst wird es optimistisch angegangen: Die Erfahrung des Bösen tritt zurück, die produktiven Möglichkeiten des Mensch-Seins werden entdeckt. Schon Pico della Mirandola lässt zu Beginn seiner Schrift „Über die Würde des Menschen" (1486) Gott zu Adam sprechen: „Ich habe dich nicht himmlisch noch irdisch, nicht sterblich noch unsterblich geschaffen, damit du dich frei, aus eigener Macht, selbst modellierend und bearbeitend zu der von dir gewollten Form ausbilden kannst. Du kannst ins Untere, zum Tierischen, entarten; du kannst, wenn du es willst, in die Höhe, ins Göttliche wiedergeboren werden."[85] In der Aufklärung wird gerade der seit Augustinus zur Bestimmung des Bösen betonte Mythos vom Sündenfall immer wieder aufgegriffen, wie wir gesehen habe, der Mythos wird neu interpretiert – u. a. von Herder, Kant, Schiller und Hegel – und umgekehrt: Aus dem Sünden-Fall wird ein Glücks-Fall oder, besser noch, ein Glücks-Sprung. Ich greife exemplarisch noch einmal zurück:

Schiller stellt in seiner Schrift „Etwas über die erste Menschengesellschaft nach dem Leitfaden der mosaischen Urkunde“ (1792) den Fall Adams dar unter dem programmatischen Titel „Übergang des Menschen zur Freiheit und Humanität.“ In diesem „Übergang“ wird der „Sklave“ zum „freihandelnden Geschöpf“, „Gehorsam“ und „Instinkt“ werden abgelöst durch die „Vernunft“, das „Tier“ wird zum „Menschen“, zum „sittlichen Wesen.“ Der Sündenfall wird evolutionär interpretiert und euphorisch gefeiert als „erstes Wagestück“ der menschlichen „Vernunft, erster Anfang seines moralischen Daseins“ und daher „ohne Widerspruch die glücklichste und größte Begebenheit in der Menschengeschichte; von diesem Augenblick her schreibt sich seine Freiheit, hier wurde zu seiner Moralität der erste entfernte Grundstein gelegt.“[86]

Diese naturgeschichtliche Betrachtung wird ihrerseits geschichtsphilosophisch weitergeführt: Lessing, Herder, Kant, Schiller, Hegel sind hier zu nennen. Das Böse wird nicht ganz und gar verdrängt in der Euphorie des Selbstentwurfs zur Entwicklung von Humanität – Kant vor allem, aber auch Hegel halten es fest als menschliches Specificum; aber es wird funktionalisiert: Gerade des Menschen ungesellige Geselligkeit zwingt ihn zur historischen Entwicklung und zum vernünftigen Umgang mit seinesgleichen, so Kant. Herder und Hegel greifen ein klassisches Theodizee-Argument auf und betonen die Notwendigkeit des menschlich Bösen, des Negativen in der Geschichte als Mittel, als Triebkraft gar des geschichtlichen Fortschritts; das Böse wird gleichsam überlistet, aufgehoben von der hegelschen „List der Vernunft“, teleologisch funktionalisiert.

Odo Marquard sieht darin einen Präzedenzfall voranschreitender Positivierungsversuche des Bösen in weitestem Sinn, des Unzulänglichen, Widrigen, Üblen schlechthin:

- Die Endlichkeit des Menschen wird durch Kant zum Garanten spezifisch menschlicher, d.h. wissenschaftlicher Erkenntnis. Schon bei Kant ist damit zugleich verknüpft der grundsätzliche Verzicht darauf, das Gottesproblem theoretisch entscheiden zu können. Mit Gott verschwinden zugleich die großen metaphysischen Themen aus dem Horizont einer entscheidungsfähigen Erörterung, mithin auch das Problem des Malum als ein das Sein insgesamt betreffendes Strukturmerkmal. Das Problem des Bösen wird damit – spätestens in der Diskussion des 20. Jahrhunderts – von einem ontologischen reduziert auf ein anthropologisches Problem.

- War für die Antike die Auszeichnung des Kosmos gegenüber dem menschlichen Sein in seiner individuellen, gesellschaftlichen und historischen Veränderlichkeit und Endlichkeit noch die Zeitlosigkeit und Unveränderlichkeit, so wird Veränderlichkeit jetzt zur positiven Bedingung des historischen Fortschritts und seiner unendlichen Steigerungsfähigkeit.

- Die Bedingung der Möglichkeit dafür ist wiederum ein Mangel. Das biologische Mängelwesen Mensch braucht und schafft Kultur. Ein Malum also erzwingt ein Bonum: Diese traditionelle Theodizee-Figur bestimmt die Anthropologie von Herder über Gehlen bis in die Gegenwart. Im gleichen Horizont bewegt sich die Existenzphilosophie: Der Mangel an Wesen, an Essenz-Bestimmung erfordert den freien Entwurf des Menschen wie des Einzelnen in seinem Umgang mit sich und der Welt.

- In der Wissensgeschichte und -praxis erhält der Irrtum eine Aufwertung in dem Maße, in dem von der Kategorie der Wahrheit skeptisch Abstand genommen wird zugunsten pragmatischer Kriterien. Schon der Ansatz einer „trial-and-error"-Perspektive wertet den Irrtum auf, vollends macht die funktionalistische Betrachtung von Wissenschaftsgeschichte als Paradigmenwechsel die Umwertung deutlich: Es scheinen überhaupt nur mehr oder weniger zweckmäßige Irrtümer übrig zu bleiben.

- Marquard weist – provokativ und verkürzt – noch hin auf die Umwertung von Rationalität und Sinnlichkeit, Emotionalität, Irrationalität: „Die ‚inferioren' Gemütskräfte avancieren: Es kommt zur Karriere der Affekte, des Sinnlichen und Ästhetischen"[87] bis hin zum sogenannten Übersinnlichen. Vom „Sturm und Drang" des ausgehenden 18. Jahrhunderts bis zu postmodernen Tendenzen lässt sich diese Tendenz verfolgen.

- Als letzte Tendenz nennt Odo Marquard die Entübelung auch des ethischen Übels, die „Entbösung des Bösen." Marquard formuliert auch hier pointiert: Das Böse „wird zunehmend reduziert auf vom

Einzelnen nicht verantwortbare Ursachen (die anderen, die „Gesellschaft“, ich ergänze, die menschliche Triebnatur) „unter Verschärfung des Streits, ob der Mensch ‚von Natur aus‘ böse oder gut sei, ob das Böse durch die Gesellschaft gebannt (Hobbes) oder gerade erzeugt wird (Rousseau). Oder das Böse wird versuchsweise durchschaut als unterdrücktes Gutes: Sobald seine Unterdrückung falle, sei auch das Böse das Gute. Dazu gehört zwangsläufig, dass zum nunmehr wirklich Bösen das wird, was diese Emanzipation behindert; so kommt es – gegenläufig – zur großen Verbösung des Guten: Das offiziell Gute wird zum Repressiven erklärt, das Intakte zum maskierten Destruktiven, das Vorhandene zum getarnten Inhumanen.“[88] (Sartre, Arno Plack, Herbert Marcuse)

Entbösung des Bösen, Verbösung des Guten – Festzuhalten scheint mir Folgendes:

- Die humanwissenschaftlichen Erklärungsversuche des Bösen setzen in der Tat divergierende Akzente in der Untersuchung z. B. der Ursachen und Bedingungen aggressiven Verhaltens. Ansätze der Evolutions- und Soziobiologie, psychologische Triebtheorien, Frustrations-Aggressionstheorien, Konditionierungstheorien relativieren einerseits das begriffliche Konzept des zu verantwortenden Bösen, heben es tendenziell auf und widersprechen sich z.T. andererseits.

- Mit den unterschiedlichen Akzenten sind unterschiedliche Bewertungen auch der gesellschaftlichen Realität und ihrer Normen verbunden: Systemtheoretische oder funktionalistische Ansätze werten anders als psychoanalytische oder marxistische Theorien.

- Noch einmal grundsätzlich: Der humanwissenschaftlich Anspruch der Erklärung des Bösen – thematisiert z. B. als Aggression, als normabweichendes Verhalten, als Sozialisationsdefizit, der Erklärungsanspruch fördert als Ganzes die von Marquard behauptete Positivierungs- oder Neutralisierungstendenz, eine Auflösung des Bösen als zu verantwortendes Verhalten, insoweit eine wissenschaftliche Erklärung fast zwangsläufig eine moralische Entlastung oder „Entschuldung“ und weiter praktische oder therapeutische Regulations- oder Kanalisierungsmaßnahmen nach sich zieht.

- Die Tatsache, dass das ethisch Böse, so scheint es, auch alltagssprachlich zunehmend ersetzt wird durch andere Begriffe – „schlecht, nicht richtig, falsch, unmoralisch, unrecht" hat in den Positivierungs- oder Neutralisierungstendenzen wohl auch ihren Grund. Hinzu kommt sicher die traditionell religiöse oder theologische Besetzung des Wortes. In dem Maße, wie die christliche Tradition an Verbindlichkeit verliert, verliert auch das Wort „böse" an Bedeutung.

Positivierungs-, Neutralisierungs- und Auflösungstendenzen des Bösen – daneben gibt es seit der Spätantike und verstärkt seit dem 19. Jahrhundert eine skeptisch kritische und bisweilen tief pessimistische Tradition in der Thematisierung des Bösen. Beschreiben lässt sich die „Entstehung des Sinnlosigkeitsverdachts. Die nachchristliche Ära hat eine Kontingenzkultur. Sie ist geprägt von dem Grundgedanken, dass nicht sein muss, was ist."[89]

Hans Blumenberg sieht ihre Wurzel schon im Christentum selbst: Gilt für die Antike, dass die „Welt als Kosmos in Selbstverständlichkeit hingenommen wird als das, was ist und nicht nicht-sein kann, nicht einmal anders sein könnte, als es ist"[90], so wird im Christentum eine ganz andere Aussage formuliert, anders auch als im jüdischen Schöpfungsgedanken der Genesis: „Vor die Erinnerung an die Ursprungskapitel der Bibel" hat sich „das geschoben, was die geballte Wirkungsmacht der neutestamentlichen Verkündigung ausmachte: die Abrufbarkeit der Welt, ihre apokalyptische Untergangsbestimmung", ihre „Untergangswürdigkeit", „ihre Fälligkeit für das Gericht"[91].

Der Krisenstimmung der Spätantike kamen Gnosis, Manichäismus und Christentum in dem Punkt entgegen, den sie gemeinsam haben, dem Eingeständnis der Verworfenheit dieser bestehenden Welt. Bezogen auf das menschlich Böse, ist die scharfe Markierung der Erbsünde vor allem durch Paulus im Gegensatz zur jüdischen Tradition ein folgenreiches Faktum. Schon Jesus vertritt im Blick auf die Bewertung des menschlich Bösen eine radikale Position: Wer zur Sünde verführt, dem wird dies mitnichten vergeben, „für den wäre es besser, dass ihm ein Mühlstein um den Hals gehängt und er in die Tiefe des Meeres versenkt würde. Wehe der Welt der Verführungen wegen! Denn es ist zwar notwendig, dass die Verführungen kommen, doch wehe dem Menschen, durch den die Verführung kommt!" (Matthäus 18,6; vgl. auch Matth 26,24) Paulus und Augustinus entfalten diese Betrachtungsweise: Der Mensch ist nicht gut, eine Wende oder Erlösung ergibt sich nur durch das gnadenhafte Eingreifen Gottes, umrahmt und aufgehoben allerdings in einer eschatologischen Perspektive.

Der Skeptizismus und Pessimismus des 18. und 19. Jahrhunderts knüpft hier nicht ausdrücklich an[92], formuliert in der Thematisierung des Bösen aber noch einmal die gleiche Position – und diesmal weitgehend ohne „die messianische Hoffnung auf das Kommen des Herrn und den Anbruch des Königreichs im Himmel"[93], verschärft also: Geltend gemacht und festgehalten wird die substantielle Eigenwirklichkeit des Bösen. Thomas Hobbes, Kant, Schelling, Schopenhauer und Kierkegaard wären hier etwa zu nennen. Schopenhauer dreht die Privatio-Auffassung geradezu um: In der eher schlechtest möglichen Welt, die wir haben, bestimmt nicht von göttlicher oder menschlicher Vernunftfähigkeit, sondern von einem irrationalen Drang zur Existenz, zum Leben und Kampf der Lebensformen gegeneinander und wechselseitiger Zerstörung, in dieser Welt ist das bonum nur mehr die privatio des malum. Der Schopenhauer-Verehrer Wilhelm Busch formuliert es folgendermaßen: „Das Gute – dieser Satz steht fest – ist stets das Böse, das man lässt!" Das sagt nach dem Tod der „frommen Helene" ihr Onkel, als er von ihrem unseligen Ende erfährt, und er fährt fort: „Ei ja! – Da bin ich wirklich froh! Denn, Gott sei Dank! Ich bin nicht so!" – Pessimistische Umkehr des privatio-Konzepts und projektive Verdrängung des Bösen gleichermaßen, beides ironisch gebrochen und auf den Leser gemünzt, das allerdings ist dann nicht mehr Schopenhauer, sondern der spezifische Humor des Wilhelm Busch.

Im Folgenden interessiert ausschließlich das menschlich Böse.

3. Ausgewählte Deutungsansätze des Bösen

Augustinus

Augustinus steht exemplarisch für eine theologisch christliche Sicht:

- Grundlage ist eine dualistische Betrachtung: Der Mensch besteht aus zwei wesensfremden Elementen, Leib und Seele. Dem Leib zugeordnet sind Sterblichkeit, Triebsteuerung und Weltverfallenheit, Abhängigkeit also. Der Seele zugeordnet sind Unsterblichkeit, Vernunftorientierung, Gottessuche und Jenseitsorientierung.

- Ursprünglich besitzt der Mensch Willensfreiheit als das Vermögen einer Grundsatzentscheidung zum Guten. Wendet er sich aber in seiner Freiheit, mit Bewusstsein, absichtsvoll ab von Gott und sucht das Gute – überheblich – in einer selbst geschaffenen Sinn- der Lebens- oder Ordnungskonzeption, so verfehlt er sich selbst: „Der Mensch, der nicht zu Gott hin geöffnet ist, unterbietet auf dramatische Weise sein eigenes Seinkönnen. Er begeht Transzendenzverrat. Um Verrat handelt es sich, weil die Öffnung zur Transzendenz zum Menschen gehört. Der Mensch ist ein Wesen, das über sich selbst hinausweist und hinausgeht."[94]

- Der Abfall von Gott, die Verweigerung des Gehorsams bedeutet, dass sich der Mensch vom höchsten Sein zum geringeren Sein abwendet. Es verkehrt sich der Wille zum Guten in Unordnung, in Zerrüttung des Willens, in Orientierungslosigkeit, letztlich in Determination, weil er sich in die Abhängigkeit von seiner eigenen Triebhaftigkeit begibt; der in eigener Verantwortung falsche Gebrauch der Willensfreiheit hebt die Willensfreiheit auf.

- Urbild dieser verderblichen Selbstüberschätzung – der psychologischen Erklärung ist eine theologische vorgeschaltet – ist die Erb-Sünde Adams. Die Auflehnung gegen Gott oder das Fatum, Stolz und Selbstbestimmungstendenzen gelten in der Antike als die „Sündenfälle" schlechthin, unnachsichtig verfolgt und bestraft: z. B. Luzifer, Adam einerseits, Prometheus, die Vorgeschichte des Ödipus andererseits. „Die Schuld des Repräsentanten der Menschheit wird zur Schuld der Menschheit; sein Missbrauch menschlicher Freiheit verdirbt die freie Natur aller Menschen. Diese Schuld wird von Generation zu Generation vererbt [...] durch die Sexualität. Diese ist gleichermaßen Ursache, Motor und Transportmittel der Erbsünde"[95].

- Der Mensch ist daher prädestiniert zum Schlechten, die Menschheit insgesamt – Ausdruck der Gerechtigkeit Gottes (!) – zur Verdammnis. Einige wenige werden durch das gnadenhaft barmherzige Eingreifen

Gottes davor bewahrt, aus eigener Kraft vermögen auch sie nicht ihrer Triebnatur zu widerstehen.

- Diese spätantik pessimistische Sicht ist eingebettet in eine geschichtstheologische, eschatologische, heilsgeschichtliche Perspektive: Das Paradies ist geschichtslos, Geschichte entsteht erst mit dem Sündenfall, der die Menschheit verurteilt zur Selbst- und Gottesentfremdung. Erst mit dem Jüngsten Gericht, der Aufhebung der Geschichte am Ende aller Tage ist der Schlusspunkt gesetzt: Verdammnis der einen, Erlösung und Einkehr in das Reich Gottes für die anderen.

Immanuel Kant

Gleich zu Beginn seines Kapitels „Über das radikal Böse in der menschlichen Natur", des Eingangskapitels der Schrift „Die Religion innerhalb der Grenzen der bloßen Vernunft" (1793), weist Kant die „heroische Meinung" zurück, „dass die Welt [...] vom Schlechten zum Besseren [...] fortrücke, wenigstens die Anlage dazu in der menschlichen Natur anzutreffen sei." Denn die Erfahrung rechtfertige einen solchen Optimismus nicht, vielmehr „spricht die Geschichte aller Zeiten gar zu mächtig" dagegen (BA 4f.). Die historische und die Alltagserfahrung bezeugten so massiv die Unmenschlichkeit des Menschen, dass Kant meint, wir könnten uns darüber „den förmlichen Beweis ersparen." (B 28) An anderer Stelle sagt er mit Blick auf den biblischen Mythos vom Sündenfall: „Die Geschichte der Freiheit" fängt an „vom Bösen."[96]

Der Begriff der Freiheit in diesem Zusammenhang ist entscheidend: Der Widerspruch zwischen dem durch die praktische Vernunft gegebenen und aufgegebenen moralischen Gesetz als Ausdruck und Beweis der menschlichen Freiheit und der geschichtlichen Erfahrung markiert das Problem des Bösen, erst durch den Bezug auf die moralische Autonomie wird das Böse identifizierbar: Es ist „nichts sittlich (d.h. zurechnungsfähig) böse, als was unsere eigene Tat ist." (B 26)

Ohne diesen Bezugshorizont wäre eine kritische Philosophie nicht möglich, weil sie dann „nur das beschreiben, abbilden und erklären könnte, was schlecht und recht schon vorgegeben ist."[97] Hier liegt wohl die entscheidende Differenz zur Thematisierung des Bösen in den Humanwissenschaften, hier liegt der Grund des Vorwurfs der Neutralisierung und Verharmlosung des Bösen. Kant formuliert diese Differenz zu den Humanwissenschaften ganz ausdrücklich: „Eine Lehre von der Kenntnis des Menschen, systematisch abgefasst, kann es entweder in physiologischer oder in pragmatischer Hinsicht sein. Die physiologische Menschenkenntnis geht auf die Erforschung dessen, was die Natur aus dem Menschen macht, die pragmatische auf das, was er als freihandelndes Wesen aus sich selber macht oder machen kann und soll."[98] Empirische Erklärungen greifen zu kurz, weil sie die Freiheit und moralische Selbstverantwortlichkeit des Menschen außer Acht lassen, sofern sie hier wirklich mit dem Anspruch auf Erklärung auftreten. Die wissenschaftliche Erklärung „macht den Menschen, indem sie die Triebfedern, die aus der Freiheit entspringen können, wegnimmt, zu einem bloß tierischen" (B 32).

Der Bezugshorizont der moralischen Freiheit des Menschen ermöglicht die Formulierung des Problems des Bösen, zugleich aber in einer Weise, die eine Lösung dieses Problems grundsätzlich nicht zulässt: Das Problem verschärft sich zu Aporie; vom Bezugshorizont der moralischen Freiheit aus kann es eine Erklärung des Bösen grundsätzlich nicht geben. Dies ist Kants Position.

Die zentralen Aussagen Kants sind folgende:

- Das Böse ist strukturell eine Umkehr, die Perversion der handlungsleitenden Maximen: Das Sittengesetz wird anderen Maximen nach- oder untergeordnet.
- Inhaltlich ist das Böse die Orientierung am Grundsatz der Selbstliebe.
- Anthropologisch ist ein angeborener Hang zum Bösen gegeben.
- Die Gründe und der Ursprung des Bösen sind nicht zu klären.

Nun noch einmal etwas genauer betrachtet: Wie argumentiert Kant?

- Handlungen sind böse, wenn sie „mit Bewusstsein gesetzwidrig sind" (BA 6). Dies ist Kants Bestimmung der beiden Grundkennzeichen des Bösen, der Zurechenbarkeit und der Negativität. „Gesetzwidrig" bezieht sich auf das Sittengesetz, auf den kategorischen Imperativ.

- „Man nennt [...] einen Menschen böse, nicht darum, weil er Handlungen ausübt, welche böse sind; sondern weil diese so beschaffen sind, dass sie auf böse Maximen in ihm schließen lassen." (BA 5) Ein überraschender Ansatz. Warum der Rekurs auf Maximen? Warum ist für Kant nicht erwägenswert, dass jemand überhaupt keine Maximen hat? Dies führt zu den Voraussetzungen des Begriffs „böse": Der Begriff setzt voraus die moralische Verantwortlichkeit für das Tun oder Lassen, die Zurechenbarkeit des Tuns oder Lassens; der Begriff setzt voraus einen moralisch beurteilbaren Menschen und das ist nach Kants Konzept der Moralität einmal die Willensfreiheit, in eins damit zweitens die Ansprechbarkeit auf das Sittengesetz, seine moralische Vernunftfähigkeit und drittens die Attitude, das eigene Handeln an Maximen zu orientieren, das meint an allgemeinen Regeln, die sich die Willkür selbst zur Orientierung in bestimmten Handlungssituationen setzt.[99] Anthropologisch gesichert erscheint Kant die Zurechenbarkeit des Tuns und Lassens durch die „ursprüngliche Anlage zum Guten in der menschlichen Natur" (B 15), insbesondere die „Anlage für die Persönlichkeit"; es ist dies „die Empfänglichkeit der Achtung für das moralische Gesetz [...] als Triebfeder der Willkür" (B 18) Dieser Ansatz unterscheidet sich grundsätzlich von einer naturwissenschaftlich, auf die Genese, auf die kausale Erklärung des Bösen abstellenden naturwissenschaftlichen Betrachtungsweise. Es interessiert von daher bei einer bösen Tat eines Menschen „nur der subjektive Grund des Gebrauchs seiner Freiheit", und „dieser subjektive Grund muss [...] selbst ein Actus der Freiheit sein (denn sonst könnte der Gebrauch, oder Missbrauch der Willkür des Menschen [...] ihm nicht zugerechnet werden, und das Gute oder Böse in ihm nicht moralisch heißen). Mithin kann [...] nur in einer Regel, die die Willkür sich für den Gebrauch ihrer Freiheit macht, d.i. in einer Maxime, der Grund des Bösen liegen." (BA 6f)

- Unter Voraussetzung dieses Ansatzes spricht Kant „von dem Hange zum Bösen in der menschlichen Natur" (B 20). Wie ist das gemeint?

  - Der Terminus „Hang" meint „den subjektiven Grund der Möglichkeit einer Neigung (= habituellen Begierde)." Der Hang „unterscheidet sich darin von einer Anlage, dass er zwar angeboren sein kann, aber doch nicht als solcher vorgestellt werden darf", da das Böse sowohl wie das Gute nur als Bestimmung der freien Willkür möglich ist (B 20). Würde dieser Hang „physisch" sein, d.h. „zur Willkür des Menschen als [eines] Naturwesens" gehören, so wäre er erstens kein „Hang zum moralisch Bösen; denn dieses muss der Freiheit entspringen." Er wäre dann nämlich ein determinierender Faktor, der freiheitlichen Entscheidung entzogen. Daher, zweitens, ist „ein physischer Hang [...] zu irgend einem Gebrauche der Freiheit [...] ein Widerspruch" (B 24f). Eine naturwissenschaftlich deterministische Sicht des Bösen hebt dieses auf, neutralisiert es.

- Kant differenziert noch weiter: Es ist nichts „sittlich (d.i. zurechnungsfähig) böse, als was unsere eigene Tat ist." Unter einem Hang hingegen verstehen wir „einen subjektiven Bestimmungsgrund der Willkür, der vor jeder Tat vorhergeht, mithin selbst noch nicht Tat ist" (B 25). Insofern dieser Hang sich aber auf die Maxime bezieht, für die sich der Handelnde in seiner Freiheit entschieden hat, liegt schon eine „erste Verschuldung" vor als eine „intelligible Tat" (B 25f).

- Sofern dieser Hang aber als allgemein zum Menschen gehörig, als Gattungseigenschaft also betrachtet werden kann, ist er „ein natürlicher Hang des Menschen zum Bösen" (B 21): „angeboren, weil er nicht ausgerottet werden kann" (B 26).

- Dieser Hang stellt sich dar in drei Stufen, steigernd gedacht:
  - Als „Schwäche des menschlichen Herzens in Befolgung genommener Maximen überhaupt", Kant nennt das „die Gebrechlichkeit der menschlichen Natur" (B 21); ich nehme zwar das Sittengesetz in meine Maxime auf, es erweist sich indes in der konkreten Handlungssituation als die schwächere Triebfeder im Vergleich mit meiner Neigung (B 22).
  - Als „Vermischung unmoralischer Triebfedern mit den moralischen", Kant spricht hier von „Unlauterkeit" (B 22). Das meint, mein Handlungsmotiv ist „nicht, wie es sein sollte, das Gesetz allein", mein durchaus pflichtge-

mäßes Handeln erfolgt „nicht rein aus Pflicht" (B 22). Karl Jaspers setzt hier einen starken Akzent unter den Formen oder Stufen des Bösen: Die Selbsttäuschung oder Verblendung sei es, durch die die moralische Selbsterkenntnis massiv beeinträchtigt werde – und um sie geht es seit Sokrates. „Jedes Mal ist die Objektivität des Grundsatzes und die Objektivität des Gesetzes [...] noch nicht die Wissbarkeit dessen, ob ich im Handeln gut oder böse bin. Dieses ist vielmehr niemals zu wissen. Ich kann immer nur die Legalität meiner Handlungen, nie die Moralität meiner Gesinnung wissen. Ich kann nie wissen, was ich eigentlich bin: Ob ich, weil ich gut gehandelt habe, mich für gut halten darf."[100] Diese Akzentuierung bestätigt Kant selbst: „Das moralische Selbsterkenntnis, das in die schwerer zu ergründenden Tiefen (Abgrund) des Herzens zu dringen verlangt, ist aller Weisheit Anfang. Denn die letztere [...] bedarf beim Menschen zu allererst die Wegräumung der inneren Hindernisse (eines bösen in ihm genistelten Willens), und dann, die Entwicklung der nie verlierbaren ursprünglichen Anlage eines guten Willens in ihm zu entwickeln (nur die Höllenfahrt der Selbsterkenntnis bahnt den Weg zur Vergötterung)."[101] Kant steht hier ganz in der Tradition des Sokratischen Appells.

– Als „Hang" zur Annahme „böser Maximen, d.i. die Bösartigkeit der menschlichen Natur, oder des menschlichen Herzens." (B 22). Es ist „der Hang der Willkür zu Maximen, die Triebfeder aus dem moralischen Gesetz anderen (nicht moralischen) nachzusetzen. Sie kann auch die Verkehrtheit (perversitas) des menschlichen Herzens heißen, weil sie die sittliche Ordnung in Ansehung der Triebfedern einer freien Willkür umkehrt" (B 23). Hier erst erscheint der Hang zum Bösen voll entfaltet, die „erste Verschuldung" und „intelligible Tat" gegeben. Kants Maßstab indes ist strenger, die „Gebrechlichkeit" und schon die „Unlauterkeit", obgleich sie doch zum pflichtgemäßen Handeln führt, ordnet er einerseits schon eindeutig und scharf dem Bösen zu; andererseits beurteilt er an späterer Stelle diese beiden Stufen im

> Unterschied zur dritten als „unvorsätzlich[e]" Schuld (B 37). Um noch einmal an Sokrates anzuknüpfen, in einer anderen Hinsicht: In wieweit ist in dieser Stufe, der der Bösartigkeit des menschlichen Herzens, das Wissen um die eigene Bosheit voll entfaltet, oder – anders angesetzt – im Widerspruch zum Sittengesetz die Bedeutung des Sittengesetzes voll erfasst? Es spielt diese Frage eine Rolle, wenn Kant später die Möglichkeit eines teuflischen Willens für den Menschen ausschließt. Gestützt auf Kants Annahme der natürlichen Anlage zum Guten sieht Ehni Kant in der Sokratischen Tradition verankert: „Ein vollständiges Bewusstsein des Sittengesetzes würde ein Wissen um dessen Bedeutung für die eigene Persönlichkeit einschließen, auf der schließlich auch die Anerkennung und Geltung des moralischen Gesetzes beruht. Man kann folglich die Verkehrung in Form der Bösartigkeit so verstehen, dass dem Handelnden zwar die inhaltliche Bedeutung der Moralität bewusst ist, aber nicht die Dimension ihrer Geltung. Es wäre in der Moralphilosophie Kants nicht schlüssig einzuräumen, dass eine handelnde Person den Geltungsanspruch des Sittengesetzes versteht und ihm dennoch die Anerkennung verweigert."[102] Allgemein, nicht auf Kant bezogen, formuliert Dieter Henrich: „Keine Tat kann im vollen Wissen geschehen: ‚dies ist das Gute nicht'. Denn die sittliche Einsicht umfasst die Momente des Anspruchs, der Zustimmung und der Gewissheit, entsprechen zu können."[103]

In seiner Auseinandersetzung mit der Kant-Rezeption geht – wie andere Interpreten – auch Hans-Jörg Ehni aus von einer Widersprüchlichkeit dieses Ansatzes. Thematisiert wird die Vereinbarkeit von gattungsbedingt angeboren und frei zugezogen: Kants Unterscheidung von intelligibler Tat als Akt der Freiheit, durch den jeder die oberste Maxime seines Handelns wählt, und daraus abgeleiteter empirischer Tat hilft nicht recht weiter, sofern die intelligible Tat doch immer noch eine individuelle Entscheidung ist. Kant ist indes der Überzeugung, dass die drei Stufen des Hangs zum Bösen – Willensschwäche, Selbsttäuschung und Eigenliebe – jeden Menschen betreffen (A 21/B 23); an anderer Stelle argumentiert er im Ansatz ähnlich mit dem Hinweis auf „die anthropologische Nachforschung"

(A 13/B 15). Im Unterschied zu Ehni halte ich das Problem damit für gelöst: Zwischen der nach Kants Überzeugung dem Menschen angeborenen Empfänglichkeit für das moralische Gesetz als Faktum der Vernunft einerseits und der den drei Stufen des angeborenen Hangs zum Bösen, vor allem der Selbstliebe andererseits, hat sich jeder zu entscheiden – und darin liegt die Zurechenbarkeit seiner Wahl und Tat. Der Hang zum Bösen ist in der Tat „eine paradoxe Beschaffenheit, frei zugezogen und von Geburt an sowie allgemein vorhanden zu sein."[104]

Das Konzept des angeborenen Hangs zum Bösen gewinnt noch an Plausibilität, wenn wir die Stufen deutlicher noch als unterschiedliche Grade verstehen, die Geltung moralischer Grundsätze außer Kraft zu setzen oder zu bestreiten: „Im Zustand der Willensschwäche wird die gültige Universalität des Sittengesetzes noch nicht angezweifelt, der anerkannte Geltungsanspruch wird vielmehr nicht umgesetzt, weil die Hindernisse der egoistischen Motivation zu groß sind. Tritt die Unlauterkeit hinzu, ist diese Geltung bereits weitgehend untergraben, pflichtgemäß wird nicht mehr aus Pflicht gehandelt. Diese Einstellung zur universellen Verbindlichkeit ist jedoch dem Handelnden selbst nicht bewusst. Ist der Wille bei der Bösartigkeit angelangt, so setzt er bewusst den Anspruch der Moralität von Fall zu Fall gegenüber dem Anspruch seiner Selbstliebe zurück."[105] Soweit zum „Hange zum Bösen in der menschlichen Natur" (B 20).

- „Der Mensch ist von Natur aus böse." (B 27) Geht Kant hier noch einen Schritt weiter?

    - Er verschärft – begrifflich, verbal – die Aussage: Den natürlichen Hang zum Bösen, „da er doch immer selbstverschuldet sein muss", nennt er ein „radikales [...] Böses" (B 27).

    - Er belegt dies rein empirisch und pauschal angesichts „der Menge schreiender Beispiele, welche uns die Erfahrung an den Taten der Menschen vor Augen stellt" (B 27f). Die wohl elementarste Erscheinungsform des moralisch Bösen sind „die Auftritte von ungereizter Grausamkeit" (B 28). Ungereizt, weil diese Grausamkeit ohne einen äußeren Reiz keinen anderen Zweck oder irgendeinen Vorteil verfolgt als das Totschlagen (B 28f, Anm.) Dieser Grausamkeit fehlt „eine Motivation, die aus der Sinnlichkeit zu verstehen wäre, womit sie mehr ist als eine bloße Aggression oder aggressive

Gewalttätigkeit. Damit ist sie auch nicht aus einem Naturgesetz heraus zu verstehen. Vielmehr ist ihr Ursprung in der entarteten Anlage zur Geselligkeit zu suchen“[106]. Phänomenologisch rückt also auch Kant die Grausamkeit ins Zentrum des Bösen. Er ordnet sie primär der Menschheit im Naturzustand zu. Im Prozess der Zivilisation kommen andere Formen des Bösen dazu (Falschheit, Undankbarkeit, Schadenfreude ...), als Formen des Lasters in den „Metaphysischen Anfangsgründen der Tugendlehre“ in der „Metaphysik der Sitten“, als Leidenschaften vor allem in der „Anthropologie in pragmatischrer Hinsicht“ systematisch abgehandelt.[107]

- Es bleibt zu klären die Frage nach dem Grund dieses Bösen. Kant greift sie in mehreren Schritten auf. Zunächst argumentiert er nur negativ, abweisend:

    - Der Grund könne nicht „in der Sinnlichkeit des Menschen, und den daraus entspringenden natürlichen Neigungen gesetzt werden“, weil der Hang zum Bösen „die Moralität des Subjekts betrifft.“ (B 31)

    - Der Grund könne „auch nicht in einer Verderbnis der moralisch-gesetzgebenden Vernunft gesetzt werden: gleich als ob diese das Ansehen des Gesetzes selbst in sich vertilgen, und die Verbindlichkeit aus demselben ableugnen könne; denn das ist schlechterdings unmöglich.“ (B 31f) Es wäre dies der Selbstwiderspruch der praktischen Vernunft.

    - Zum gleichen Ergebnis führt die Reflexion auf den Freiheitsbegriff: „Sich als ein frei handelndes Wesen, und doch von dem, einem solchen angemessenen Gesetze (dem moralischen) entbunden zu denken, wäre so viel als eine ohne alle Gesetze wirkende Ursache denken (denn die Bestimmung nach Naturgesetzen fällt der Freiheit halber weg): welches sich widerspricht.“ (B 32) Freiheit lässt sich positiv nur denken als moralische Freiheit, als Autonomie der praktischen Vernunft, konkretisiert im Sittengesetz.

- o Kant setzt aber noch einmal an: Ein „schlechthin böser Wille“[108], eine „boshafte Vernunft“, wodurch „der Widerstreit gegen das Gesetz selbst zur Triebfeder erhoben, und so das Subjekt zu einem teuflischen Wesen gemacht werden würde“, sei nicht „auf den Menschen anwendbar.“ (B 32) Denn „kraft seiner moralischen Anlage“ dränge sich selbst dem ärgsten Menschen das moralische Gesetz „unwiderstehlich auf;“ zugleich hänge er aber auch „vermöge seiner gleichfalls schuldlosen Naturanlage, an den Triebfedern der Sinnlichkeit, und nimmt sie (nach dem subjektiven Prinzip der Selbstliebe) auch in seine Maxime auf.“ (B 33) Ob also „der Mensch gut oder böse sei“, sei abhängig davon, welche von beiden möglich Maximen dominiert: Böse sei der Mensch und nur dadurch, „dass er die sittliche Ordnung der Triebfedern, in der Aufnehmung derselben in seine Maximen, umkehrt“ (B 34).

- Positiv müsse die Begründung des Bösen aus seinem Begriff a priori abgeleitet werden: „Die Bösartigkeit der menschlichen Natur“ sei – Resultat jener Umkehr der sittlichen Ordnung der Triebfedern – die „Verkehrtheit des Herzens“ (B 36). Es ist dies die Struktur des radikal Bösen der menschlichen Natur, das „den faulen Fleck unserer Gattung ausmacht“ (B 38). Umkehr der Maximen in der Rangfolge und Verkehrtheit ist die Struktur, inhaltlich ist es die „Selbstliebe“; sofern sie „als Prinzip aller unserer Maximen angenommen“ ist, ist sie „die Quelle alles Bösen“ (B 50f).

- Kant reflektiert die Gründe des Bösen noch ein weiteres Mal, er fragt nach dem Ursprung des Bösen in der menschlichen Natur und unterscheidet hier eine strukturelle von einer genetischen Betrachtung:

  - o Die strukturelle Betrachtung fragt nach dem „Vernunftursprung“ des Bösen; zunächst geht es um den Vernunftursprung einer jeden bösen Handlung: Sie muss „so betrachtet werden, als ob der Mensch unmittelbar aus dem Stande der Unschuld in sie geraten wäre. Denn: wie auch sein voriges Verhalten gewesen sein mag, und welcherlei auch die auf ihn einfließenden Natursachen sein mögen [...]: so ist seine Handlung doch frei, und durch keine dieser Ursachen bestimmt, kann also und muss immer als ein ursprünglicher Gebrauch seiner Willkür beurteilt werden."[109] (B 42)

- Die genetische Betrachtung, das meint die „Erklärung des Bösen, seinem Zeitanfange nach", führt auf den angeborenen Hang zum Bösen als Quelle, gegeben schon in einer lebensgeschichtlichen Phase, in der „der Vernunftgebrauch noch nicht entwickelt war" (B 46).

- Der Vernunftursprung aber dieses Hanges zum Bösen selbst indes „bleibt uns unerforschlich, weil er uns selbst zugerechnet werden muss" (B 46) und weil die Anlage zur praktischen Vernunft ihrerseits „eine Anlage zum Guten" ist, „ist also kein begreiflicher Grund da, woher das moralisch Böse in uns zuerst gekommen sein könne." (B 47) Was heißt das letztlich? Einerseits anerkennt Kant und beschönigt nicht das Faktum des Bösen im Mensch-Sein, ohne pessimistische Konsequenzen zu ziehen – weil er andererseits an der Befähigung des Menschen zur Autonomie der praktischen Vernunft noch festhält; er hält fest daran, gelegentlich durchaus vorsichtig formuliert, dass der Mensch „als mit Vernunftfähigkeit begabte Tier (animal rationabile) aus sich selbst ein vernünftiges Tier (animal rationale) machen kann"[110]. Dem Erfahrungsdruck einer nicht zu erklärenden, unerforschlichen unbewältigten Unmenschlichkeit des Menschen hält er noch entgegen die Orientierung an der Moralität und Vernunftfähigkeit des Menschen. Kant hielt diese Spannung noch aus – um den Preis allerdings, für diese Unmenschlichkeit keine Erklärung zu finden. Ein halbes Jahrhundert später begegnet uns das genau umgekehrte Konzept: Unter dem Erfahrungsdruck jener Unmenschlichkeit zieht Artur Schopenhauer anthropologisch pessimistische Konsequenzen – um den Preis, für das faktisch vorfindliche, nicht zu bestreitende moralisch Gute keine Erklärung zu finden.

Überzeugt das Konzept Kants? Überzeugt die Argumentation?

In der Diskussion des Konzepts wurde immer wieder thematisiert die Frage der Vereinbarkeit oder eines Widerspruchs zwischen Freiheit als Autonomie der praktischen Vernunft im kategorischen Imperativ einerseits und andererseits der Willkürfreiheit, die Kant in der Erörterung des Bösen in Anspruch nimmt. Hans-Jörg Ehni referiert und diskutiert exemplarisch die hier vertretenen unterschiedlichen Positionen und gelangt zu folgendem Resultat: Zwei Formen von Freiheit liegen vor, die Willkürfreiheit und die Willensfreiheit. Die Willkürfreiheit ist ein Vermögen einer spontanen Wahl zwischen Alternativen, nicht festgelegt auf Gut oder Böse. Die Freiheit des Willens ist dagegen die Autonomie der praktischen Vernunft, das Vermögen, nach dem moralischen Gesetz zu handeln. In der Wahl des Bösen wird von der Willensfreiheit kein Gebrauch gemacht. „Eine solche Differenzierung würde die Freiheit zum Bösen verständlich machen, ohne die Freiheit als Autonomie aufzuheben", meint Hans-Jörg Ehni.[111] Es lässt sich diese Interpretation mit der Bestimmung der Willkür oder auch der Willkürfreiheit durch Kant stützen, z. B.: „Die Freiheit der Willkür ist jene Unabhängigkeit ihrer Bestimmung durch sinnliche Antriebe; dies ist der negative Begriff derselben. Der positive ist: das Vermögen der reinen Vernunft für sich selber praktisch zu sein."[112]

Die Interpretationsvariante nach Ehni: Wir verstehen die Willkürfreiheit nur als eine relative, eine eingeschränkte Freiheit. „Wer böse handelt, handelt dann zwar aus einem inneren Antrieb und nach einer Maxime, also in diesem Sinn noch frei, aber letztlich fehlt bei der Annahme von bösen Maximen das Verständnis dessen, was die eigene Freiheit ausmacht."[113] Die Persönlichkeit des Menschen kann nur durch das Sittengesetz „verwirklicht werden. Diesem zuwider zu handeln kann nach Kant nur bedeuten, hinter der Möglichkeit der eigenen Freiheit zurückzubleiben und die Moralität als eigentliche Persönlichkeit des Menschen zu verkennen."[114]

Das Böse als Verkehrung der Rangordnung der Maximen der Selbstliebe und der Moral: Ist das nicht zu eng? Ideologische Verabsolutierungen z. B. mit ihren unter Umständen gewalttätigen Konsequenzen bis hin zu Selbstmordattentaten lassen sich mit Kants Ansatz nur fassen über die Aufwertung des Selbst durch die bis zum Selbstopfer gehende Identifikation mit einer Gruppe oder einem vermeintlichen Ideal.

Ich möchte an einer anderen Stelle ansetzen: In der Tradition einer sokratischen Vernunft, eines sokratischen Optimismus hält Kant es für ausgeschlossen, dass der Widerspruch zum moralischen Gesetz, das Böse als Böses zur Triebfeder des Handelns werden könne – auf der Basis einer vom moralischen Gesetz freisprechenden Vernunft (B 32).

- Er hält dies erstens für einen Widerspruch im Verständnis des Sittengesetzes selbst (B 32): Hier würde Sokrates sagen, wer in Kenntnis des von ihm geforderten Guten böse handelt, hat das Gute offensichtlich noch nicht hinreichend verstanden; ihm ist der unerträgliche Selbstwiderspruch, in den er als konkretes Ich, als Person gerät, noch nicht hinreichend klar.

- Er hält dies zweitens für einen logischen Widerspruch im Selbstverständnis menschlicher Freiheit, die sich vollendet nur als guter Wille, als Autonomie der praktischen Vernunft im Sittengesetz verstehen kann (B 32). Eine andere Willensentscheidung ist Indikator für Heteronomie, für Unfreiheit oder allenfalls jene nur negative Freiheit der Willkür; denn vollendet frei bin ich nur, wenn nicht affiziert von etwas außerhalb meiner selbst, enger noch, wenn nicht affiziert durch Neigungen jeglicher Art, affiziert vielmehr vom Sittengesetz selbst, wenn ich handle um des Sittengesetzes willen. Da Kant Freiheit so versteht, kann der freie Wille nicht gleichzeitig frei und böse sein, dies wäre ein logischer Widerspruch, ein absurdum morale.

- Drittens wäre dies ein Widerspruch der Vernunft in sich selbst: „Da aus der praktischen Vernunft lediglich die Verallgemeinerbarkeit als Form moralischer Maximen ableitbar ist“, gibt es nur einen kategorischen Imperativ, nur ein Sittengesetz, „ist keine weitere Gesetzmäßigkeit für böse Maximen denkbar. [...] Die Annahme vernünftiger und gleichzeitig böser Maximen würde den Vernunftbegriff der Ethik Kants aufheben. [...] Könnte die Vernunft selbst tatsächlich die Gültigkeit der Moral aufheben, wie es im teuflischen Willen der Fall ist, dann wäre diese Gültigkeit schlicht nicht gegeben.“[115]

- Kant hält dafür, dass eine „boshafte Vernunft (ein schlechthin böser Wille) [...] das Subjekt zu einem teuflischen Wesen“ (B 32) machen würde – auf den Menschen nicht anwendbar. An anderer Stelle bestimmt er die „Bösartigkeit der menschlichen Natur“ als „Verkehrtheit des Herzens“, nicht aber als „Bosheit“, das meint „eine Gesinnung, das Böse als Böses zur Triebfeder in seine Maxime aufzunehmen“ und ist „teuflisch“ (B 37).

Das letzte Argument scheint mir interessant: Diesem teuflischen Wesen sind die zuvor entwickelten Widersprüche offenbar kein Problem, sonst wäre eine solche Haltung nicht einmal vorstellbar. Eine Haltung, die das Böse um seiner selbst willen als Handlungsmaxime formuliert und handelnd realisiert, dies meint, nicht geleitet vom Grundsatz der Selbstliebe in Unterordnung des Sittengesetzes (das ist Kants Ansatz), eine solche Haltung ist wohl teuflisch, säkular formuliert: Sie ist die Haltung des absolut Bösen. Kant schreckt davor zurück, dies Menschen zuzugestehen. Seine anthropologischen Prämissen, seine Überzeugung von der nicht zu bestreitenden Existenz der praktischen Vernunft, vom Faktum des kategorischen Imperativs stehen dagegen.

Immerhin aber: Kant formuliert im Unterschied zu Sokrates nicht mehr nur eine kategorische Behauptung, es sei besser, Unrecht zu erleiden statt Unrecht zu tun, gestützt durch den Selbstwiderspruch im Fall des Verstoßes. Kant wusste, „dass der Wille [...] zur Vernunft nein sagen kann“; er hielt es daher „für nötig, eine Verpflichtung einzuführen“[116], das Sittengesetz, den Imperativ – so wirkungsmächtig immerhin, dass er das absolut Böse nicht zugestehen konnte.

Der kritische Vorwurf lautet: Kant realisiere nicht die volle extreme Möglichkeit des Bösen, das radikal Böse sei nicht radikal genug angesetzt[117]. Weitgehend einig sind sich die Kritiker darin, dass Kant auf der Basis seiner Ethik und Anthropologie stimmig und konsequent argumentiert. Aber er spricht von einer boshaften Vernunft, einem schlechthin bösen Willen, einem teuflischen Wesen, einer teuflischen Gesinnung: Was ist teuflisch?

In Orientierung an Kant schlägt Hans-Jörg Ehni folgende Definition eines teuflischen Willens vor: Es wird

- „dabei im vollen Bewusstsein der Bedeutung von Moral gegen die Moral selbst gehandelt“,

- „und zwar mit dem Ziel, Moralität in zwischenmenschlichen Beziehungen zu untergraben und zu zerstören“[118], derart dass „schließlich das

> Böse selbst zum Antrieb" würde, um „das Böse um seiner selbst willen zu befördern"[119].

Mir erscheint dies eine Maximaldefinition in beiden Hinsichten: Das volle Bewusstsein der Bedeutung von Moral sowohl wie das allgemein gesetzte Ziel der Zerstörung von Moralität überhaupt halte ich nicht für zwingende Bedingungen des Begriffs. Kants Ansatz der Verkehrung der Moral unter dem Primat der Selbstliebe wird schon erweitert in Richtung eines absolut Bösen, wenn wir minimal annehmen

- das Wissen des moralisch konkret Geforderten,
- eine Motivation, die nicht der Förderung oder Befriedigung eigener, egoistischer Interessen dient,
- eine Zielsetzung, die das Böse hier und jetzt um seiner selbst willen verfolgt.

Einen Ausgangspunkt bietet der kategorische Imperativ an: Er formuliert, besser, er konkretisiert den guten Willen als das schlechthin Gute; und er transzendiert als Grundsatz der Vernunft das Feld der Neigungen, das Feld des Egoismus, das Feld der Selbsterhaltung, befolgt um seiner selbst willen. Das absolut Böse wäre also ein Wille, dessen oberster Grundsatz das Feld der Neigungen, des Egoismus, der Selbsterhaltung transzendiert, befolgt um seiner selbst willen.

Dieses absolut Böse in die Phänomenologie des Bösen einzubeziehen erweitert das von Kant skizzierte Feld, schließt es ab als qualitative Erweiterung in struktureller wie inhaltlicher Hinsicht. Ob sich das absolut Böse in der skizzierten Bandbreite zwischen Maximal- und Minimaldefinition empirisch belegen lässt, ist an dieser Stelle irrelevant.

Donatien Alphonse Francois Marquis de Sade

Safranski nennt ihn den „finsteren Doppelgänger Kants"[120]. Warum? De Sade versucht das absolut Böse zu konzipieren. Kant konstituiert Freiheit als unbedingtes moralisches Gebot, bei de Sade „stürzt sich die Freiheit des Geistes [...] in die absolute Negation: Das ganze Sein soll nicht sein."[121]

- Ausgangspunkt ist die Annahme einer kalten, dem Menschen feindlichen Natur: Das Leben ist voller Qualen, der Tod sicher, es bleiben nur Augenblicke der Lust, des primär sexuellen Genusses im Austausch der Objekte unserer Lust. Objekt unserer Lust: Mehr ist der andere nicht, und es geht auch nicht um ihn.

- Orientierungspunkt des Lebens ist also die Eigenliebe, verabsolutiert, grenzenlos und monströs gedacht: Ich bin der Mittelpunkt meiner Welt, isoliert von den anderen; sie interessieren mich nur als Objekte meines Genusses; und dieser Genuss lässt sich steigern, wenn man dem anderen Schmerzen bereitet. Ein Delirium des Verbrechens ist das Resultat: unendliche Marterungen und unendlich viele Morde; die Abwechslung resultiert aus der Quantität.

Rational begründend entwirft de Sade ein allgemeines Gesellschaftsmodell, getragen vom Grundrecht auf grenzenlosen Exzess, gerecht dadurch, dass jeder Täter sein darf, wenn er auch Opfer zu sein sich bereit erklärt. – Gipfel des bewusst gelebten Bösen kann dann gar der Tod auf dem Schafott sein, Beweis nämlich der Identifikation des Bösen als Bösen durch die herrschende Gesellschaft.

Die Grundlage der Argumentation für das Konzept des absolut Bösen ist zunächst die Natur, die alle Exzesse zulässt, dadurch legitimiert. Ein absolut Böses müsste aber die Natur transzendieren, das aber wäre ihre Vernichtung, ihre Zerstörung um der Zerstörung willen, die Negation des Seins als Exzess absoluter Freiheit und Exzess des absolut Bösen gleichermaßen. Rüdiger Safranski formuliert im Blick auf den Moralphilosophen Kant, ich erinnere an das Wort vom „finsteren Doppelgänger“: „Der Wille zum Bösen ist am Ende so ‚rein‘, wie der Kantsche Wille zum Guten es sein soll. Er ist nicht mehr nützlich, er dient nicht mehr der Selbsterhaltung, er ist sich selbst zum Zweck geworden. Bei Kant wählt die sittliche Freiheit das absolute Sollen. Bei Sade stürzt sich die Freiheit in die absolute Negation: Dieses alles soll nicht sein.“[122]

Anmerkungen

1. Carsten Colpe: Das Böse in Mythos und Religion. In: Gerhard Zacharias (Hrsg): Das Böse. Dokumente und Interpretationen. München 1972. S. 9.
2. Verena Kast: Zum Umgang der Märchen mit dem Bösen. In: Jacoby/Kast/Riedel: Das Böse im Märchen. Zellbach 1978. S. 25.
3. Colpe. S. 31f.
4. Colpe. S. 31.
5. Kast. S. 25.
6. Colpe. S. 10f.
7. Colpe. S. 11.
8. Paul Ricoeur: Symbolik des Bösen. Phänomenologie der Schuld II. Freiburg 1971. S. 249.
9. Ricoeur. S. 320.
10. Ricoeur. S. 271.
11. Albert Camus: Der Mythos von Sisyphos. Ein Versuch über das Absurde. Reinbek 1959. S. 51.
12. Ingolf U. Dalferth: Das Böse. Essay über die Denkformen des Unbegreiflichen. Tübingen 2006. S. 86.
13. Dalferth. S. 82.
14. Hans P. Schmidt. In: Die Erfahrung des Bösen. In: Funkkolleg Praktische Philosophie/Ethik. Studienbegleitbrief 9. Weinheim 1981. S. 87f.
15. Hans Jonas: Der Gottesbegriff nach Auschwitz. Frankfurt 1987. S. 14.
16. Jonas. S. 22f.
17. Jonas. S. 37.
18. Jonas. S. 44-47.
19. Rüdiger Safranski: Das Böse oder das Drama der Freiheit. Frankfurt/M 1999. S. 23.
20. Safranski. S. 24.
21. Safranski. S. 26.
22. Safranski. S. 31.
23. Safranski. S. 122.
24. Safranski. S. 123.
25. Safranski. S. 134.
26. Rudolf Müller: Polarität und Dynamik des Selbst oder Von der Erlösung des Teufels. In: Peter-Michael Pflüger (Hrsg): Unterwegs zu neuen Werten. Fellbach 1983. S. 39-58.
27. Müller. S. 50.
28. C.G. Jung: Gesammelte Werke. Olten 1971ff. Bd. XII. S. 142. Zit. Nach R. Müller. S. 50f.
29. Müller. S. 53.

30. Müller. S. 57.
31. Müller. S. S. 54f.
32. Johann Gottfried Herder: Älteste Urkunde des Menschengeschlechts. Vierter Teil. 1776. In: J.G.H.: Gesamtausgabe. Hrsg. Von Bernhard Suphan. Bd. 7. Berlin 1884. S. 116-121.
33. Immanuel Kant: Mutmaßlicher Anfang der Menschengeschichte. A 5-14.
34. Friedrich Schiller: Etwas über die erste Menschengesellschaft nach dem Leitfaden der Mosaischen Urkunde. Vorlesung, 1792. In: Friedrich Schillers Werke. Nationalausgabe. Bd. 17. Hrsg Karl-Heinz Hahn. Weimar 1970. S. 398-400.
35. Rüdiger Safranski: Das Böse oder das Drama der Freiheit. Frankfurt/M 1999. S. 65.
36. Hans-Jörg Ehni: Das moralisch Böse. Überlegungen nach Kant und Ricoeur. Freiburg 2006. S. 32.
37. Ehni. S. 32.
38. Ehni. S. 33.
39. Ehni. S. 33.
40. Ehni. S. 34.
41. Ehni. S. 34.
42. Ehni. S. 36.
43. Odo Marquard: Malum. Einführung und Überblick. In: J.Ritter/K.Gründer (Hrsg): Historisches Wörterbuch der Philosophie. Bd. 5. Basel 1980. Sp. 652f.
44. Dalferth. S. 76.
45. Paul Ricoeur: Die Fehlbarkeit des Menschen. Phänomenologie der Schuld I. Freiburg 1971. S. 184f.
46. Willi Oelmüller. In: Krings/Baumgartner/Wild (Hrsg): Handbuch philosophischer Grundbegriffe. Bd. 1. München 1973. S. 257.
47. Walter Schulz: Philosophie in der veränderten Welt. Pfullingen 1972. S. 719.
48. Schulz. S. 720f. Um Missverständnisse auszuschließen: Selbstverständlich ist damit nicht gemeint die Rechtfertigung einer jeden Ordnung, und selbstverständlich wird hier nicht derjenige, der eine ungerechte Ordnung angreift oder zerstört, verteufelt.
49. Schulz. S. 719.
50. Johannes Paul II: Enzyklika „Veritatis splendor.“ In: Acta Apostolica Sedes 85. 1993. S. 1197f.
51. Hannah Arendt: Über das Böse. Eine Vorlesung zu Fragen der Ethik. München 2006. S. 45.
52. Otfried Höffe: Lebenskunst und Moral. München 2007. S. 329.
53. Höffe. S. 330f.
54. Arendt. S. 104.
55. Arendt. S. 159.
56. Höffe. S. 331.

57. Höffe. S. 331.
58. Höffe. S.332.
59. Höffe. S. 333.
60. Ronald D. Milo: Immorality. Princeton 1984. S. 234. Die deutschen Begriffe stammen von Ehni. S. 128.
61. Arthur Schopenhauer: Preisschrift über die Grundlage der Moral. In: A.S.: Zürcher Ausgabe. Bd. VI. Zürich 1977. S. 272.
62. Der Spiegel. 5/1979. S. 26f.
63. Ernst Bloch: Experimentum Mundi. Frankfurt/M 1975. S. 230f.
64. StZ. 10.03.1988.
65. Annemarie Pieper: Gut und Böse. München 1997. S. 9.
66. Schulz. S. 723.
67. Schulz. S. 723.
68. Es ist dies kennzeichnend auch für Hans-Jörg Ehnis Ansatz (s.o., Anm 34): Ehni bemüht sich ausdrücklich um einen „nicht-reduktiven Begriff" des Bösen, d.h. einen Begriff, der weder die Zurechenbarkeit des Bösen noch seine besondere Negativität als die beiden zentralen Elemente des Bösen aufzugeben bereit ist.
69. Odo Marquard. In: Historisches Wörterbuch der Philosophie. A.a.O. Sp. 653.
70. Hans Paul Schmidt. In: Funkkolleg Praktische Philosophie/Ethik. Studienbegleitbrief 9. Weinheim 1981. S. 57.
71. Richard Schottlaender. In: Historisches Wörterbuch der Philosophie. A.a.O. Sp. 658.
72. Schottlaender. Sp. 659.
73. Hannah Arendt: Über das Böse. S. 70.
74. Rüdiger Safranski: Das Böse oder das Drama der Freiheit. Frankfurt/M 1999. S. 42f.
75. Arendt. S. 70.
76. Arendt. S. 72.
77. Vgl. Carl-Friedrich Geyer: Leid und Böses in philosophischen Deutungen. Freiburg 1983. S. 58f.
78. Odo Marquard. In: Historisches Wörterbuch der Philosophie. Sp. 652.
79. Odo Marquard. Sp. 653.
80. Odo Marquard. Sp. 653f.
81. Odo Marquard. Sp. 654.
82. Hannah Arendt: Über das Böse. S. 108.
83. Hannah Arendt: Über das Böse. S. 111.
84. Odo Marquard. Sp. 654.
85. Givanni Pico della Mirandola: De dignitate hominis. Übersetzung von Hans Reich. Bad Homburg/Berlin/Zürich 1968. S. 29.

86. Friedrich Schiller: Etwas über die erste Menschengesellschaft nach dem Leitfaden der Mosaischen Urkunde. Vorlesung. 1792. In: Friedrich Schillers Werke. Nationalausgabe. Bd. 17. Hrsg. Karl-Heinz Hahn. Weimar 1970. S. 399f.
87. Odo Marquard. Sp. 655.
88. Marquard. Sp. 655.
89. Hans Blumenberg: Die Sorge geht über den Fluss. Frankfurt/M 1987. S. 57.
90. Hans Blumenberg. S. 61.
91. Blumenberg. S. 58.
92. In seiner großrahmig angelegten Habilitationsschrift gelang es Dirk Padeken nachzuweisen, dass sich in der amerikanischen Literatur von den Predigtschriften der Pilgerväter bis in die amerikanische Literatur der Gegenwart – John Updike, Bret Easton Ellis, Cormac Mc Carthy und Thomas Harris – die Auseinandersetzung mit dem Bösen kontinuierlich festmachen lässt, in der Rezeption und Verarbeitung augustinischer und gnostischer Motive: Dirk Padeken: Das Böse in der amerikanischen Literatur. Hrsg. Olaf Hansen. Hamburg 2008.
93. Blumenberg. S. 58.
94. Safranski: Das Böse. S. 56f.
95. Peter Habermehl: Augustinus. In: Metzler-Philosophen-Lexikon. Stuttgart 1989. S. 51.
96. Immanuel Kant: Mutmaßlicher Anfang der Menschengeschichte. A 14.
97. Willi Oelmüller. S. 259.
98. Immanuel Kant: Anthropologie in pragmatischer Hinsicht. BA IV.
99. Die Annahme, dass Menschen ihr Handeln an Maximen orientieren, ist ein idealtypisches Element in der Struktur von Moralität; Kant schaltet die Maximen ein als Ausdruck von Willkürfreiheit im Unterschied zu einer spontan aus Neigung, also heteronom in Gang gesetzten Aktion. Zugleich sind Maximen zweifellos ein Konstrukt, empirisch nicht zwingend für Kants Moralitätskonzept; hinreichend ist hier das Bewusstsein des Sittengesetzes – und darum geht es im Kern: Der Mensch ist verantwortlich für sein Handeln, er verfügt über praktische Vernunft, er kennt die Richtschnur moralischen Verhaltens.
100. Karl Jaspers: Das radikal Böse bei Kant. In: Philosophie und Welt. Reden und Aufsätze. München 1958. S. 119f.
101. Immanuel Kant: Metaphysik der Sitten. Tugendlehre. A 104. Die „Höllenfahrt der Selbsterkenntnis" ist ein Zitat Johann Georg Hamanns: Ehni. S. 106. Ehni (S. 107) verweist zu Recht darauf, Jaspers relativierend, dass Kant die böse Handlung definiert hat als „mit Bewusstsein gesetzwidrig" und dass der böse Handelnde sich des Widerspruchs zwischen dem moralischen Gesetz und der Selbstliebe „inne wird" (B 34).
102. Ehni. S. 108.

103. Dieter Henrich: Der Begriff der sittlichen Einsicht und Kants Lehre vom Faktum der Vernunft. In: Henrich/Schulz/Volkmann-Schluck (Hrsg): Die Gegenwart der Griechen im neueren Denken. Festschrift für Gadamer zum 60. Geburtstag. Tübingen 1960. S. 88.
104. Ehni. S. 94.
105. Ehni. S. 109.
106. Ehni. S. 87.
107. „Insgesamt stellt Kants Lehre von den Lastern und den Leidenschaften eine ausgearbeitete [...] Systematik der verschiedenen Erscheinungsformen des moralisch Bösen dar. In dieser Darstellungsweise äußert sich das Böse auf eine vielfältige und abgestufte Weise im menschlichen Leben und in den zwischenmenschlichen Beziehungen, es entstammt jedoch in jedem Fall demselben Ursprung, dem radikalen Bösen." (Ehni. S. 90)
108. Erinnert sei an den ersten Abschnitt der „Grundlegung zur Metaphysik der Sitten": Es sei nichts „zu denken möglich, was ohne Einschränkung für gut könnte gehalten werden, als allein ein guter Wille." (BA 1)
109. Nicht zufällig verwendet Kant hier den Begriff „Unschuld": Er interpretiert den biblischen Sündenfall in genauer Analogie von moralischem Gesetz und göttlichem Verbot, von angeborenem Hang zum Bösen und „innerer Falschheit" (B 45, Anm.) mit dem identischen Resultat, dass am Ende „das Übergewicht der sinnlichen Antriebe" in Orientierung am „Prinzip der Selbstliebe" „über die Triebfeder aus dem Gesetz" das Handeln bestimmte (B 45).
110. Immanuel Kant: Anthropologie in pragmatischer Hinsicht. A 315.
111. Ehni. S. 121.
112. Immanuel Kant: Metaphysik der Sitten. Einleitung. B 6f.
113. Ehni. S. 121.
114. Ehni. S. 122.
115. Ehni. S. 103f.
116. Arendt: Über das Böse. S. 51.
117. So z. B. Christoph Schulte: „radikal böse." München 1988; Reinhard Wimmer: Kants kritische Religionsphilosophie. Berlin 1990. – Rüdiger Safranski: Es „bleibt Kants Bild des Bösen seltsam harmlos." (Safranski. S. 194)
118. Ehni. S. 229.
119. Ehni. S. 231.
120. Safranski. S. 194.
121. Safranski. S. 195.
122. Safranski. S. 209.

Kunst und Moral, Ästhetik und Ethik – von Kant bis Karl Rosenkranz

1. Stichworte, Thesen, Zitate

Das Wahre, Gute und Schöne: drei unterschiedliche Werte?

- Kalokagathía: das aristokratische Ideal der vorsokratischen Antike
- Platon: „Philebos“: das erscheinende Gute als Trias von Maßbestimmtheit, Schönheit und Wahrheit
- „Phaidros“: die Idee des Guten als Trias des Wahren, Guten und Schönen
- In der Idee des Guten kulminiert das große Junktim der Epistemologie, Ontologie, Ästhetik, Ethik, Politik und Pädagogik
- „Schön“ ist das, was „in größter Seinsfülle erscheint“ (Manfred Fuhrmann)

Alexander Baumgarten: Aesthetica (1750): In der Ästhetik geht es um die Wahrnehmung des Besonderen in seiner anschaulichen Dichte.

Immanuel Kant: Kritik der Urteilskraft (1787)

- „Um zu unterscheiden, ob etwas schön sei oder nicht, beziehen wir die Vorstellung nicht durch den Verstand auf das Objekt der Erkenntnis, sondern durch die Einbildungskraft (vielleicht mit dem Verstand verbunden) auf das Subjekt und das Gefühl der Lust oder Unlust derselben. Das Geschmacksurteil ist also kein Erkenntnisurteil, mithin nicht logisch, sondern ästhetisch, worunter man dasjenige versteht, dessen Bestimmungsgrund nicht anders als subjektiv sein kann.“ (B 3)

- „Geschmack ist das Beurteilungsvermögen eines Gegenstandes oder einer Vorstellungsart durch ein Wohlgefallen oder Missfallen ohne alles Interesse. Der Gegenstand eines solchen Wohlgefallens heißt schön." (B 17)

- „Schön ist das, was ohne Begriff allgemein gefällt." (B 32)

- „Schönheit ist Form der Zweckmäßigkeit eines Gegenstandes, sofern sie ohne Vorstellung eines Zwecks an ihm wahrgenommen wird." (B 61)[1]

- „Schön ist, was ohne Begriff als Gegenstand eines notwendigen Wohlgefallens erkannt wird." (B 68)

- „Schöne Kunst ist eine Kunst, sofern sie zugleich Natur zu sein scheint." (§ 45) „An einem Produkt der schönen Kunst muss man sich bewusst werden, dass es Kunst sei, und nicht Natur; aber doch muss die Zweckmäßigkeit in der Form desselben von allem Zwange willkürlicher Regeln so frei scheinen, als ob es ein Produkt der bloßen Natur sei. Auf diesem Gefühle der Freiheit im Spiele unserer Erkenntnisvermögen, welche doch zugleich zweckmäßig sein muss, beruht diejenige Lust, welche allein allgemein mitteilbar ist, ohne sich doch auf Begriffe zu gründen." (B 180) „Also muss die Zweckmäßigkeit im Produkte der schönen Kunst, ob sie zwar absichtlich ist, doch nicht absichtlich scheinen; d.i. schöne Kunst muss als Natur anzusehen sein, ob man sich ihrer zwar als Kunst bewusst ist." (B 181)

- „Schöne Kunst ist Kunst des Genies." (§ 46) „Genie ist das Talent (Naturgabe), welches der Kunst die Regel gibt. [...] Genie ist die angeborne Gemütsanlage (ingenium), durch welche die Natur der Kunst die Regel gibt." (B 181)

- „Zur Beurteilung schöner Gegenstände als solcher wird Geschmack, zur schönen Kunst selbst aber, d.i. der Hervorbringung solcher Gegenstände, wird Genie erfordert." (B 187)

- „Von den Vermögen des Gemüts, welche das Genie ausmachen“ (§ 49):
    - „Das belebende Prinzip im Gemüte“ heißt, in ästhetischer Hinsicht, „Geist“: „das, was die Gemütskräfte zweckmäßig in Schwung versetzt, d.i. in ein solches Spiel, welches sich von selbst erhält und selbst die Kräfte dazu stärkt.“ (B 192)
    - Dieses Prinzip ist „nichts anderes als das Vermögen der Darstellung ästhetischer Ideen; unter einer ästhetischen Idee aber verstehe ich diejenige Vorstellung der Einbildungskraft, die viel zu denken veranlasst, ohne dass ihr doch irgend ein bestimmter Gedanke, d.i. Begriff, adäquat sein kann, die folglich keine Sprache völlig erreicht und verständlich machen kann. – Man sieht leicht, dass sie das Gegenstück von einer Vernunftidee sei, welche umgekehrt ein Begriff ist, dem keine Anschauung (Vorstellung der Einbildungskraft) adäquat sein kann.“ (B 192f)
    - „Die ästhetische Idee ist eine einem gegebenen Begriff beigesellte Vorstellung der Einbildungskraft, welche mit einer solchen Mannigfaltigkeit von Teilvorstellungen in dem freien Gebrauch derselben verbunden ist, dass für sie kein Ausdruck, der einen bestimmten Begriff bezeichnet, gefunden werden kann, die also zu einem Begriffe viel Unnennbares hinzu denken lässt, dessen Gefühl die Erkenntnisvermögen belebt.“ (B 197)
    - Es bedarf des Geistes, „das Unnennbare in dem Gemütszustande bei einer gewissen Vorstellung auszudrücken und allgemein mitteilbar zu machen; dies erfordert ein Vermögen, das schnell vorübergehende Spiel der Einbildungskraft aufzufassen und in einen Begriff (der eben darum original ist und zugleich eine neue Regel eröffnet, die aus keinen vorhergehenden Prinzipien oder Beispielen hat gefolgert werden können) zu vereinigen, der sich ohne der Regeln mitteilen lässt.“ (B 198f)

- „Das Schöne ist das Symbol des Sittlichguten [...]. Das ist das Intelligible, worauf [...]der Geschmack hinaussieht, wozu nämlich selbst unsere oberen Erkenntnisvermögen zusammenstimmen [...]. In diesem Vermögen gibt [die Urteilskraft] in Ansehung der Gegenstände eines so reinen Wohlgefallens ihr selbst das Gesetz, so wie es die Vernunft in Ansehung des Begehrungsvermögens tut, und sieht sich sowohl wegen dieser inneren Möglichkeit im Subjekt als wegen der äußeren Möglichkeit einer damit übereinstimmenden Natur auf etwas im Subjekt selbst und außer ihm, was nicht Natur, auch nicht Freiheit, doch aber mit dem Grunde der letzteren, nämlich dem Übersinnlichen verknüpft ist, bezogen, in welchem das theoretische Vermögen mit dem praktischen auf gemeinschaftliche und unbekannte Art zur Einheit verbunden ist." (B 258f)

Friedrich Schiller: Über die ästhetische Erziehung des Menschen in einer Reihe von Briefen (1793)

- „Denn, um es endlich auf einmal herauszusagen, der Mensch spielt nur, wo er in voller Bedeutung des Wortes Mensch ist, und er ist nur da ganz Mensch, wo er spielt." (15. Brief)

- Erste Ebene, grundsätzlich, anthropologisch: Wie ist der Mensch als Mensch möglich? Dualismen: Person – Zustand, Identität – Wechsel, Einheit – Unterschiedlichkeit, Gestalt – Leben, Formtrieb – Stofftrieb, moralische Freiheit – Naturgesetzlichkeit, Selbstzwang – Naturzwang ... Harmonische Vermittlung im Erleben des Schönen als lebendiger Gestalt: realisiert im Spieltrieb.

- Was ist das Schöne? Ästhetischer Schein, Freiheit in der Erscheinung, Autonomie in der Erscheinung, Analogie einer Erscheinung mit der Form des reinen Willens oder der Freiheit, Natur in der Kunstmäßigkeit (Zweiter Kallias-Brief, 1793).

- „In einem wahrhaft schönen Kunstwerk soll der Inhalt nichts, die Form aber alles tun; denn durch die Form allein wird auf das Ganze des Menschen [...] gewirkt. [...] Darin besteht also das eigentliche Kunstgeheimnis des Meisters, dass er den Stoff durch die Form vertilgt" (22. Brief).

- Der Künstler ist daher souverän: „in der Welt des Scheins, in dem wesenlosen Reich der Einbildungskraft" (26. Brief).

- „Nur soweit er aufrichtig ist (sich von allem Anspruch auf Realität ausdrücklich lossagt) und nur soweit er selbstständig ist (allen Beistand der Realität entbehrt), ist der Schein ästhetisch."(26. Brief)

- Aber: Die „ästhetisch freie Behandlung gemeiner Wirklichkeit ist das Kennzeichen einer edeln Seele. Edel heißt jede Form, welche dem, was seiner Natur nach bloß dient (bloßes Mittel ist), das Gepräge der Selbstständigkeit aufdrückt. Ein edler Geist begnügt sich nicht damit, selbst frei zu sein, er muss alles andere um sich her, auch das Leblose, in Freiheit setzen. [...] Es gibt also zwar kein moralisches, aber es gibt ein ästhetisches Übertreffen der Pflicht, und ein solches Betragen heißt edel." (23. Brief)

- Zweite Ebene, geschichtsphilosophisch, historisch, zeitgeschichtlich: Erziehung zur Humanität; gattungsgeschichtlich wie individuell drei Phasen der menschlichen Entwicklung: Sinnlichkeit – Ästhetik – Vernunft, physischer – ästhetischer – moralischer Zustand. „Es gibt keinen anderen Weg, den sinnlichen Menschen vernünftig zu machen, als dass man denselben zuvor ästhetisch macht." (23. Brief)

Georg Wilhelm Friedrich Hegel

- Überzeugung, dass „Wahrheit und Güte nur in der Schönheit verschwistert" seien (Ältestes Systemprogramm des deutschen Idealismus, Tübingen)

- Kunst ist das sinnliche Scheinen der Idee, des Wahren, des Absoluten

Karl Rosenkranz: Ästhetik des Hässlichen (1853)

- Bezugshorizont ist eine umfassende Metaphysik des Schönen über Hegel hinaus

- Resignativ gestellt gegen die als Auflösung und Zerfall wahrgenommenen Tendenzen der Zeit

2. Text

Zu Beginn möchte ich den Anfang eines Aufsatzes von Hans Ulrich Gumbrecht zitieren:

> Als ich vor einigen Jahren gemeinsam mit einem Kollegen aus der Musikwissenschaft den Auftrag bekam, für ungefähr 200 Studienanfänger in Stanford eine Pflichtvorlesung zur Einführung in die Geisteswissenschaften zu halten, entschieden wir uns für die allgemeine Themen- und Aufgabenstellung, unsere künftigen Studenten mit verschiedenen Formen ästhetischer Erfahrung zu konfrontieren. [...]
> Mein erstes Anliegen für diesen Kurs war es, gut genug zu unterrichten, um bei meinen Studenten ein Gefühl für jene besonderen Augenblicke der Intensität zu provozieren, an die ich mich selbst mit Begeisterung und zumeist auch mit Nostalgie erinnere – selbst wenn diese Intensität in manchen Fällen schmerzhaft gewesen ist. Ich wollte z. B., dass meine Studenten jene überströmende Süße kennen lernten, die mich manchmal überkommt, wenn eine Mozart-Arie zu polyphonischer Komplexität anwächst und ich glaube, die Töne der Oboe mit meiner Haut zu hören. Ich möchte, dass meine Studenten sich den Moment der Bewunderung (und vielleicht auch der Resignation eines alternden Mannes) vorstellen können, die ich fühle, wenn der Quarterback meiner Lieblingsmannschaft im College-Football („Stanford Cardinal“ natürlich) seine perfekt modellierten Arme reckt, um einen Touchdown-Pass zu feiern. Ich möchte, dass einige meiner Studenten jene Depression, vielleicht sogar jene tiefe Erniedrigung durchleiden werden, die ich kenne, seit ich ‚Pequeno vals vienés‘, mein Lieblingsgedicht aus Federico Garcia Lorcas Buch ‚Poeta en Nueva York‘, gelesen habe – ein Gedicht, das seinen Leser intuitiv erleben lässt, wie das Leben eines homosexuellen Mannes in den westlichen Gesellschaften der dreißiger Jahre emotional und sogar körperlich am-

> putiert gewesen sein muss. Meine Studenten sollten wenigstens einen flüchtigen Eindruck von der Illusion tödlicher Macht und Gewalt erhalten, die meinen Körper packt — als wäre ich (ausgerechnet ich!) ein antiker Gott – im Augenblick der estocada final, bei dem einen Stierkampf zum Ende bringenden Schwertstoß: wenn die Klinge des Matadors geräuschlos durch den Körper des Stiers gleitet und die Muskeln des Tiers sich noch einmal zu spannen scheinen, bevor sein massiver Körper zusammenbricht wie ein Haus in einem Erdbeben. Ich möchte, dass meine Studenten das Augenblicksversprechen einer endlos friedlich-ruhigen Welt kennenlernen, das mich manchmal zu umgeben scheint, wenn ich vor einem Bild von Edward Hopper stehe. Ich wünsche, dass sie die Explosion der Geschmacksnuancen erleben können, mit der ein großes Essen beginnt. Und ich will, dass sie das Gefühl kennenlernen, den richtigen Ort für ihren Körper gefunden zu haben, mit dem ein vollkommen gestaltetes Gebäude uns umfasst und willkommen fühlen macht.
>
> In solchen Augenblicken liegt nichts Erbauliches, keine Botschaft, nichts, was wir lernen könnten – und deshalb nenne ich sie „Augenblicke der Intensität." Denn was wir empfinden, ist vermutlich nicht mehr als ein besonders hohes Aktivitätsniveau einiger unserer angeborenen kognitiven, emotionalen und vielleicht sogar physiologischen Vermögen. Was das Besondere an diesen Augenblicken ausmacht, ist wohl quantitativer Natur. Ich möchte das quantitative Konzept „Intensität" verbinden mit der zeitlichen Fragmentierung, die im Wort „Augenblick" anklingt, weil ich – aus zahlreichen und zumeist frustrierenden Momenten des Verlusts und der Trennung – weiß, dass es kein verlässliches Rezept gibt, um solche Augenblicke der Intensität willentlich zu produzieren, und weil wir schon gar nicht die Möglichkeit haben, sie festzuhalten oder auszudehnen. Bevor ich meine Mozart-Lieblingsarie höre, kann ich nicht sicher sein, dass jene Süße meinen Körper erneut erfüllen wird. Es mag geschehen – aber ich weiß und nehme mein Bedauern darüber bereits vorweg, dass es, wenn überhaupt, nur für einen Augenblick geschehen wird.[2]

Die derart gefassten Augenblicke ästhetischen Erlebens scheinen uns zweifellos Phänomene sui generis, von moralisch relevanten Situationen oder Erfahrungen weit entfernt. Allgemein jetzt gesagt, das Wahre, das Gute und das Schöne sind zweifellos jeweils Werte, erscheinen eindeutig, aber distinkt, ohne Bezug aufeinander, reflektiert in der Erkenntnis- und Wissenschaftstheorie, in der Ethik und in der Ästhetik, ihrerseits Disziplinen ohne Bezug aufeinander.

Das Wahre, Gute und Schöne: drei unterschiedliche Werte?

Die vorsokratische Antike sah das anders: Das aristokratische Ideal der kalokagathía, der „Schöngutheit", beschreibt das Wesen des edlen, vollkommenen Mannes, kalós kagathós ist der Schöne und Gute, ein Mann, wie er sein soll. Das Adjektiv agathós, gut, meint insgesamt „tapfer, geeignet, nützlich, günstig, edel, wohlwollend, rechtschaffen, ehrenwert." Kalós, schön, meint einerseits „äußerlich einnehmend", dann aber auch „innerlich wohlgeraten, sittlich gut, ehrenhaft, mutig, geeignet, nützlich, vortrefflich." Das Konzept der kalokagathía ist etymologisch, ist sprachlich angelegt, wird bei Homer und Hesiod gelegentlich, bei Xenophon schon eindringlicher thematisiert. Bei Platon findet sich dann eine höchst komplexe und vielschichtige Philosophie dieses Konzepts, einige wenige Aspekte möchte ich herausgreifen:

In seinem Dialog „Philebos" bestimmt Platon das erscheinende Gute als Triade von Maßbestimmtheit, Schönheit und Wahrheit. Das Schöne, die Kunst hat für Platon unmittelbare ethische Relevanz: In seinem Entwurf des idealen Staates ist sie Mittel der Charakterbildung des freien Polisbürgers, individualethisch wie sozialethisch politisch bedeutsam, soweit sie den Menschen einfügt in die gerechte Ordnung der Polisgemeinschaft, ihrerseits wiederum verstanden als Spiegel der kosmischen Gesetzmäßigkeit, zugleich also auch ontologisch relevant.

In Platons Idealstaat ist das sehr konkret umgesetzt: Nur die Kunstwerke werden zugelassen und öffentlich freigegeben, die die Sittlichkeitszensur der philosophisch gebildeten Kunstrichter erfolgreich durchlaufen haben; als vollkommenes Kunstwerk wird die Darstellung einer gerechten Staatsverfassung prämiert. Derart realisiert sich in der Polis das Wahre, Gute und Schöne. Es realisiert sich auf höchste Weise in Form des höchsten Glücks in den Philosophenkönigen an der Spitze des Staates: Sie haben die Idee des Guten erkannt und ihre Seelen in ein harmonisches Gleichgewicht gebracht als Spiegel der kosmischen Ordnung. „Die Ordnung der Seele ist, indem sie mit der Ordnung der Stadt und [...] mit der Ordnung der Ideen zusammenfällt, auch nómos (= Gesetz). Wenn der Mensch einer solchen Ordnung folgt, gehorcht er einer Norm, die im Kosmos und im Sein wurzelt."[3]

In der Idee des Guten kulminiert die Trias des Wahren, Guten und Schönen. Phaidros (246e): „Das Göttliche aber ist schön, weise, edel und alles, was dem verwandt ist." In der Idee des Guten kulminieren Platons Epistemologie, Ontologie, Ästhetik, Ethik, Politik und Pädagogik, alle sind miteinander verflochten, isoliert nicht zu denken. Platon akzentuiert in diesem „großen Junktim"[4], wie man das einmal genannt hat, die ontologische Komponente des griechischen kalós: Es ist das, was „in größter Seinsfülle erscheint", „ein Optimum von Sein in Seiendem."[5] Schönheit ist für Platon „die Offenbarkeit des Seienden in seinem Wesen und darum eines mit der Wahrheit."[6]

Dieses Ganze nun wird objektivistisch gedacht: „Es ist kein gefordertes Sein – dann wäre der Unterschied zur modernen Auffassung ja gering –, es ist [...] vielmehr ein forderndes Sein, das dem Bewusstsein gegenüber dieselbe Aktivität besitzt, wie sie jedem teleologischen Ziel der Natur gegenüber zugeschrieben wurde"[7], die Aktivität, dieses Ganze als wesentliche Wirklichkeit auch zu erkennen und zu schätzen. So weit Platon.

Der Unterschied zur modernen Auffassung ist krass: Die Trias ist aufgelöst: „Das Schöne ist bloßer Schein, es ist nicht wahr und wirklich. Das Wahre ist nicht schön, sondern bloß wirklich. Das Gute ist nicht wirklich, sondern das bloß Gesollte."[8]

Was ist für die säkulare Moderne der Ausgangspunkt, über das Schöne nachzudenken, in welchem Kontext steht die ästhetische Reflexion? Wie wird das Verhältnis des Guten, Wahren und Schönen gedacht?

Als Begründer der philosophischen Ästhetik gilt Alexander Baumgarten (1714 – 1762). Seine „Aesthetica" von 1750 versteht sich als spezifische Erkenntnistheorie, die der sinnlichen Erkenntnis – und der griechische Begriff aísthesis meint Sinneseindruck, sinnlich anschauliche Wahrnehmung. Es geht um die Wahrnehmung komplexer Phänomene, Ziel ist nicht das begrifflich Allgemeine, sondern das Besondere in seiner Besonderheit, seiner anschaulichen Dichte. Das Schöne und das Wahre werden derart in einen Zusammenhang gebracht und zugleich unterschieden.

Im Folgenden stelle ich – stark akzentuiert durch lange Zitate, um beide Autoren authentisch (zumal Kants Texte sind schwierig) zu präsentieren – die Positionen Kants und Schillers vor, knapper dann Hegels und Rosenkranz' Konzepte.

Immanuel Kant

Den Zusammenhang des Schönen und Wahren löst Kant in seiner „Kritik der Urteilskraft" von 1787 wieder auf. Er hält fest und geht ebenfalls aus vom Phänomen der ästhetischen Wahrnehmung, bestimmt sie aber neu und anders:

> Ein regelmäßiges, zweckmäßiges Gebäude mit seinem Erkenntnisvermögen [...] zu befassen, ist etwas ganz anderes, als sich dieser Vorstellung mit der Empfindung des Wohlgefallens bewusst zu sein. Hier wird die Vorstellung gänzlich auf das Subjekt, und zwar auf das Lebensgefühl desselben, unter dem Namen des Gefühls der Lust oder Unlust, bezogen [...] Interesse wird das Wohlgefallen genannt, was wir mit der Vorstellung der Existenz eines Gegenstandes verbinden. Ein solches hat daher immer zugleich Beziehung auf das Begehrungsvermögen [...]. Nun will man aber, wenn die Frage ist, ob etwas schön sei, nicht wissen, ob uns, oder irgend jemand, an der Existenz der Sache irgend etwas gelegen sei, oder auch nur gelegen sein könne; sondern, wie wir sie in der bloßen Betrachtung [...] beurteilen. Wenn mich jemand fragt, ob ich den Palast, den ich vor mir sehe, schön finde: so mag ich zwar sagen: ich liebe dergleichen Dinge nicht, die bloß für das Angaffen gemacht sind [...]; ich kann mich endlich gar leicht überzeugen, dass, wenn ich mich auf einem unbewohnten Eilande, ohne Hoffnung, jemals wieder zu Menschen zu kommen, befände, und ich durch meinen bloßen Wunsch ein solches Prachtgebäude hinzaubern könnte, ich mir auch nicht einmal diese Mühe darum geben würde, wenn ich schon eine Hütte hätte, die mir bequem genug wäre. Man kann mir alles dieses einräumen und gutheißen; nur davon ist jetzt nicht die Rede. Man will nur wissen, ob die bloße Vorstellung des Gegenstandes in mir mit Wohlgefallen begleitet sei, so gleichgültig ich auch immer in Ansehung der Existenz des Gegenstandes dieser Vorstellung sein mag. Man sieht leicht, dass es auf dem, was ich aus dieser Vorstellung in mir selbst mache, nicht auf dem, worin ich von der Existenz des Gegenstandes abhänge, ankomme, um zu sagen, er sei schön, und zu beweisen, ich habe Geschmack. (B 4-6)

Der ästhetischen Wahrnehmung geht es – in Differenz zu Baumgarten – nicht um Erkenntnis eines Objekts, sondern um sich selbst als Prozess, als Erfahrung besonderer Art. Dies meint für das Verständnis des Schönen ein Doppeltes, eine zweifache Ebene:

1. Das Schöne nehmen wir um seiner selbst willen wahr, nicht etwa instrumentalisiert, es ist uns eigenwertig, Selbstzweck, und zugleich
2. vollziehen wir auch diese Wahrnehmung um ihrer selbst willen, nicht ziel-, zweck- oder interesseorientiert.

Interesseorientiert ist in Differenz dazu einmal das Wohlgefallen am Angenehmen, von dem Kant differenzierend daher auch nicht sagt, dass es „gefällt“, sondern „vergnügt“, verknüpft mit der Begierde danach, Gegenstände dieser Art zu besitzen oder sie sich einzuverleiben. Interesseorientiert ist zweitens auch das Wohlgefallen am Guten: „Gut ist das, was vermittelst der Vernunft, durch den bloßen Begriff, gefällt. Wir nennen einiges wozu gut (das Nützliche), was nur als Mittel gefällt; ein anderes aber an sich gut, was für sich selbst gefällt. In beiden ist immer der Begriff eines Zweckes, mithin das Verhältnis der Vernunft zum [...] Wollen, folglich ein Wohlgefallen am Dasein eines Objekts oder einer Handlung, d.i. irgend ein Interesse, enthalten.“ (B 10)

In Differenz zum Angenehmen und Guten also bestimmt Kant zunächst das Schöne: Es ist der Gegenstand eines freien, ganz und gar uninteressierten Wohlgefallens. Dieses interesselose Wohlgefallen resultiert aus einer spezifischen Verfasstheit der ästhetischen Wahrnehmung: Kant spricht vom freien Spiel der Vorstellungskräfte, von der wechselseitigen Zusammenstimmung, der Harmonie des Verstandes mit der Einbildungskraft. Diese Harmonie der Vorstellungskräfte wird in aufgelösten Antithesen verschiedentlich formuliert:

- „Das Schöne ist das, was ohne Begriffe als Objekt eines allgemeinen Wohlgefallens vorgestellt wird.“

- Das Schöne ist „die Form der Zweckmäßigkeit eines Gegenstandes, sofern sie ohne Vorstellung eines Zwecks an ihm wahrgenommen wird.“[9]

Das Schöne und das Wahre, um die traditionellen Begriffe zu benutzen, haben, so scheint es, nichts miteinander zu tun – aber:

- Das ästhetische oder Geschmacksurteil erhebt den Anspruch auf allgemeine Gültigkeit; er resultiert aus dem subjektiven Fundament jeder Erkenntnis, aus der harmonischen Zusammenstimmung, dem freien Spiel der Erkenntnisvermögen (!) Einbildungskraft und Verstand. Das Geschmacksurteil als Urteil über die Form eines vorgestellten Gegenstandes ist notwendig verbunden mit der Lust an der Vorstellung dieses Gegenstandes, gültig daher für jeden Urteilenden überhaupt[10].

- Es lässt sich darüber hinaus ein weiterer kognitiver Aspekt oder Anspruch entdecken: Das ästhetische Urteil kann den Verstand zu Erkenntnissen führen: Im Nachdenken über das künstlerische Genie schreibt Kant: Da „in ästhetischer Absicht [...] die Einbildungskraft frei ist, um über jene Einstimmung zum Begriffe, doch ungesucht [nicht „unter dem Zwange des Verstandes und der Beschränkung unterworfen [...], dem Begriffe desselben angemessen zu sein] reichhaltigen unentwickelten Stoff für den Verstand, worauf dieser in seinem Begriffe nicht Rücksicht nahm, zu liefern, welchen dieser aber, nicht sowohl objektiv zum Erkenntnisse, als subjektiv zur Belebung der Erkenntniskräfte, indirekt also doch auch zu Erkenntnissen anwendet [!]: so besteht das Genie eigentlich in den glücklichen Verhältnisse [...], zu einem gegebenen Begriffe Ideen aufzufinden, und andererseits zu diesen den Ausdruck zu treffen, durch den die dadurch bewirkte subjektive Gemütsstimmung, als Begleitung eines Begriffs, anderen mitgeteilt werden kann." (KU. B 199)

Harmonie, Freiheit, Interesselosigkeit, intelligibler Zweck des Menschen – der Schritt zur Moralität ist nicht weit: Kant gibt „der moralischen Beziehung, die das ästhetische Urteil eingeht, breiten Raum. Durchgängig ist in der ‚Kritik der Urteilskraft' die Parallelstrategie am Werk, den Allgemeinheitsanspruch des ästhetischen Urteils teils über die Schiene der Erkenntnistheorie, teils über die der Moralphilosophie einzuholen. Die Schiene der Moralphilosophie verläuft vom § 17, der ein ‚Ideal der Schönheit' nur für den Menschen konstatiert, da allein dieser seinen Zweck in sich selbst hat, über die Analytik des Erhabenen, die die Einbildungskraft auf Ideen der praktischen Vernunft bezieht, den § 42, der den Vorrang des Naturschönen dadurch begründet, dass es ein moralanaloges ‚intellektuelles Interesse' auf sich zieht[11], und den § 57, der auf das ‚übersinnliche Substrat der Menschheit' verweist[12], bis zum berühmten § 59, in dem Kant sagt, dass das Schöne „nur" dann mit der Zustimmung aller rechnen kann, wenn es das Symbol, die indirekte Darstellung des Sittlichguten ist."[13]

Das Schöne bereitet uns vor, etwas ohne Interesse zu lieben, es schafft eine dem moralischen Gefühl günstige Gemütsstimmung. Der Geschmack macht gleichsam möglich den Übergang vom Sinnenreiz zum habituellen moralischen Interesse, zum „sittlichen Gefühl"[14], ohne einen zu gewaltsamen Sprung möglich. Das Schöne wird daher schließlich bestimmt als Symbol des Sittlichguten, denn

1. Beide, das Schöne und das Gute, gefallen unmittelbar, das Schöne in der reflektierenden Anschauung, der ästhetischen Wahrnehmung, das Gute im Begriff.

2. Das Schöne gefällt ohne Interesse, um seiner selbst willen, das Sittliche wird zwar mit einem spezifischen Interesse geschätzt, aber dieses geht der Wertschätzung nicht voraus, wie das Interesse des Alltags, sondern wird durch sie hervorgerufen: das moralische Urteil selbst im Vollzug des kategorischen Imperativs hat das Wollen des spezifisch Sittlichen zur Folge. Das Schöne steht daher gleichsam zwischen dem Alltagsinteresse an diesem oder jenem und dem moralischen Wollen.

3. In der Beurteilung des Schönen werden die Freiheit der Einbildungskraft und die Gesetzmäßigkeit des Verstandes als harmonisch vorgestellt, im moralischen Urteil wird die Freiheit des Willens als Gesetzgebung gedacht. So wie sich die ästhetische Urteilskraft in Blick auf die Wahrnehmung des Schönen selbst das Gesetz gibt, tut es die Vernunft in Blick auf das sittlich Gute.

4. Die Beurteilung des Schönen ist subjektiv und zugleich allgemein gültig, allgemeine Gültigkeit fordert auch der kategorische Imperativ als Prinzip der Moralität.

5. Der Geschmack ist das wesentlich übergängige Vermögen. Er vollzieht den Übergang vom Sinnenreiz zum moralischen Interesse: Das Schöne ist im Sinnlichen zwar verwurzelt, aber es verweist auf das Übersinnliche, Moralische.

Das ästhetische Urteil ist mit dem kognitiven und dem moralischen verknüpft, in seiner Begründung ist es an sie gebunden. Der Zusammenhang geht noch weiter: Das moralische Urteil ist seinerseits auf das ästhetische Urteil bezogen und verwiesen, wie Josef Früchtl herausgearbeitet hat; er unterscheidet zwei Aspekte, einen eudämonistischen und einen motivationalen Aspekt:

- „Eudämonistisch [= unter dem Aspekt eines gelingend sinnvollen, glücklichen Lebens] befriedigt das ästhetische Spiel der Erkenntniskräfte ein Sinnbedürfnis. Kant formuliert das am eindringlichsten in der frühen, vorkritischen Reflexion: ‚Die schönen Dinge zeigen an, dass der

Mensch in die Welt passe […].‘[15] Wer sagt: ‚Dieses X ist schön‘, sagt implizit: ‚Ich passe, vielleicht sogar alle, die wir Menschen sind, passen in die Welt, und zwar als die, die wir, jeder und jede für sich, geworden sind und werden wollen.‘ Auch hier[16] gibt Kant „der Einsicht nach, dass die Pflicht dem Glück einen – in diesem Fall wörtlichen – Spielraum lassen muss."

- Damit wirkt „das ästhetische Spiel motivational […] auch auf den Menschen als moralisch-deontologisch [= pflichtorientiert, grundsatzorientiert, orientiert am Sittengesetz der praktischen Vernunft, am kategorischen Imperativ] handelndes Wesen. Indem ihm […] das begründete Gefühl zuteil wird, dass er in die Welt passt, erhält er eine Motivation zum moralischen Handeln […]. Dass die (praktische) Vernunft kann, was sie soll, nämlich in der empirischen Welt sich zu verwirklichen, zeigt sich ihr ‚wenigstens‘ in einer „Spur" oder in einem ‚Wink‘[17], wenn sie einen Perspektivenwechsel […] vornimmt und die (Dinge in der) Welt ästhetisch betrachtet."[18]

Exkurs: Kant über das Erhabene

Das Schöne ist das Symbol des sittlich Guten. Was ist das Erhabene? Steht es in einem Bezug zur Moral? Wir kennen alle das Zitat aus dem Schlusskapitel der „Kritik der praktischen Vernunft": „Zwei Dinge erfüllen das Gemüt mit immer neuer und zunehmender Bewunderung und Ehrfurcht, je öfter und anhaltender sich das Nachdenken damit beschäftigt: Der bestirnte Himmel über mir, und das moralische Gesetz in mir." (KpV. A 289)

Kant erklärt in der „Kritik der Urteilskraft" zunächst das Wort: Erhaben ist das, was schlechthin groß ist, über alle Vergleiche groß ist, durch unsere Einbildungskraft nicht zu fassen, nicht vorstellbar, z. B. das Weltall. Nicht vorstellbar, wohl aber zu denken möglich, als Idee unserer Vernunft, die Idee z. B. des absoluten Ganzen; derart entsteht in uns selbst das Bewusstsein der Unbegrenztheit unserer Vernunft, ein Bewusstsein unserer Überlegenheit über die Natur selbst in ihrer Unermesslichkeit, und dieses Gefühl in uns nennt Kant „erhaben." Kant selbst, sprachlich komplex:

> So muss diejenige Größe eines Naturobjekts, an welcher die Einbildungskraft ihr ganzes Vermögen der Zusammenfassung fruchtlos verwendet, den Begriff der Natur auf ein übersinnliches Substrat, welches ihr und zugleich unserem Vermögen zu denken zum Grunde liegt, führen, welches über allen Maßstab der Sinne groß ist, und daher nicht sowohl den Gegenstand, als vielmehr die Gemütsstimmung in Schätzung desselben, als erhaben beurteilen lässt. (KU. B 94)

Kant nennt dies, orientiert an der Größe des Gegenstandes, das mathematisch Erhabene. Interessanter erscheint mir im Kontext unserer Überlegungen die Möglichkeit, die Zerstörung, die Katastrophe als ästhetisches Ereignis, als erhaben zu erleben. Empirischer Bezugspunkt ist die rohe Natur, nicht kontrolliert noch kontrollierbar, die Natur als Macht, als Gegenstand der Furcht, des Schreckens, für Kant das dynamisch Erhabene:

> Kühne überhangende gleichsam drohende Felsen, am Himmel sich auftürmende Donnerwolken, mit Blitzen und Krachen einherziehend, Vulkane in ihrer ganzen zerstörenden Gewalt, Orkane mit ihrer zurückgelassenen Verwüstung, der grenzenlose Ozean, in Empörung gesetzt, ein hoher Wasserfall eines mächtigen Flusses u. dgl. machen unser Vermögen zu widerstehen, in Vergleichung mit ihrer Macht, zur unbedeutenden Kleinigkeit. Aber ihr Anblick wird nur um desto anziehender, je furchtbarer er ist, wenn wir uns nur in Sicherheit befinden; und wir nennen diese Gegenstände gern erhaben, weil sie die Seelenstärke über ihr gewöhnliches Mittelmaß erhöhen, und ein Vermögen zu widerstehen von ganz anderer Art in uns entdecken lassen, welches uns Mut macht, uns mit der scheinbaren Allgewalt der Natur messen zu können.

Es ist dies „eine Überlegenheit über die Natur“, und „also heißt die Natur hier erhaben, bloß weil sie die Einbildungskraft zu Darstellung derjenigen Fälle erhebt, in welchen das Gemüt die eigene Erhabenheit seiner Bestimmung, selbst über die Natur, sich fühlbar machen kann.“ (KU. B 104-106) Und noch einmal deutlich zur Differenz zwischen Objekt und Subjekt: „Also ist die Erhabenheit in keinem Dinge der Natur, sondern nur in unserem Gemüt enthalten, sofern wir der Natur in uns und dadurch auch der Natur außer uns überlegen zu sein uns bewusst werden können. Alles, was dieses Gefühl in uns erregt [...] heißt alsdann (obzwar uneigentlich) erhaben.“ (KU. B 110) Unsere physische Ohnmacht fühlend, werden wir unserer Kraft als vernünftig-sittliche Wesen, als autonom bewusst. „In der Tat lässt sich ein Gefühl für das Erhabene der Natur nicht wohl denken, ohne eine Stimmung des Gemüts, die der zum Moralischen ähnlich ist, damit zu verbinden." (KU. B 116) Bedingung für ein solches ästhetisches Erleben und Urteil sind allerdings Distanz und die Sittlichkeit des Betrachters.[19]

In diesem Zusammenhang, im Kontext der Empfindung des Erhabenen angesichts von Naturkatastrophen kommt Kant schließlich auch auf Ereignisse zu sprechen, die durch die „Natur in uns" verursacht sind: „Selbst der Krieg, wenn er mit Ordnung und Heiligachtung der bürgerlichen Rechte geführt wird, hat etwas Erhabenes an sich, und macht zugleich die Denkungsart des Volkes, welches ihn auf diese Art führt, nur um desto erhabener, je mehreren Gefahren es ausgesetzt ist und sich mutig darunter hat behaupten können: Da hingegen ein langer Frieden den bloßen Handelsgeist, mit ihm aber den niedrigen Eigennutz, Feigheit und Weichlichkeit herrschend zu machen, und die Denkungsart des Volkes zu erniedrigen pflegt." (KU. B 107) Irritierend, wir erinnern uns an Kants Vorstellung von einem gerechten Krieg. Die „Erhabenheit" eines Krieges bleibt mir gleichwohl unverständlich. Liegt sie in der „Heiligachtung der bürgerlichen Rechte", in denen sich das moralische Subjekt bestätigt? Auffallend, dass Kant hier nicht konkret wird, von Gewalt ist hier nicht die Rede.

Andere wurden konkret: Karl Philipp Moritz schreibt 1787 in den „Fragmenten aus dem Tagebuch eines Geistersehers":

> Was wären denn die Bomben, wenn keine Glieder dadurch zerschmettert, und die Schwerdter, wenn nicht Menschen dadurch getödtet würden? Das veredelt ja eben die Werkzeuge der Zerstörung, dass sie das Edelste auf Erden in solcher Menge zernichten und zerstören. Wenn Tausende an einem Tag vor dem Schwerdtstreich fallen, das ist doch etwas Großes. Und das Große wollen wir ja; unsere Seele will ja erweitert seyn, unsre Einbildungskraft will viel umspannen. Wenn also dieser Zweck nur erreicht wird, so mag darüber zu Grunde gehn, was da wolle; das Zugrundegehen ist eben so etwas Tragisches, die Seele Erschütterndes, dessen Anblick wir uns sehr gern gefallen lassen, sobald es nur uns selber nicht mit betrifft.[20]

Fiel es schon schwer, Kant zu folgen, der noch den Versuch macht, das Erhabene an das moralische Subjekt auch im Erleben des Krieges zurückzubinden, so ist hier Kants Erhabenheit in den bloßen Sensationskitzel pervertiert. Amoralisch durch und durch. Kriegslyrik als Verherrlichung des Krieges und faschistische

Lyrik wären Varianten derselben Betrachtungsweise, Verherrlichung von Gewalt in der Kunst und Literatur.

Dagegen – und nun beginnen wir am Ende im Exkurs nahezu einen Exkurs – möchte ich Auszüge eines Textes von Kurt Marti setzen: „Poesie ist Moral“:

> Ich kenne kein einziges gutes Gedicht, das Gewalttäter und Gewalttaten rühmt, ästhetisiert oder auch nur rechtfertigt. [...] Schönheit verträgt sich mit keiner Beschönigung, erst recht nicht mit der Beschönigung von Gewalt. Im gelungenen Gedicht werden Ästhetik und Ethik eins. Poesie ist Moral. [...] Die immanente Nemesis der Poesie hat [...] Gewalthymnik mit ästhetischem Misslingen und endgültigem Vergessenwerden bestraft. Die gewaltfreie Kraft im Schönen ist zugleich ein Plädoyer für die Schonung all dessen, was lebt und auf seine nicht-anthropozentrische Weise Subjekt ist. Die Wortverwandtschaft zwischen ‚schön‘ und ‚schonen‘ ist nicht zufällig. Sie verrät etwas über die Ethik des Schönen, über die Moral der Poesie. Auch in ökologischem Zusammenhang scheint sich demnach die Behauptung zu bewahrheiten: Poesie ist Moral.[21]

Friedrich Schiller

Kunst und Moral, Ästhetik und Ethik: was bei Kant anklingt an Verbindung und Verknüpfung, ist von Schiller strukturell entwickelt und – in der theoretischen Reflexion vorsichtig, zurückhaltend, eher widerstreitend, wie zu belegen ist, – konkretisiert. Für den vorkantischen Schiller ist diese Verbindung noch sehr klar und direkt gegeben:

- „Die Schaubühne als eine moralische Anstalt betrachtet“ (1784)
  Zentral ist der Gedanke der Bühne als eines moralischen Gerichts der Welt: Verurteilt werden Schwächen und Laster, positiv gezeigt werden Vorbilder und Leitbilder, die Aufgaben sind Kritik und Aufklärung – im Modus der Kunst: „Die Schaubühne ist die Stiftung, wo sich Vergnügen mit Unterricht, Ruhe mit Anstrengung, Kurzweil mit Bildung gattet, wo keine Kraft der Seele zum Nachteil der andern gespannt, kein Vergnügen auf Unkosten des Ganzen genossen wird.“[22] Kants freies Spiel der Erkenntnisvermögen scheint auf. Die Schaubühne „kleidet die strenge Pflicht in ein reizendes, lockendes Gewand.“[23] Darüber

hinaus vermittelt sie Weltkenntnis und ein Verstehen menschlicher Schwächen: Die Bühne

> lehrt uns auch gerechter gegen den Unglücklichen sein, und nachsichtsvoller über ihn richten. Denn nur, wenn wir die Tiefe seiner Bedrängnisse ausmessen, dürfen wir das Urteil über ihn aussprechen. [...] Menschlichkeit und Duldung fangen an, der herrschende Geist unsrer Zeit zu werden; ihre Strahlen sind bis in die Gerichtssäle, und noch weiter – in das Herz unsrer Fürsten gedrungen. Wieviel Anteil an diesem göttlichen Werk gehört unsern Bühnen? Sind sie es nicht, die den Menschen mit dem Menschen bekannt machten, und das geheime Räderwerk aufdeckten, nach welchem er handelt?[24]

1791 beginnt Schiller ein gründliches Studium Kants mit unmittelbaren Folgen in den späteren philosophischen Schriften:

- „Über den Grund des Vergnügens an tragischen Gegenständen" (1791) Kunst und Moral werden wechselseitig unter der Zweck-Mittel-Relation bestimmt: Aus einer vollständigen „Philosophie der Kunst [...]

> würde sich ergeben, dass ein freies Vergnügen, so wie die Kunst es hervorbringt, durchaus auf moralischen Bedingungen beruhe, dass die ganze sittliche Natur des Menschen dabei tätig sei. Aus ihr würde sich ferner ergeben, dass die Hervorbringung dieses Vergnügens ein Zweck sei, der schlechterdings nur durch moralische Mittel erreicht werden könne, dass also die Kunst, um das Vergnügen als ihren Zweck vollkommen zu erreichen, durch die Moralität ihren Weg nehmen müsse. [...] Ist der Zweck selbst moralisch, so verliert sie das, wodurch sie allein mächtig ist, ihre Freiheit, und das, wodurch sie so allgemein wirksam ist, den Reiz des Vergnügens. [...] Nur indem sie ihre höchste ästhetische Wirkung erfüllt, wird sie einen wohltätigen Einfluss auf die Sittlichkeit haben; aber nur indem sie ihre völlige Freiheit ausübt, kann sie ihre höchste ästhetische Wirkung erfüllen. Es ist ferner gewiss, dass jedes Vergnügen, insofern es aus sittlichen Quellen fließt, den Menschen sittlich verbessert, und dass hier die Wirkung wieder zur Ursache werden muss. Die Lust am Schönen, am Rührenden, am Erhabenen stärkt unsre moralischen Gefühle, wie das Vergnügen am Wohltun, an der Liebe usf. alle diese Neigungen stärkt [...]. Die Kunst wirkt also nicht deswegen allein sittlich, weil sie durch sittliche Mittel ergötzt,

sondern auch deswegen, weil das Vergnügen selbst, das die Kunst gewährt, ein Mittel zur Sittlichkeit wird.[25]

- „Über Anmut und Würde" (1793)
  Wenn es einem Menschen gelingt, Sinnlichkeit und Vernunft, Pflicht und Neigung [es sind dies die zentralen Kantischen Dualismen und Antithesen], wenn es einem Menschen gelingt, diese Spannung harmonisch aufzulösen, so entsteht über die körperliche, naturgegebene Schönheit hinaus die Dimension der Anmut oder Grazie, es ist geistgeborene Schönheit, vom Menschen selbst in Freiheit hervorgebracht, sichtbarer Ausdruck einer schönen Seele, für die die Natur oder Sinnlichkeit die Grundlage zur sittlichen Vervollkommnung ist. Spricht Kant immerhin schon vom Schönen als Symbol des Sittlichen und vom Ideal des Schönen und meint mit dem Ideal den Ausdruck des Moralischen im Körperlichen, so ist bei Schiller die Dimension menschlicher Schönheit der moralischen Dimension noch enger angenähert und vermittelt. Schiller definiert:

  Eine schöne Seele nennt man es, wenn sich das sittliche Gefühl aller Empfindungen des Menschen endlich bis zu dem Grad versichert hat, dass es dem Affekt die Leitung des Willens ohne Scheu überlassen darf, und nie Gefahr läuft, mit den Entscheidungen desselben im Widerspruch zu stehen. Daher sind bei einer schönen Seele die einzelnen Handlungen eigentlich nicht sittlich, sondern der ganze Charakter ist es. Man kann ihr auch keine einzige darunter zum Verdienst anrechnen, weil eine Befriedigung des Triebes nie verdienstlich heißen kann. Die schöne Seele hat kein anderes Verdienst, als dass sie ist.[26]

  Dieser Gedanke wird anthropologisch und geschichtsphilosophisch differenziert in der folgenden Schrift:

- „Über die ästhetische Erziehung des Menschen in einer Reihe von Briefen" (1793/94)
  Die Beschäftigung mit der Schönheit, mit der Kunst vermittelt harmonisch und frei die Gegensätze des Menschen, stellt seine Ganzheitlichkeit [Schiller spricht von Totalität] jenseits aller Entfremdungserscheinung, aller zivilisatorisch bedingter Einseitigkeiten und Brüche im

Auseinanderfallen zwischen Arbeit und Freizeit, geistiger und körperlicher Tätigkeit, Interessen und Pflichten wieder her in freier Entfaltung. Die kreative oder auch rezeptive Beschäftigung mit dem Schönen nennt Schiller in Anlehnung an Kant Spiel; das Spiel stellt das Gleichgewicht aller Vermögen, die Totalität des Menschen, den Sinn des Menschseins wieder her:

Die endgültige Inschrift dieses berühmten Blattes Nr. 43 von Goyas „Caprichos" von 1798 lautet: „Der Schlaf (nicht der Traum) der Vernunft bringt Ungeheuer hervor." In seinem Kommentar zu diesem Blatt schreibt Goya: „Phantasie, die von der Vernunft verlassen ist, bringt unglaubliche Monster hervor; verbunden mit ihr ist sie die Mutter der Künste und Quelle aller ihrer Wunder." Die Verbindung von Phantasie und Vernunft in der Kunst ist ein programmatisches Element der Aufklärung, von Schiller als ästhetische Erziehung konkretisiert.

„Denn, um es endlich auf einmal herauszusagen, der Mensch spielt nur, wo er in voller Bedeutung des Wortes Mensch ist, und er ist immer da ganz Mensch, wo er spielt."[27] Es ist dies der „ästhetische Zustand", nicht, wie man vermuten möchte, der Zustand des höchsten, vollkommenen Menschseins, sondern zentrale Voraussetzung für eine humane Gestaltung der politischen Realität. Das ist so, weil Schillers Reflexionen auf zwei Ebenen zu lesen sind, einer anthropologisch grundsätzlichen in Orientierung an Kant und einer geschichtsphilosophischen und zeitgeschichtlichen Ebene.

- Bleiben wir zunächst auf der anthropologischen Ebene. Schiller fragt: Wie ist der Mensch als Mensch möglich? Ausgehend von Kants Dualismus zwischen naturhafter Sinnlichkeit und in der Moral sich erfüllender Intelligibilität oder Vernunftfähigkeit unterscheidet Schiller zwischen „Person" als die sich selbst wissende Einheit des Menschen mit sich und „Zustand" als Wechsel in der Zeit in der sinnlichen Auseinandersetzung mit der Realität, zwischen „Formtrieb" als Vermögen des Erhaltens der Einheit mit sich selbst und „Stofftrieb" als Sinnlichkeit, zwischen moralischer Freiheit und Naturnotwendigkeit. Da – wie bei Kant – diese Unterscheidungen antithetisch gedacht sind, bedarf es einer Vermittlung, um ein harmonisches Mensch-Sein zu ermöglichen, einer Vermittlung zwischen Vernunft und Sinnlichkeit, moralischem Selbstzwang und Naturzwang, Identität und Wechsel, Einheit und Unterschiedlichkeit, Gestalt und Leben. Diese Vermittlung wird von uns erlebt – Kant steht im Hintergrund – in der Erfahrung des Schönen im freien Spiel unserer Kräfte. Schiller spricht vom Spieltrieb. „Der Mensch spielt nur, wo er in voller Bedeutung des Worts Mensch ist, und er ist nur da ganz Mensch, wo er spielt". Die Schönheit lässt den Menschen auf wesentliche Weise bei sich sein, vereint harmonisch seine sinnlich-geistige Doppelnatur.

- Was aber ist das Schöne? Hier geht Schiller über Kants subjektive Definitionen sei es in rezeptiver oder in produktiver Sicht hinaus, versucht, in Orientierung an Kants Konzept des Symbols des Sittlichen, einen objektiven Begriff des Schönen zu konstruieren. Einigkeit besteht in der Schiller-Forschung darin, dass dieser Versuch überzeugend nicht gelingt. Gleichwohl ist er wirkungsgeschichtlich interessant. Das Schöne wird bestimmt als „ästhetischer Schein", der dadurch entsteht, dass die Einbildungskraft die Idee der Freiheit auf einen Gegenstand bezieht. Im zweiten Kallias-Brief von 1793 spricht Schiller von der „Freiheit in der Erscheinung", von „Autonomie in der Erscheinung" als „Analogie einer Erscheinung mit der Form des reinen Willens oder der Freiheit." Das Schöne wird also zum sinnenfälligen Schein der inneren Bestimmung des Menschen. Peter André Alt betont die zeitliche Begrenztheit dieser Vermittlung im ästhetischen Zustand: „Zum Wesen dieses Zustands gehört freilich, dass er stets nur kurzfristig, nie dauerhaft zu befestigen ist. Eine solche Einschränkung teilt er mit dem Spieltrieb [...]. Die Kunst trägt in sich das Versprechen sozialer Unabhängigkeit, ohne diese verbindlich zu ermöglichen."[28]

Eine andere Bestimmung des Schönen ist „Natur in der Kunstmäßigkeit"; das meint: „Schön ist ein Gegenstand, der eine in sich vollkommen kohärente Struktur besitzt [Schiller spricht betont von „Form"], aber nicht deren Regel oder Schema exemplifiziert, so dass für jeden Betrachter der Eindruck entsteht, der Gegenstand sei durch seine Natur bestimmt und habe sich selbst nach eigenen Gesetzmäßigkeiten geformt."[29] Kants Bestimmung des Schönen steht deutlich im Hintergrund, und wie bei Kant ist auch hier wichtig die Betonung des formalen Aspekts: Es geht nicht um die Darstellung bestimmter Inhalte, moralischer Inhalte. Im 22. Brief „Über die ästhetische Erziehung" heißt es:

> In einem wahrhaft schönen Kunstwerk soll der Inhalt nichts, die Form aber alles tun; denn durch die Form allein wird auf das Ganze des Menschen, durch den Inhalt hingegen nur auf einzelne Kräfte gewirkt. Der Inhalt, wie erhaben und weitumfassend er auch sei, wirkt also jederzeit einschränkend auf den Geist, und nur von der Form ist wahre ästhetische Freiheit zu erwarten. Darin also besteht das eigentliche Kunstgeheimnis des Meisters, dass er den Stoff durch die Form vertilgt; und je imposanter, anmaßender, verführerischer der Stoff an sich selbst ist, je eigenmächtiger derselbe mit seiner Wirkung sich vordrängt, oder je mehr der Betrachter geneigt ist, sich unmittelbar mit dem Stoff einzulassen, desto triumphierender ist die Kunst, welche jenen zurückzwingt und über diesen die Herrschaft behauptet. Das Gemüt des Zuschauers und Zuhörers muss völlig frei und unverletzt bleiben, es muss aus dem Zauberkreis des Künstlers rein und vollkommen, wie aus den Händen des Schöpfers gehen.[30]

In der Tat, dem Klassiker Schiller geht es schon um die kompositorische Besonderheit des Kunstwerks, im Rahmen seiner Kategorien „führt die Konzentration auf das Sujet den Betrachter in jene sinnliche Welt zurück, aus deren physischem Bann ihn die Kunst doch gerade Zug um Zug lösen sollte [...]. Frei ist das Schöne vornehmlich durch seine Form, die Struktur des Spiels, die ihm eingezeichnet ist."[31] Im

Hinblick auf die traditionell mit der Erregung von Affekten in Zusammenhang gebrachte Tragödie heißt es noch einmal:

Künste des Affekts, dergleichen die Tragödie ist, sind kein Einwurf; denn erstlich sind es keine ganz freien Künste, da sie unter der Dienstbarkeit eines besondern Zweckes (des Pathetischen) stehen, und dann wird wohl kein wahrer Kunstkenner leugnen, dass Werke, auch selbst aus dieser Klasse, um so vollkommener sind, je mehr sie auch im höchsten Sturme des Affekts die Gemütsfreiheit schonen. Eine schöne Kunst der Leidenschaft gibt es, aber eine schöne leidenschaftliche Kunst ist ein Widerspruch, denn der unausbleibliche Effekt des Schönen ist Freiheit von Leidenschaften. Nicht weniger widersprechend ist der Begriff einer schönen lehrenden (didaktischen) oder bessernden (moralischen) Kunst, denn nichts streitet mehr mit dem Begriff der Schönheit, als dem Gemüt eine bestimmte Tendenz zu geben.[32]

Eine Zwischenbemerkung: Verblüffend, da gemeinhin nicht so rezipiert, ist die Nähe Schillers zu Kant, sein Schatten ist unübersehbar.

Im Bereich des ästhetischen Scheins ist der Künstler souverän:

Mit ungebundener Freiheit kann er, was die Natur trennte, zusammenfügen, sobald er es nur irgend zusammendenken kann, und trennen, was die Natur verknüpfte, sobald er es nur in seinem Verstande absondern kann. Nichts darf ihm hier heilig sein, als sein eigenes Gesetz, sobald er nur die Markung in acht nimmt, welche sein Gebiet von dem Dasein der Dinge oder dem Naturgebiete scheidet. [...] Aber er besitzt dieses souveräne Recht schlechterdings auch nur in der Welt des Scheins, in dem wesenlosen Reich der Einbildungskraft, und nur, solange er sich im Theoretischen gewissenhaft enthält, Existenz davon auszusagen, und solange er im Praktischen darauf Verzicht tut, Existenz dadurch zu erteilen. Sie sehen hieraus, dass der Dichter auf gleiche Weise aus seinen Grenzen tritt, wenn er seinem Ideal Existenz beilegt, und wenn er eine bestimmte Existenz damit bezweckt. Denn beides kann er nicht anders zustande bringen, als indem er entweder sein Dichterrecht überschreitet, durch das Ideal in das Gebiet der Erfahrung greift, und durch die bloße Möglichkeit wirkliches Dasein zu bestimmen sich anmaßt, oder indem er sein Dichterrecht aufgibt, die Erfahrung in das Gebiet des Ideals greifen lässt, und die Möglichkeit auf die Bedingungen der Wirklichkeit einschränkt.[33]

Um nach dieser Fülle von Schillers Sprache und Textauszügen nun gleichsam zu übersetzen: Weder also ist der künstlerische Aussagegehalt eine direkte Aussage über die Welt noch enthält die Kunst konkrete moralische oder politische Handlungsanweisungen; die idealisierende Fiktion ist nicht eine angemessene Darstellung faktischer Gegebenheiten, dann wäre sie falscher Schein, sie fordert auch nicht ihre zukünftige Umsetzung in Realisierung vermeintlich vorbildlichen moralischen Verhaltens; dann wäre sie Ideologie. Schiller formuliert zusammenfassend zwei „Reinheitsbedingungen" des ästhetischen Scheins: „Nur soweit er [der Künstler] aufrichtig ist (sich von allem Anspruch auf Realität ausdrücklich lossagt), und nur soweit er selbstständig ist (allen Beistand der Realität entbehrt), ist der Schein ästhetisch. Sobald er falsch ist und Realität heuchelt, und sobald er unrein und der Realität zu seiner Wirkung bedürftig ist, ist er nichts als ein niedriges Werkzeug zu materiellen Zwecken, und kann nichts für die Freiheit des Geistes beweisen."[34] Im Abstand von weit mehr als 200 Jahren fühle ich mich geneigt zu unterschiedlichen Hypothesen, parenthetisch zu lesen:

- Schiller hat sich konzeptionell sehr weniger von Kant entfernt, als vermutet – oder auch behauptet wird.

- Schiller wird gleichsam zum Gefangenen seines eigenen Kategoriensystems, das eine weiter greifende Annäherung von Kunst und Moral, von Ästhetik und Moralität nicht zulässt.

- Schillers Enttäuschung durch die und Distanzierung von der Französischen Revolution schlägt in seine geschichtsphilosophische und ästhetische Theorie durch.

- Der Bürger Schiller passt sich den kleinabsolutistischen Verhältnissen in Deutschland an und nimmt die anfänglich kritische Intention seiner „Briefe" zunehmend zurück: Aus politischen, ohnehin schon vorsichtig formulierten Aussagen (und Forderungen?)

werden anthropologische Aussagen, die Kunst wird zunehmend wieder zurückgebunden in den apolitischen und ästhetisch autonomen Bereich des ästhetischen Scheins, der sorgfältig gegen konkrete Realität, genannt Empirie abgeschottet wird.

Mit den beiden letzten Hypothesen greife ich allerdings vor, die zweite Ebene der Briefe, die historische und zeitgeschichtliche Ebene wird weiter unten erst thematisiert.

Schillers Konzeption des Schönen, das den Menschen wahrhaft menschlich sein lässt, erinnert einerseits deutlich an Platon, aber zugleich lässt dieser Rückgang auf die Griechen „die Ferne erkennen, in welcher er sich zu ihnen befindet.“[35]
Einerseits. Im 23. Brief finden sich Aussagen zu dem, was Schiller edel nennt: Edel nennt Schiller die ästhetisch freie Behandlung alles Wirklichen: Es

ehrt und adelt [...] ihn [den Menschen], auch da nach Gesetzmäßigkeit, nach Harmonie, nach Unbeschränktheit zu streben, wo der gemeine Mensch nur sein erlaubtes Verlangen stillt. Diese geistreiche und ästhetisch freie Behandlung gemeiner Wirklichkeit ist [...] das Kennzeichen einer edeln Seele. Edel ist überhaupt ein Gemüt zu nennen, welches die Gabe besitzt, auch das beschränkteste Geschäft und den kleinlichsten Gegenstand durch die Behandlungsweise in ein Unendliches zu verwandeln. Edel heißt jede Form, welche dem, was seiner Natur nach bloß dient (bloßes Mittel ist), das Gepräge der Selbstständigkeit aufdrückt. Ein edler Geist begnügt sich nicht damit, selbst frei zu sein, er muss alles andere um sich her, auch das Leblose, in Freiheit setzen. Schönheit aber ist der einzig mögliche Ausdruck der Freiheit in der Erscheinung. [...] Der Moralphilosoph lehrt uns zwar, dass man nie mehr tun könne als seine Pflicht, und er hat vollkommen recht, wenn er bloß die Beziehung meint, welche Handlungen auf das Moralgesetz haben. Aber bei Handlungen, welche sich bloß auf einen Zweck beziehen, über diesen Zweck noch hinaus noch ins Übersinnliche gehen (welches hier nichts anderes heißen kann als das Physische ästhetisch ausführen) heißt zugleich über die Pflicht hinausgehen, indem diese nur vorschreiben kann, dass der Wille heilig sei, nicht dass auch schon die Natur sich geheiligt habe. Es gibt zwar kein moralisches, aber es gibt ein ästhetische Übertreffen der Pflicht, und ein solches Betragen heißt edel.[36]

Die Aussagen bleiben ein wenig dunkel: Worin besteht die Tätigkeit einer edlen Seele? Gibt es eine edle Tätigkeit im Alltag? Ist es eine bestimmte Haltung, den Alltag zu leben? Gleichviel: Ähnlich wie der „schönen Seele“ in der Schrift „über Anmut und Würde“ wird dem ästhetischen Verhalten hier also doch Realität außerhalb der Produktion und Rezeption des Schönen oder des Kunstschönen zugestanden und dies, so scheint es, als höchste Form des Menschseins, als ein Übertreffen der Pflicht. Platon scheint damit wieder näher heranzurücken.[37]

- Und Platon rückt noch näher heran, wenn wir uns die zweite Ebene der Briefe, die historische und zeitgeschichtliche Ebene klar machen, das im Titel schon angekündigte Programm einer Erziehung, einer Erziehung zur Humanität. Drei Phasen im Prozess der Zivilisation nimmt Schiller an: eine der Sinnlichkeit, eine der Ästhetik und eine der Vernunft, den physischen Zustand, den ästhetischen Zustand und den moralischen Zustand:

„Es lassen sich [...] drei verschiedene Momente oder Stufen der Entwicklung unterscheiden, die sowohl der einzelne Mensch als die ganze Gattung notwendig und in einer bestimmten Ordnung durchlaufen müssen, wenn sie den ganzen Kreis ihrer Bestimmung erfüllen sollen. [...] Der Mensch in seinem physischen Zustand erleidet bloß die Macht der Natur; er entledigt sich dieser Macht in dem ästhetischen Zustand, und er beherrscht sie in dem moralischen.“[38] Kurz zuvor hieß es: „Der Übergang von dem leidenden Zustand des Empfindens zu dem tätigen des Denkens und Wollens geschieht [...] nicht anders als durch einen mittleren Zustand ästhetischer Freiheit“; er ist „die notwendige Bedingung, unter welcher wir allein zu einer Einsicht und zu einer Gesinnung gelangen können. Mit einem Wort: Es gibt keinen anderen Weg, den sinnlichen Menschen vernünftig zu machen, als dass man denselben zuvor ästhetisch macht.“[39]

Eindeutig hier die vermittelnde Rolle des ästhetischen Zustandes auf dem Weg zur höchsten Form des Menschseins in einer humanen Gesellschaft und Politik. Zeitgeschichtlicher Hintergrund ist die Erfahrung der Französischen Revolution und deren Gewaltpotential, von Schiller als soziales Problem erschrocken konstatiert: „In den niederen und zahlreichen Klassen stellen sich uns rohe gesetzlose Triebe dar, die sich nach aufgelöstem Band der bürgerlichen Ordnung entfesseln und mit unlenksamer Wut zu ihrer tierischen Befriedigung eilen.“[40]

Der Titel von Schillers „Briefen“ nimmt Bezug auf Lessings Schrift „Die Erziehung des Menschengeschlechts“ von 1780. Lessing konnte hier noch die praktische Vernunft des aufgeklärten Menschen als Movens der Humanität propagieren. Dieser Optimismus ist Schiller 1794/95 vergangen. Er setzt vielmehr auf eine ästhetische Erziehung, deren Aufgabe die Kultivierung der triebhaften Sinnlichkeit des Menschen im Dienst des Schönen ist. Dafür veranschlagt er „mehr als ein Jahrhundert“[41]. Funktional eindeutig, die mittlere von drei Phasen, zugleich immer wieder aber beschrieben als Höhepunkt. Im letzten, 27. Brief z. B. lesen wir:

„Mitten in dem furchtbaren Reich der Kräfte und mitten in dem heiligen Reich der Gesetze baut der ästhetische Bildungstrieb unvermerkt an einem dritten fröhlichen Reiche des Spiels und des Scheins, worin er dem Menschen die Fesseln aller Verhältnisse abnimmt, und ihn von allem, was Zwang heißt, sowohl im Physischen als im Moralischen entbindet. Wenn in dem dynamischen Staat der Rechte der Mensch dem Menschen als Kraft begegnet und sein Wirken beschränkt – wenn er sich ihm in dem ethischen Staat der Pflichten mit der Majestät des Gesetzes entgegenstellt, und sein Wollen fesselt, so darf er ihm im Kreise des schönen Umgangs, in dem ästhetischen Staat, nur als Gestalt erscheinen, nur als Objekt des freien Spiels gegenüberstehen. Freiheit zu geben durch Freiheit ist das Grundgesetz dieses Reiches. Der dynamische Staat kann die Gesellschaft bloß möglich machen, indem er die Natur durch Natur bezähmt; der ethische Staat kann sie (bloß) moralisch notwendig machen, indem er den einzelnen Willen dem allgemeinen unterwirft; der ästhetische Staat allein kann sie wirklich machen, weil er den Willen des Ganzen durch die Natur des Individuums vollzieht. Wenn schon das Bedürfnis den Menschen in die Gesellschaft nötigt, und die Vernunft gesellige Grundsätze in ihm pflanzt, so kann die Schönheit allein ihm einen geselligen Charakter erteilen. Der Geschmack allein bringt Harmonie in die Gesellschaft, weil er

Harmonie in dem Individuum stiftet. Alle andre Formen der Mitteilung trennen die Gesellschaft […]; nur die schöne Mitteilung vereinigt die Gesellschaft, weil sie sich auf das Gemeinsame aller bezieht. Die Freuden der Sinne genießen wir bloß als Individuen, ohne dass die Gattung, die in uns wohnt, daran Anteil nähme […]. Die Freuden der Erkenntnis genießen wir bloß als Gattung und indem wir jede Spur des Individuums sorgfältig aus unserm Urteil entfernen. […] Das Schöne allein genießen wir als Individuum und als Gattung zugleich."[42]

Ähnlich wie bei den Gedanken zu der schönen und zu der edlen Seele sehe ich nicht recht, was konkret mit dem ästhetischen Staat und dem ästhetischen Umgang miteinander gemeint ist:

- Jürgen Habermas betont, dass diese „ästhetische Utopie" richtungsweisend geworden ist über die Linie Hegel, Marx bis zu Herbert Marcuse; wenn Schiller von „Form der Mitteilung" spricht, gehe es ihm eine „Revolutionierung der Verständigungsverhältnisse", um „die ideale Form der Intersubjektivität"[43]. Im 27. Brief fordert Schiller, zu ihrer Realisierung bedürfe der Mensch "einer totalen Revolution in seiner ganzen Empfindungsweise"[44]. Er bestimmt sie, „auf der Folie von Vereinzelung und Vermassung, jener beiden entgegengesetzten Deformationen der Intersubjektivität." Die einen „sind in ihrer privatistischen Lebensweise der Beziehungen zur Gesellschaft, als etwas Objektivem außerhalb ihrer, beraubt", während den anderen „in ihrer entäußerten Existenz die Möglichkeit fehlt, zu sich selbst zu finden. Die richtige Balance zwischen diesen gleichermaßen identitätsbedrohenden Extremen der Entfremdung und der Verschmelzung"[45] formuliert Schiller nur mehr in Bildern und Metaphern: „Da allein, wo" der Mensch „in eigener Hütte still mit sich selbst, und sobald er heraustritt, mit dem ganzen Geschlechte spricht, wird sich ihre [= der Menschheit] liebliche Knospe entfalten. Da wo ein leichter Äther die Sinne jeder leisen Berührung eröffnet, […] dort in den fröhlichen Verhältnissen, und in der gesegneten Zone, wo aus dem Leben selbst die heilige Ordnung quillt, und aus dem Gesetz der Ordnung sich nur Leben entwickelt […] – hier allein werden sich Sinne und Geist, empfangende und bildende Kraft in dem glücklichen Gleichmaß entwickeln, welches die Seele der Schönheit, und die Bedingung der Menschheit ist."[46] Bilder und Metaphern, paradiesische Bilder: „In seiner letzten großen Abhandlung gibt Schiller diesem Reich einen Namen, der das Ende der Geschichte bezeichnet: Elysium."[47] Mit der Schrift „Über naive und sentimentalische Dichtung" (1795) schließt Schiller seine ästhetischen Reflexionen ab, er spricht von der Idylle, „welche, mit einem Wort, den Menschen, der nun einmal nicht mehr nach Arkadien zurückkann, bis nach Elysium führt."[48]

- Peter André Alt hält dagegen den zeitgeschichtlich kritischen, den politischen Aspekt fest: „Wer die ‚Briefe' für das Zeugnis eines weltfremden Idealismus hält, sollte ihre Metaphorik beachten. Immer wieder ist von ‚Staat', ‚Republik', ‚Verfassung', vom ‚politischen Künstler', von Gemeinwesen und praktischem ‚Weltzweck' die Rede. Die Sache des Schönen wird hier verhandelt im Horizont der aktuellen sozialen Umbruchprozesse, denen gegenüber sie ihr eigenes Gewicht zu erweisen hat [...], in Form und Inhalt ein Zeugnis kritischen Engagements, keineswegs Ausdruck der Flucht vor der sozialen Realität der Gegenwart"[49]. Und noch einmal: „Der durch die Kunst verfeinerte Mensch bringt andere Voraussetzungen für das politische Geschäft mit als der theoretisch geschulte, jedoch phantasiearme Intellektuelle. [...] Kunst erscheint Schiller nicht als Exil des enttäuschten politischen Kopfes, sondern als Instanz, die den Umbau der gegebenen Gesellschaft zu fördern vermag."[50]

- Zugleich aber gesteht auch Peter A. Alt zu, dass die Vision vom ästhetischen Staat, mit der die Briefe schließen, „ein nicht mehr politischer, sondern anthropologischer Entwurf ohne Realitätsgehalt [ist]: ein schönes Gedankenbild [...]. Schiller hat gewusst, dass er hier ein Phantom beschrieb [...], kein fest umrissenes soziales Modell, sondern einen gedanklichen Zielpunkt [...], auf den die kunsttheoretische Reflexion ihre Arbeit annäherungsweise zu beziehen hat: ein anthropologisch fundiertes Programmziel im Zeichen des Totalitätsideals. Nach den Enttäuschungen, die ihm die Welt der Politik bereitete, scheint Schiller die Emigration ins Reich der ästhetischen Erfahrung die einzig verbleibende Option, um den Anspruch auf die Verwirklichung jener Universalität einzulösen, die den modernen Menschen aus seiner entfremdeten Lebenswelt[51] befreien [...] kann."[52]

- Am 25.01. 1795 schreibt Schiller an Christian Garve, „die ‚Briefe' formulierten sein ‚politische[s] Glaubensbekenntnis'"[53], Peter André Alt hält dafür, dass dies „die gesellschaftliche Zielsetzung des ästhetischen Programms auf hinreichende Weise" beleuchte.[54] – Möglicherweise sieht Schiller im Vorgriff der oben genannten 100 Jahre den ästhetischen Staat schon partiell realisiert in einigen auserlesenen Zirkeln einer Geschmackselite, einer ästhetisch gebildeten Elite im Freundeskreis von Jena und Weimar. In diesem Zusammenhang erinnere ich an die gemeinsamen Bildungs- und Literaturprojekte Goethes und Schillers. Am Ende sind diese Projekte gescheitert, ist das Projekt der deutschen Klassik insgesamt gescheitert; wir kennen Heinrich Heines Wort vom „Ende der Kunstperiode."

Mit Schelling, Jean Paul, Hegel schließt die idealistische Ästhetik.[55] Kurz eingehen möchte ich noch auf Hegel, bevor ich mit Karl Rosenkranz abschließe.

Georg Wilhelm Hegel

Schon in Hegels, oder besser noch in Hegels, Hölderlins, Schellings Tübinger „ältestem Systemprogramm des deutschen Idealismus" wird propagiert, dass „Wahrheit und Güte nur in der Schönheit verschwistert" seien:

> Zuletzt die Idee, die alle vereinigt, die Idee der Schönheit, das Wort in höherem platonischen Sinne genommen. Ich bin nun überzeugt, dass der höchste Akt der Vernunft, der, indem sie alle Ideen umfasst, ein ästhetischer Akt ist und dass Wahrheit und Güte nur in der Schönheit verschwistert sind. Der Philosoph muss ebensoviel ästhetische Kraft besitzen als der Dichter. Die Menschen ohne ästhetischen Sinn sind unsere Buchstabenphilosophen. Die Philosophie des Geistes ist eine ästhetische Philosophie. Man kann in nichts geistreich sein, selbst über Geschichte kann man nicht geistreich raisonnieren – ohne ästhetischen Sinn. Hier

> soll offenbar werden, woran es eigentlich den Menschen fehlt, die keine Ideen verstehen – und treuherzig genug gestehen, dass ihnen alles dunkel ist, sobald es über Tabellen und Register hinausgeht. Die Poesie bekommt dadurch eine höhere Würde, sie wird am Ende wieder, was sie am Anfang war – Lehrerin der Menschheit; denn es gibt keine Philosophie, keine Geschichte mehr, die Dichtkunst allein wird alle übrigen Wissenschaften und Künste überleben.[56]

In seiner späteren Ästhetik rückt Hegel zunächst das Schöne und das Wahre wieder eng zusammen, das Gute ist darin impliziert. Er setzt bei Kant an: Das Kunstwerk – und es geht ihm ausschließlich um das Kunstschöne als das vom menschlichen Geist erschaffene Schöne – das Kunstwerk spricht die Sinnlichkeit an, ohne an sie aber zu appellieren, es bietet sich als sinnliches an und negiert diese Sinnlichkeit zugleich. Hegel fasst dies unter den Begriff des Scheins: Im Kunstwerk erscheint das Geistige und das ist das Wahre in Form des Sinnlichen, Kunst ist das sinnliche Scheinen der Idee, des Wahren, des Absoluten. Dies ist die Grundbestimmung, sie wird systematisch entfaltet, konkretisiert, in Richtung der historischen Entwicklung der Kunst und in Richtung der unterschiedlichen Kunstgattungen.

Karl Rosenkranz

Beschworen wird diese Metaphysik des Schönen noch einmal 1853, fünf Jahre nach der Revolution von 1848, von dem Hegel-Schüler Karl Rosenkranz, beschworen im Abgesang, nach dem Ende der Kunstperiode, um noch einmal Heine zu zitieren, beschworen als „Resignationsästhetik“[57] angesichts neuer Tendenzen: „Eine oberflächlichere, genusssüchtigere, traditionellere, charakterlosere Epoche als die momentane hat gewiss selten existiert“[58], schreibt Rosenkranz 1854 an Varnhagen von Ense. In der „Ästhetik des Hässlichen“ schreibt er: Das Hässliche erzeugt Wohlgefallen

> auf krankhafte Weise, wenn ein Zeitalter physisch und moralisch verderbt ist, für die Erfassung des wahrhaften, aber einfachen Schönen der Kraft entbehrt und noch in der Kunst das Pikante der frivolen Korruption genießen will. Ein solches Zeitalter liebt die gemischten Empfindungen, die einen Widerspruch zum Inhalt haben. Um die abgestumpften Nerven aufzukitzeln, wird das Unerhörteste, Disparateste und Widrigste zusammengebracht. Die Zerrissenheit der Geister

> weidet sich an dem Hässlichen, weil es für sie gleichsam das Ideal ihrer negativen Zustände wird. Tierhetzen, Gladiatorspiele, lüsterne Symplegmen (= die Darstellung wollüstig erotische Umschlingungen in der Kunst), Karikaturen, sinnlich verweichlichende Melodien, kolossale Instrumentierung, in der Literatur eine Poesie von Kot und Blut [...] sind solchen Perioden eigen.[59]

Bezugshorizont ist eine Metaphysik des Schönen, die in Ergänzung des Hegelschen Entwurfs die Kategorien auch des Hässlichen und Komischen systematisch einbeziehen und entfalten will:

> „Das Hässliche ist nur, sofern das Schöne ist, das seine positive Voraussetzung ausmacht. Wäre das Schöne nicht, so wäre das Hässliche gar nicht, denn es existiert nur als die Negation desselben. Das Schöne ist die göttliche, ursprüngliche Idee, und das Hässliche, seine Negation, hat eben als solche ein erst sekundäres Dasein. [...]
>
> Dieser innere Zusammenhang des Schönen mit dem Hässlichen als seiner Selbstvernichtung begründet daher auch die Möglichkeit, dass das Hässliche sich wieder aufhebt, dass es, indem es als das Negativschöne existiert, seinen Widerspruch gegen das Schöne wieder auflöst und in die Einheit mit ihm zurückgeht. Das Schöne wird in diesem Prozess als die Macht offenbar, welche die Empörung des Hässlichen seiner Herrschaft wieder unterwirft. In dieser Versöhnung entsteht eine unendliche Heiterkeit, die uns zum Lächeln, zum Lachen erregt. Das Hässliche befreit sich in dieser Bewegung von seiner hybriden, selbstischen Natur. Es gesteht seine Ohnmacht ein und wird komisch. [...]
>
> Die Betrachtung des Hässlichen ist daher eine durch das Wesen desselben genau begrenzte. Das Schöne ist die positive Bedingung seiner Existenz, und das Komische ist die Form, durch welche es sich dem Schönen gegenüber von seinem nur negativen Charakter wieder erlöst. Das einfach Schöne verhält sich gegen das Hässliche schlechthin negativ. [...]
>
> Es ist schön auch ohne seine Folie, aber das Hässliche ist die Gefahr, die ihm an ihm selber drohet, der Widerspruch, den es durch sein Wesen an sich selber hat. Mit dem Hässlichen ist es anders. Es ist, was es ist, empirisch freilich durch sich selber; dass es aber das Hässliche ist, das ist nur möglich durch seine Selbstbeziehung auf das Schöne, an welchem es sein Maß besitzt. Das Schöne ist also, wie das Gute, ein Absolutes, und das Hässliche, wie das Böse, ein nur Relatives." Es ist relativ, „weil es nicht durch sich selbst, sondern nur durch das Schöne gemessen werden kann."[60]

Der Bezugshorizont ist klar, der Kontext des Guten, Schönen und Wahren, ausdrücklich in den Zuordnungen des Hässlichen benannt: „Die Hölle ist nicht bloß eine religiös-ethische, sie ist auch eine ästhetische.“[61] Oder: „Das Böse ist das ethisch Hässliche, und dies Hässliche wird auch das ästhetisch Hässliche zur Folge haben.“[62] Rolf Haubl hat herausgestellt, dass die Sprache bei Rosenkranz von politischen Metaphern durchzogen ist: Von der Macht des Schönen ist die Rede, von der Empörung des Hässlichen, von Herrschaft.[63] In der Tat, der sozialgeschichtliche Hintergrund ist eindeutig: Nach der 48er Revolution hat sich eine Klassengesellschaft etabliert; auf der einen Seite stehen die alten monarchisch-autoritären Herrschaftsschichten und das ökonomisch aufsteigende Besitzbürgertum, auf der anderen das sich verstärkt bildende Proletariat, zunehmend an Zahl wie an politischem Bewusstsein. Rosenkranz selbst spricht vom „welthistorischen Auftreten des Proletariats“[64] und ist tief beunruhigt; nahezu verzweifelt hält er in einer empirisch umfassend ansetzenden, ästhetisch genauen Analyse der Phänomene des Hässlichen am Theoriekonzept der Metaphysik des Schönen fest.[65]

Karl Marx analysierte das 1848 folgendermaßen: „Die Februar-Revolution war die schöne Revolution, die Revolution der allgemeinen Sympathie, weil die Gegensätze, die in ihr gegen das Königtum eklatierten, unentwickelt, einträchtig nebeneinander schlummerten, weil der soziale Kampf, der ihren Hintergrund bildete, nur eine luftige Existenz gewonnen hatte, die Existenz der Phrase, des Worts. Die Juni-Revolution ist die hässliche Revolution, die abstoßende Revolution, weil an die Stelle der Phrase die Sache getreten ist.“[66] Naheliegend ist es, was Rolf Haubl vorschlägt, den ästhetischen „Diskurs über das Hässliche als Reaktion auf die unübersehbare Brutalität der gesellschaftlichen Verhältnisse [zu] lesen, die die Metaphysik des Schönen als Ideologie enttarnt.“[67]

Aber: Ist es wirklich eine Ideologie, das Zusammendenken von Kunst und Moral, Ästhetik und Ethik? Oder lässt sich nicht ernsthaft fragen: Wird Gesellschaft durch Kunst nicht menschlicher? Am 30.10.1952 schreibt Thomas Mann an Adorno: „Was ich kommen, unaufhaltsam heraufziehen und sich ausbreiten sehe, ist einfach die Barbarei. Unsere höhere Literatur kommt mir vor wie ein hastiges Resümieren und parodierendes Rekapitulieren des abendländischen Mythos, rasch noch vor Einbruch der Nacht.“[68] Adorno antwortet, „dass bei Wagner [...] der romantische Ästhetizismus, also der ungebrochene Glaube an das Kunstwerk als ein in sich Ruhendes, sinnvoll-Reales, noch naiv lebt, in Ihnen aber [...] zum Selbstbewusstsein gefunden und dadurch von innen her [...] sich transzendiert hat. [...] Zuweilen habe ich den Verdacht, als sei das wie sehr auch gewandelte Erbe des Ästhetizismus, als Lossage von dem Reich der Zwecke, das allein wirksame Gegengift gegen die sich ausbreitende Barbarei."[69]

Konkret also noch einmal: Hat das Einbringen von Dichtung in der Schule keine Funktion? Nutzt Bildung, zumal ästhetische Bildung, denn wirklich gar nichts, wie Alfred Andersch in seiner autobiografischen Erzählung „Vater eines Mörders" über den Vater Heinrich Himmlers beklagt?[70] Was machen wir und weshalb, wenn wir im Unterricht klassische Dramen, Romane, wenn wir Lyrik lesen, des 18., 19., 20. Jahrhunderts? Was wollen wir didaktisch, pädagogisch, menschlich erreichen? Halten wir Schillers Briefe zur ästhetischen Erziehung für überholt, für falsifiziert?

Anders angesetzt: Wenn wir denn mit Recht Darstellungen kruder Gewalt, harter, meist auch frauenverachtender Pornografie, Darstellungen auch des Ekelhaften ablehnen, das meint ja wohl, die Trias des Bösen, Hässlichen und des Unwahren, der Geschichtsfälschung ablehnen, was ist dabei der Begründungshorizont? Die Traditionskette von Platon bis Hegel, der Bezug auf die Weimarer Klassik? Gilt das noch? Darüber wird zu reden sein.

Darüber wird zu reden sein. Zum Abschluss ein Beispiel:

Günter Kunert[71]

Akt
Sie spürt, dass hinter ihrem Rücken
etwas geschieht, das tut ihr gut.
Sie merkt mit wachsendem Entzücken
wie durch den Körper alles Blut
jetzt schneller kreist, während sie kniet:
Vor keinem Altar! Und erinnert später
sich wie an ein vergessnes Lied,
an jene Wohltat wie auch an den Täter.[72]

Der Herausgeber der Anthologie, Michael Braun, interpretiert den Schluss: „Die Beglückung wirkt schließlich als Erinnerung an einen sinnlichen Ausnahmezustand fort, als Innewerden eines ‚vergessnen Lieds'"[73] – also als ästhetisches Erlebnis, als ästhetischer Zustand im Sinn Schillers? Überhaupt: das Gedicht, dieses Gedicht als Beispiel für einen Text, der im Autor/ Betrachter/Leser einen ästhetischen Zustand auslöst? Oder liegt hier nicht eine massiv sexistische, eine demütigende Situation vor, in männlicher Sicht verklärt oder pervertiert – von „Täter“ ist immerhin im Text die Rede? Darüber wird ...

Anmerkungen

1. In der Erläuterung Walter Biemels: „Im Lustempfinden erfahren wir das Schönsein, und das unmittelbare Zeichen der Lust ist, dass wir den Zustand verlängern wollen: Das als lustvoll Vorgestellte ist dem Subjekt zweckmäßig. Zum Zweck gehört das Erstrebtsein, und das Verweilenwollen beim Lustvollen ist eine Form des Erstrebens. Die Intervention des Zwecks ist gleichsam ein Hilfsmittel für das Verstehen: Für das Verstehen gibt es die Relation der Zweckmäßigkeit, das Seiende in seinem Sein ist durch sie nicht bestimmt. Kant nennt dieses eine Zweckmäßigkeit ohne Zweck; denn wir haben hier zweifellos ein Einwirken des Gegenstandes als eines vorgestellten auf das Subjekt, und insofern das Wirken zum Wesen der Zweckmäßigkeit gehört und es um ein Erstreben geht, kann von einer Zweckmäßigkeit gesprochen werden. Aber da der Gegenstand nicht als der, der er ist, d.h. von seinem Sein her (seinem Was-sein, Inhalt) in Anspruch genommen wird, sondern allein In Rücksicht auf sein Wie-sein, d.h. Für-uns-sein, Für-uns-erscheinen, ist allein seine Form als Anblick dasjenige, was als zweckmäßig für das Betrachten, also als subjektive Zweckmäßigkeit fungiert. Indem die Form des Gegenstandes das Entscheidende ist, geht der Zweck, auf den es beim zweckmäßigen Wirken ankommt, gerade verloren, und vom Vorgang des Bezweckens bleibt nur noch die Struktur als solche übrig, das ist aber eben die Form. Kurz gefasst: Die Form der Zweckmäßigkeit gründet in der Zweckmäßigkeit der Form. „Form“ meint hier einmal die Struktur des Zweckverhältnisses, zum anderen Mal das Sein dessen, was dieses Verhältnis auslöst. Die Lust am Schönen, die weder sinnliche noch begriffliche ist, darf weder durch eine Entsprechung der Sinnesreize zu den Sinnesorganen noch durch eine Entsprechung zu einem bestimmten Begriff (des Sollens) hervorgerufen werden. Allein die Gestalt, die Struktur, die Form darf ihr zugrunde liegen. Sie ist das den Gegenstand Informierende, ihn in seinem Zeigen Ermöglichende durch die bestimmte Gliederung des Formhaften als solchen, das für die Anschauung Raum und Zeit ist. Da aber die Form auch das ist, was Einbildungskraft und Verstand zusammenstimmt, geht sie auch den Verstand an; der Bezug zum Verstand ist durch die einigende Wirkung der Form gegeben. Als Gestalt oder als Spiel nehmen wir diese einigende Funktion im Schönen wahr.“(W. B.: Die Bedeutung von Kants Begründung der Ästhetik für die Philosophie der Kunst. Köln 1959. S. 49-56. Gekürzt und z.T. umformuliert)

2. Hans Ulrich Gumbrecht: Epiphanien. In: Joachim Küpper/Christoph Menke (Hg): Dimensionen ästhetischer Erfahrung. Frankfurt/M 2003. S. 203f.
3. Francisco Lisi: Einheit und Vielheit des platonischen Nomosbegriffs. Königstein 1985. S. 64.
4. Rafael Ferber: Platons Idee des Guten. Sankt Augustin 1964.
5. Manfred Fuhrmann: Einführung in die antike Dichtungstheorie. Darmstadt 1973. S. 79.
6. Karl-Heinz Volkmann-Schluck. Die Kunst und der Mensch. Frankfurt/M 1964. S. 19.
7. Julius Stenzel: Studien zur Entwicklung der platonischen Dialektik von Sokrates zu Aristoteles. Leipzig/Berlin 1931. S. 145.
8. Volkmann-Schluck. S. 19.
9. Diese beiden Definitionen stelle ich ausdrücklich heraus wegen ihrer wirkungsgeschichtlichen Bedeutsamkeit:
   Die erste markiert den Allgemeinheitsanspruch des ästhetischen Urteils, für Kant zentral und in seiner Begründung zugleich ein zentrales Problem; in mehreren Schritten versucht er die Begründung zu leisten, zu komplex und differenziert für unseren Kontext. Die letzte Begründungsebene Kants ist die Annahme eines letzten Zwecks unserer intelligiblen Natur, nämlich „alle unsere Erkenntnisvermögen zusammenstimmend zu machen." (KU. B 243) „Was also durch das Schöne bewirkt wird, ist nicht ein zufälliges Ereignis, sondern entspricht dem intelligiblen Zweck des Menschen." (Biemel. S. 111)
   Zur zweiten Definition: Wirkungsgeschichtlich markiert sie die Abkehr von der Mimesis-Tradition: Nicht länger die Abbildung, die Nachbildung, die Nachahmung der Natur ist die Aufgabe der Kunst, sondern die Darstellung von Formen, Strukturen, die gefallen, im Geschmacksurteil feststellbar. Es erklärt dies auch, dass Kant primär das Naturschöne, sekundär erst die Kunst thematisiert – aufgegriffen später wieder von Adorno, heute von Martin Seel oder Gernot Böhme.
10. „Wenn mit der bloßen Auffassung der Form eines Gegenstandes der Anschauung, ohne Beziehung derselben auf einen Begriff zu einem bestimmten Erkenntnis, Lust verbunden ist: so wird die Vorstellung dadurch nicht auf das Objekt, sondern lediglich auf das Subjekt bezogen. [...] Wessen Gegenstandes Form [z. B. das Bild von Trauben in einem Stillleben] (nicht das Materielle seiner Vorstellung, als Empfindung [also wirkliche Trauben, die uns das Wasser im Mund zusammenlaufen lassen] in der bloßen Reflexion über dieselbe (ohne Absicht auf einen von ihm zu erwerbenden Begriff) als der Grund einer Lust an der Vorstellung eines solchen Objekts beurteilt wird: mit dessen Vorstellung wird diese Lust auch als notwendig verbunden geurteilt, folglich als nicht bloß für das Subjekt, welches diese Form auffasst, sondern für jeden Urteilenden überhaupt. Der Gegenstand heißt alsdann schön; und das Vermögen, durch eine solche Lust (folglich auch allgemeingültig) zu urteilen, der Geschmack." (KU. B XLIVf)

11. Das Geschmacksurteil ist mit Lust, einem interesselosen Wohlgefallen verbunden. Interesselos ist auch zunächst das moralische Urteil, es bringt allerdings ein Interesse hervor, die Realisierung des Moralischen. „Da es aber die Vernunft auch interessiert, dass die Ideen (für die sie im moralischen Gefühle ein unmittelbares Interesse bewirkt) auch objektive Realität haben, d.i. dass Natur wenigstens eine Spur zeige, oder einen Wink gebe, sie enthalte in sich irgend einen Grund, eine gesetzmäßige Übereinstimmung ihrer Produkte zu unserm von allen Interessen unabhängigen Wohlgefallen [...] anzunehmen: So muss die Vernunft an jeder Äußerung der Natur von einer dieser ähnlichen Übereinstimmung ein Interesse nehmen, folglich kann das Gemüt über die Schönheit der Natur nicht nachdenken, ohne sich dabei zugleich interessiert zu finden. Dieses Interesse aber ist der Verwandtschaft nach moralisch; und der, welcher es am Schönen der Natur nimmt, kann es nur sofern an demselben nehmen, als er vorher schon sein Interesse am Sittlichguten wohlgegründet hat. Wen also die Schönheit der Natur unmittelbar interessiert, bei dem hat man Ursache, wenigstens eine Anlage zu guter moralischer Gesinnung zu vermuten." (KU. B 169f)
12. „Das Geschmacksurteil gründet sich auf einem Begriffe (eines Grundes überhaupt von der subjektiven Zweckmäßigkeit der Natur für die Urteilskraft), aus dem aber nichts in Ansehung des Objekts erkannt und bewiesen werden kann, weil er an sich unbestimmbar und zum Erkenntnis untauglich ist; es bekommt aber durch eben denselben doch zugleich Gültigkeit für jedermann [...]: weil der Bestimmungsgrund desselben vielleicht im Begriffe von demjenigen liegt, was als das übersinnliche Substrat der Menschheit angesehen werden kann." (KU. B 236f) Später heißt es zum Kunstschönen als Produkt des künstlerischen Genies: Auch hier „kann nicht Regel und Vorschrift, sondern nur [...] das übersinnliche Substrat aller seiner Vermögen [...], folglich das, auf welches in Beziehung alle unsere Erkenntnisvermögen zusammenstimmend zu machen der letzte durch das Intelligible unserer Natur gegebene Zweck ist, jener ästhetischen, aber unbedingten Zweckmäßigkeit in der schönen Kunst, die jedermann gefallen zu müssen rechtmäßigen Anspruch machen soll, zum subjektiven Richtmaß dienen." (KU. B 242f)
13. Josef Früchtl: Ästhetische Erfahrung und moralisches Urteil. Frankfurt/M 1996. S. 75. – Zum letztgenannten Aspekt bei Kant: „Nun sage ich: Das Schöne ist das Symbol des Sittlichen; und auch nur in dieser Rücksicht [...] gefällt es, mit einem Anspruche auf jedes andern Beistimmung, wobei sich das Gemüt zugleich einer gewissen Veredlung und Erhebung über die bloße Empfänglichkeit einer Lust durch Sinneneindrücke bewusst ist" (KU. B 258) Und noch einmal, durchaus dunkel, der Versuch, theoretische und praktische Vernunft, Naturschönheit und die Freiheit der Vernunftautonomie zusammenzubringen: Die Urteilskraft „gibt in Ansehung der Gegenstände eines so reinen Wohlgefallens ihr selbst das Gesetz, so wie die Vernunft es in Ansehung des Begehrungsvermögens tut; und sieht sich,

sowohl wegen dieser innern Möglichkeit im Subjekte, als wegen der äußern Möglichkeit einer damit übereinstimmenden Natur, auf etwas im Subjekte selbst und außer ihm, was nicht Natur, auch nicht Freiheit, aber doch mit dem Grunde der letzteren, nämlich dem Übersinnlichen verknüpft ist. Bezogen, in welchem das theoretische Vermögen mit dem praktischen, auf gemeinschaftliche und unbekannte Art, zur Einheit verbunden wird." (KU. B 258f)

14. Biemel. S. 115.
15. Reflexion 1820a, notiert 1771. Akademieausgabe Bd. XVI, S. 127.
16. Früchtl verweist auf das Konzept der Glückswürdigkeit und die Schriften zur Geschichts- und Religionsphilosophie.
17. Vgl. Anmerkung 11.
18. Früchtl. S. 76f.
19. Dazu Gernot Böhme: „Nun ist bekannt, dass Naturgewalten in vielen Religionen und auch in unserer Antike als Götter verehrt wurden. Umso befremdlicher ist, dass die bürgerliche Ästhetik das Große und Gewaltige der Natur bloß als furchterregend bezeichnet und damit das Gefühl der Erhabenheit ganz ins Subjekt hineinnimmt." (Gernot Böhme: Anthropologie in pragmatischer Hinsicht. Darmstädter Vorlesungen. Frankfurt/M 1985. S. 198)
20. Karl Philipp Moritz. In: Werke. Hg. Von H.Günther. Bd. 3. Frankfurt/M. S. 301f. Zit. Nach Haubl: S. 29.
21. Kurt Marti: Poesie ist Moral. Fast ein Manifest. In: Das Gedicht 10. 2002. S. 115f.
22. Friedrich Schiller: Sämtliche Werke. Bd. V. München o.O. (Winkler). S. 100.
23. S. 94.
24. S. 97f.
25. Schiller. Bd. V. S. 131f.
26. Schiller. Bd. V. S. 265. – Die Frauengestalten in Kleists Dramen kommen diesem Ideal nahe: Evchen, Alkmene und Käthchen.
27. 15. Brief, Schiller. Bd. V. S. 358
28. Peter André Alt: Schiller. Leben – Werk – Zeit. Zweiter Band. München 2000. S. 146f.
29. Wolfgang Ranke: Dichtung unter den Bedingungen der Reflexion. Interpretationen zu Schillers philosophischer Poetik und ihren Auswirkungen im „Wallenstein." Würzburg 1990. S. 143.
30. Schiller: Ästhetische Erziehung des Menschen. In: Sämtliche Werke. Bd. V. München o.J. (Winkler). S. 379.
31. Alt. S. 143f.
32. Schiller: Ästhetische Erziehung. S. 379f.
33. Ebd. S. 397f.

34. Ebd. S. 398.
35. Volkmann-Schluck. S. 19.
36. Schiller. Ästhetische Erziehung. S. 383f. Anmerkung.
37. Eine Assoziation dazu: In seiner autobiografischen Erzählung „Der Freund und der Fremde“ erinnert Uwe Timm sich an den Schreibprozess seines ersten Dissertationsentwurfs über das Absurde bei Camus. Für Camus ist, wie wir wissen, Sisyphos das Sinnbild der absurden Existenz des Menschen und der Welt. Uwe Timm ging dem Mythos nach und stieß auf eine Stelle in Ovids „Metamorphosen“: „‚Als Orpheus auf so rührende Art sang und die gerührten Sayten in seine Klagen mit einstimmten: So weinten alle Seelen, aus Mitleiden. Tantalus hörete auf, mit vergeblicher Bemühung, ein vor ihn flüchtiges Wasser zu suchen, und Irions Rad erstaunete. Die Vögel benagten unterdessen nicht die Leber des Tityus, und die Gefäße der Beliden standen leer; du aber, o Sisyphos! saßest auf deinem Steine ganz ruhig.‘ Es ist dieser Moment zweckfreien Genießens, in dem Sisyphos sein sinnloses Tun unterbrechen kann. [...] In Paris [...] interessierte mich besonders der ästhetische Aspekt, wie der absurde Prozess, die Wiederholung, die kein sie transzendierendes Ziel hat, in dem Augenblick des interesselosen Wohlgefallens zur Ruhe kommt, im Schönen Sinn aufscheint [...] Das wurde ausgeführt, ich weiß heute nicht mehr genau, wie und an welchen Beispielen ich das damals entfaltet habe, nur so viel, sie waren Camus‘ Beschreibungen der mediterranen Natur entnommen. Ein interesseloses Wohlgefallen, das sich von den Fragen nach dem Warum löst.“ (Uwe Timm: Der Freund und der Fremde. München 2007. S. 127-129) – Das Schöne in seiner beruhigenden, befreienden, entlastenden Wirkung: Platon, Kant, Schiller und den Zeitgenossen Uwe Timm stelle ich eng nebeneinander. Bei Uwe Timm allerdings erfolgt, ausgehend von der 1967 nach Paris gedrungenen Nachricht vom Tod des vormaligen engen Freundes Benno Ohnesorg, die Abkehr vom ästhetischen Interpretationsansatz des Absurden. Er schreibt weiter: „Diese in Paris geschriebenen, später in München durchgerissenen und weggeworfenen Seiten sind nicht nur das Opfer einer nüchterneren Betrachtung geworden, sie wurden auch verworfen durch die Erfahrung des gemeinsamen Protestes, durch das bewegende Gefühl, mit uns fange etwas Neues an. Eine in der politischen Tat Sinn suchende Bewegung, die den Blick auf das Vieldeutige, Sinnenhafte, eigenständig Ästhetische [...] auf das gesellschaftlich Funktionale einengte. So verwarf ich die möglicherweise reichere, mehrdeutige, widersprüchliche Arbeit, um eine eher gradlinig interpretierende Neufassung zu schreiben, ausgerichtet auf den ‚Proletarier Sisyphos‘, den es zu erlösen galt. [...] Sinn konstituierte sich als gesellschaftlicher Sinn. Das Absurde, das sich in der Revolte auflöste. Sinn, der sich in der gemeinsamen, solidarischen Tat einstellte.“ (S. 129f) Was heißt das für unseren Kontext? Das Ästhetische wurde abgelöst durch das moralisch politische Engagement, durch die Nötigung der praktischen, der politisch praktischen Vernunft, durch

die Pflicht, um mit Kant und Schiller zu sprechen, durch den „kategorischen Imperativ in der Marxschen Formulierung, dem kategorischen Imperativ, alle Verhältnisse umzuwerfen, in denen der Mensch ein erniedrigtes, ein geknechtetes, ein verlassenes, ein verächtliches Wesen ist." (S. 159). Kehren wir zurück zu Schiller, jetzt nicht länger als Anthropologen, sondern als Geschichtsphilosoph, als politisch engagiertem Bürger. Uwe Timm bildet – aus dem Blick der 1968er Jahre – die Brücke dazu, wie wir sehen werden.

38. Schiller. Ästhetische Erziehung. 24. Brief. S. 385.
39. S. 380f.
40. Fünfter Brief. S. 321.
41. Siebter Brief. S. 330.
42. S. 406f.
43. Jürgen Habermas: Der philosophische Diskurs der Moderne. Frankfurt/M 1985. S. 62f.
44. Schiller. S. 401.
45. Habermas. S. 63.
46. Schiller. 26. Brief. S. 395.
47. Norbert Oellers: Elend der Geschichte, Glanz der Kunst. Stuttgart 2006. S. 477.
48. Schiller. Bd. V. S. 488. Und weiter: „Der Begriff dieser Idylle ist der Begriff eines völlig aufgelösten Kampfes sowohl in dem einzelnen Menschen, als in der Gesellschaft, einer freien Vereinigung der Neigungen mit dem Gesetze, einer zur höchsten sittlichen Würde hinaufgeläuterten Natur, kurz, es ist kein anderer als das Ideal der Schönheit auf das wirkliche Leben angewendet. Ihr Charakter besteht also darin, dass aller Gegensatz der Wirklichkeit mit dem Ideale [...] vollkommen aufgehoben sei." (Ebd.)
49. Alt. S. 132.
50. Alt. S. 144.
51. Dies ist das Thema der der ersten Briefe, der Vorlauf zur Konzeption einer ästhetischen Erziehung, Schiller liefert hier eine bis heute interessante Analyse von Entfremdungsphänomenen der Moderne, eine klar durchdachte Gesellschaftskritik.
52. Alt. S. 148f.
53. Zit. nach Alt. S. 152
54. Ebd.
55. Eine – längere – Anmerkung zu Jean Paul: Heinz Schlaffer greift in einem Artikel der SZ auf eine Stelle in Jean Pauls Roman „Flegeljahre" zurück; unter der Überschrift „Der Widerschein des Vesuvs im Meer" lesen wir: „‚Seht, wie fliegen drunten die Flammen unter die Sterne, rote Ströme wälzen sich schwer um den Berg der Tiefe und fressen die schönen Gärten. Aber unversehrt gleiten wir über die kühlen Flammen, und unsere Bilder lächeln aus brennender Woge.' Das sagte der Schiffer erfreut und blickte besorgt nach dem

donnernden Berg‘ auf. Aber ich sagte: ‚Siehe, so trägt die Muse leicht im ewigen Spiegel den schweren Jammer der Welt, und die Unglücklichen blicken hinein, aber auch sie erfreuet der Schmerz.‘“ (Jean Paul: Flegeljahre. Erstes Bändchen. Nr. 9: Schwefelblumen. In : J. P.: Werke. Bd. 4. München 1975. S. 634) Schlaffer interpretiert: „Der schöne Schein des Spiegelbilds entsteht beim Zusammentreffen zweier tödlicher Gefahren, die wirklich drohen, zwischen dem Vulkan und dem Meer, von Feuer und Wasser. [...] Es wäre irreführend, ein Programm des Ästhetizismus, der Flucht in die Schönheit, aus Jean Pauls Text herauszulesen; vielmehr grenzt er die ästhetische Erfahrung auf ein schmales und stets gefährdetes Zwischenreich ein, in dem vorübergehend die Gewalt der Natur und die Not des Lebens aufgehoben zu sein scheinen, aber eben nur scheinen.“ (Heinz Schlaffer: Der Glanz des Unglücks. Wie kommt es, dass in der Kunst selbst der Schmerz erfreut? Versuch einer Antwort mit Blick auf Jean Paul, den Vesuv und das Meer. In: SZ, 3./4.11.2012. S. 18) In seiner Antwort auf den Schiffer überträgt der Dichter dessen Beobachtung auf die Dichtung: Sie zeigt den „Jammer der Welt“ und „Unglückliche“ blicken hinein, denen dieser Jammer nicht fremd ist, zugleich aber blicken sie in den Spiegel der Dichtung mit ästhetischem Genuss an der Dichtung als schönem Schein: „Man kann immer wieder vorübergehend in ästhetisch wahrnehmbare Situationen geraten, aber nicht für immer Ästhet sein. Der Genuss des Kunst- und Naturschönen ist eine jederzeit widerrufbare Ausnahmegenehmigung [...]. Wer sich am schönen Schein freuen will, darf nicht die Sorge um die weniger schöne Wirklichkeit vergessen.“ Zurück zum Bild Jean Pauls: „Die ungreifbare Schönheit des Spiegelbilds im Meer hat ihren Preis: Sie zeigt sich, während der greifbare Nutzen der Gärten am Vesuv zerstört wird.“ (Schlaffer. Ebd) Das trennt Jean Paul von Schiller: Jean Paul bezweifelt Schillers Konzept der ästhetischen Utopie: „Nie wird die Realität gleichgültig werden, nie die Sorge um sie enden. Für die Kunst [...] ist nur zwischendurch Zeit.“ (Schlaffer. Ebd.)

56. Georg Wilhelm Hegel: Werke. Bd. 1. Frankfurt/M 1979. S. 234.
57. Günter Oesterle: Entwurf einer Monographie des ästhetisch Hässlichen. Zur Geschichte einer ästhetischen Kategorie von Friedrich Schlegels Studium-Aufsatz bis zu Karl Rosenkranz‘ Ästhetik des Hässlichen als Suche nach dem Ursprung der Moderne. In: D. Bänsch (Hg): Zur Modernität der Romantik. Stuttgart 1977. S. 270.
58. Karl Rosenkranz: Ästhetik des Hässlichen. Hg. Von Dieter Kliche. Leipzig 1996. S. 419.
59. Rosenkranz. S. 48.
60. Rosenkranz. S. 14f.
61. S. 11.
62. S. 56.

63. Rolf Haubl: Die Ästhetisierung des Hässlichen als ethisches Problem. Bausteine einer psychohistorischen Theorie der Erschütterung. In: edition ethik kontrovers I. Eine Publikation der Zeitschrift EU: Moral des schönen Scheins. Frankfurt 1993. S. 18-33.
64. Rosenkranz. S. 264.
65. Die klare Differenz zwischen Ethik und Ästhetik, einer ethischen und ästhetischen Existenz begegnet uns schon in Sören Kierkegaards „Entweder/Oder" (1843): Jeder Einzelne steht vor der Wahl zwischen einer ästhetischen oder einer ethischen Existenz und – in der Folge – der davon grundsätzlich bestimmten Persönlichkeit; die ästhetische Existenz ist moralisch absolut indifferent. Hier tritt uns entgegen, was später die Haltung des Ästhetizismus kennzeichnet: sich auf nichts ernsthaft einlassen, die Welt nicht genuin moralisch, sondern unter dem Aspekt einer völlig moralfreien, nicht dezidiert amoralischen Grundhaltung wahrnehmen, nicht Amoral, sondern Nullmoral. „‚Entweder/Oder' beschrieb in der Hauptsache die Alternative zwischen der nihilistischen Prinzipienlosigkeit eines moralisch indifferenten Ästhetikers und eines im Ganzen der Moralphilosophie des Idealismus akzeptierenden Ethikers." (Christoph Schulte: radikal böse. Die Karriere des Bösen von Kant bis Nietzsche. München 1988. S. 282)
66. MEW. 5. Bd. S. 134.
67. Haubl. S. 20.
68. Theodor W. Adorno. Thomas Mann. Briefwechsel 1943-1955. Frankfurt/M 2003. S. 122f. Thomas Mann fährt fort: „Wieviele sind wir noch, die ‚die Grunderfahrungen des bürgerlichen Zeitalters' noch ‚vollziehen' können und also ‚jene Stelle' noch verstehen, wo ‚das Horn das Echo der traurigen Hirtenweise auffängt'? Unsere Zahl schrumpft rapide zusammen, und schon sind wir von Massen umgeben, die überhaupt nichts mehr ‚vollziehen' können." (Ebd. S. 123) Thomas Mann bezieht sich auf eine Passage in Adornos „Versuch über Wagner" (1952). In: Theodor W. Adorno: Gesammelte Schriften. Bd. 1-20. Frankfurt/M 1970-1986. Hier Bd. 13. S. 141. Adorno hatte geschrieben: „Jene Stelle zu Beginn des dritten Aktes Tristan, da das Horn im Orchester gleich wie über die Grenze von Nichts und Etwas hinweg das Echo der traurigen Hirtenweise auffängt, wenn Tristan sich regt – jene Stelle, die leben wird solange, wie die Grunderfahrungen des bürgerlichen Zeitalters von Menschen werden vollzogen werden können." (Ebd. S. 141)
69. Ebd. S. 126.
70. „Angemerkt sei nur noch, wie des Nachdenkens würdig es doch ist, dass Heinrich Himmler – und dafür liefert meine Erinnerung den Beweis – nicht, wie der Mensch, dessen Hypnose er erlag, im Lumpenproletariat aufgewachsen ist, sondern in einer Familie aus altem, humanistisch fein gebildetem Bürgertum. Schützt Humanismus denn vor gar nichts? Die

Frage ist geeignet, einen in Verzweiflung zu stürzen." (Alfred Andersch: Der Vater eines Mörders. Zürich 1980. S. 136)

71. Fast unnötig zu sagen: ein Autor, den ich überaus schätze.
72. Günter Kunert: Als das Leben umsonst war. München 2009. Zit nach: Lyrikkalender 2012. Heidelberg 2011. 14.03.2011.
73. Ebd.

Edition Amici Essay

Alf Hermann Doch alle Kunst will Ewigkeit
Acht Essays über Bilder

Alf Hermann Noch einmal nachgedacht
Essay über sieben letzte Fragen

Edition Amici Drama

Helmut Landwehr Romanzero. Disparates

Edition Amici Prosa

Marion Röttgen Kindheiten – Kurzgeschichten

Marion Röttgen Schlimme Geschichten

Rolf Jeblick Tunakler. Geschichte eines Besatzungskindes

Edition Amici Studien

Hanns Frericks Kant und seine Relevanz für ethische Probleme der Gegenwart

Denny Paulicke Was ist Gesundheit?

Marion Röttgen / Gero Kerig / Hans-Peter Meier-Dallach (Hrsg.)
Gesundheitsbilder im Stadtquartier

Reinhard Steiner (Hrsg.)
Ornament und Klang
Herwarth Röttgen zum 80. Geburtstag